方法

语言学的

灵魂

（增订本）

朱晓农——著

上海教育出版社
SHANGHAI EDUCATIONAL
PUBLISHING HOUSE

句子那么长　　　人生如此短

句子那么那么长　人生 so 短

# 目　　录

## 第一编　科学哲学观

# 第二编　科学研究的素养

## 第三编　音变认知的千年演进

# 第四编　语言、逻辑和语思

# 再 版 序

初版没有序,再版补一个,因为好些读者跟我说,我的序跋还可看看,正文就算了。

先让我报告一个好消息。初版绪论最后说:

> 自"李约瑟难题"提出至今半个世纪来,无数学者从政治、文化、经济、心理,甚至地理角度来回答为什么中国没产生现代科学,此处给出了一个简单的答案:因为我们没有那三个必要条件:一元观、演绎逻辑、受控试验。至于进一步追问为什么发展不出那三个条件,那是下一本书的主题。

这"下一本书",从1980年代孕育秦人逻辑至今,足足怀胎四十年,差不多该问世了。其实,书稿的主要章节都已经发表,再版第四编收入了多篇,足以回答初版无法回答的"李约瑟难题"。所以,再版是初版的成长版。

初版没有写序的原因之一是有个长长的编外绪论,把好多该放在序里的话都说了。绪论谈三件事:方法论格言、学科流程图、章节介绍。再版序就着绪论补充几句。

## 一 方法论警句

初版方法论语条儿有14条。再版加了第7和第15两条,还壮大了第16条。

1. 科学就是科学方法(邦迪)。

2. 万恶玄辩为首,百法演绎为先。

3. 演绎,只有演绎,才是推动科学的动力。

4. 概括是必要的,归纳是无效的。

5. 抽象没有底,逻辑要彻底。

6. 具体往往先于抽象⋯⋯但具体又往往成为科学发展中最大的绊脚石(丹齐克)。

7. 从虚的出发,到达了实;从实的着手,抓了个虚。

8. 问题先于观察(波普尔),操作决定性质(布利奇曼)。

　　一个语言系统是什么样的,取决于何处着眼如何着手。

9. 于不疑处有疑(张载),从无关处相关。

10. 大胆假设,小心证实;小心立论,大胆证伪。

11. 存在命题,小心证实;全称命题,大胆证伪。

12. 语音比音法学丰富(音法学 ＝ 语音学∩音韵学∩音系学∩类型学∩演化学∩界面)。

13. 音变在昨天,答案在今天。

14. 凡是历史上发生过的音变,都要叫它在实验室里重现(奥哈拉)。

15. 语变的第一动因是犯错。

16. (a) 句子那么长,人生如此短……

　　(b) 句子那么那么长,人生 so 短……

第一句强调科学就是个方法问题,接下去两句强调最重要的是演绎逻辑。当然,科学还有两个必要前提:齐一性本体论和实证观。逻辑之所以排在第一位,是因为齐一性和实证观多少可以自发获得,而逻辑的诞生有个语言结构前提,个人获得逻辑能力需要学习,逻辑不是天生的或者能自动获得的。第 7 条是新加的,但实际上是最老的,是我写《虚实谈》(1987—1988)时就最喜欢的方法论格言。还有最后一条,十多年过去了,长的更长,短的更短。有一次看到一部学位论文扉页上引了初版那句"句子那么长,人生如此短……",心中莫名一暖。再版时当然句子显得更长了,而人生是 so 短(嗖的一下就没了)。

　　另外,有一些流行的方法论格言,我不赞成,或认为需要补充说明,此处突出一下。

　　不赞成:

1. 以理论就事实天经地义,以事实就理论天诛地灭。

2. 摆事实,讲道理。事实摆多了,道理自然出来了。理论是蕴涵在材料里的。

3. 提倡"一份材料一份货",嘲弄"小本钱做大买卖"。

4. 具体情况具体分析。

5. 朴学实慎论——"天道渊微,非人力所能窥测,故但言其所当然,而不复强求其所以然。此古人立言之慎也"(阮元)。

6. 特色学问的"玄"和"实"。

7. 建立有中国特色的科学。

需要补充:

8. "大胆假设,小心求证"(胡适)。

9. "说有易,说无难"(赵元任)。

对这些方法论格言,前两编中有详细的刊谬补缺。

## 二　学科性质流程图

初版绪论里的学科流程图是用一系列方法来定义大学科的,也就是人文学科和科学到底区别在哪儿。再版我用思维方式更精确地定义学科领域,详见 6.10 节。

## 三　章节调整

本书既然谈方法,那么,十多年过去了,必然有新方法问世,或者对旧方法有了新体会,所以章节有所调整。当然,假设—演绎—检验方法论的基本架构未变,反而更坚定、更系统、更得心应手了。

再版重新改写了第一编第 1 章。第二编加了"科学精神和认识论""客判思维:为思维方式分类"两章。第三编换了两章,第四编换了五章。有几处随文加了附记或案语。

第三编原题为"历史语言学史论",再版改为"音变认知的千年演进"。初版第 12 章"陆法言和《切韵》"方法论意义不大,再版删去了。不过,该章有个附记,谈《切韵》的性质,还有点意思,所以编入再版 12.2 节。初版第 13 章"高本汉范式——赶上科学的步点"删减后并入再版第 11 章,改题为"范式转变:从吴棫到顾炎武再到高本汉"。

再版第 16 章"演化音法学:演化比较法的运用"是新增的。我最近十年来的主要工作就是做声调方面的演化学和类型学研究。这一章的内容来自《语音答问》(2018a)第 9 章和《演化比较法:如何研究声调演化?》(2018d)。演化音法学的经验基础是音法类型学,所以再版又增加了第 15 章"音法类型学",内容主要来自《语音答问》第 8 章。

本书内容纵跨我四十多年的学术生涯,大致可分三阶段。最早的《古音学始末》(再版第 11 章主体)于 1980 年写成,1986 年发表。这是我研习音韵的切入点。以后二十多年在学习实验语音学途中,不时写些音韵学,第12章到第14章算是我的摸索。第15章和第16章则是年老之以后比较完整的看法,不像前四章那么气贯长虹。

第四编初版六章是我尝试用新方法来解决六个方面问题的个案。最近十几年来又有了更新的方法和更有趣的看法,所以调整较大,撤下了四章。初版六章以"修辞格的公理化"打头,可见它在我心目中的地位。这种形式化的方法直接为第二篇复句分析所采用,并与后两篇句法和词义研究有关。最后那两篇是反其道而行之。下面是初版六章的标题,带星号的四章都撤下了。

第十六章　修辞的公理化。

第十七章*　意义的形式化(案:用区别特征矩阵来刻画复句的逻辑语义关系,并为复句分类。)

第十八章　句法研究中的假设—演绎法(用假设演绎法解释有定无定问题。)

第十九章*　训诂的可检验化(使用历史语言学的方法,用田调发现去解释语义史上的反训。)

第二十章*　听感的数量化(这是我博士论文(1995)的方法论一章,跟我的硕士论文《北宋中原韵辙考》一样,用统计学方法,加田调、实验语音学,经验性地研究声调。)

第二十一章*　形式研究的物理基础(形式音系学用类形式化数学的方法,统领学界五十年,我从起步阶段的普通话区别特征(朱晓农1983)、修辞公理化、复句形式化尝试之后,观念上告别了形式派。此文也是我博士论文中的一节,试图把经验性和形式化结合起来,是我用实证弥补形式研究的最后的努力,结果是没有结果。)

"修辞的公理化"初稿写于1978—1979年我刚上大学时,那时对形式语言学入迷,自拟格言道:"太阳底下没有不可形式化的。"我一向信奉"科学就是科学方法"这句话,所以一生尝试接着尝试。从数学应用上说经历了两个阶段。先是形式化数学,花了一年半时间读集合论、布尔代数、数理逻辑。初稿就是边学边做练习这么写出来的。其实初稿也就是定稿,十年后发表一字没改。要修改也修改不了了,因为那些数学知识已经忘得差不多了。

我为研究生论文《北宋中原韵辙考》做准备时,突然认识到从宋代吴棫、郑庠到罗常培、王力,直到今天,做了一千年的韵谱考释,原来是个统计学问题。于是,我就注册到经管系读了三学期的微积分和数理统计,解决了这个困惑乾嘉学派和无数现代音韵学家的千年难题。这也是"听感的数量化"一章中的方法,拉开了我后半生学术剧的序幕。三十年后我能写总结性的《声调全书》,就是从这儿开始的。

第四编再版换上四章。第21章"汉语的区别特征",是上学时上面说了学集合论学以致用写的,一时迷上形式化,不过很快就幡然醒悟了。我一直觉得,作为课程训练,形式化方法不可或缺;作为对自然语言的研究,它的用武之地则很有限了。

第17章"语思文化学:语思的发现"、第18章"语言前提论和中国逻辑"、第19章"为什么中国不产生科学",这三章是新近发表的,但核心概念可回溯到1980年代的"秦人逻辑"研究。那些初始念头孕育了三四十年才慢慢成型,包括语言前提论和中国逻辑,以及扩展开去的语思文化学。语言前提论没有沿着萨丕尔-沃尔夫的语言相对论方向从词义和形态形成概念来看对认知(和科学)的影响,而是深入到语法和音法原理对思维形式的规约,由此发掘出普通人顺着语法音法说出的自然语句中蕴涵的自然逻辑。

收进这几章,保持了初版和再版之间的连续性和成长性。同时也回答了初版绪论最后提到的李约瑟难题"为什么我们发展不出科学",这可是难倒各路好汉的方法论和科学史的核心问题。第19章和第18章是直接和间接回答"李谜"的。我迫不及待地在这儿先剧透一下:

　　中国古代没有科学,是因为没有逻辑;

　　而没有逻辑,是因为用以表达逻辑命题的主谓句式,在

现代汉语书面语成型之前,只是作为特例存在。

大道至简!一句话回答了成千上万中外智者聚焦的世纪难题。

这么看来,初版谈方法论有点虚,或者只提问题有点虚,再版解决了这些社会热点问题便很实。还记得新加的语条儿第7条嘛,见下:

　　从虚的出发,到达了实;从实的着手,抓了个虚。

这是当年《虚实谈》的招牌格言。

初始念头是灵光突闪的科学假说,而后四十年就是成败难料的远

道重任。

　　想起上世纪 80 年代激起无数原创灵感的日日夜夜,那是一段有着"第二次启蒙"之称的黄金岁月,真是青春不负好时光。

2022 年 12 月 22 日

序于　不知处

# 初版绪论：方法论语条儿

自打做研究以来，我一直信奉"科学就是科学方法"这句话。科学方法有宏观的论，有微观的术，不管是抽象的原则，还是具体的步骤，开门第一个必要条件就是演绎逻辑。没有演绎逻辑，思维还停留在形象阶段；有了演绎逻辑，就可以进行理性研究了——这是进入科学研究的第一步。

科学方法要真讨论起来，不仅仅是长篇累牍，甚至都可以发展成专门的学科：科学哲学、科学方法论、科学史。咱们的传统是偈语警句，言简意赅，禅宗挤走法相宗，所以我就先把这些年来学来的自学来的方法论要义，用语条儿的形式列在下面。

1. 科学就是科学方法（邦迪）。

2. 万恶玄辩为首，百法演绎为先。

3. 演绎，只有演绎，才是推动科学的动力。

4. 概括是必要的，归纳是无效的。

5. 抽象没有底，逻辑要彻底。

6. 具体往往先于抽象……但具体又往往成为科学发展中最大的绊脚石（丹齐克）。

7. 问题先于观察（波普尔），操作决定性质（布利奇曼）。
   一个语言系统是什么样的，取决于何处着眼如何着手。

8. 于不疑处有疑（张载），从无关处相关。

9. 大胆假设，小心证实；小心立论，大胆证伪。

10. 存在命题，小心证实；全称命题，大胆证伪。

11. 语音比音法学丰富（音法学＝语音学∩音韵学∩音系学∩类型学∩演化学∩界面）。

12. 音变在昨天，答案在今天。

13. 凡是历史上发生过的音变,都要叫它在实验室里重现(奥哈拉)。

14. 句子那么长,人生如此短……

这些语条儿每条后都可以写长长的文章来疏解。绪论中择要说几句,后面的章节中有进一步说明的,尚未论及的以后再写文章解释。本章题目"方法论语条儿",有位朋友建议用"方法之论语",合"儒雅"原意。但权衡之下,觉得担当不起"论语"二字,所以还是用了"语条儿"。白是白点,但也算有来头,赵元任当年就是以此为题写下好些传诵至今的"语条儿",如:

◇ 物质文明高,精神文明未必高;可是物质文明很低,精神文明也高不到哪儿去。(农案:要分清充分还是必要。)

◇ 有钱未必有学,可是无钱更求不到学。(农案:同上。)

◇ 要作哲学家,须念不是哲学的书。(农案:功夫在诗外。)

◇ 没有预备好"例如",别先发议论。(农案:前数理统计的、标准的古典方法论格言。)

◇ 凡是带凡字的话,没有没有例外的。(农案:就这句"凡是"没有例外,让人想起赵氏的朋友罗素关于理发师的自指逻辑悖论。)

研究语言文字的学问一向是"文史哲"的核心部分。文史哲对应的英文是 humanities。常见有人把 humanities 译为"人文科学",这是误解,或是曲解——因为"科学"是个好字眼,所以什么都往上面靠。那是"跟风""攀比",是咱们过去矮人一头的心理。现在咱们小康了、富有了,可以自信满满该什么就是什么了。humanities 就是文史哲。要重新译,也只能说"人文学科""人文学",或者干脆就是"文科"。咱们说中国话的都知道词序的重要性,"学科"和"科学"不是一回事。文科和理科的首要区别在于方法。其次是研究对象,那只是方法的延伸。也就是说,现有科学方法够得着的地方,都是常规科学研究的对象;而现有科学方法够不着的地方,就不是常规科学研究的对象——那就留给其他学科或者非科学了。

那么科学的方法到底是什么样的呢?我们用一张流程图(图1)来表达。

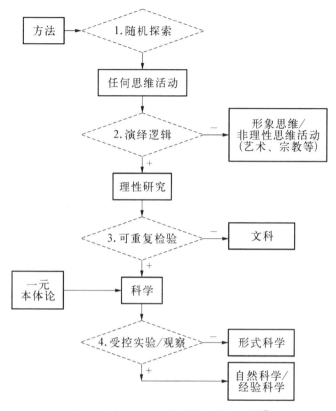

**图1 由方法来定义的学科分界流程图**①

我把理性研究分为两个步骤：第一步是"随机探索"，即图中第1个菱形框。第二步是"逻辑评价/逻辑论证"，其中可细分为三步，见图中第2、3、4个菱形框。因此，思维活动根据这四步可以分为多种形式：

（1）随机探索——这是任何思维活动都有的。

（2）是否使用演绎推理——这是形象思维和理性思维的分野了。语言研究是要"神韵气势"、口气大于力气呢，还是应该条分缕析、合乎逻辑？——答案显然是后者。

（3）是否可重复、可检验——这是文科和科学的区别所在。语言

---

① 这张流程图再版有增补，见6.10节。

学是想要继续留在文科中,还是想跟其他社会科学那样,建立可重复、可检验(对形式科学来说是"验算",对经验科学来说的"验证")的研究范式?——答案显然是后者。

(4) 是否有可控实验——自然科学或经验科学需要可控实验来检验假设命题,而形式科学(数学和逻辑)则不需要,后者只需构建一个内部无矛盾的自洽的形式系统。语言学是只需建立一个自洽的形式系统,还是需要通过可控实验或重复观察来验证假设命题?——答案显然是后者。

这第一步"随机探索"也就是心理学里说的"发散性思维",在此阶段可以作任何假想、设想、联想,甚至幻想、奇想、梦想,思绪天马行空,提出各式假说。这不是科学特有的,而是任何学科都有的,甚至是任何思维活动都适用的,科学、文科、宗教、迷信、艺术、文学、史学、宣传鼓动、侃大山,等等等等,任何跟思维有关的活动中都少不了遐想。不过,对于人类的理性进步来说,重要的是接下去的"逻辑评价"。所谓"逻辑评价",指的是:

a. 具体论证步骤要遵循逻辑。注意:本书通篇所讲的"逻辑"是演绎逻辑,不是归纳法,更不是辩证法。归纳法和辩证法都是"非逻辑"。

b. 解决某个问题,要靠假设—演绎—检验的方法。

c. 总体要有一个逻辑结构造型的理论。所谓"理论",就是指用演绎逻辑串连起来的命题总和所构成的系统。

如果不遵循演绎逻辑,那么就是非理性的思维活动,比如进行形象思维的文学、艺术活动,或者宗教、宣传等等。如果遵循演绎逻辑,那么就是理性研究、学术研究了。西方的文科研究也遵循演绎逻辑,所以也包括在内。甚至基督教的一些理论和佛教法相宗都遵循演绎逻辑,这就是为什么这些宗教论述都可以称为"理论"——理性之论,逻辑构造性的命题系统。这些理性思维活动中的论证都按演绎逻辑推理来进行、都提出假设、都构筑系统的理论。如果进一步还用可重复、可检验的标准来衡量,那么就是科学了。文科因为研究的是脱不开具体时间地点的具体事件,所以是无法重复的。科学还按是否进行受控实验/重复观察来检验假设前提,分形式科学和经验科学。形式科学指数学和逻辑,这两门科目中的命题差不多都是同义反复,初始概念是自定义的,所以无须进行检验。而经验科学中的命题是需要进行经验检验的。

古希腊的形式科学非常辉煌,但其大部分"科学"研究都是哲学家的成果。近代的科学学科在古代都是哲学家的用武之地——应该是"舞文之地"。不过,近代以来,是成熟一个脱离一个。现代的"社会科学"(如经济学、社会学、心理学)之所以能够脱离"人文学科",而冠以"科学",就在于它把过去只能具体情况具体分析的社会、文化、经济、政治、心理、行为等抽象出了共性。个人的行为固然是具体事件,不可预测,不可重复,但群体的行为就是统计现象,就能作假设,就能以后续事件来检验了。也就是说,当你对于社会、文化、心理现象的探讨,还停留在印象式、文人式、人文式的排比词藻,那么,凭着个人的聪明头脑,偶尔也会有真知灼见的闪光,却很难取得实质性的理性进步。

我们的文科研究,大体上是在图 1 的第一步"随机探索"阶段,比谁也不差,想象力够丰富。在第三步"可重复"和第四步"受控实验"上基本没有。在关键性的第二步"演绎逻辑"上还有很长路要走。"随机探索"是每个民族都会的,每个人都无师自通。中国人好像更擅长,这大概得益于同音字多而每天千百次"同音联想"操练出来的。而"逻辑评价"就不是每个民族都会的了。事实上,世界历史上只有印欧民族一个在西(希腊)、一个在东(印度),在两千三四百年前独立创造出本质上相似的"演绎三段论"(syllogysm)和"因明学"(Nyāyapraveśa)。至于"可控实验"那就是近代科学的催生媒介了,它是近代科学区别于各式古代"科学"的显著特征。

"演绎逻辑"的诞生,只是一个历史事件,还是有着更深刻的原因?说它是历史事件,那就是认为它是偶发的,其他民族只是由于某种时机问题,而没在印欧民族之前发展出演绎逻辑,此后由于文化传播而学会了,也就无需重新创造。如果印欧民族没那么早发展出逻辑,其他民族说不定也能独自发展出来。说它有更深刻的原因,意思是说有某种必然的原因在先,使得印欧民族能够发展出逻辑,而其他民族如果不具备那种必然的原因,那么再经历几千年也发展不出逻辑来。有关这个问题,我在二十年前探讨"秦人思维"时已经有了初步的答案,现正在进一步完善论证过程。简单地说,演绎逻辑不是偶然的产物,它的主词-谓词构造的逻辑命题,只能产生于主语-谓语结构的语言。

＊ ＊ ＊ ＊ ＊ ＊ ＊ ＊ ＊ ＊ ＊ ＊

本书根据我二十多年来写的跟方法论思考和新方法试用有关的文章贯通而成。我在《音韵研究》(2006a)的后记里提到,二十年前有两个兴趣,"一个是方法论和形式化,这留给以后再谈"。本书就接下了这个话头。全书20多个章节,分为四编,外加绪论和余论,形式化在第四编中,试用新方法来研究老问题,或者新方法引出新问题。其余部分则都关乎方法论。绪论和第一编论述一般的方法论,哲学味道稍浓。第二编讨论科学研究中的一些基本观念,用的是语言学中的例子。第三编是音韵学中的方法论和史论。最后的余论谈谈相关的学习的方法论。

第一编"科学主义哲学观"包括四章。"科学主义"是个现成名词,本书内使用这个名词是有严格定义的。也正是因为它是个现成名词,所以各人有各人的理解。有人在使用时带有贬义,就像有位朋友在网上跟我打趣:"要科学,不要科学主义!"我理解这种心理:什么东西一旦称"主义",总有点异样感觉。我们是最为实际的民族,硬件比软件重要的观念深入人心。科学是"生产力"了,是产生效益的赚钱的实际的东西了,而"科学主义"既不能当饭吃,又不能当钱花。这个道理跟一百多年前"中学为体,西学为用"一脉相承,要有用能用的西学/科学,但不要孕育西学/科学的"科学主义"。挨打时首先看到的是船坚炮利,以为造了船、造了炮,就能抗衡自强了。其结果就是一个多世纪来的迷惘迷惘再迷惘。科学是一种思维方式,以及在此思维方式指导下的行为方式。其背后包括一元论的本体观、科学精神(服从理性而非服从权威、科研六德)、假设—演绎—检验的方法论以及与此相关的认识论(可靠知识建立在用这方法得到的认识上)——这些就是我所说的"科学主义"的内涵。少了这些内涵,也就是没有了科学主义;而没了科学主义,剩下来的就不是科学了,最多只是技术而已。单凭"术",其结果是指南针七次失传而七次重新发明,发明来有什么"用"

啊？"用"来看风水。纸和印刷术一两千年前就有了,可直到我出世的时候,还是"敬惜字纸"的年代,认字的不会超过百分之十。单凭"术"在过去都领不了先,到如今想要创造"中国世纪",恐怕缘木求鱼。今天,我们第一次开始在某种程度上("术"的层面,还是靠规模、靠劳力的低技术)接近发达国家。下一个直接有关的问题就是:赶上以后怎么办?是否单单靠"术"、靠"用"、靠"技术"就够了呢?答案是否定的。

第一章"科学精神和科学方法",取自《科学主义:中国语言学的必由之路》(1987a)。本书之所以拿这内容开头,是因为科学是一项引进的事业,而不是传统文化的一部分。所以,开宗明义,首先要明白科学精神是什么,科学方法是什么——因为"科学就是科学方法"(语条儿1)。简单地说,科学精神就是理性精神,科学方法就是"假设—演绎—检验"。

第二章"社会意义和研究潮流",取自《虚实谈》(1987—1988)。科学以理性自诩,也以此为人称道。但是,科学不是漂浮在真空中的摆设,而是一种社会活动,一种行为方式,因此,不可避免地带上非理性的一面。科学像一切人类活动一样,充满谬误、偏见、固执,但科学有一样好,那就是能自我纠错。这就是为什么数千年来人类的其他活动只有变化,而只有科学能不断进步。

第三章"科学的哲学背景",讨论科学发现的模式,取自《虚实谈》(1987—1988)。这个问题要是现在问我,那么答案可能有点儿不同,有关这点,最后一章"余论"中也有论及。不过,"发现的模式"已经是个"惯用语"了,指的是各种研究方法背后各自的哲学基础。本章内就逐次介绍归纳主义和演绎主义、实证主义和证伪主义、假设主义和人本主义。明白了哲学思潮的股市,那么,语言学、什么学的研究范式的替换,就像个股的涨涨落落,全随大市。

第四章"语言学的哲学背景:流派二百年",取自《我看流派:语言学的三大潮流》(2006e)。语言学至今已历经两百年,其间风风雨雨,学派流派成百上千。不过,从时间观和研究目标来看,不外乎三大潮流:历史主义是"历时观",探索语言的来源和演变。形式主义是"共时观",从结构派到生成派再到自主音段派,构筑语言的系统和规则。实质主义是"泛时观",以寻求语言变化的原因,来解释共时分布的格局,认为历时演变和共时变异遵循同样的原则。本章内以这三大流派为对象讨论方法论问题。

这些年来我只谈方法论,很少谈认识论,基本不谈本体论,原因在于只有方法是可以掌握和改进的。爱因斯坦(Albert Einstein)说他不相信上帝掷骰子,他是决定论者。本体论上来说,爱因斯坦有他的道理。但方法论上,对不起,海森伯(Werner Karl Heisenberg)、玻尔(Niels Bohr)他们等不及了。上帝掷不掷骰子我们不知道,但量子力学却要出世了。退一步说,即使爱因斯坦强调的前提条件能算清楚,但复杂到要算若干万年才行,那跟不知道没区别。同样,乔姆斯基的出发点有他的道理,因为人或者某种生物总有可能进化到那种理性地步,他们的语言将完全合乎逻辑,可以运算,可以用一个完备的形式系统来表达。其实,人工语言就能做到这一点,而人工改造的人种也可能做得到。不过,我们现在等不及了,不能等到语言进化到下一个物种再来进行形式科学的研究。

第二编"科学研究基本功"包括五章,用语言学中的例子讨论科学研究中的一些最基本的概念:共性和个性、演绎与归纳、材料和理论、说有和说无,等等。这些可以说是在考验基本功。如果这些道理搞不清楚的话,那就越卖力气,偏差越大。这些基本功训练涉及"眼"的训练(上认目标)、"脚"的训练(下得田野)、"手"的训练(摆弄材料/进得实验室)、"脑"的训练(搞清本编内讨论的基本概念),还有鉴赏力训练(素质熏陶)。

第五章"研究的目标:共性规律",取自《差异、统一性、科学主义》(1988b)。语言学界常常可以听到一些争论:是研究个性重要,还是研究共性重要。科学研究中是不会有这种无谓争论的,"语条儿6"说:"具体往往先于抽象……但具体又往往成为科学发展中最大的绊脚石。"把其中的"具体"改为"个性","抽象"改为"共性",就可解读为:个性观察往往先于共性概括……但要是陷入个性探求而不自拔,那就会最大程度地阻碍科学发展(最好的例子就是中国历史上对哈雷彗星的观察)。既然是科学,就是探索共性!而语言学没有这么幸运,它正从文科中挣扎出来往科学那边迈进,所以才有这没完没了的纠缠。所以，首先得搞清楚语言学是什么性质的研究，得分清你是在做人文"学科"的研究，还是"科学"的研究。如果是人文学科的研究，所研究的对象是有具体时地限制的"事件"，那么这必定是在做个性研究。如果是进行科学研究，无论是（类）形式科学还是社会科学还是自然科学，那么就必定是在做共性研究。

第六章"认识概括、归纳和演绎"，前两节取自《概括是必要的，归纳是无效的》（2006g）。什么是概括，什么是归纳，什么是演绎，各有什么用？这是困惑很多人的基本概念。记得有一次在饭桌上跟我老家一所名校的一位教授争论科学研究中演绎和归纳孰重孰轻。我说："咱们先别争这个对你来说太难的题目，我先出个简单点的，你看看这是不是'归纳'？"她说："好。"我问："爸爸有个苹果，妈妈有个苹果，冰冰有个苹果——大家都有苹果。这是归纳吗？"这位大教授停箸长考……突然急中生智反问我："你说是归纳吗？"同桌吃饭的哈哈一乐，争论就此愉快地结束。

第七章"存在的判断"，取自《说有无》（2005d）。判断事物存在与否，首先想到的就是赵元任的警句"说有易，说无难"。有人说这是"至理名言"。本章内详细辨析了这句话的适用范围。在科学研究中，对于存在的判断有三种情况，其中一种情况适用这句话，第二种情况是"说有难"，第三种情况是"说无易"。尽管如此，赵元任先生的这句话所适用的场合最常见，犯这种错误最有可能，所以对于研究的新手来说，赵元任的警句应该刻在写字台上。

第八章"摆材料，讲逻辑"，取自《虚实谈》，讨论的是材料和理论这个老生常谈而百谈不厌的题目。过去有个说法，叫作"摆事实，讲道理"。对这种说法的最高评价是感官经验主义，还达不到逻辑实证主义。这种说法引出的第一个问题是：事实是能放在你手里摆弄的吗？事实如果是指一个有具体时空的"事件"，那么发生了就发生了，原貌是什么，只有全能者知道。科学研究的是抽取了具体时空的物相事实，是共性。换句话说，"事实"是研究探讨的对象，而不是已经掌握的东西，你所能掌握的只不过是观察材料而已。第二个问题就更严重了，"讲道理"讲的是什么道理？是最原真的道家之"道"，理学之"理"，还是别的儒家学派的理，还是玄学的理、禅宗的理、朴学的理？历史上大学者们的争论都在讲理吧？是这么讲这些理的吧？讲清过吗？讲得清吗？学术要进步，理性要发展，的确需要讲理，但这"理"只能是逻辑之理，演绎逻辑的推理。

第九章"素质的熏陶：跟大师学艺"，取自《谈谈调查太平洋岛施格语的学习体会》(2003a)。常常听到一种"素质教育"的说法，这反映了：(1)素质的重要性，(2)对素质不易把握。素质是超乎能力和知识之上的另一种科研所需(详见最后一章"余论：学习的方法论")，但遗憾的是，素质既不能靠知识累积，也不能靠能力训练来获得。那些想要靠"教育"来提高学生素质的可能需要提高本身的素质。素质提高靠的是一种现在说不清道不明的"熏陶"，所以，作坊的学徒方式在研究生阶段似应得到重视。

第三编"历史语言学史论"包括五章，讨论音韵学研究中的方法论问题，以及音韵学史上的一些问题，"史带论"或"论带史"地作些评价。

第十章"音韵学：认识论和方法论"(1988d)，在这篇早年的论述中，提出了一种"泛时音法学"的概念，即打通历时和共时的隔阂，而一个世纪来两者是井水不犯河水的。因而，音韵学可以成为一项科学研究，并使用科学方法。这些想法后来进一步发展为"五项基本""新方法移植"两章中的内容。

第十一章"顾炎武范式：古典学术的典范"，取自《古音学始末》(1986a)。中国所有传统学问都是一个模子里出来的，阴阳五行套用世间万物，把脉的、炼丹的、看星相的、看风水的。只有"古音学"不是，所以，创立这门具有范式性质学问的顾炎武，我尊他为中国传统学问中最伟大的学者。

第十二章"陆法言和《切韵》"，取自《陆法言》(1990c)。严格说起来，陆法言本人不是音韵学家，他所著的《切韵》也不是音韵学著作，但就是这部《切韵》，给音韵学留下了一个历久弥新的话题。

第十三章"高本汉范式：赶上科学的步点"，取自《历史语言学在中国》(2006d)。如果说顾炎武古音学是音韵学中第一个常规研究范式，那么高本汉在20世纪初带来的"历史比较语言学"，则是引起语言学科学革命的第二个范式。不是每个人都接受这说法的，不过，套用句政治正确的话,"客观规律不以人的意志为转移"。

第十四章"历史语言学的五项基本"(2006b)和第十五章"功夫在学外:新方法移植综览",取自《历史音韵学的新视野》(2006f)。如果说高本汉是第二个范式,那么在这个世纪之交,新的范式又出现了。科学就是这么蚕蛹嬗变的,而不是一千年转圈格致老问题。历史音韵学即将进入一个类似经验科学的研究范式——泛时音法学。它研究的是普天之下、古往今来;信奉的是:

"音变在昨天,答案在今天"(语条儿 12)

"凡是历史上发生过的音变,都要叫它在实验室里重现"
(语条儿 13)

"具体往往先于抽象……但具体又往往成为科学发展中最大的绊脚石"(语条儿 6)

……

不重复了。


第四编"方法尝试个案"包括六章,主要是试用新方法来研究老问题,或者新方法引出新问题。这新方法的特征就是"科学":数学、声学、演绎法。这些文章每篇都写得很辛苦,但大多只能算是"尝试",而且是"浅尝辄止"。

第十六章"修辞的公理化",取自《一个公理化的修辞格系统》(1990a)。上学时不习正课,该上的基础课、专业课能免则免,听的最多的是数学课,其中包括集合论、布尔代数、数理逻辑(尽管今天忘得差不多了)。于是跃跃欲试。第一个拿来试刀的竟是跟文学最近而与形式化最远的修辞学,不但把它形式化,而且做到极致的公理化。那篇文章发表是在 80 年代后期,但成稿是在 1980—1981 年。

第十七章"意义的形式化",取自《复句重分类》(1989b)。如果修辞格可以公理化,那么复句中各分句之间的关系义也应该可以形式化。那时我刚发表一篇关于汉语区别特征的文章(朱晓农 1983),大有阳光底下没有不可形式化的感觉,结果就是把复句关系做成了区别特征矩阵。

第十八章"语法研究中的假设—演绎法",取自《语法研究中的假设—演绎法:从主语的有定无定说起》(1988a)。我们知道,形式化研究最成功的两个例子就是演绎逻辑和几何学。80年代中期,和一位好朋友在语言所聊天,谈到当时一篇以归纳主义指导来研究无定主语的很有影响的文章。和那位朋友的聊天让我大受启发,当时就尝试用演绎法从另一个角度来进行探讨。文章有些拖沓,该说的话没说透,不该放在一起的话唠叨了好多(那时发文章不容易,逮着个机会就尽量多说几句)。

第十九章"训诂的可检验化",取自《反训正解》(1988c)。仿用"语条儿12",就是"反训在昨天,正解在今天"。训诂常常是随文释义,探究的是"个性",所以跟科学应该是很远的。怎么样可以对训诂释义进行检验,这就是本章内所要尝试的。

第二十章"听感的数量化",取自《基频归一化》(2004f)。我听过的数学课既杂又不系统,其中最花时间、最专注的课程也许就是微积分和数理统计了,这似乎也决定了我以后的语言本体论和语言研究方法论。我在一个讲座上谈到:语言学就像经济学,个人的行为不可测,但群体的消费、社团的语言是个统计现象,就可进行"科学的"研究了。按照决定论者,个人的消费意愿,只要各种前提都满足,就是可测的——这一信念在本体论上无可反驳,但对经济学研究毫无帮助。这就是为什么我不愿意去空谈本体论,也不愿意用数理逻辑作为方法的基础,而宁肯在不完备的前提下,使用不完备的统计方法,进行不完备的概率预测。

第二十一章"形式研究的物理基础",取自《上海声调右扩展的语音实质》(1992,2005c)。前面说了,形式化是我初入门时的爱好。这种爱好一直保持至今,形式化是科学研究不可少的,但是,作为经验科学,还需要给形式表达赋予经验内容,作出物理解释。

这些尝试散布在语言学各领域,但没包括我的主要研究兴趣,即使用语音学的方法研究音韵学和音系学问题,这是一门正在逐渐形成的新分支,也许可以叫作"音法学"。这方面使用新方法的尝试包括使用数理统计处理韵谱,使用形式派方法表达腭化音变,援引空气动力学原理解释群母分化,征引听感实验和类型学来解释重纽四等,提出"回复初始发音状态"来解释元音大转移,使用动物行为学原理解释小称调、女国音等,有兴趣的读者可以看我的《音韵研究》(2006a)。

＊　＊　＊　＊　＊　＊　＊　＊　＊　＊　＊

　　本书各章是不同时期写的,前前后后,二十多年。能够集成一编,是因为贯通全书只有一条主线,那就是演绎至上。可以说,没有演绎就没有科学。曾经有人反驳说:"有了演绎就有科学了?"很遗憾,他把我说的必要条件当成了充分条件,所以得去补习演绎课。演绎逻辑是科学的一项必要条件,加上其他两项必要条件:实证和齐一性本体观,这三项必要条件合成一个充分条件,就能发展出科学。齐一性是一元本体观在学术中的体现,它也是科学不可或缺的必要条件。所谓一元论,哪怕信神,也是只有一个至高无上的天神。如果逢山拜山神,遇水拜水神,家家门口拜土地神,那么这样的具体神仙具体拜,是只会钻个性牛角尖,而不会关心共性的,当然也跟科学没关系。自"李约瑟难题"提出至今半个世纪以来,无数学者从政治、文化、经济、心理,甚至地理角度来回答为什么中国没产生现代科学,此处给出了一个简单的答案:因为我们没有那三个必要条件——一元观、演绎逻辑、受控试验。至于进一步追问为什么发展不出那三个条件,那是下一本书的主题。

# 第一编

科学哲学观

# 第1章 科学的性质和目标

科学就是科学方法。

——邦迪

方法是语言学的灵魂，当然也是科学的灵魂。今天我们可以毫不迟疑地说，百年来语言学的长足进步是科学取得成功的标志，而语言研究中的大部分缺陷和障碍，正是科学理念没有得到全面贯彻的缘故。语言学中的科学理念，从正面来说，即坚持科学精神和假设—演绎—检验的方法；从负面来说，它反对语言研究中的事件派和事理派。

## 1.1 什么是科学：科学的思维属性

我特别欣赏数学家和宇宙学家邦迪(Sir Hermann Bondi)说的那句话，"科学就是科学方法"，以至于把它提到书名中"灵魂"的地位。科学奉行一种有别于人类历史上所有其他工作或社会活动的特定方法，所以，从方法着手可以有效地把科学从其他社会活动中区分出来。

科学活动有三个步骤：假设—演绎—检验。第一步是提出符合一元观的假设；第二步是进行逻辑推导以构建命题或命题系统，也就是理论；第三步是实证检验。这三步程序可以看成是刻画科学特征的描写性定义[①]，其中每项特征都是科学成立的必要条件，合起来构成充分条件(有关科学和思维方式的定义，见 19.2 节和第 6 章)。

尽管描写特征已经很充分，但在系统认识上，描写定义不如逻辑定义[②]。要对科学下一个逻辑定义，就得把它放进一个人类活动—工

---

[①] 定义有三种方式：感性定义、描写定义、逻辑定义，见 6.3 节(又见朱晓农 2018a)。

[②] 逻辑定义以内涵定义为主，个别场合适用外延定义。一般情况下说的逻辑定义，就是指内涵定义。

作方式的分类系统。人类活动主要分工作、学习、休息、娱乐等方面。工作首先分体力劳动和脑力劳动。科学是脑力工作，是以理性思维为主，不排除其他思维方式的工作。所以我们可以把科学放到"思维方式"的分类系统中来定义，这需要预支第四编"语思、逻辑和语言"中的一些概念。

按马林诺夫斯基(Bronislaw Malinowski)的理论，文化分为三类，从具体到抽象是：器物/物质文化、制度文化、观念/精神文化。我发现了一个新的亚类，那就是最抽象的"语思文化"，它包括语言、用语言进行的思维方式，以及在此基础上的认知方式。科学的内容和成果分布于前三类文化中，如汽车、原子弹属于器物文化，相对论、美学属于观念文化，但科学的形式和工作方式属于语思文化。科学是一种综合性的思维方式，是一种认知方式。

思维形式到底分多少种并无定论，我先把看得到和看得清的分为六类(详见6.2节)。后三类(利弊、感性、记忆思维方式)从源头上来讲是前语言的、遗传的，高级形式有语言参与。前三类是语言性思维方式，其中第3类是自然逻辑性的。前两类符合形式逻辑，其中第2类是自然语言的，第1类是人工语言。六类可定义的思维方式之外，还有一类编外的杂类，包括环境性、本能性及其他目前还认识不足的思维方式，将来从中可能分出更多的类。

科学的思维方式不是单纯的六类中的某一类，而是一种综合性的思维方式，主要成分是理性思维方式，但不排除其他。下面用科研的三步程序作为特征构成一个矩阵来定义科学的思维方式。

表 1-1　由科学活动三步骤定义的四种思维方式

| | | 假设 | 演绎推理 | 实证检验 |
|---|---|---|---|---|
| 1 | 演绎思维 | － | ＋ | － |
| 2 | 客判思维(critical thinking) | － | ＋ | ＋ |
| 3 | 形科(形式科学)思维 | ＋ | ＋ | － |
| 4 | (经验)科学思维 | ＋ | ＋ | ＋ |

科学活动的后两步都属于理性思维,第一步也可以用逻辑的方法获得一个假设,但更多的时候是使用其他方法,比如灵机一动属于感性思维方式,类推属于记忆思维方式,详细讨论见第 6 章。

## 1.2 科学的辅助定义

上文提及的是科学的思维或理性属性的定义,是逻辑定义。科学还有人文属性和社会属性。

### 1.2.1 最初的看法

科学精神包括对科学家的素质要求和对科学基础的认识论的要求。对有志于从事科学工作的学生来说,下面的几个要求可以说是老生常谈:

(1)为真理献身的勇气,服从理性而非服从权威的信念。

(2)为社会服务的自觉性,而非谋一己私利。语言学跟其他科学学科一样,其最终目的是促进社会发展,造福人类。

(3)超越前人的学术理想。

这些常谈之所以要再谈,是因为科学对于我们来说,是一项"引进的事业",科学精神并不是我们传统文化的一部分。对此怎么重申都不为过。当然,比常谈重申更重要的是,树立一套符合科学精神的行为规范。

以上是本书初版时的看法。现在看来可以进一步分析,第一点和第三点属于科学精神,尤其是"勇"的特质。第二点是社会属性要求。

### 1.2.2 科学的人文属性:科学精神大要

科学的人文属性可以从科学精神方面来认识。科学精神集中体现在科研者的品德上。对科研者品德的基本要求可以归为六项:理、智、毅、勇、诚、平,合成科研或创新六德。这六者中,有五项来自传统美德,只有理性的理是引进的,详见 5.3、20.2、20.4.3、20.4.4 节。

### 1.2.3 科学的社会属性

科学的社会属性主要指它的普遍性、公有性、非私利性、制度化的怀疑精神四大特征(Merton 1942),5.1.1节有简要介绍。

# 1.3 科学的发生

在社会和文化研究中有一个持久的热点问题:"为什么16—17世纪的科学革命是在西方而不是在东方发生?"很多人去探讨政治、经济、社会、文化、哲学等原因。其实,那都是外部条件,是"缘"(opportunity)不是"因"(cause),真正的原因在科学本身。科学属于语思文化的思维方式,以及在这一思维方式指引下的行为方式。这种思维方式包含一元本体论和假设—演绎—检验法。内因是火种,外缘只能起火上浇油或釜底抽薪的作用。

中国传统思维有两个要点:一对范畴两条推演律或中国式推理方式,即本体和认识(传统哲学中本体论和认识论混沌未分)上的"本末同构范畴"和方法上的"同构律"和"对比律"。这两种同构式推理方式对于发现来说是有效的,但对于评价来说,说毫无用处算是轻的。传统知识中确有无数发现,据考证(坦普尔1986),世界上基本的发明创造,可能有一半以上源于中国。但一到评价论证,便只有阴阳五行、本末同构了。

科学的思维方式及其指导下的行为方式是理性精神的核心部分,它保证了上述学习—科学认识机制的自动运转。科学也就靠着这两个简单过程的反复施行得以保证理性认识的不断深化拓展。

前面说过,不是任何学问都能成为科学的。甚至已经进入科学的学科也不能自动得到永远成为科学的保证。我在《古音学始末》(朱晓农1986a)中提到,在中国数千年的治学史上,只有寥寥几门称得上"经验科学"的学科,顾炎武开创的古音学便是其中可谓最精彩的一门。可惜而又费解的是,到了民初古音学殿军年代,竟又退化到三百年前与顾炎武作对的毛奇龄的水平。这是一个明白而又严酷的事实。科学革命为什么发生在西方而不是东方?按我的看法,有古希腊和古希伯来的理性主义做种子,只要有合适的土壤,即允许自由发展的外部条件,什么都可摆弄琢磨,那么,科学便会在各种研究中自然萌发。相反,在缺乏上述认识机制和假设—演绎思想(本体是最高假设)的东方,个体经验和具体技术东碰西撞向各个方向变异,偶尔碰着一个突变成就了一门"经验科学",但因为缺乏根基和气候,便不会产生新材料、新问题、新角度、新方法、新理论以至新的基本假设的连锁扩大的势头。问题解决,"日丽中天"了,也就"后无来者",退化回归了。因此,问题不应该提"为什么是在西方而不是东方发生科学革命?",而应该改为"为什么东方即使萌发科学之芽却长不成系统科学之树?"①。

科学的发生是个随机过程,而发展则是一个逻辑进化过程。也就是说,科学一开始是个只能用概率来解释的非平衡态,一旦有了一种工作方式成了范式,马上就起到晶核作用。科学于是成了一个自组织系统,靠自身的力量不断完善扩大。

## 1.4  科学中的"事实"

科学事实是用科学方法得出的。首先,我们说的"科学方法"是跟"国学方法"相对立的。传统国学有两派:一派只求事件之实,孜孜于"我注六经";另一派专讲事理发挥,玄玄乎"六经注我"。前一个事件派的目标是但求"赅括而无余"(黄侃《音略》)的集大成,而无视内部矛盾重重。后一个事理派的特点是只求特定场合"言之成理、持之有故",而不管所持之言在整个系统中是否有合适的地位,甚至根本不考虑要系统。这两派的共同点是到处都是"自成一家言"或"聊备一说"。按科学标准来看,尽是些无法验证的"特设性假设"。

所谓"尊重事实,观察事实,从事实出发得出结论",这话原则上没错,但需作进一步的分析。事实,可以分解为两个概念:事件和物相。事件是跟特定时空人物相关联的具体事实,物相是跟特定时空人物无关的抽象事实,也就是共性或共相。我们观察事件,但无法从事件中得出科学意义上的结论。从事件中能得出的是国学意义上的结论——事理。这种对事件的原因和意义铺言陈词加以解释的事理,在很多场合是随心所欲的一家之言。

① 科学革命为什么发生在欧洲? 中国为什么没产生科学? 自发的理性主义墨子逻辑是什么样的? 学来理性主义的玄奘和徐光启命运如何? 这些在 20 世纪 80 年代提出的问题,三十年后逐一解决,详见第四编。

科学注意具体事件及其细节，但更关心抽象了的物相事实。科学的结论都是从物相事实中得出来的。科学不喜欢各种见仁见智的"特设性假设"，而要求在相同的目的、方法下，从相同的材料中得出相同的结论。科学不依靠例证，而主张统计。科学不想要层叠累加出来的、内部矛盾重重的"集大成"，而是把一致性作为形式系统的首要标准。科学不是就事论事，不能"一分材料一分货"。它是根据有限材料得出普遍命题，引导人类从已知走向未知。从这个意义上来说，科学过去是、将来也必然是"小本钱做大买卖"。

有一句方法论格言"以理论就事实天经地义，以事实就理论天诛地灭"——这句话看上去很正确，但实际上即使不算错，也很有误导性。首先，把事实和理论对立起来是错的，任何事实的确认必须是在理论之中。可以说：

**理论之外无事实！**

我想，赞成天诛地灭论的人大概以为科研是从白板一块的"客观"出发去搜集材料，然后抽象或归纳出理论。其实不是这样的，搜集什么样的材料，是以什么样的理论为出发点的。他们把观察材料或实验数据当成事实本身了，所以才有"摆事实"这么一种奇怪但被广泛接受的说法。材料只是材料，是从观察测量事件中得到的数据，研究者按照某种理论安排这些材料，然后从中发现"事实真相"（TRUTH）。事实是物相，是概念！"事实"是科学探索的目标，不是可以握在手掌里摆弄的。

语言学界喜欢讲事实不爱听理论。如上所述，事件之实重要，物相之实更重要。事理的疏通可以不听，"物理的"解释非有不可。物理解释是指：A）来源、B）原因、C）元素、D）结构、E）机制。其中 A、B 是历时解释，C、D 是共时描写，E 是对 D 的动态描写。

# 1.5　科学目标：探索共性

科学的结论既然是由物相事实得出来的，那么就要把事件加以抽象，使之脱离具体的时空限制。科学事实，亦即物相事实，在时间上和空间上具有齐一性（uniformity）。科学是一项以普遍性和一致性作为最高目标的事业,尽管在具体操作过程中"寻异"和"寻同"的努力一直不断地交替进行。

语言是一个具有时间性、地域性、社会性、民族性、人文性的系统,但语言学只有科学性这一个特点。把研究对象的属性跟研究本身的性质等同起来是一个错觉,在逻辑上是讲不通的。

民族有民族性,可民族学只有科学性而无民族性;社会有社会性,社会学无社会性;地貌有地域性,地质学无地域性;宇宙有时间性,宇宙学无时间性;心理有个性,心理学无个别性;动物有动物性,动物学无动物性;植物有植物性,植物学无植物性;基因有遗传性,遗传学无遗传性;经济有人文性、政治性,经济学无人文性、政治性。以前人类学研究的是无文字的未开化社会,但人类学可不具备愚昧性。费孝通以成熟文明作为研究对象,他的《江村经济》成为其他人类学者的必读经典。谁也没有认为,包括他自己,他创立了独特的、有中国特色的、具有文明性的人类学。大熊猫的体质是独一无二的,但大熊猫的解剖学只是动物解剖学的一个部分,谁也不会说充满了鲜明的大熊猫性。

无数研究对象在分布上有地域性,在演化上有时间性,在形态上有独特性,但是研究这些对象的科学恰恰要摆脱时空的羁绊,克服个人心理的干扰,超越具体个别的局限,使研究本身独具科学性。因此,不是认识对象的性质决定了认识的方法,而是不同的认识目的决定了不同的研究方法,而不同的研究方法决定了对象所呈现的内容。

认识对象有自然性和人文性的区别只是一种显露两头的说法。事实上,从最天然的物质现象到最人为的精神现象之间具有连续性,因为说到底人本身是自然的产物。认为认识自然现象需用科学方法,认识社会文化现象需用人文方法的观点是不正确的。我们实在无法说清楚什么叫人文方法。

科学的方法即理性的方法,跟形而上的方法或艺术直觉的方法相对。人文是跟自然相对的。探讨自然现象有用科学方法的,也有用形而上或直觉方法的,如阴阳五行学说,如果这也叫学说的话。两者优劣不说也罢。探讨人文现象也一样,既有用科学方法的,也有用形而上或直觉方法的。由于人文现象的复杂性,以及使用形而上或直觉方法能满足人的理性认识以外的情感需求,因此也有用武之地。一般说来,科学的或理性的方法是人类社会发展到一定阶段才产生的,满足较高层次的需要,并给人类带来实质性的进步。形而上或直觉的方法,以及天启主义和权威主义的认识方法,都是人类思想史上的早期产物,可以满足较多层次的需要,不过,从来没给社会带来任何直接的实质性进步。梁漱溟(《东西方文化及其哲学》《人心与人生》)关于东西文化及其认识方法的差别是用力方向不同,而不是进步快慢不同的看法,的确能满足国粹派的情感要求,但这对理性认识毫无帮助,对社会进步尤多阻碍。诚然,语言可以看成一种社会现象,一种文化现象,但这并不意味着语言学也必须采用其他人文学科中常可见到的形而上或直觉的方法。恰恰相反,正因为语言学在人文学科中的地位被一些大学者如皮亚杰(Jean Piaget)、拉康(Jacques Lacan)、列维-斯特劳斯(Claude Levi-Strauss)抬高到像数学在自然科学中的地位,语言学有责任,也有能力把自己精确而明晰的理性的方法传播到其他人文学科中去,而不是反过来把自己重新降低到语文学的地位。

科学方法和艺术直觉的方法最大的区别之一是,科学以"普遍适用"为目标,强调的是共性;艺术以"标独立异"强调个性为生命。越是独特的艺术形式就越给人以新鲜感,也是越能传播的前提之一。顺便说一下,"艺术越有独特性就越有世界性"这样的道禅式辩证命题在文艺、人文哲学中可以存在,但在科学中,如果不把条件、前提、程序说清楚,就把一对矛盾概念放在主、宾词位置上用一个系词连起来,这是不可想象的。

## 1.6 科学起飞的两翼

详细讨论科研方法需要专文专书。总的来说,假设—演绎是最基本、最重要的方法。归纳、类比也各有一定用处。除此之外,还有一些别的方法,其机制目前还不太清楚。一些有影响的学者口头上力主归纳贬斥演绎,但在其论著中却自觉不自觉地使用了假设、演绎,甚至还用类比来证明。这不是说它们不能用,科学本来就依靠这些方法,只是类比只能用于发现。问题在于不管承认不承认,只要是进行科学研究,而不是传统史学经学研究,这些方法就会同时起作用。因此,对于假设、演绎，还有类比在科学中的地位，必须要有自觉而明确的认识。若能做到这一点，许多争论本来是不应该发生的。比如，关于古典小说作者的籍贯问题，有许多一家之言式的争鸣。其中好些文章看似重材料、重归纳，但实质上前提都是含糊感觉到的假设：凡是考察人员恰巧熟悉的某个现代方言中的现代语言现象（主要是词语）恰巧跟某部古典作品中的某些历史语言现象（主要是词语）有某种关联时，便可断定该作品为该方言区人所作。如果对假设—演绎法有自觉认识，上述含糊前提一经明确提出，便可看出这个假设不成立，这些论文当然也就写不出来了。

在我们悠久的读书人传统中有事件派绵密勤勉的功力，也有事理派玄想呐喊的热情。"绵密"跟英美经验论一拍即合，但也有区别：前者只关心事件之实，后者更关心物相之实。例如，近代哲学的经验论开山祖培根（Francis Bacon）认为，搞科学的"心灵要非常机敏而又全智，能够把握事物的相似之处（这是主要之点），同时又非常稳重，能够注意和分辨它们比较精细的差别"。"热情"跟拉丁民族非理性而重人事的人文主义一拍即合，但也有区别：前者重顿悟感应象征比喻，重不知分析为何物的混沌一体，重保传统的伦理观；后者择优各式系统理论，有时反传统新潮迭起。

传统学问独缺精密中保持激情，激情贯注于精密的健全理性，怀疑权威、批判传统的理性精神。因此，对于欧陆和犹太人的理性主义难以理解，甚至无法忍受。正是因为没有理性主义，没有假设—演绎系统，没有本体论或只有装潢门面的本体规定，输入的学科缺了原动力（这也就是本章开头所说的"科学理念没有得到全面贯彻"），老是等着新说引进，然后，信奉的、批评的、改造的，都有一阵可忙的，直到下一轮周期开始。可以说，西方文化，尤其是科学的根子，深深扎在古希腊和古希伯来的理性主义中。光有绵密，只能成就工匠注疏家。光有热情，只能成就文人活动家。什么时候精密和激情不再是"正""反"，而是"合"时，科学就会从此获得起飞的双翼。

中国语言学（其含义是"语言学在中国"，像"中国物理学"，而不是"中国特有的语言学"）必须坚持科学理念即理性主义的方向。科学理念是理性主义在科学研究中的体现，它主张一元本体论，坚持自我纠错的成长知识的认识论,以演绎逻辑和实证检验为方法论基础的工作方式。科学主义还含有人文因素,那就是科学精神,主要体现为科研者自我修炼的六德(详见 5.3 节),其下限门槛是理性,上限要求是勇进。

## 1.7 再 版 附 记

本章内容取自 1980 年代写的两篇文章:《科学主义:中国语言学的必由之路》(朱晓农 1987a)、《差异、统一性、科学主义》(朱晓农 1988b)。当时流行一种"特色科学论",所以著文说明科学的目标不是搞特色花样,而是找共性规律。回顾起来,写得激情有余而分析不足。当时想谈的就一个主题:科学的一元本体论问题,也就是科研的第一公理:齐一性原理。齐一性和逻辑的出现都与语言结构有关。这些个问题都到第四编新增的章节。齐一性和同语言的相关性讨论见 19.2.3.3 节。逻辑和语言的相关性,不,不仅仅是相关性,而是逻辑关系的讨论见 19.2.2 节:特定的语言结构是形式逻辑的必要条件,这个特定的语言结构就是主谓结构是且仅是表达逻辑命题语法合格的句式。

看来三十多年前已经萌生了今天的多个观点,当然都只能算是提纲挈领的起兴。不过总体看法至今未变,只是在广度、深度、细度上有了新的体会。比如本章初版有谈科学精神和认识论的,都是热血文青的手笔。所以再版在第二编里另辟一章(第 5 章)专门谈学者六德修为,这可以看成科研所需的个人素养,即表现在个体身上的"科学精神"。"六德修为至高者即为大师。"

前文 1.3 节第一段先问"李约瑟难题",然后不同意众多外部答案,认为"科学是一种思维方式,以及在这一思维方式指引下的工作方式。这种思维方式包含'符合一元本体论的假设—演绎—检验'这套方法。内因是火种,外缘只能起火上加油或釜底抽薪的作用"。再版第四编中的第 18 章"语言前提论和中国逻辑"、第 19 章"为什么中国不产生科学"是回答李谜的,他为这种科学思维方式做了长长的注脚。

当时已萌发的看法还有中国逻辑(那时叫"秦人逻辑"),初版1.3

节的第二段说:"中国传统思维有两个要点:一对范畴一个律。即本体和认识论上的本末范畴和方法上的同构律"。再版第 18 章从两条语法原理中抽绎出中国逻辑的两大范畴:同构观和本末对立观,以及两条推演律:同构律和对比律。

正如序里说的,最初的想法只是灵机一动的假说,然后才是路漫漫而更重要的论证工作。

# 第 2 章　科学的社会意义和
　　　　研究潮流

> 如果学会什么情况下抛弃自己心爱的理论,什么条件下接受
> 对方"可恶的"观点,我们就已经走上理性主义之路;因为我们弄
> 懂了逻辑评价程序,掌握了理性批判标准。

——竹子

　　语言学工作中的"虚实"问题是一个经常会为之争论并且争论起来颇动感情的问题。在我看来,拿这两个未加定义的含糊字眼笼笼统统地去评价某项工作,就像用"阴阳"来说明问题一样,并没有多大的意思。本章打算从分析"虚实"这对概念入手来谈一些看法,提一些问题。例子并不限于语言学。读者也许时而会发现一些混乱的迹象。不过,分析中的混乱可以通过进一步的分析来澄清,比笼统含糊好。事实上,归纳主义失去在科学哲学界的王座以后,"科学发现的逻辑和模式"问题所引起的混乱还未完全澄清。学界现在对于"虚实"的看法基本上沿袭 20 世纪二三十年代史语所的看法。史语所的看法中有批评玄学的,这是我同意的。但是他们对于"理论假设—事实材料"的过气看法,那是我不同意的。对这些看法最高的评价不过是延续逻辑实证主义,而逻辑实证主义已在半个世纪前从科学哲学界被淘汰出局。我有一个合理的猜想:当年史语所诸位先生如果晚生一个甲子,那么他们一定会和我站在一起,以"演绎主义""证伪主义"取代"归纳主义""实证主义",因为他们当年那么勇于站在理论进展的最前沿。

　　下文引述一些作家的言论。他们的哲学主张有的互相接近,有的互相对立,我也并不全都同意。文中所谈大多是自己的心得。这些看法并不系统,也不一定对,更不奢望读者都能赞同。我的本意是想提供一种选择的机会,多一种选择能多添一分成功的可能。读者阅后如

有混乱的感觉,我只能以流水总比死水紊乱来安慰。"从迷惘始,以明晰终",如果是指掌握的已知,科学做到了这一点。但如果是指面临的未来,那就应了西方的一句老话——"始以小迷惘,终于大迷惘"。

## 2.1 科学与社会

> 今天,社会如果养着一个叫某某学的行业,那是因为它对社会有用。
>
> ——竹子

我们先从最广泛的文化意义上来考察"虚实"这对概念。

几千年前,种地放牧是实,手工业是虚,工艺品更是虚,至于工业服务业,那是虚得没影的事儿。

对于实的工业来说,科学是虚。而在自然科学面前,社会科学又是虚。在社会科学内,法学、经济学称得上实,文学、史学、哲学因为能影响思想观念从而改变人的行为,所以显然要比语言学来得实。

还有什么比语言学更虚的? 社会学、心理学曾被认为是虚,是伪科学。可现在,有优秀青年感兴趣,有机构财物作后盾。这是一门学科最实在的基础。

语言学既处于文化虚实得分轴的最虚端,我们实在不必在内部斤斤计较你虚我实。最高的实值能有几分是可想而知的。对于学科带头人来说,最重要的是外争实而内放虚。所谓"内放虚",就是允许各种理论方法尝试。所谓"外争实",是指做一下三件事。

(1)引起社会上的兴趣,做好普及和应用工作,显示本学科的重要性。

(2)争取资金,设立系所。此外,在诸如湘西、贵阳花溪等地建立像江村、大瑶山那样的长期考察站很有必要。如果能数十年如一日,收集到连续性的、可资比较的汉语"吃"其他语言并在"吃"的过程中形成变体的详细资料,我们也许能对汉语甚至汉藏语系的语言的演变,以及更一般的语言学理论提出点什么东西。

(3)争取优秀学生。这是振兴学科最根本、最有效、最实在的措施。语言学不比物理学,能等着好学生自投罗网。其实即使物理学也不能老是守株待兔。

有一种普遍看法,认为做学问的只管扎扎实实做学问,使不上劲儿的地方少管闲事。用形象点儿的话来说,就是"只管耕耘,不管收获","只管低头拉车,不管抬头看路"。这话有一定道理。因为收获、定方向取决于许多其他因素,个人无能为力,所以与其空谈虚的,不如只管实的耕耘拉车。

不过,对于学科带头人来说,问题就不是只有单解了。并不是任何研究都能天然成为一门学问,一门学问也不是能永远成为学问的,社会是根据是否有用来发放"生死牌"的。搞清楚《红楼梦》菊花宴上谁坐南谁朝东,点清一亿人的头发根数,不管这是无法证实的虚研究,还是能够验证的实研究,它们本身是永远也成不了一门学科的。经学在过去两千年中是最显赫的学问,可说它不是学问,一夜之间立地不是学问。

按照贝尔纳(John Bernal)的说法(贝尔纳1986),从事科学工作有三种目的:

> ➤ 心理目的:使科学家得到乐趣并满足其天生的好奇心;
> ➤ 理性目的:发现外在世界并做全面了解;
> ➤ 社会目的:把这种了解用来为人类谋利。

虽然这三种目的总是交织在一起激励着科学团体,但在不同时期、不同环境中它们被强调的程度并不相同。从历史上来看,17世纪的科学家不得不坚持功利论(社会目的),因为舆论正在讥笑他们从事空虚而无益的幻想。到了19世纪,人们看到科学可用于并正用于卑鄙的目的,功利信念便让位于纯科学的理想主义:从事科学(耕耘拉车)而不求应用(看路)和报酬(收获)。随着欧战结束后产生的普遍幻灭感,连纯科学的观念也让位于强调心理目的:追求知识只不过是把童年的好奇心带到成人生活中去罢了。不同时期强调不同的目的,实际上都是为了应对社会现实提出来的问题,而不是说不同的时期科学的目的也不同,虽然三者的比重多少有些变化。

对于语言学家来说,同样有这三种工作目的。我们现在过分强调的目的是什么呢?——是理性目的!这种做法没落在"实"处。社会上并没有对语言学的理性意义有什么怀疑。相反,是对语言学的社会意义抱着实足的否定态度。前面讲的三件实事中,前两件符合社会目的,第三件符合心理目的。

语言学能否为社会实实在在地作出贡献,这实在是关乎语言学兴衰的头等大事。退一步讲,至少要跟其他学科沟通,输出点什么,从而被编织进整个知识网络。

不同的研究传统对于"实"有不同的理解。国学的实表现为背诵的基础上充分引用书证,科学的实表现为理解的基础上思想自由创造。要达到国学的实便要求学生从小背教科书,要达到科学的实便要求学生从小动手、动脑、做练习。

上面说了,在文化领域中虚和实是相对而言的。其实,同一件事对于不同阶层的人来说,下面的说太虚,上面的说很实。劳力者说认几个字有什么用。而劳心者,说得雅点,把圣人之道看成"进可济世经邦、退可修身养性"的实在人生工具;说得俗点,"书中自有黄金屋"。读经虽然没有认识论上的理性意义,但确有很实在的社会意义。当然,光有社会意义的事儿还不足以成为科学。

## 2.2  语言学中的虚和实

> 科学史像一切人类思想史一样,是不可靠的梦想,固执和错误的历史。但是科学是为数极少的这样的一种人类活动——也许是唯一的一种——在这种活动中错误得到系统的批判并且往往及时地得到纠正。在其他领域中有变化,但很少有进步。
>
> ——波普尔

本节我们在语言学的范围内进一步讨论虚实的含义。

在语言学中,也可以说在一切学科中,虚实有两种一样的对立:

- **基础研究之虚对应用研究之实;**
- **理论工作之虚对材料工作之实。**

它们之间的关系是交叉的。应用研究中有侧重材料工作的,也有侧重理论工作的。基础研究中也各有侧重。如果一味强调实而排斥虚,合乎逻辑的结论便是,只能进行应用研究中的材料工作。其余三种不是虚实相间,就是虚而又虚。照此标准,语言学刊物上的文章都不是实之又实的。既然只是虚的程度不同,五十步笑一百步,笑两声也就够了。

细究起来,材料本身,比如家里闲聊、社交谈话、课堂用语、电视演讲、朗读字表、剧本台词、小说描写、报刊文章、正式公文等等也有虚实程度的不同。目前国内语言研究的主流是语法学,语法学的主流是书面语研究。本来语言学是从挣脱文献束缚中发展起来的。在正宗的语言学观点看来,目前"主流的主流"不用说别的,就连材料本身的牢靠实在程度也大打折扣。它抽掉了语境,抽掉了发音、节奏、停顿、轻重音、语调。这种搜罗书证的做法,研究的是一种没有人说的抽象了的(虚?)话,但被公认为是踏实的学风。朱德熙、俞敏对此屡有批评。可批评只管批评,我们照样认为自己嘴里出来的例子太"主观",不如作家们的书面化土语和单音节洋腔可靠。我写过文章改过稿。这些经过我"主观"认可的句子成了别人的"客观",而别人的"主观"又成了我的"客观"。打开 *Language* 季刊,哪见过人家非在例句后注上海明威或阿瑟·黑利才算"材料扎实"。我们一方面把"描写"描写为"不带成见地收集客观事实",一方面又到处批评客观事实"主语残缺""搭配不当"。看来,我们对"客观事实"中哪些是描写对象,哪些是评改对象,并不是事先不带成见的。

有一阵很热门的书面歧义结构研究其实并不是语言学的问题,而是由书写体系不周密引出来的语文学问题。就像古书没标点引起的歧义一样,两者都是想解决仅存在于书面上的某个语言单位"属上"还是"属下"的问题。如果除了逗号和句号,还使用重音号、轻音号、半顿号等,问题也就没有了。有人把语法研究对象限于书面形式(文字标点),反把语音形式推到"语用"中去,这未免喧宾夺主,语文学复辟。当然,汉语的书面语好像有超顽强的生命力和包罗万象的海量,因此在语法中另开一项独特的脱离口语的"文法"研究似乎也成立。我提出的"核心语法"和"极限语法"①就是出于这一考虑。由于文法研究在很大程度上排除了实际语言的因素,因此就该更多地考虑心理、逻辑、修辞等因素。

---

① 我在《普通话的语法在哪里?》(1986b)中用的是"上限语法"和"下限语法"两个术语。

即使在实际语言研究中,依然存在不同层次的实。从甲发一个音X(对象),到乙听到(感觉),辨认(知觉),记录(符号化),再到丙读到记录所理解的 X(解释),其间有五个层次。每个层次之间都不是一一对应的,这是正常的,但每个层次都不失具有实的意义。它们以及它们之间的关系都可以成为独立的实的研究。

语言是社会现象,也是个人现象。是物理现象,也是生理现象。是心理现象,也是逻辑现象。是发送现象,也是接收现象。有推理表情功能,也有象征作用。能表达思想,也能遮掩思想。有感觉因素,又有理解过程。是信息最重要的载体,又是文化最伟大的成果。是符号系统,又是"所有其他符号系统的解释者"(宾文尼斯特)。虽然国内的研究主要把它看成是一个自足系统而着力于它的元素、结构。但并不妨碍把上述每个方面独立出来加以实实在在的研究。

理论(或者更应该说是科学知识)由于其易谬性而被我们看作是虚,认为不必要。其实,出错纠错是科学的必由之路。一部科学史书是高度简化了的成功史,实际的历史可以加长千百倍,而且全都是错误和失败。而现在我们光记得史书所载而把实际情况忘个精光,抱定了"要么不说,要说就说颠扑不破、万世不易的真理"的豪情壮志。对这种想法的最高评价是科学的早期观念——拉普拉斯①式的雄心。既然现在已经知道牛顿力学都不是颠扑不破的,谁还敢说哪个科学理论或知识能万世不易?

今天,我们可以轻易地指责前人理论的幼稚,但只要我们也做理论工作,那就同样免不了会给后人留下非议的地方,但我们并不能因此有丝毫的犹豫。如果我们今天仍无理论且不想要,那我们就永远也不会有理论。我们不能超越历史,去追求如同镜花水月般的永恒真理;我们也不能让历史留下空白,什么也不说。

林语堂把民族性分解为四个因素,给七个民族打了分(林语堂1941)。中国人(其实是中国知识分子)的得分是:现实主义 4 分,梦想(理想主义)1 分,幽默感 3 分,敏感性 3 分。确实,在中国传统知识中

---

① 拉普拉斯(Pierre Simon de Laplace, 1749—1827),法国数学家、天文学家和物理学家。

缺的不是虞世南①式的实,而是梦。

传统文人讲究功底扎实。他们把几本古书翻得稀烂。给经作传,给传作注,给注作疏,正义章句,补正的补正学之学。逻辑的修订,非逻辑的阐发,自我孳生问题。他们用最扎实的功力造就了一个最虚假的知识系统,既无理性认识的意义,又无促进社会的作用。真正实在的知识是能够推动理性和社会进步的。那些貌似实在其实迂腐虚假到极点的国学"知识",两千年来只有"变化"而无"进步",说它没用马上完蛋。

上面说了材料之实与理论之虚的关系。至于应用研究的实和基础科学的虚之间的关系,我们引一段杜威(John Dewey)的话(杜威,1986):

> 不管少数的知识分子阶级把纯粹科学和应用科学区分开来有多好的理由,广大人民群众却只有在应用科学的时候才和科学发生接触。科学在他们考虑就是它对他们日常生活所发生的意义,它对他们的日常职业,对他们的家庭、邻居和工厂的生活中所特有的利用,享有以及对利用和享有所加的限制等等所产生的后果,它对他们的工作或没有工作的后果。

如果我们真的研究实,就该扪心自问:今天的语言学对一般人的听说读写有什么帮助?且不说对他们的生活有什么意义。我们的语法体系能保证学生写好文章吗?或者退一步,能保证写对文章吗?如果语言学不管这些,那么管什么?

用不着再追问下去,我们已经汗流浃背。幸好杜威还有几句话,给了我们一条退路可以从相对的意义上来理解"实"。他说:

> "应用"科学对这些人的应用同它对那种从事于区分的哲学家的应用就十分不同了。发明家把数学物理的公式转变成为机器和其他动力设备,因而它对发明家的应用又十分不同。因为在他看来,它不是抽象的技术,它是在现存政治经济文化条件之下发生作用的技术。

---

① 虞世南(558—638),唐书法家、文学家。

这段话擦干了我们背上的虚汗。虽然生活学习中的实没顾上，但至少可以为其他一些研究，如心理学、逻辑学、思维科学、人工智能等，以及更一般地为文化领域的研究提供一些实。我们做到了吗？我们做了吗？

有人会反驳：为语言而研究语言是使语言学从附庸中独立出来成为一门科学的重要因素。我并不否认为研究而研究的态度和分科独立研究的做法历来所起的巨大作用。但是，认识停留在这儿是不够的。关于为研究而研究的态度，第一节里已经谈过，这里再加几句。

在现代社会生活中，科学已成为一项举足轻重的事业。它应该表现得更像一个负责任的公民。它有权利为研究而研究，也有义务为社会服务。不尽义务就没钱，怎么个孤芳自赏做纯研究？没有钱，没有系所，光靠几个人十年磨一剑，就只能干瞧着社会学、心理学蓬勃发展。

说到心理学的兴旺，有人说什么爱情心理学、变态心理学，还有什么社会、大众、宣传、商业、广告、司法、犯罪、结婚、老年、青年、观众、教育……似乎想得到的名词后都能加上"心理学"三字，这还是学问吗？其实，正因为有了外围这一大群人在做你认为虚得可笑而社会却认为扎实有用的研究，才能为心理学争得社会支持和经费来源，才能保证一小批人在核心中爬象牙塔。

我们常说，文化是一个整体。各门学科独立出来研究只是为了研究的方便，并不是研究对象本身是独立的或者可以独立。任何画地为牢的做法都会让这门学科窒息。哥德尔（Kurt Gödel）的"不完备定理"不仅是数学、数理逻辑方面的划时代贡献，也是文化史上的一座里程碑。他证明了在一个算术系统内，进而让我们推测在任何一个形式系统内，完备性和一致性（无矛盾性）不可兼而得之。现代科学中认为一致性是必须满足的首要条件。由于在完备性方面不可能得到满足，这就使得每个系统都天然留下跟外界沟通的缺口。这是一幅最正常、最活跃的知识图景。事实上，科学是知识（当然不仅仅是知识），任何一门学科只有跟整个知识网络相沟通，才是有进有出的活水。反之，就像章炳麟的"成均图"，自成一个"完备系统"而无需任何解释，自相矛盾得来回头头转,终成一潭死水。

## 2.3　事件事理和物相物理

> 具体往往先于抽象……但具体又往往成为科学发展中最大的绊脚石。
>
> ——丹齐克(1985)

有一对两端对立而两极相通的非科学方法:一端是章黄韵学的但求"赅括而无余",而不管有无矛盾;另一端是只求特定场合"言之成理,持之有故",而不管所持之言在整个系统中是否有合适地位,甚至根本不考虑要系统。前者即所谓"集大成"式学问。后者即所谓"自成一家言"或"聊备一说"。随句审音的叶音说和随文释义的训诂法便属后一类。甲用甲材料提出甲观点,乙用乙材料提出非甲观点。或者甲乙丙丁面对共同的材料得出甲乙丙丁结论,这里可能有方法、角度、目的不同,也可能只有主观取舍标准不同。大家都有"实证",各人自成一家言,就不知道给出一个统一的解释。试想:甲根据太空观察说地球围绕太阳,乙根据地面观察说太阳东升西落;甲根据大脑解剖说是脑溢血,乙根据阴阳五行说是"为风所中"——这都能聊备一说吗?

一家之言林立出现在三种场合:

i. 对具体事件的研究;

ii. 非常态科学;

iii. 常态科学中的前沿研究。

只有第三种情况是合乎理性的,研究人员有着共同的工作语言和检验标准。前两种场合往往信念高于逻辑。有时出现一家压倒诸家,大多是因为服从权威而非服从理性。

也许我们犯不上这么责怪"自成一家之言"。传统的学问跟科学本来就是两码事。它求的是事件之实。事件总是跟特定时空和特定人物相关,因此只研究具体事件属于广义的史学,方法目的跟科学不一样。张东荪举过一个例子,说"孔子在陈绝粮"一事是真是假并非头等重要的问题(张东荪 1946)。《论语》上说是事实,崔东壁①说是虚构。我们没法起孔子于地下问个实虚。其实就是孔子死而复生依然不能一言定实,要不钱锺书就不会那么讨厌写回忆录——"创造性的回忆"。讲述"孔子在陈绝粮"这件事,是为了说明某个事理:"圣人自有天保佑",或者"要做大人物,先饿其体肤"。其实,为了说明事理,是不惜制造"事实"的。让中国人确信了两千年的史实,直到顾颉刚出来才知道是层叠累加出来的。"士大夫阶级会看书,也会造假历史"(潘光旦 1935),"故考据家斤斤计较事实的本身却反而离原来叙述此事的命意远了"(张东荪 1946)。

我们常说,要尊重事实,观察事实,从事实出发得出结论。其实,这里的"事实"可以分解为两个概念:事件和物相。事件是跟特定时空人物相关联的具体事实,物相是跟特定时空无关的抽象事实,称为物相、共相、共性都无妨。我们观察事件,但无法从事件中得出科学意义上的结论。从事件中能得出的是史学意义上的结论——事理。这种对事件的原因或意义加以解释的事理在很多场合是随心所欲的一家之言。科学意义上的结论总是从物相中得出来的。对物相的解释,我所谓的"物理",包括五个方面:

A)指明时间顺序,即找到来源,追到底就是本原;

B)指明因果关系,追到底就是本因;

C)指明构成成分,追到底就是元素;

D)指明所属系统,指出它在系统中的地位以及它跟其他成分之间的关系。

A、B 是历时解释,C、D 是共时解释,也就是静态共时描写。所谓描写或解释只是相对于不同层次而言,上一层的描写可成为下一层的解释。对 D 作动态描写,即为:

E)指明系统运转时各成分之间的作用,即机制解释。

把 A、B 追溯到起点,本原和本因合一。控制论认为,除了"因果线"之外,还有"因果圈"。一般说来,因果关系蕴涵时间顺序,反之不必。但是量子力学中的一些抽象概念除外,如费恩曼②图中的粒子

---

① 即崔述(1740—1816),清代学者,号东壁。

② 费恩曼(Richard Feynman, 1918—1988),美国物理学家。

运动显示出前果而后因。现代物理学在虚的道路上走得太远,让我们还是回到常识能够接受的、脚踏实地的范围内来。最脚踏实地(真实的大地!)的常识是太阳东升西落。

量子力学给了我们一种新常识:必然性因果应让位于概率性因果。认识到这一点对于语言学来说很重要。语言,无论从本身的具体表现形式(言语)来看,还是从研究角度来看,都可以看作是个统计现象。陆志韦早先使用概率论来处理大量的音韵数据曾招非议,直到1980年代才有俞敏出来说:"完全合用,'无可非议'。"虽然从今天的数学发展来看,陆志韦当年所用的概率论显得粗些,但是,这种定量化数学思想却是进一步的方向,是现代科学的"一个基本信条"(扎德1984)。语言学虽然落在自然科学后面,但走在大部分社会科学之前。它已经学会了使用定量化数理统计和具有数学性质的蕴涵表达式。在国内,定量化思想已经不限于音韵研究。在语音、方言、文字、词汇、甚至语义、语法研究中都出现了定量研究。还有一些人尝试了别的数学方法。至于算术统计,则是随处可见。

传统小学中的训诂是只注重具体事件的典型。一代一代,添加用例,递相注疏,互相发明,集成大全,把古代作家对一些字的一般用法和特殊用法,包括引申、临时、修辞、方言、个人,甚至错误用法,述而不作统统记下来,不掺私见地展览各家私见。这种对具体字义的特殊兴趣当然跟语言学无关,不过对于现在写训诂学史以及别的什么史倒是提供了不少材料。传统学问可以像梁漱溟那样看成是人类智慧用力的另一所在,我们把它归入史学领域。现在的语言学,还有别的科学都不是从传统学问中发展出来的。这是一个简单事实,哪怕掺点私见、带点偏见也能看到这一点吧。

科学关心具体细节,但更需要抽象,正如马赫①所说(马赫1985):

> 人突出地具有一种自觉地、随意地决定自己观点的能
> 力。他有时能够撇开极显著的特点,而立刻注目于微小部
> 分,有时又能够考察稳流(不管内容是热,是电,还是液体),

---

① 马赫(Ernst Mach, 1838—1916),奥地利物理学家、哲学家。

而随后计量光谱上的夫琅禾费①线的广度。人能够随意做极概括的抽象，又能够沉湎于极琐碎的细节。动物的这种能力就小得多了。

对于日常来说，不变的共性我们比较熟悉，也比可变的东西重要。对于研究来说，"恒久的东西的总和总是比逐渐的改变大得多，所以这些逐渐的改变可以略而不计"（马赫1985）。认识到这一点是很重要的，否则研究就无从下手，甚至科学都无从产生。

"具体往往先于抽象"（丹齐克1985），这是不错的。但是，"具体又往往成为科学发展中最大的绊脚石。把数看作个体，这种看法自古以来对人类有巨大的魔力，它成了发展数的集合性理论（即算术）的道路上的主要障碍。这正如对于个别星体的具体兴趣长期地延缓了科学的天文学的建立一样"（丹齐克1985）。

8.1节将用一个从古书中找出来的天文学例子来进一步说明个体的同一性（也就是物相）识别问题是对人类智力的挑战。你可以观察到具体事实，一代一代又一代，数千年如一日，但你就是认识不到物相，认识不到这些具体事实之间到底是什么关系。当然，你的理性认识仍然停留在几千年前的童蒙水平。

语言学界喜欢讲事实而不爱听理论。按上面的分析，事件之实重要，物相之实更重要；事理可以不听，物理非有不可。20世纪30年代中央研究院的大师有句名言，叫作"拿证据来！"（丁文江）。故纸堆里的记载有时可用来作为事件的"证据"，有时还不够格（见前2.3节有关"孔子在陈绝粮"的讨论），但它们跟物相物理的"证实"无关。史学意义的证据能成就百家言，丰富了想象力；但从科学角度来看，根本不可接受，不是些特设性假设就是"现代史"（克罗齐1982）。20世纪50年代出现的计量史学现已在美国成为潮流，一个重要原因就是不满意史学方法而想用科学方法。虽然计量史学也有技穷之时，但既然走上科学之路就不会再走回头路。

事实上，对于事件的研究都不免会碰到两个问题，一是材料庞杂如何处理，一是材料的可靠性如何判断。经济学最早使用数理统计来

---

① 夫琅禾费(Joseph von Fraunhofer, 1787—1826)，德国天文学家、物理学家。

解决这些问题并取得巨大成功。其实,经济学还促进了数理统计的发展。大经济学家凯恩斯(John Keynes)本人就是数理统计大家。社会学也有了鉴别材料的数学手段,以求在更大的可信程度上利用那些"客观"材料。材料的可靠性中还包括一个可用度问题。不同学术范式中收集的材料并不是通用的。同样的材料对不同范式中的工作的含义也并不一样。材料的价值并不是永恒的。

不少年轻的语言学研究者对于本学科所受到的待遇愤愤不平:"我们语言学是带头学科。"这话语言学家拉波夫(William Labov)、格林伯格(Joseph Greenberg)说过,语言学以外的大家列维-斯特劳斯、拉康、皮亚杰也说过,甚至连维纳(Norbert Wiener)都抬举语言学。

说这话当然是有根据的。一百多年来各种范式的语言学在方法论和哲学观念上对其他学科有所输出。语言研究成为"科学",是从历史比较语言学开始的。当年胡适回国口口声声说科学方法只有两种:历史的方法和比较的方法。而那时结构语言学已经起跑了。半个世纪后,其他人文学科在结构主义道路上蹒跚学步时,语言学又跨出了重要的一步,语言普遍性的研究使"语言学从一种语言描写方法跨出一大步成为羽翼丰满的语言科学"(查·奥斯古)。

回过头来看国内的语言学,不但不应为带不了头不平,倒应该为垫底而焦急。我们太热心于对言语的事件之实作百不厌烦的描写,对语言的物相之实的关心就少多了,难得有人想探求语言之理。收集不同作家的不同用例,这仅是事件记录,弄得不好就会陷入"最可怜"的境地,"连那位作家翻译家也得罪不起"(俞敏)。只有当这些材料进入一个内部一致的形式系统时,才能认为是语言研究。

结构主义语言学本来就是一门重共性的"语言"、轻有个性差异的"言语",研究形式、研究关系的科学。当年这个"唯心"的媳妇受批判,比起具体字义和个别音变条例的婆婆来,结构语言学跑不了"虚"名声。等到"新媳妇"乔姆斯基把研究物相推向研究物理,并"寻求语言学上严密的数学表示法","新婆婆"结构主义才得了"实"的令名,而把"虚"的恶名推给下一代。是不是要等到再出现新范式去开荒拓边,我们才心安理得、踏踏实实地踱进"生成"熟地?我们不想带头,到底是认识慢半拍,还是过于圆滑?

欧洲的结构语言学是形式化、抽象化研究的典型。反对归纳，主张演绎。马丁内(André Martinet)在《音位学是功能的语音学》中像物理学一样使用了思想实验。结构主义的美国分支——描写语言学的出现，按我的理解，像是一个应急措施，为抢救濒危语言、辅助人类学以及军事、传教等多重现实目的服务，是特定时代的产物。虽最具个案研究的特色，但同一律的思维并不缺乏。它企图"建立一种适合一切语言的范畴"(岑麒祥)。其中成就最高的音位学，就是研究怎样经济而又合理地用同一个符号来概括表示多个(实际上是无限多个)近似音。同一律在西方人的思维中所起的作用无与伦比。各种学科哪怕再敌对，在推理过程中都遵循，并把追求同一性作为主要目标之一。偶有例外如柯日布斯基(Alfred Korzybski)一派的普通语义学(我很怀疑其作为科学的资格)绝对抛弃同一律，反对概括，认为概念根本不存在，有的只是具体差别：这把椅子不同于那把，昨天的椅子不同于今天的。因此，要给不同的椅子和不同时间的同一把椅子标上不同的号码以示区别。这是对事件事实的认识走到极端的表现。咱们这儿讲究事件之实的功利先生们比起钻牛角尖的柯日布斯基们显然虚多了。顺着这条思路走下去，"椅子$_1$"表示某个特定时间的某把特定椅子。但问题在于时间是不停流逝的，普通语义学在标写"椅子$_1$"时需引进一个"静止时间"或"时间点"的抽象概念。也就是说，描写再实的事件之实却离不开抽象的概念。

总之，概括可以说是科学中的必要：既是科学的手段，又是科学所要达到的初步目的。只要登上概括之梯，就没有理由在哪一级上停下来，因此，寻找语言普遍性是合乎逻辑的目标的。最后要说的是，最成功的概括是数学表达式。

## 2.4　科学的时尚和范式

常规科学的目的绝不是引起新类型的现象。凡不适合常规框架的现象，事实上往往看不到。科学家的目标按常规并不是发明新理论，他们也往往不能容忍别人的这种发明。

常规科学往往压制重大的革新，因为必然要打破它的一些基本成规。但是只要成规中有任意性因素,常规研究的本性又可以保证革新不会被压制很久。

——库恩

历史好像存在着一条"责新传递律"。年长的一辈指责年轻的一辈赶浪潮。过了若干年,早先受责的一代又开始责备更年轻的一代赶时髦。一代又一代的人对新学说百般挑剔,对老学说百般容忍,这本是全世界到处一样的,也不必大惊小怪。反倒是人为地"保护""培养"新生事物显得有些不正常。新说不必保护、培养、受优待,只要准许出生不受歧视就可以。两个"百般"若是在崇尚理性的百家鸣苑中倒是科学的自我保护、自我调节功能。要是在权威主义的一言堂里,李森科(Trofim Lysenko)①便是最好的例子。语言学界对此并不陌生。马尔(Nicole Marr)在世时的"阶级说",和马尔去世后的批判结构主义运动,不要花花草草而宁可荒芜不毛。三十年前为结构主义争生存权的语言学家,当然是为科学奋斗,而不是为推翻一种教条建立另一种教条。这种科学精神可钦可佩。他们看到年轻一代看法虽有不同,精神却一脉相承,想必会感到高兴慰藉。在这方面,已故王力先生的雅量着实叫人心服。

一般地说,当上一代的研究范围成为下一代扩大了的研究范围中的一个特定领域时,当上一代得出的普遍结论成为下一代得出的更普遍的结论中的一个特殊结论时,尤其是当上一代的知识结构、研究方向、理论基础被下一代动摇的时候,两个百般就会油然而生。但正如前述,科学既是一个成长的机体,行年五十而知四十九年非,实在是进步和自信的表现。

在这世界性的责新普遍现象中也有地域差异,比如在我们这儿是用"实"来责"虚"——责虚传递。李泽厚有一回说,老一代觉得新一代没实在的功底,才念了几本古书就敢研究传统文化。可这背得出四书五经的老一代比起前清举人老爷来又虚多了。能背白文算什么,人家

---

① 苏联农学家。在学术上主观、武断,把基因理论说成是"反动的""唯心的""形而上学的",并依仗政治权势,压制和排斥不同学术观点的学者,对苏联、东欧各国和中国的生物科学特别是遗传学的发展曾产生极坏的影响。

连集注都背下来了。

有一次，一位热心哲学的工科教授和我谈起他的忧虑，现在的中小学生只会敲计算器，心算笔算能力大不如前，珠算就更不用说了。他认为计算是最基本最实在的技能。我问他，比起计算来，取火是不是更基本的生存技能？他答是。原始人要不会钻木取火，生存就没保障了。可现在，人人会划火柴，可懂原理的人很少，会制作火柴的就更少了。

所谓技能，只是人类的谋生手段。如果某种技能被更好更方便的技能取代，如果某项靠经验训练得到的技能被机械化了，它们就失去原有的功能而被淘汰，或者成为一个特定范围内的特殊技能，从事这项技能的人便成为某一范围内的专家。狩猎、采集、种地、打斗原是最基本的生产防卫技能，现在都成了特殊技能了。

知识亦然。国学过去几乎包打天下，差不多就是一切学问了。现在几经分化，变成了一些特殊的学问。在我们的语文学—语言学演变路上也是如此。在章黄学派看来，古书是实，口语是虚；《说文解字》是实，钟铭骨契是虚，他们也拉扯些方言词来溯源考本说一通，为的是在扬雄那儿找得到于古有征。

就在这一代一代技能知识看似"虚化扩散"，实为"化虚为实"的过程中，社会实实在在地前进了。以农民的实来类比：可以薄田三五亩，祖传基业，自家领地，汗摔八瓣，精耕细作，耕耘在己，收获在天；也可以广种千顷，来点虚的机器和更虚的化学品，想收多少才决定怎么种。双方都获得了加速度。实者更实，一百里倒有八十在种地。虚者更虚，种地没剩三五个，一多半人反挤进虚得过分的第三产业。仿照老子可以说一句："从虚的出发，到达了实；从实的着手，抓了个虚。"

科学界也一样。人类最早的学问：点数和认字，一个越来越虚，一个越来越实。虚的登上学界王座，实的沦为附庸陪衬。越发达的学科虚的程度越高，越虚的学科材料就越实。而越实的材料就越不是天然的"客观"材料：理论期望，人工控制，昂贵设备，实验解释。人之为人，最可贵的就是能创造。他不但能寻找天然材料，还能制造人工材料来为需要服务。科学如此，吃穿日用也如此。我们可以玩个语义花招：制造人工材料也就是发现新材料。变换分析就是人工控制的实验。数学家马希文取得的语言学成绩的确值得语言学专业人员想一想。

语言学当然还没有发达虚化到如此程度，不过，向这方面作出努力总是值得鼓励的。

科学中的赶时髦现象是一种"可以进行描写的"常见事实。科学家对新学说的兴趣并不亚于姑娘们对时装的兴趣。路威（Robert Lowie）在《文明与野蛮》(吕叔湘译,1984)中把这描述得生动有趣（这多半有赖于生花译笔），我们引几段在下面。

> 科学界也有所谓风气，常常变化，和穿衣梳头之有时装一样。六十年前的（该书写于 1929 年）[①]口头禅是进化。进化的概念给人无分别地应用于太阳底下的一切东西——生物、天文、历史、社会（当然还有语言）。特殊是在动物学和植物学方面，顶时髦的事情就是研究物种的世系，比而列之，自原始生物以迄人类。忽然风气变了，大家集中注意遗传（就像现在注意力转移到语言能力和深层结构）。现在还有生物学者在探索动物的谱系吗？稍知自爱的生物学者莫不望望然去之。何必理会那些老朽，何必管他们的低级趣味？然而这些新派人物并非不信进化论，他们相信，和老辈一样相信（参看前文赞成徐光启不赞成阮元的理由）。然则为什么不让人研究进化的步骤呢？问这句话等于问我们的太太小姐们为什么不再穿伞形裙，为什么不再在她们脸上贴膏药。不干啦就是不干啦，您别问为什么。您以为生物学者会老是这样只管遗传不管别的事情吗？绝不会。除非我们的未来的生物学者的父母的生殖细胞里发生了什么新的因素，使他们的子孙能异于过去和现在的人类，否则我们仍然可以预言，再过一百年生物学者又将致力于完全新异的问题，对于现今捧着遗传二字呶呶不休者又将鄙夷不顾（科学不是一千年"格致"老问题，而是不断提出新问题）。

> 同一时代的科学家会没道理地统一他们的兴趣，同时也

---

① 括号内为引者按语，下同。

会没道理地分歧他们的眼光。这是因为他们的气质不同。
有些是先知,有些是怀疑家,有些是艺术家,还有些人是择业
有误,最好是去当车夫或讼师。(第270—271页)

路威的风气时尚到库恩(Thomas Kuhn)发展出一套完整的范式
理论。按他们的看法,风气变化或范式转移无理性可言。不过库恩认
为在常规科学期间①秀才们还是有理讲得清的(库恩1980)。路威那
时还未分出常规科学和科学革命,他的意思好像是整个科学进程都是
非理性的,这当然说过头了。

科学是文化的一部分,它不是单独飘浮在纯粹理性以太
里头的东西。(第270页)

人生无懦夫容身的营垒,科学的进步往往由于有气质径
庭者的无理由的冲突。(第273页)

前文里讲到"外争实而内放虚",这实在是大小社会团体重要的行
为准则。日本人在这一点上可能做得最好。路威(1984:274)说:"在
科学中,也和在文化的其他部分中一样,不少事情有赖于侥幸"。他举
了许多文化史上的例子来说明新发现常常打后门溜进来。这种侥幸
走后门大概就是现在所说的机遇了。既然如此,新说迭出(内放虚)也
即从各个角度提出问题并试用各种方法去解决,成功的机会自然大大
多于"统一意志、统一行动"。新说并非都是好东西,甚至大部分都不
是好东西,所以淘汰率极高,淘汰速度也极快。但这不是杜绝新说出
世的理由。科学就是这么广种薄收,多生少养演进的。说到底,在人
跟自然这场永恒的拳赛中,根本没有一个上帝或先知能告诉人类哪一
拳应该打,哪一拳不该打。正如希尔伯特(David Hilbert)所说:

想要预先正确判断一个问题的价值是很困难的,并且常
常是不可能的,因为最终的判断取决于科学从该问题获得的
受益。

这个问题很明显,但实际情况为什么往往很复杂呢?这大概跟一
种集体心理有关。人人都很明白,可合在一起的合力又很盲目。路威
给出了他的答案(路威1984):

_____

① 库恩把科学分为平时做的常规科学和偶尔出现的科学革命。

科学之所以迷误，或由传统，它使他们先入为主；或由畏葸，即令无传统之说也不敢睁开眼睛来看真理；或由幻想与感情用事，乃至徒劳无功。这些陷阱比外来的压力重要得多。有许多历史学家把基督教会当作科学史上的赎罪的羔羊。（第279页）

但他举了很多例子说明事情并非如此。

科学停滞的时节，多半是因为科学家不称职——因为他们是盲目崇拜过去的人，因为他们像坡里尼西亚祭司们一样的捣鬼；一句话，因为他们没有能够超出野蛮人的水平。

科学家无需怕教会，倒是对于他们自己的门户思想（盲目的合力）应该戒警恐惧。由于命运的必然，既有师不得不有弟子。大科学家之所以为大，乃因敢于向传统挑战。他的门徒把他的一切学问学了去，单单把他的精神遗漏了；把他的错误思想和他的真知灼见一例吞下去。组织团体，互相标榜，排斥外人，等到新的大师出来，把他们的教条一股脑儿扫进垃圾箱。（第280页）

路威的看法并不系统，好多观点还不明确。到了库恩把范式转移完全看成是社会心理现象，是科学团体内部的约定。这就遭到许多人反驳：科学的历史难道只有相对的转移，没有绝对的进步？应该承认，研究方向的转变中有着科学进步（控制能力和认识范围的扩大）和社会需要的理性因素。我认为，在某个学科的研究方向的转变中有一种"寻同—寻异"的节奏，也跟文明的整体进步合拍。也就是说，研究方向的转移并非完全任意，在事后诸葛亮眼中，是有迹象可寻的。

我曾在一篇文章（朱晓农 1983）中说："科学的进步往往表现为寻求差异—在深层找出一致—在更深的层次上再寻求差异。"这种"异—同"节奏既表现为研究方向的转移，也表现为科学概念的兴替。比如，早先的生物学认为人是万物之灵，与众不同（异）。达尔文（Charles Darwin）找到了人猿的共同祖先，人也被概括进动物成了灵长目中一个新科（同）。但这并不是说人猿就此相同。他们当然是有区别的，只是用过去的知识说明不了。要在新的基础上找到区别，科学就必须进步，概念必须改变。于是，发现人是有语言、会制造工具的动物（异）。

但是,古道尔(Jane Goodall, 1981)的观察表明,黑猩猩也会制造工具来取水和抓蚂蚁,这种工具并不比猿人最早的工具缺乏创造力。另外,几十年来的黑猩猩的语言训练表明,黑猩猩能掌握一定数量的抽象符号。甚至能用已掌握的符号"水"和"鸟",组合创造出新概念"鸭子"(水鸟)。这些研究表明,在"语言"和"工具"上区分人和猿的观念已受到挑战。但跟达尔文的成就一样,这不是说人猿无别。但现在要说人猿有别,要么证明他们的观察错了,要么在新的基础上来寻找新的差异,比如从符号学角度证明存在不同等级的符号系统。

如果我们接受这种"异—同"节奏律,那么对不同时代的语言研究是寻异还是寻同,其用力所在不同就不会有什么疑惑了。

理性语法强调人类逻辑相同,语法也相同。描写语法强调民族不同,语言结构也不同。新唯理主义语法(生成派)认定不同语言中有共同的范畴,因为人类都有先天的,或者说遗传的语言能力。人类既然都有语言的生理学基础,那么,寻求心理的共同范畴便是一件值得进行的工作。

按照"异同"律,我来做个事前诸葛亮的预测:普遍范畴找得差不多了,或者碰到一时难以逾越的障碍时,又将开始发掘由于社会—文化背景不同引起的心理范畴差异。

有趣的是,理性语法从心理角度寻同,描写语法从社会文化角度寻异,新理性语法又是从心理角度寻同,那么,下一轮的寻异工作大概又是从社会文化角度出发了。

不过,即使从社会文化角度来研究语言,其认识论和方法论基础依然是理性主义而非人文主义。对于世界范围内出现的新人文主义潮流,有人认为这是对理性主义的反动,是对科学主义的惩罚。我的看法不是这样。从蚂蚁爬弹簧和异-同节奏律来看,17世纪以前考虑问题的出发点是人(上层阶级)。工业和科学的兴起使人发生了"异化",一切都以科学和经济的发展作为出发点,人倒反而受自己的创造物的摆布。第二次世界大战后,科学和经济的巨大进展,以及世界各国对战争的厌恶,导致思想领域起了重大变化。人的位置重新凸显出来。前述控制论的人本主义认识论即是一例。但目前的新人文主义至少跟早期人文主义有两点重大区别。

第一,现在的"人"已不仅仅是上层阶级和精神贵族,而是一种平民意识。

第二,跟以前厌恶工业化和科学,要求"回复自然",以及厌恶理性,强调直觉和"意志自由"的人文主义不同,新人文主义是在极度享受科学技术带来的好处的基础上产生的。它并不是一概地反对科学,而是不喜欢科学和工业那种一是一、二是二的冷冰冰的面孔。它要求科学以人为出发点并为人服务,而不是去为制造战争工具服务。它要求系统全面地考虑经济进步而不以破坏环境和生态作为代价。

霍夫斯塔特(Robert Hofstadter)把科学主义和人文主义放在一个更大的范围中来考察。文化中的中产知识阶级跟下层反智主义(anti-intellectualism)的对立,往往跟政治上的激进主义跟保守主义,哲学上的理性与道德有关。知识分子中也有反智主义,科技专家跟人文学者的世界观有差别,因此在社会发展中应重视如何调整科技主义的"功能理性"(functional reason)和人文主义道德理性的关系。在1980年代这些都是热门话题,我的看法很简单:理性的进步是人类进步的不变方向,科学是迄今帮助人类达到理性进步的唯一工具。关于"理性"发展的几个阶段,可参看拙作《语言学方法论基础》。

以上是就西方国家而言。至于东方国家,传统文明跟工业文明的关系还未理顺,"后工业"文明的蚂蚁又爬了一圈转了过来。混沌未开还未让位于拆零解析,交叉综合"新的联盟"又出现了。旧的、新的、更新的。旧中的矛盾,新中的对立,更新中的七嘴八舌,新旧掺杂交错,头绪之多,可以成为专门的研究。

至于特定学科的研究方向的转移跟文明的整体进展同步上面已谈了不少。传统语言学跟经院哲学相关,结构主义跟行为主义、格式塔学说、形式化研究同步,生成语法跟认知科学和新理性主义合拍,把语言放到社会文化背景中去考察跟新人文主义相连。语音学等的进步更是直接依赖于自然科学和技术的发展。某个学科的方向转移总是跟更广阔的文化背景有关,总是跟某个潮流有关。潮流的改向有点像比赛规则的改变,你可以领潮流之先,也可以随大流,还可以针锋相对反潮流。这种反潮流也有重开新潮流的可能。但置身于潮流之外并不是一件值得夸耀的事情。这实际上等于退出科学竞争的赛场。

把潮流改向比作比赛规则改变并不是说只有相对的意义。事实上,比赛规则的改变总是出于技术发展的原因。为了让比赛更精彩,更吸引人,让各种技术的发挥更平衡,才要改变规则。

科学发展中的范式或"研究纲领"(拉卡托斯 1999)的改变也同样如此。文献资料研究得差不多了,就比较各种语言;历史探讨的进展不大了,就开始平面描写;结构罗列得不耐烦了,又从表面同形而深层不同构打开缺口。一个能提出更多更吸引人的新问题的研究纲领往往成为学科的主流。单独拿"词无定类"和"词有定类"来比较分不出什么高低,因为"词无定类"能做到"类有定职",而"词有定类"却导致"类无定职"。但就是这个"类无定职"引出了给词划分小类并进一步引出了"语义层次"等许许多多把研究推向深入的新问题,因而吸引了大多数人。相反,"词无定类"由于提不出什么新问题,也就把自己断送了。

依我看,结构主义语言学在认识论和方法论上既有"理论理性"精神,又具有"实践理性"精神。也就是说,既有形式化的方向,又有经验性研究的方向。寻找音位并根据某些原则来安排音位,以及后来的寻找"义位""法位",体现出寻求同一性和基本元素的理论理性和形式化处理方法。从不同语言不同结构的认识出发进行实地调查,具体分析特定语言,则反映了实践理性精神和学科的经验基础。20 世纪 50 年代以后语言学有了一个大发展,开辟了许多新领域,出现了许多新流派。就其科学精神的本质来说,不外乎把集于结构主义语言学一身的这两种精神择一突出发展而已。

理论理性的发展可以从三方面来看。

第一,结构主义语言学研究特定语言时只寻找语音的基本单位,生成语法则进一步寻找句子的基本单位(一般肯定陈述句为基础句,其他是派生句)和句法成分的基本单位。

第二,结构主义语言学只在特定语言中寻找语音的同一性和基本单位,音系学在实验语音学帮助下则进一步在各种语言中寻找语音的同一性和基本单位,生成语法则又扩大到各种语言中去寻找语法—心理的共同范畴。

语言学中这一新的理论理性派的代表人物也是开山人物,雅各布森(Roman Jakobson)和乔姆斯基(Noam Chomsky)都对哲学,甚至整个文化作出了贡献。他们也都是从结构主义语言学中成长起来的。雅氏可以说是结构主义语言学在形成和发展、传播过程中的一个关键人物。他对于结构主义哲学和人文学科中的结构主义方法的形成和传播也起到了重要作用。雅氏在声学家方特(C. G. M. Fant)和语音学家哈莱(Morris Halle)合作下找到的区别特征奠定了日后生成音系学的基础。区别特征在哲学上蕴涵着丰富的意义。所谓的"乔姆斯基革命"曾不为晚期结构派承认,后又受到下面要谈的"实践理性派"的挑战。纽美耶(Frederick J. Newmeyer)写过《语言学中发生过"乔姆斯基革命"吗?》(1986),讨论了很多反对意见,但支持"革命"说。其实,掀起轩然大波本身就表明发生了大事,从范式转移来看称为革命也无妨。像这种范式转移只有成功的份儿,无失败可言。至于成功度高低那要由时间来判定。不过,从它在哲学界、文化界、知识界引起的反响来看,是值得语言学界引为骄傲的。布莱恩·麦基(Bryan Magee)(《思想家:与十五位杰出哲学家的对话》)认为,如果在哲学界就"谁是最重要的在世的哲学家"这一问题举行民意调查的话,那么"严格说来他不是真正的哲学家"的乔姆斯基将会和奎因(Willard Van Orman Quine)、波普尔(Karl Popper)、萨特(Jean-Paul Sartre)等一起进入前六名。

第三,语音实验室的建立,实验手段出现于变换分析和社会方言的调查中,数理逻辑和数理统计等数学方法的使用,这些既反映了理论理性,也反映了实践理性。简单的变换是一种实验手段,不是漫无边际地四处考察自然语言,而是有意识地控制条件进行操作以获得"实验句"。变换跟其他科学实验一样,遵循的是"假如别的都不变"这一操作准则。变换的极端形式——系统转换——是把某些成分加以任何可能的变换(排列)所得的一类格式进行系统研究。这实际上已经是公理化形式系统了。实践理性和理论理性,经验性研究和理论性研究,就在这里碰头了。用实验方法来弥补自然采集之不足(样本数量不足和其他因素干扰的缺点),而模型法和公理化等假设演绎系统可以指导实验,帮助应用。对某一范围内的各种情况进行实验并作系统研究,往往跟某个演绎系统等价。

实践理性的发展有两方面。第一，跟上述乔姆斯基派生成语法寻找的普遍范畴不同，格林伯格派类型学寻找的普遍现象（语言共相）是经验性的。弗古森（Charles Ferguson）用 linguistic universal 指前者，而用 language universal 指后者。这反映出后者是一级抽象，而前者是二级抽象。在生成派眼里，类型学哪谈得上是普遍性研究，类型学家的表层共相只是为进一步研究提供材料。在类型学眼里，生成派们是在玄玄乎乎不知所云。两派各搞各的，跟生成派来往的有哲学家和数学家，跟类型学派来往的有生物学家和人类学家。雅各布森是个例外，他既参加类型学会议，又强调与哲学和数学挂钩。其实，类型学也使用数学方法。生成派和类型学的根本区别在于对共性的态度：

| | 生成派 | 类型学 |
|---|---|---|
| 决定性的 | ＋ | － |
| 统计性的 | － | ＋ |
| 蕴涵性的 | － | ＋ |

晚期结构派在语言普遍性问题上态度各不相同。霍凯特（Charles Hockett）成了类型学中一员干将，裘斯（Martin Joos）则在他主编的那本有名的结构派论文集中认为："各种语言之间的差别是没有限制且不可预料的。"这话对"寻异"者来说没错。每一片叶子都不一样，每个人的行为都不可预料。至于苹果和行星，更是风马牛不相及。裘斯的话反映了"寻异"阶段的工作信条。当然，科学不会在此躺倒不起。

第二，上面讲的几种都是把结构主义在特定语言中寻求的目标扩大到各语言之间。现在要讲的拉波夫派的社会语言学也是在特定语言或方言内把结构主义的点描写发展为立体描写。实际上三维立体都不够，是多维向量式描写。动植物分布有在平原高原的平面区别，也有山区的垂直分布不同。过去一般只注重语言的平面分布不同。社会语言学指出语言分布几乎都是沟沟坎坎，没有什么一马平川，而大都会简直就是崇山峻岭。他们分析出特定语言中多个量纲或参数，每个参数又各取不同的值，例如：

> ➢ 年龄：儿童、少年、青年、中年、＊老年……
> ➢ 教育：低、＊中偏低、中、中偏高、高……

> ➤ 言语风格：家庭用语、<u>一般交际</u>、正式场合、发表演讲、
>
> \* 朗读字表……
>
> ➤ 方言影响：\* 无、稍有、较多、严重……

结构派是在四个参数中取定一个值加以描写：音位学取带星号的值；句法学，比如赵元任，取底下画线的值。

有人看到结构派在山下摘了一朵花，就相信他们已经掌握了整座山上的植物分布的神话。有时候，这样的理想之花还不一定采得到。比如英国在第二次世界大战后进行方言调查时，竟然难以找到一个不受标准英语影响、只讲纯正方言的人（葛里高利、卡洛尔1988）。

而社会语言学则对各参数中的各个变项都加以描写，并从交际功能上，即社会文化背景中，加以说明。

我想说明的是，对事物的认识角度、深度不同，描写的方法、详略要求都不一样，调查方法也不同。从基本假设（本体观念）到最具体的操作之间有着一个严格遵循逻辑的演绎系统。

结构主义在对待不同语言或方言的地位上比规定主义（传统语法）的理解进了一步。它认为标准语和方言在语言学上的价值是平等的。社会语言学又进了一步，认为一个方言之内各种社会变体的语言学价值也是平等的。

- 规定主义"描写"高雅的；
- 结构主义描写纯正的；
- 生成学派"描写"理想的；
- 社会语言学大门一开，三教九流、五花八门、残句断语网罗
  殆尽。

国内方言点调查中的"内部差异"描写也逐渐增多，但还缺少好工具和系统的方法，包括数理统计处理和有目的（既包括理性意义，又包括社会意义）的专题调查，现在的内部差异描写似乎是没系统地拿一些"变体"来跟"纯正体"作粗略的比较，就像早期的方言调查拿一些东西跟《广韵》作比较一样。

国内外一些语言学家非常强调生成学派和社会学派之间的根本对立，大有你死我活互不兼容之势。依我看情况并非如此。拉波夫经验性的寻异工作和乔姆斯基形式化的寻同工作各自的出发点是不一

样的。两者是互补而非互斥。结构主义有以下两个信条：

i. 一个语言社团内部的"土人感"是一致的；

ii. 各个语言结构之间的差别是无限多的。

拉波夫反对的是信条(i)。他要发掘出一个语言或方言内部由社会因素引起的差异。

乔姆斯基反对的是信条(ii)。他要寻找使用不同语言的人种之间共同的心理范畴。

这么看来,社会学派和生成学派像是在不同战线向同一敌人发起进攻的非同盟援军。在扩大各自地盘的"反结构战"中的摩擦其实出于误会,因为一个是想扩大领土,一个是想扩大领海。

通过上面的分析,结构主义是一种"实"研究还是"虚"研究也就清楚了。它上不着天、下不挨地挂在半空,是不虚不实的人为的研究。前几种研究似乎比它虚,而社会语言学又显然比它实。注意：这儿的"虚""实""人为"都没什么褒贬义。事实上,没有一门学科敢自称最实的研究而看低其他学科,而几乎所有的学科都是人为的研究。

# 第3章 科学的哲学背景：
## 发现的模式

所谓发现模式，无非是一些包装隆重的辅助手段。

——竹子

## 3.1 归纳主义和演绎主义：模式之一

很多哲学流派都认为，科学发现有它的逻辑和模式，但各家的逻辑又不是一回事。从认识论上来看，有培根—逻辑实证主义的解释，有笛卡尔—莱布尼茨—爱因斯坦的唯理论解释，有康德的先验论解释，还有后起的结构主义解释等。这些谈起来哲学味道太浓，此处表过不谈。按照我这个中国式头脑，总觉得它们"公理婆理"的都离正理之道那么远。

我承认发现的逻辑存在，这个命题既是一个假说，又是一种信念。提出这个命题将引出许多新问题和进一步的研究。不过，即使最后能证明存在发现的逻辑，也一定不是现知的逻辑。因此，现在来讨论发现的逻辑还不是时候。下面主要讨论发现的模式：描写和模型。

关于科学发现的最老牌正宗的模式是归纳主义。归纳可用下图来表示：

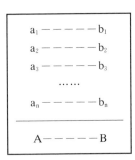

有很多人认为,归纳主义是和牛顿力学连在一起的,这是一个误解。归纳主义是培根《新工具》(1986)的思想产物。牛顿力学从一开始就不是归纳的,它的一些基本概念,如绝对时空、无限小、惯性、引力、第一推动等,不是思想的自由创造,便是显而易见的"公理",或是自然哲学的必然推论。经典物理学发展到 19 世纪,更是假说演绎自觉地普遍运用。赖欣巴哈(Hans Reichenbach)说(赖欣巴哈 1991):

> 谁要是还谈经验科学,他就不应该忘记,观察和实验之所以能建立起近代科学,只是因为它们和数学演绎结合起来了。牛顿物理学和两代以前的培根所画出的归纳科学图式大不相同。单只是观察到的事实的收集,一如培根的归纳表上所呈示的那样,是永远不能到引导科学家发现引力定律的。

他又说:

> 从逻辑上来说,它(指万有引力定律)构成了一个不能得到直接证实的假说。

我之所以引赖欣巴哈的话,是因为赖氏是逻辑实证主义的大家,而逻辑实证主义正是归纳时代的殿军。

归纳主义在 18 世纪就已遭到彻头彻尾的经验主义者休谟(David Hume)的批判,至今看来仍是充分有效的。20 世纪以来,似乎谁都可以拿它来取笑一番,罗素(Bertrand Russell)的归纳主义火鸡和马的信仰便是典型例子。不过我觉得这有点不公平。对归纳主义的批判集中在以下四点。

其一,归纳主义认为科学始于观察,证伪主义对此提出批评,并认为科学始于问题。没有问题,观察什么都不知道。如果归纳主义反驳说,作为问题基础的理论或背景知识也是归纳的结果,那么波普尔就断言归纳主义陷入了先有鸡还是先有蛋的无穷恶循环。

其二,归纳法的有效性有赖于归纳原理的正确性,而归纳原理的正确性又是归纳的结果。这就是说,归纳原理无法在逻辑上得到证明,它要靠自己证明自己,因此也是自明的公理。

其三,从可靠的前提推不出可靠的结论,也就是说,作为推理过程和手段的归纳法是不可靠的。罗素举了个例子,说有只火鸡在积累了大量观察材料后归纳出"每天早晨九点主人来喂食"的结论,谁知第二天圣诞节前夜,主人不是来喂食,而是把它宰了。

其四,如果说火鸡的悲剧在于它做的是不完全归纳,那么完全归纳应该是可靠的了。可惜的是,完全归纳只是历史总结,既然它不作什么预言,也就对科学无用了。按照金岳霖的看法,归纳结论"A—B"是一个普遍命题,而不是历史上的总结,两者是有本质区别的(金岳霖1983)。他说:"历史总结不是结论,而引用归纳原则之后得到的'A—B'是一结论。这一点也非常之重要。从前谈归纳时常常承认有所谓完的归纳,其实所谓完全的归纳根本不是归纳。"因为"历史总结不是推论出来的结论,它没有从特殊的情形跳到普遍的命题,而'A—B'是这样有跳跃的推论"。

完全归纳可靠,但它对科学用处不大,而且最要命的是不被承认为是归纳。它只是对历史事件的一种概括说法——你有苹果,我有苹果:大家都有苹果。当然它对历史研究和作为进一步解释的材料是有用的。不完全归纳(下文单独说"归纳"时即指不完全归纳)是小本钱做大买卖,即从"特殊的情形跳到普遍的命题",这就随时可能碰到火鸡的命运。

我们语法研究注重书面语而回避口语,而注重书面语又注重拿一本著作或一个作家的全部著作来作"穷尽式"研究。这是历史总结,是概括,而不是归纳法。这种穷尽是假想的穷尽! 某作家恰好选择的且恰好记录下来的句式成了你的"穷尽材料"? 那么,听人作了个报告的一盒录音带是否也能成为穷尽式研究材料呢? 这只是一个"取样"! 口语的材料可以自己取样,书面语的材料是别人替你选择好的,区别仅此而已,哪来什么客观不客观,穷尽不穷尽! 当然,一开始作一些容易的研究也是应该的,但语言学不能老停留在拿别人替你选择好的静止封闭的材料作"穷尽式"的历史总结这一初级阶段。语言学要进步,就必须像当年史语所大师们(《史语所工作之旨趣》)所说的,不断提出新问题,不断扩充新材料,不断使用新工具。

经典归纳主义在逻辑上的缺点是明显的。逻辑实证主义想用概率主义来挽救它,结果并不成功。另外,有些反对波普尔的科学哲学家,如科恩为培根的归纳主义辩护的方法是发掘出培根是证伪主义的先驱(科恩 1983)。

这些难题都是西方人对逻辑基础、分析前提等科学与形而上混沌未开的根本问题过分顶真产生的。正是在那种气氛中诞生了亚里士多德(Aristotle)、牛顿(Isaac Newton)、爱因斯坦那样"把哲学沉思、物理洞察和技术应用全部融会于一身"的学问。对于我们东方人来说,从来也不会把这些看成问题的。所谓无限恶循环的困难,如果归纳主义的鸡有,演绎主义的蛋也照样有。这是一个发生认识论的问题,还是一个形而上的问题,目前虽然还没有争出结果,但这对于西方人总是一个严肃而富有挑战性的问题。他们要是找不到一个本原本因,就会惶惶不可终日。这也是牛顿为什么要到上帝那儿去寻找"第一推动",这不是什么"大科学家也犯糊涂",什么"资产阶级唯心主义的本质",什么"世界观没改造好所以迷信"。这不是我们这班没逻辑头脑的人能理解的。牛顿的第一推动是他寻求"本因本原"的逻辑推导结果。现在的大爆炸学说认为宇宙有起始有边际,而且这么大的宇宙是从一个没有长宽高的"奇点""中""嘣"地一下迸出来的。它比第一推动"唯物"不到哪儿去。那么,咱们是不是也要去大批判呢? 不,咱们不! 因为咱们尽管不怎么懂逻辑,利害关系可精了。批判当红科学理论谁犯这傻? 咱们要的是保留批判权等到下一个新理论来了再整它。

科学之所以有今天的地位,就因为有一批人迷恋于"毫无意义"的"白痴"问题。可以说,有中等想象力的去做诗人,有超级想象力的去做科学家。爱因斯坦在给德西特的信中说:"宇宙究竟是无限延伸的,还是有限封闭的? 海涅在一首诗中曾给出一个答案:'一个白痴才期望一个回答。'"最富有幻想力的诗人的想象够不着的地方,却是成千上万的物理学家和天文学家醉心的起点。正像一位天体物理学家所说:"如今世界上太多的可能不是'白痴'式的问题,而却是白痴式的答案。所谓'没有意义'者本身,往往就是这样一类答案。"

相比之下,东方人则把无限循环心安理得地看成无始无终的证据,并满足于佛道式的辩证认识。我是东方人,但又不愿到释道辩证中去讨答案,因此讨论就只能拉回到有限范围内。不过这对我们所要解决的问题来说已经够了。在一个具体学科中,问题总是先于视察。语言学作为一门独立学科,最远可以追到 18 世纪末威廉·琼斯

（William Jones）发现梵文跟希腊文、拉丁文之间有对应关系。这似乎表明视察在前。其实不然。既懂拉丁文又懂梵文的何止琼斯一人，为什么这些对应对其他人没有意义而偏偏触动了琼斯的神经？因为以琼斯的背景知识他想不到相距如此遥远的欧洲语言和印度语言之间会有什么关系。而现在作为检验的事实说明，原先不言而喻的知识是大成问题的。葆朴（Franz Bopp）顺着这条路走下去便促成了语言学的诞生。没有背景知识或者预先不作预设的人，对于有关材料是视而不见的，或者见了也认为无关。证伪主义的"科学始于问题"的观点，在有限范围内包括具体问题上，能得到验证，所以可以接受。

归纳主义虽然在发生问题上没占先，但并没有完全被驳倒，不管是循环论证，还是自明公理，都是想给归纳原理寻找一个逻辑上安稳的基础。

但是，科学发现到底有没有逻辑，还大成问题。信奉归纳的逻辑实证主义认为有，因此拼命为归纳找逻辑基础。归纳的死对头波普尔的表现很有趣。他曾为逻辑实证论思想作出过很多贡献，却又亲手把它葬送。他的开山之作的书名就是《科学发现的逻辑》（这是英译本书名），可竟然花了近十分之一的篇幅来说明科学发现没有逻辑。不过总的来说，他跟马赫（Ernst Mach）、卡尔纳普（Rudolf Carnap）、石里克（Moritz Schlick），以及后来的拉卡托斯（Imre Lakatos）同为"逻辑重建主义"，对于科学活动和历史采取理性主义观点。但是科学史研究表明，科学中发生的事情并非总是合乎理性的。拉卡托斯多少也受到库恩非理性的历史主义影响，比如"硬核"不受证伪，任何退化的研究纲领都有东山再起的可能等等（拉卡托斯1999）。库恩从历史主义方法入手得出社会心理学观点（很像索绪尔）。他有篇文章的题目就发问："发现的逻辑还是研究的心理学？"结论是，科学信条的接受或拒斥不是逻辑问题，而是社会心理学问题，即科学团体的约定性问题。虽然他的看法受到许多批评，比如"客观主义"认为，像"物理学是曾经并且正在十分不同的社会体制中产生并和实践的"，这样的情况有利于自己而不利于"约定论"（查尔默斯1982）。但库恩的观点的确能说明很多情况，尤其是不太或不发达的学科。走得最远的是费耶阿本德（Paul Feyerabend）的心理主义，认为个人选择标准高于一切，科学研究中是一种无政府状态,科学无方法论可言,如果一定要说有什么原则在起作用,那么"这个原则就是:什么都行"(费耶阿本德 1992)。

从理性主义到历史主义到社会心理学再到心理学,科学哲学走过的路像是跟在语言学后面,连库恩那本书都以《结构》来命名。只是语言学被乔姆斯基拉进心理学范围又走上了新理性主义道路。

当代的科学哲学也像语言学、社会学一样,理论丛生而不是学派林立。科恩、奈格尔等人花了很多精力,跟在赖欣巴哈后面去探讨各种归纳规则。汉森又拾起了皮尔斯(Charles Peirce)的外展法(the method of abduction)①来解释发现的逻辑。劳丹(Larry Laudan)和西蒙尽管对立严重,但一致批评汉森分不清假说的评价和假说的发现,外展法只对前者有效。劳丹在发现域和证明域之间插进一个探索域(context of pursuit),认为发现无逻辑而另两个有。有一点可以注意:不管哪派都不否认假说和理论的作用。非但如此,他们个个都是假说派,个个都是理论派。非理性主义偏偏要给出理性上能接受的理论。归纳主义更是理论一套翻一套,它力图建立的逻辑程序正是演绎推理的好例,对于科学发现的归纳主义解释是个不折不扣的假说。把归纳原理看成自明公理,或者弱一点,看作"游戏规则"或"比赛条件",都是货真价实的公理化思想,而公理化思想则是演绎主义的典型体现。也许是我孤陋寡闻,上面这番话还没见有人说过。

假说和理论,在科学产生地是空气和水,平淡无奇,但在科学输入地,怎么强调这一点也不为过。"五四"以后的伟大学者因讨厌清谈玄想的"道理"(我指的是道家理学的"道理")而殃及假说理论。我理解这种矫枉过正,不动手术,焉除毒瘤?一个甲子按说是可以让人明白,"道理"是不可证伪的命题(与此相反,一代又一代的饱学之士不断地找出事实并认为再一次证实了它),而未经检验的假说和已经检验的理论都随时准备接受(进一步的)检验,随时准备被证伪。但现在前辈学者依然持不容忍态度,我相信其原因在于这些年来不利于科学而有利于玄学的气候使他们认为第二次启蒙的有效武器仍旧是收集材料做归纳。其实,即使在科学界中也"很难判定到哪一步科学为止,玄想

————————————

① 现已通译为"溯因法"。

起始"(霍夫曼 1979)。但只要不是压抑科学而放纵玄学的恶劣环境，自由竞争的结果是明摆着的，正如不必怕草而连苗也不要。

归纳的确会产生罗素火鸡的悲剧，真前提推不出真结论。从这一点来说，它跟类比只是五十步与一百步之差。那些批评归纳主义的人都是从现代物理学和数学熏陶中成长起来的，遗憾的是他们在苛求归纳法的逻辑基础时，似乎忘了现代数学和物理学的基础也不那么稳固。数学中的直觉主义(布劳维，Luitzen Brouwer)和哲学中的直觉主义(博格森，Henri Bergson)都是对逻辑主义(演绎主义、归纳主义、形式主义)的失望而走到另一极端的。既然物理学和数学的基础也不稳固。既然现代物理学的进展让我们意识到经典物理学的确切知识观念已经不正确，那就不必过多地去责备归纳法。更重要的是，归纳法到处在使用。下面讲个罗素对归纳看法的转变的故事，算是给这种折中的态度输一支援军。除了火鸡，罗素在 1927 年时还有个同样精彩的比喻："凡是以前经常发生的事，将会再发生，这种信念并不比马一定相信你会在经常要它拐弯的地方要它拐弯这一信念好。"火鸡的归纳也好，马的信念也好，问题是现有知识不足以构造逻辑基础。因此，二十年后，在他那本总结性的著作(罗素 1948/1983)中，他放弃了以前寄予相对论的希望，既然找不到别的东西来代替那些归纳出来的"假原则"，"他所能做的全部事情就是把他的哲学建立在这种'动物的信仰'或'马的感觉上'"(阿伦·伍德)。

总之，不确切的归纳法跟不确切的知识是互为表里的。因此，在使用中要小心，要随时用新事实来检验，随时准备修改结论。千万不要迷信，以为归纳结论是一劳永逸的证明。事实上，我根本不认为归纳法可以用来证明，见下。

我对于归纳法的基本看法是：

概括是必要的，归纳是无效的。

归纳无效当然是指用它来证明是无效的。它要做其他用途，则悉听尊便，毕竟类比、联想也有它的用途。

概括和归纳是有区别的。现在大家在该用"概括"一词的地方都用"归纳"，看来已经积非成是，也可能从来也没"是"过。归纳比概括多了一个最后的步骤：在概括的基础上作预言。没有预言，那是概括;有了预言,才是归纳。这么看来,我们大部分的研究结果只是个"概括说明",而非"归纳推理"。有些瞎嚷嚷"归纳好"的人不知道嚷的只是"概括",连"归纳"的皮毛都没摸到。

也许我的话重了。也许这种混淆概括和归纳的根子在于中文的自然语言中的歧义性。我们来看个例子:"爸爸有个苹果,妈妈有个苹果,冰冰有个苹果——大家都有苹果。"这是概括还是归纳?答案全看怎么理解"大家"一词。"大家"在此有歧义。它可以指上面"爸爸、妈妈、冰冰"三个人,因此是"概括"。它也可以指包括"爸爸、妈妈、冰冰"在内的全部有关人士,比如隔壁王阿姨,那就是"归纳"了。前一种理解是概括,因为它没有越出材料去多嘴一句。后一种理解是归纳,因为它越出了已知材料去作预言了。没有越出材料去多嘴,当然不会犯错(其实也会犯错的,如"苏打水致醉"的笑话),但所能起到的作用仅仅是表达上的简洁,还谈不上是在进行科学研究。一旦越出已知材料去作预言,那就开始了科学研究,当然也就要冒被证伪的危险。所以"一分材料一分货"是史学方法,"小本钱做大买卖"是科学方法。你在语言学中使用什么方法取决于你把语言学看作史学还是科学。

对于归纳法,我还想指出几点:

(1)归纳过窄,容易发生火鸡的悲剧;但过窄的归纳是信息量大、禁止多的命题,它符合证伪主义的要求。

(2)归纳过宽,虽然保险系数大,但信息量小,从科学上来说,是无价值或低价值的。为科学进步着想,窄归纳是好选择;为个人安全着想,则宽归纳为优。

(3)只要认识到人类一切知识及其基础都是不确切的,归纳法的不确切也就可以容忍了。

(4)有些被认为是归纳的东西实际上并不是归纳出来的,详见后文讨论假设主义处。

历史总结(所谓完全归纳)是我们处理历史事件的好方法,但要注意:

(1)它对历史记载中的矛盾之处无能为力。矛盾的造成可能是记录者的观察角度或评价标准不同,可能是记错了,可能是"造假历史"。对这一点,除了上面所说的,还可参看拙作《顾炎武的"四声一贯"说》(朱晓农 1987b)。

(2) 它也许能说明什么"有",但没法说什么"无"。

科学的方法论、认识论的研究新潮迭起。传统的科学哲学界的热闹就不用去说它了,外界也不甘侍坐。"老三论"还未消化,"新三论"又端上了席。喜欢发发西式玄想的已不限于数学家和物理学家(爱因斯坦去世前两年曾说,在 20 世纪初只有少数几个物理学家考虑哲学问题,而现在的物理学家几乎个个都是哲学家),生物学家如莫诺(Jacques Monod)、化学家如普里高津(Ilya Prigogine)、物理学家如哈肯(Hermann Haken)、天文学家如卡特(Brandon Carter),一个个粉墨登场,竟还演得有板有眼。而我却还在这老牌正宗里穷折腾。谁让我们的专业是白头宫女,话题自不免明皇玄宗。但愿以后有机会谈谈武则天和安禄山。

最后回到本节开头的科学发现的逻辑上。目前公认的观点仍然回到康德(Immanuel Kant)的"发现的心理学"和"评价的逻辑"两分上。就现有的知识而言,只能说发现出于创造性灵感,评价则是理性十足的逻辑程序。至于研究科学发现的前景,大致有以下几种看法:(1) 无法解释的、创造性的心理活动,(2) 合乎理性但非形式逻辑的,(3) 存在方法论但不存在发现的逻辑,(4) 逻辑即方法论,(5) 不但存在逻辑甚至算法。

我在前面谈的自己的看法算是第二类吧。这是一种乐观的看法。不过,真正激动人心的目标是第五类。也就是说,真正促进人类社会实质性进步的是,不仅对物理的、"客观"的世界,而且对最人文性的、最难以捉摸的心理现象也加以科学的、理性的、逻辑的解释。

## 3.2 实证主义和证伪主义: 模式之二

逻辑实证主义者相信"高概然度才合乎要求。他们明确接受这一规则:'永远接受概然率最高的假说!'现在已经不难证明,这一规则等于下一规则:'永远选择尽可能不超出证据的假说。'接下来还可证明,这不仅等于说'永远接受内容最少的假说!'而且

也等于说：'永远选择具有最高特设性的假说！'这一出乎意料的
结果来自这个事实：高概然性假说只是适应已知事实的假说，它
尽可能不超出于这些事实。"

——波普尔（1987a）

　　实证主义信奉归纳，又不断改进归纳。证伪主义信奉演绎，又不
断改进自己。本节内我们简单谈一下实证主义的发展过程，以后就主
要讨论跟实证主义有关的问题。

　　19世纪三四十年代在法国出现了一个"科学的哲学"——孔德
（Auguste Comte）的古典实证主义。孔德（《实证哲学教程》）有两点主张
是我们关心的。他说："如果从一方面说，任何实证的理论都一定要建立
在一些观察上面，那么另一方面也同样明显：人类精神必须要有某种理
论，才能进行观察。如果我们爱思考各种现象的时候不立刻把它们联系
到某些原则上去，我们就不但不可能把这些孤立的观察结合起来，从而
得出某种结论，甚至于根本无法把它们记住；而且，最常见的情况是面对
事实视而不见。"孔德认为观察需要有理论指导，他在后文还认为追踪先
有理论还是先有观察会"陷入一种恶性循环"。前面我说的那些话，真是
白费了力气，人家早在一百五十年前就同意了我们今天的看法。

　　孔德把形而上的范围划得很大并力主彻底摒弃。他说："探索那
些所谓本因和目的因，对于我们来说，乃是绝对办不到的，也是毫无意
义的。"甚至"完全不想陈述那些造成各种现象的动因，因为那样只会
把困难往后推"。他认为，"人类精神如果不钻进一些无法解决的问
题，而仅限于在一个完全实证的范围内进行研究，是仍然可以在其中
为自己最深入的活动找到取之不尽的养料的"。

　　孔德生活在一个"各种一般的宇宙现象，都由牛顿的万有引力定
律尽可能地说明了"的时代。他的哲学观点反映了在牛顿和爱因斯坦
之间把常规科学活动视为唯一正当工作的科学家们的一般看法。他
认为科学只需要描述怎么样，不必解释为什么，探索因果关系是形而
上的残余。这种观点当然连那些没有独立哲学主张的科学家也不会
理会。最近一百年是科学革命-重建范式，科学膨胀—新建范式的时
代，大科学家大多不乏哲学见解。有几位还真称得上哲学家：马赫、

奥斯瓦尔德(Friedrich Ostwald)、彭加勒(Henri Poincaré)、希尔伯特、罗素、爱因斯坦、玻尔、海森伯、布里奇曼(Percy Bridgman)、维纳、莫诺、普里高津、贝佛里奇(William Beveridge)、哈肯等，就像建立经典物理学范式时的伽利略(Galileo Galilei)、牛顿、笛卡尔、莱布尼茨(Gottfried Leibniz)，他们个个津津乐道于最经院气的形而上问题。最有意思的是，下面要谈的在科学和哲学上都承上启下起过渡作用的马赫。实证主义发展的第二个阶段是马赫主义和经验批判主义(R.阿芬那留斯)。一方面，他们更彻底地主张"描述性"科学，加强反形而上倾向，连孔德和英国实证论者斯宾塞(Herbert Spencer)的观点都被打上"形而上"的标签；另一方面，马赫(1985)又大谈认识和经验的本性、主客体问题、物理东西和心理东西的关系等等。这就使他跟那些被孔德宣布为"哲学味太浓"、远离科学的流派很接近。关于这一派的讨论文章很多，这儿就不多谈了。

实证主义发展的第三个阶段即维也纳学派的逻辑实证主义，或称新实证主义、分析学派。这一派抛弃了马赫的心理主义和生物主义。一般认为它有三个来源：古典实证主义、古典经验主义、数理逻辑。也有人认为关于分析的先验演绎思想来自笛卡尔。这个学派发展到后期，重经验论超过了实证论，因此又称为逻辑经验主义或新经验主义。这派最关心意义问题，做了很多语义分析工作。第二次世界大战后很活跃的"语言分析派"继承了这方面的工作。好多学科都是从哲学的控制下脱离出来独立成科的。逻辑实证主义把许多其他哲学家关心的问题宣布为假问题，把哲学问题全转化成语言问题。他们在逻辑语义、概率逻辑以及数理逻辑和概率论方面做了不少工作。但发展到后来，"这种哲学不仅提不出重大的、有影响的论点，而且在很大程度上丧失了自信。它愿意承认别种流派，甚至是公开'形而上学'的流派存在的可能性(甚至是不可避免性)"(列克托尔斯基《从实证主义到新实证主义》)。

另有两个不算维也纳学派但跟逻辑实证主义关系密切的人物：维特根斯坦(Lugwig Wittgenstein)和波普尔。前者也是个语言分析派。后者则是跟乔姆斯基一样是个对内部反戈一击的叛逆者，他"曾经对逻辑实证主义的许多思想的形式起过很大的作用"(列克托尔斯基），但后来却领导了一个反实证主义的运动。有趣的是，当波普尔用德文写下《研究的逻辑》（德文版，1934 年；英译本书名《科学发现的逻辑》，1959 年），举起批判理性主义大旗，驳斥经验主义的实证论时，英国的逻辑实证主义者艾耶尔（Alfred Ayer）正在忙他那本日后成名的英文著作《语言、逻辑与真理》（2006）。

上一节里讨论的问题太专门，本想把它们全删了。可是引申开想想，实证主义和经验主义的描等原则，逻辑实证主义的证实原则和归纳原则，它们的传播影响是如此深远，其影响力大小好像跟距离远近成反比，以至它们在原产地日渐衰微，反而在输入地日臻兴盛。因此有必要介绍一下来龙去脉。下面还要介绍它的克星证伪主义，并时时掺些私见，希望大家能看清，描写、归纳、证实这三条实证主义原则不足以成为进一步研究的指导原则。我总觉得，真正的归纳主义信徒是在中国而不是在西方。我们信率归纳，信就信了，何必追问它的基础、前提、使用的程序、范围、条件，否则就好像居心不诚，会冒犯教主。西方人偏偏死讲究，是非观高于好恶感。他们讲的归纳往往笼罩在演绎的阴影下，具体后文再谈。

前文引过实证主义开山祖孔德的话。我想要是我们这里的"实证主义者"事先知道真正的实证主义是这么回事，怕是死也不要实证主义了。孔德说："人类精神必须要有某种理论，才能进行观察。"就是说，没有理论指导，就根本无法进行科学观察。"如果我们爱思考各种现象的时候不立刻把它们联系到某些原则上去，我们就不但不可能把这些孤立的观察结合起来，从而得出某种结论，甚至于根本无法把它们记住；而且，最常见的情况是面对事实视而不见。"也就是说，事实必须就理论，即"把它们联系到某些原则上去"，否则，就不能理解是怎么回事，甚至记不住是怎么回事，更甚者，就根本看不见那件事儿。

这么看来，我们的"实证主义"实际上不是真正的"实证主义"，而是一种"修正主义"，或者，我觉得是的的确确的"常识主义"，是非逻辑的、非理性的，思维只是在常识范围之内，是一种看得见、摸得着才觉得"实"的"感官经验主义"。

孔德不想去"探索那些所谓本因和目的因"，认为那是"毫无意义的"。按照我后来的理解，他跟那些"溯因溯源"派的区别大体上相当于共时语言学和历史语言学。历史语言学者把造成共时分布上的差异的原因追溯到尽可能远的祖语上。但是孔德"完全不想陈述那些造成各种现象的动因，因为那样只会把困难往后推"。他认为，"人类精神如果不钻进一些无法解决的问题，而仅限于在一个完全实证的范围内进行研究，是仍然可以在其中为自己最深入的活动找到取之不尽的养料的"。这跟共时语言学的观点相似。不用往前去追踪，共时平面上的情况就用结构、功能来解释（音位学）。共时状况的研究是自主的（生成音系学），不但不用去追踪历史原因，甚至不用依靠其他力量，如语音学、社会语言学、心理学的成果等。

溯因溯源派也好，共时功能/结构解释也好，两派的共同点是都遵循逻辑之道。要追溯来源，就不可避免地一直追到起源。要么就不追溯，干脆在现状中找答案。

这种逻辑一以贯之的思想对于中国学术来说是很不习惯的。中国的学术实践是：共时现状是要探讨的，但要有说不清处呢，也可以去追追来源，当然也不能追得太远；太远了，常识够不着，就又不行了。拿音韵学来说，中古音构拟还是常识够得着的地方。那么多韵书、韵图、古文献搁那儿，加上现代方言凑合凑合，八九不离十。经验、功底、实在加一点机会主义（凑合凑合碰运气），传统的看家本领能用也正好全用上。但上古音构拟就麻烦了——没韵书没韵图，韵脚、谐声作为证据是间接的，构拟超出了常识范围，所以就有"鬼画符"之嫌。至于再往前的原始汉藏语，谈也别谈！因为比鬼画符更鬼的不但超出了常识范围，甚至超出了语言范围，它是什么呀？

这种逻辑上的不彻底性在西方人眼中就是矛盾，就是不可取。但在我们这儿，这种首鼠两端的机会主义态度是要受表扬的，是"通达""不教条""不绝对""不把话说死"。

所以咱们这儿实际上没有实证主义，没有归纳主义；有的只是"常识主义"和"感官经验主义"，外加"机会主义"和"实际主义"。再进一步，实际上我们什么主义也没有，因为所有"主义"都是一种"理论"，都是以演绎逻辑串连起来的命题系统。这当然是我们三千年来没听说过的，所以我们有的只是感官经验和常识指引。

有人说逻辑实证主义是现代科学革命的第一个哲学产物。我的看法正相反,它是上一个科学范式的最后一个哲学产物。它更多地受牛顿力学和达尔文进化论的决定论的影响,认为科学只是通过归纳法从经验中确立起来的,即得到证实的真命题。科学的发展即是这些命题的积累。从 20 世纪 20 年代发展起来的哲学流派(石里克在 1922 年到维也纳大学任哲学教授被看成该学派的创立)身上看不到相对论的影响,不过它倒是接受了量子力学的非决定论(卡尔纳普《决定论的彼岸》)。它是一种关于科学证明的逻辑方法论,而这种方法论以及逻辑实证主义的科学观和科学史观已被当代科学哲学所抛弃。

20 世纪以来,由相对论和量子力学引爆的科学革命在各个领域引起连锁反应。因此,关于科学发现的方法论以及认识论成了热门话题。决定论已经蜕变为实在论(爱因斯坦),再变为人择原理(宇宙学)。非决定论取得压倒性优势,如概率观点和测不准原理(量子力学)、偶然性观点(分子生物学)、突变观念(数学和生物学)、偶然和必然的相互作用观(协同学)和交替作用观(耗散结构)、人本观念(控制论)。这是一个科学在疯狂地开拓新边疆的时代,谁要是能冷静地以不变应万变,不是信仰超级坚定,就是无视事实,或是等着摘桃。我的观点是:只要科学中的追求简单性、和谐性和统一性的美学观点不变,那么有朝一日决定论可能会在新的证据上复活。当然不会是老决定论的翻版。事实上,卡特的人择原理已经燃起了新的希望之火。我们当然不能坐以待变,到时伸手摘桃,而应该尽其所能,参与变革,哪怕力量再卑微。

在科学哲学中,也发生了它用来形容其他学科的"科学革命"。波普尔和库恩建立了同以往完全不同的知识观:反归纳的证伪主义的方法论和范式转移的科学发展观。下面我们就来看波普尔是怎样批评逻辑实证主义的证实原则和归纳原则的,至于早期实证主义的描写原则,在自然科学界没人信它,我就从发展中学科的角度来谈谈自己的看法。

关于证实原则,我们先来看后期逻辑实证主义者克拉夫特(Victor Kraft,1999)是如何表述这一原则的:

> 证实原则要确切地表述出来是一件很复杂的事,我相信,对这个原则还没有令人满意的确切的表述。但是粗略地

说,大体上是这样:证实原则就是认为一个陈述的意义是由它可能被证实的方式所决定的,而该陈述被证实就在于它被经验观察所检验。因此,那些形而上学的陈述是没有任何经验的观察来表明它是对的还是错的,所以它们就得作为事实上的无意义的陈述而被排除。这里要强调的是"事实上"这个词,因为我们并不否认语言除了传达信息以外还有别的用途,也不是说这些其他的用法就不重要,或者说形而上学的陈述在其他这些用途上就不能起作用。例如,形而上学的陈述可以表述一种对生活有趣而充满希望的态度。然而这里所主张的只是,它们不可能对事实有所表述。

逻辑实证主义处于哲学和科学之间,关系十分微妙。一开始它左右逢源,到后来它两头不讨好。它认为形而上学的哲学思辨是过渡性的东西,是逻辑无法处理哲学的表现,哲学的发展必然要走上科学化的道路(参看赖欣巴哈1991)。但哲学照样在思辨。艾耶尔的话表明逻辑实证主义只能跟形而上学和平共处,互不干涉。它成了哲学的一个专门领域里的流派。要是它安于一隅,倒也无妨,可它还想制定一些原则来指导和说明科学。不过,科学的发展并没有受它指导,而它对科学的说明又遭到严厉批评。

逻辑实证主义认为科学与非科学的区别在于"可证实性",卡尔纳普又把它弱化为"可确证度"。证伪主义正好相反,认为是"可证伪性"。因为可证实性一方面排除了一些本质上属于科学的研究,如亚里士多德–托勒密的地心说和燃素说等(见库恩1980);另一方面又无法排除伪科学,如占星术(见波普尔1987a)。波普尔认为,"可证实性判据,不仅不合理,而且不可能,因为它的归纳法工具是无效的"。前面说过,归纳法没有可靠的逻辑基础,由此得到的"可证实性的判决性的证据"也不能得到逻辑上的保证。波普尔认为他的"可证伪性判据不仅合理,而且逻辑上有保证,因为它的工具是否定式假言直言三段论演绎法"。

西方人这种凡事论逻辑的议论让我们听起来很不顺耳。事实就是事实,管逻辑什么事!讨论这事会没完没了,而且对一个中国头脑也不会有什么结果。这里就指出几点。我们所说的事实是系统中的事实,即属于波普尔的世界Ⅲ①。西方的科学和科学哲学中尽管对立争吵,但谁都是凡事论逻辑。他们的科学和科学哲学尽管逻辑基础还不稳固,但都在为此努力。他们有一个前提,无论是事实前提还是假设前提,每推论一步都严格按照逻辑程序,并尽可能寻找新事实来检验。

波普尔认为,科学的命题跟可证伪的陈述是等价的。命题的可证伪度越高即所禁止的越多,信息量即知识含量也越多。相反,一切不可证伪的命题都是非科学的。我们接受某个理论或定律,不是因为它们得到了事实尤其是实验的证明,而是由于过去的观察跟它们不矛盾。看上去这只是两种稍有差别的说法,一个强命题,一个弱命题;但实际上反映出证实原则和证伪原则对待事实和理论的根本分歧。证实的东西意味着永远正确,而过去不矛盾并不保证永不被证伪。有趣的是,科学的巨大成功没有鼓起科学家的傲气反使他们日益谦恭(反倒是只知科学皮毛的国学家们借证实之名拉科学的后腿)。接受强命题必然引向开尔文勋爵〔即威廉·汤姆孙(William Thomson)〕宣布的以后的事只需加长小数点后的位数。而接受弱命题才能掀起一场又一场改变世界的科学革命。据我看,上面强弱两个命题如果反过来看,即不是看它们主张些什么,而是看它们禁止些什么,就可以发现:证实原则和证伪原则并不矛盾,前者包含在后者之内,即后者禁止的更多,信息量更大,可证伪度更高,以科学角度来看是更可取的命题。证实原则禁止既不可证实也不可证伪的陈述,即艾耶尔所谓的"没有任何经验的观察来表明它是对的还是错的"。证伪原则只禁止不可证伪的陈述。显然,至少从逻辑上来说后者包含了前者,这样看来,证伪原则是发展了证实原则而不是驳倒了证实原则。

波普尔的学说对付逻辑实证主义是有效的,但深究下去它的破绽也显露出来了。它的一些提法不妥当,证伪性证据并不是处处有效的。它不能说明处于变革时期的科学活动,这也是波普尔坚持理性主义带来的后果。不过,要是认为反正变来变去都有毛病,还不如不变,

<hr />

① 波普尔提出三个世界的理论:世界Ⅰ为物理对象;世界Ⅱ为主体意识与经验;世界Ⅲ为思想内容,是人造的,但有独立自主性,有其发展逻辑。

"以不变应万变",那就错了。认识就是这么提高的,科学就是这么发展的。拉卡托斯和库恩从两个方面推进了研究。拉卡托斯也是理性主义者,他改进了波普尔的提法,加强了科学史研究。他提出的科学研究纲领方法论是精致化的证伪主义,能在有限范围内说明历史(拉卡托斯 1999)。库恩看到理性主义解释不了科学史,于是从非理性主义的社会心理主义角度提出了他那波及全世界、影响一代人的科学发展观。科学哲学发展到现在,又形成了劳丹、夏佩尔(Dudly Shapers)新的中心。由于一代一代的理论嬗变,我们今天对于什么是科学、科学的认识论和方法论都有了更为深刻认识。

关于归纳原则。归纳的弱点,我们已经谈得够多了。逻辑实证主义也看到了这些,卡尔纳普(《概率的逻辑基础》)用概率主义又加以修补,用"可确证度"来代替"可证实性"。对此,波普尔指出:"人们可以把一个概率归于一个假说(这里的假说指普遍定律)……通过估计一切检验和一切还没有试过的(可以设想的)检验之间的比率而算出未来的概率。但这也毫无作用,因为可以精确计算这种估计,而其结果总是概率为零。"(波普尔 2008)其实卡尔纳普自己也意识到了这一点。在一个无限的世界中,"所有普遍定律都具有零确证度"。因此,卡尔纳普只有两种选择:(1) 实例确证;(2) 科学没有自然定律也行,即只需具体描述。第二点不必多说。关于第一点,波普尔举了两个例子来说明确证度高低对于定律的成立与否没有关系。例如,卡尔纳普自己举过一个例子"凡天鹅皆白"这么一条定律,现发现一千只白天鹅和一只黑天鹅。从波普尔角度看,定律已被证伪。而从逻辑实证主义角度看,定律的确证度接近于 1。又如"所有掷出的钱币都出现头像"这条定律的实例确证度为 1/2 而不是 0。更一般地说,如果平均每 n 个实例证伪一次,那么其确证度为(1−1/ n)而不是 0。概率主义实在无法确定到底是确证度为 0 还是某个真分数值时才推翻定律。要是凡出现一次反例就可推翻,那就等于承认概率对于实证无意义,也就承认了证伪主义。

证伪主义认为科学应探求高内容而不是高概率。而逻辑实证主义者把确证与概率等同起来,他们相信"高概然度才合乎要求"。他们明确接受这一规则:"永远接受概然率最高的假说!"现在已经不难证明,这一规则等于下一规则:"永远选择尽可能不超出证据的假说。"接下来还可证明,这不仅等于说"永远接受内容最少的假说!"而且也等于说:"永远选择具有最高特设性的假说!"这一出乎意料的结果来自这个事实:"高概然性假说只是适应已知事实的假说,它尽可能不超出于这些事实。"(波普尔1987a)。

前面说过,史语所的大师们接受了20世纪二三十年代最盛行的哲学主张。他们的看法正好是上面波普尔所批评的:"我们反对疏证……一分材料出一分货,十分材料出十分货,没有材料便不出货。两件事实之间,隔着一大段,把它们联络起来的一切设想,自然有些也是多多少少可以容许的,但推理是危险的事,以假说可能为当然是不诚信的事。……材料之内使他发现无遗,材料之外我们一点也不越过去说。"(《史语所工作之皆趣》)。这番话如果单单是指历史研究,倒也代表了一种史学流派。但语言学是研究物相事实的,它无意降格到史学水平。因此,推理即使要冒被证伪的危险,但它既想成为科学命题就必然免不了这个危险。宗教命题"上帝创造世界"和哲学命题"人之初性本善"都是不可证伪的,也是与科学无关的命题。假设可能当然不能成为当然,事实上,无论从归纳本身还是从由它得出的结论在逻辑上的不可靠性来看,还是从证伪主义角度来看,科学知识都是一种有待于不断接受检验的假说系统,即卡尔纳普所谓的规律只"不过是对观察到的规律性的描述"(《因果性和决定论》),或波普尔那出名的世界Ⅲ。不过我相信,史语所这班总是站在时代最前列的大师们如果生在今天,当然是接受今天的科学学说而不是昨天或前天的过期货。

一只蚂蚁顺着弹簧螺旋往上爬。从侧面看,它沿S形上升,从上面俯视,或投影到平面上,蚂蚁在转圈,瞎忙乎一阵后又回到了原地。

上述隐喻可以用在许多地方。对于西方的学术思想,也有这两种观察法。细细加以历史考察(侧视),可以看到同被叫作"唯理论"或"经验论"的各派学说,即使处于弹簧的同一"经度",也不是在同一"纬度"上。要是超脱了世俗,压扁了历史来看,它们两千年如一日老在转圈。俯视的态度有一定好处,它可以缓解追赶的急迫感,并滋生先知先觉的自豪感。以不变应万变,五百年一劫,熬过了这一阵它又会转回来研究我们的"新儒学"。俯视牛顿和乡村牧师同样信上帝,但牛顿的上帝轮回了一劫在不同的纬度上。俯视爱因斯坦"相对主义",连《泰晤士报》在爱丁顿证实了相对论之后发表的社论中也这么说:"观察的科学事实上已回到最纯粹的主观唯心论了。"别的批判就更不用提了。

唯心的经院哲学自然不是唯物的经验科学的对手,就像宋学敌不过朴学。可提升了一圈到了 20 世纪的理性主义却高出归纳主义一头。这里面态度的转变、哲学观念的交替是跟科学同步的。相比之下,汉学—理学—朴学—新儒学,这里治学态度和哲学观念的交替与科学进步无关,而仅仅属于史学,从前的"当代史"加上现在的"当代史"。科学的功效之一在于它到处破除永恒绝对观,连它自身也不免。天变道亦变,学科基础变研究的核心问题也变,管它叫时尚或范式都无妨。老问题给出新答案标志着一个新纬度。不要以为玻尔拿太极图做爵徽就值得鼓吹"新道学"了。量子力学和分子生物学中的观念有跟释道易,即所谓东方神秘主义之间有巧合处,可灵感归灵感,科学的概念照样要用数学来定义。相反,天不变道亦不变,基础不变核心问题也不变的是经学。新瓶装旧酒还在同一纬度上转圈。它要做绝对学问,所谓"大学",明在于治,治在于齐,齐在于……三纲八目,基础核心,最终推到"格物致知"。在这核心问题上瞎驴拉磨转了一千年,到最后,物没格成,"格物致知"这话本身倒是被格了又格;知没致到,格"格物致知"史倒又成了新知。

回到前面经院哲学—经验论—唯理论的旋升上,之前读到沃尔夫冈·施特格米勒(Wolfgang Stegmuller)的《归纳问题:休谟提出的挑战和当前的回答》,最新的归纳主义者也有类似看法。他在讨论"'演绎主义'和'归纳主义'的两位卓越代表波普尔和卡尔纳普的观点"时指出:"波普尔的理论和卡尔纳普的理论之间没有任何共同点。这两位思想家所代表的对立的观点是由卡尔纳普的错误引起的,这事与他的某种理论有关,如他的部分逻辑蕴涵理论,归纳逻辑或关于科学假设的归纳证明理论。但这个理论是不正确的。……卡尔纳普的实际对手并不是像'波普尔派'那样的演绎主义者,而是那些主观主义(人格/文主义)的或然性理论家(按:大概是些西方自成一家言者)。因为跟卡尔纳普相反,后者不敢类似自然科学程序那样,从明显的信念谓词追溯到更深刻的意向结构。"我想大概够了。波普尔针对卡尔纳普的归纳逻辑和归纳证明及其概率基础的致命弱点予以批判,并发展出一套完全不同的科学哲学,从这一点上来看,"两者没有任何共同点"。但是从求实批判精神,跟从科学发展,遵守逻辑要求上来看,波普尔跟卡尔纳普相同,他不但敢"类似自然科学程序那样,从明显的信念谓词追溯到更深刻的意向结构",而且做得更地道。

关于描写原则,前面已经讲过早期实证主义关于科学即描写的观点。逻辑实证主义已经后撤,它主要是坚持在哲学问题上的描写、分析和主张。维特根斯坦(《哲学研究》)承认:"说我们的分析不可能是科学的,是说对了。"但他主张,"在我们的推理中不应有什么假设的东西。我们应当避免任何解释,而只应让描述来取代它。这种描述由于哲学问题而获得了自己阐明问题的能力,即自己的目的"。

"科学即描写"的主张,再早可以追溯到大名鼎鼎的经验主义者休谟。休谟(《人性论》《人类理解研究》)对知识的理性(逻辑)基础提出了至今仍没法回答的异议。他把哲学关系分为两类七种。第一类为确定性的四种,第二类为观念性的三种。第一类四种"完全取决于观念,能够成为知识和确定性的对象。这四种是类似、相反、性质的程度和数或量的比例"。这些知识大多是指描写性的。第二类并不仅仅依存于观念的三种关系是"同一关系、时和空中的位置和因果关系"。他认为演绎法得到的结论并不可靠,因为作为前提的公理本身可能有错。他也认为归纳法不可靠,它只能告诉我们概然的知识。只有描写感觉所及的对象才是确切的知识。探讨观念的关系只有代数和算术最可靠,几何就要差点。不过他要是知道后来数学发生的第三次危机,恐怕就会把代数和算术也要算作不可靠了。至于因果律,那是一个心理观念,实际上是习惯律和联想律在起作用。实证主义有许多观点都来自休谟。

罗素(《西方哲学史》)说,休谟"给哲学家们下了一道战表,依我看来,到现在还一直没有够得上对手的应战"。有不少哲学家相信,康德的《纯粹理性批判》已经驳倒了休谟。但事实上那些想为知识建立理性基础的人,包括康德、黑格尔(Georg Hegel),不但驳不倒休谟,反为休谟击中要害。同样,后来的经验论者也无法回答休谟的挑战。为了给知识寻找逻辑基础,归纳主义者卡尔纳普和演绎主义者波普尔、拉卡托斯从证实和证伪两方面竭尽全力,终于宣告这时代的努力全都白费了。因而产生了历史主义,主要人物有库恩(加上社会心理观点),汉森、劳丹(解决问题模式),费耶阿本德(加上心理观点),图尔明(Stephen Toulmin)(进化观点)等。休谟对知识基础的疑问至今无法给予理性解答。但他的描写原则没人认真看待,马赫坚信的结果是否认电子的存在。

一般把科学的进程分为:(1) 规定性研究(回答对或错)和史学性研究(滋生百家言),即前科学时期。(2) 描写性研究(回答怎么样),这对在分布上有地域差异、时间上有演化过程,即不具有时空齐一性的研究对象最合适,分布图、演化树、形态、结构描写是主要任务;也即前述 2.3 节中的物相描写和解释 A、C、D,我把这种研究叫作初级常态科学。(3) 解释性科学(回答为什么),即 2.3 节的解释 B,这是高级常态科学。

我在《现代语言学的地位》(1984)一文中曾提到上述三个阶段,不过没把史学性研究放在里面。表面上看,规定性理解和史学百家言是矛盾的,但实际上是互补的。该规定性理解的地方是没有百家言地盘的,各个时代的规定性理解累积起来又成了百家言。科学的蓬勃发展让史学家大为自卑。历来有很多人想让历史学登上科学殿堂但总不成功。李凯尔特(Heinrich Rickert)、文德尔班(Wilhelm Windelband)、狄尔泰(Wilhelm Dilthey)等人想一刀切开史学和科学,摆脱实证主义和科学主义,但论证的工具依然是实证论。从克罗齐(Benedetto Croce)的"当代史"思想,到施本格勒(Oswald Spengler)《西方的衰落》,再到汤因比(Arnold Toynbee)的"共时观",大作家的努力似乎是放在建立历史模式和历史哲学上。科林伍德(Robin Collingwood)把历史看成不同于科学和哲学的"第三种东西",他的"一切历史都是思想史"是以论代史的顶峰。19 世纪史学科学化的努力如今又有了新发展,从计量派到金观涛的"超稳定结构"(金观涛 1983),可以看到历史学在科学化道路上的尝试。

历史学中的变化我们很能体会,语言学本来就是从历史研究起步的。但幸运的是,语言学很快跟上了生物学和地质学,进入了描写期。

动植物和地质的分布原则上是可以调查穷尽的,它们的变化和新种产生较慢,而描写分类工作进展很快,再加上数学、物理、化学的帮助,就容易进入解释期。相比之下,语言学界人手少,语言在地理分布上的复杂性和变化的速度使我们的描写难以穷尽。那么,是不是要等到描写工作达到一个大致完备的程度才能进入解释期呢? 有一种回答是肯定的。考虑到自然科学还不能提供多少利器使得肯定回答就更有力了。

我的看法是:语言学、生物学、地质学从历史研究和共时描写到解释这个过程如果可以用世代谱系来比喻,那也不是蛹蛾蜕变,而往往是祖孙同堂,因为研究对象本来就有历史演化道程,又有地域分布差异,而这过程和差异又始终是研究课题。因此,所谓解释就不仅仅像物理学那样限于原因和机制,对于来源和分布也应该提供解释。谁在解释方面做得好,谁也就在历史和分布方面理得清。事实上,生物学、地质学早在 19 世纪就已用假说来尝试解释来源和分布了,它们的幸运在于描写进展快,又得到数理化利器相助。

语言学作为一个母系统,其中有些子系统,如语义和词汇研究还在史学阶段。有的子系统,如实验语音学已进入实验解释期。有些子系统如音韵学、音系学、生成语法开始从描写向解释迈步。有一种很普遍的看法,认为历史语法、历史语义的研究比历史语音研究更实在、更牢靠,因为前者于史有证而后者凭空构拟。这话从史学意义上来看是对的,但从物相研究的角度来看正好相反,因为历史语音研究的出发点是以下三个足以被称为科学基础的基石:基于实验语音学的普适性原理,基于类型学的普遍现象(共相),愿意接受事实检验并甘冒被证伪危险的科学假说。举一个《切韵》音系四声还是八声的争论为例。这不是一个搜索古书,靠历史总结就能解决的问题。古书记载有的,实际情况不一定有,如《洪武正韵》、民初老国音掺入了异时异地的东西,三皇五帝尧舜禹是"早期历史小说中的人物"。单凭历史记载定有无,那是传统史学结论。语言学可以有更好的办法。实验语音学和类型学证明了"清浊蕴涵高低"这一普遍现象(参看朱晓农 1987c),那么再认为切韵音系清浊与阴阳无关便是一个不必要的特设性假设。波普尔在得出归纳主义"永远选择有最高特设性的假说"的结论后说:

"着意于高概率就承担了支持特设性假说的反直观规则……但人们都知道,科学家不喜欢特设假说;它们充其量也只是权宜之计,不是真正的目标。"(科学家宁要大胆的假说,因为可受到更严格的检验,而且是独立地受到检验。)如果检验结果证明某种语言构拟不符合哪条原理、共相或假说,那就应该抛弃或修改原有的构拟。比如雅各布森发现"bh→ph"这一共相,历史语言学者立刻修改原始印欧语的构拟。如果检验结果发现某个语言中存在与已知假说相拗的事实,那就修改前者。

语音史研究类似生物史、地质史研究,但又不完全一样。语音的共时描写更难穷尽,历史的佐证也更少,它没有录音化石。因此,我更愿意把语音史的研究比作宇宙学,它们同样在共时平面上有分布差异并且难以穷尽,天体分布差异的不可穷尽性更甚于语言,它们同样没有历史佐证而偏要构拟历史。跟宇宙史以亿年为单位相比,语言史的千年单位短多了。语言史,首先是语音史研究要努力向"天地生"(即宇宙学、地质学、生物演化史)看齐,在调查分布的同时尝试解释,并以解释来推动、改进观察描写,比如遗传学的进展使得人们能重新考虑生物进化的情况。

当然,语言研究的解释比起"天地生"来要困难得多,因为后者在一般情况下只有物理内容,而前者掺有社会、心理内容。语言学各门类中,语音学的心理内容最少(我把社会方言的语音差异比作动植物地质的垂直地域分布差异),因此它在解释方面走在最前列也是理所当然的。至于语法和语义研究,尝试使用心理学、社会学、逻辑学等来解释也没有什么不可以。当然,这不是说大家都放下描写去解释,我的意思是:(1)要为理论解释争一合法身份;(2)不同的理论需要/导致不同的描写;(3)调查描写应时刻关心理论进展情况,以辨别哪些描写具有理论意义,哪些只是在不同的高度上反复做落体实验。第(1)点和第(3)点不必多说,关于第(2)点前面也谈过不少,这儿再举两个例子。一是生成语义学对语义的描写跟传统大不相同。二是语音描写从音素到音位再到区别特征的进展是理论的巨大成功。区别特征的发现在哲学上的重要意义还未充分显示出来。物质分解,是像墨子所说的"万世不竭",还是像毕达哥拉斯—柏拉图主张的最重实体是数或形式？科学的进展给了我们新的认识。量子力学告诉我们粒子会转化为能量或别的粒子。音系学告诉我们，对于作为实体的音位作进一步分解，会得出性质特征。

正如演绎主义每旋升一圈就会用新的科学成就武装自己一样，归纳主义也在不断改善自己。事实上，按梯利(Frank Thilly)的说法(梯利1979)，牛顿以后"一切近代哲学体系都是唯理主义的"，同时，"一切近代哲学都是经验主义的"。上引施特格米勒的文章中有一段话很妙："波普尔的理论旨在建立一种关于理论的元理论，卡尔纳普的理论旨在建立一种关于实践的元理论。波普尔的思想属于'理论理性'的领域，卡尔纳普的思想属于'实践理性'的领域。"以往我们光说经验和理性的对立。原来在最新的归纳主义者眼中，归纳主义也是理性派，"实践"是"理性"的修饰语，就理性(逻辑)、理论假说、演绎预言、事实检验等方面而言，演绎派和现代归纳派并无不同看法。只是归纳主义和演绎主义的共同对手：天启、权威、感性、人格、信仰、直觉(不是科学鉴赏力的直觉，是"悟""感应"一类东西)等被逐出科学领域后两者又互争雄长。在这场争斗中，目前是演绎主义占上风。这就是为什么伟大的科学家在我们这儿的一班先生眼中差不多都是渺小的哲学家的原因；同时，归纳派正在消除自己的弱点而接近演绎派；另外，理性派(理论理性和实践理性)在基本问题上的弱点也在暴露，因而诱发了新的非理性主义抬头。

在起点问题上，归纳观和演绎观同样碰到无限恶性循环的难题；在知识的确切性上，归纳派和演绎派都不能提供可靠的逻辑基础。休谟的怀疑幽灵仍在徘徊，而科学也一直在这个"不牢靠"的基础上发展着。只要归纳派认识到归纳只是尝试性解决并等待检验证伪，它就能继续为科学服务，当然这时候它也就跟演绎差不多了。只要演绎的前提是假设性的就能推出新东西。对于知识的逻辑基础的探索是人类理智必然要进行的工作，至于什么时候突破又是偶然的(借用普里高津、斯唐热《混沌生序说》中关于偶然性和必然性的观点)。

跟着科学一起发展的哲学观念的嬗变，很像蚂蚁爬弹簧。只会俯视等它转回来是不行的。科学是一个成长的系统，一个基础并非万无一失的知识结构。按结构主义的"中流原理"，认为"科学理论不是呆滞的、逻辑的形式系统,而是能动的、在对认识的环境的变化作出反应时发展着的结构"(布莱克威尔、傅季重 1980)。既然如此,语言学可取的态度就是:如果我们不能走在最前列,至少也不要落在太后面。中长跑比赛中跑在最后的被跑在最前的超出一圈时就自动退出比赛,文明发展的竞赛中竟然有被超出一圈后还沾沾自喜以为重新名列前茅的。殊不知,中长跑的比赛规则在历史的冥冥之中照样起作用。

## 3.3 假设主义和人本主义: 模式之三

传统学问独缺精密中保持激情,激情贯注于精密的健全理性,怀疑权威、批判传统的理性精神。光有绵密,成就工匠注疏家的朴学。光有热情,成就文人活动家的玄学。什么时候精密和激情不再是"正""反",而是"合"时,科学就会从此获得起飞的双翼。

——竹子

有一个想调和归纳和演绎但实际上调而不和的发现模式:假设主义。一般认为这是由惠威尔(William Whewell)在 19 世纪首先提出来的,后来杰文斯(William Jevons)把它发展为"假设—演绎"观点。假设主义认为科学发现遵循这样一个过程:

O ... H → T → E
观察　假设　理论　检验例外

这是一个简化模式,具体说法亨佩尔(Carl Hempel)、皮尔士(Charles Peirce)、汉森、汉弗莱斯(Paul Humphreys)等各有出入。从观察出发,这是归纳主义观点,但这看法已被波普尔推翻。按波普尔的四段式:

$P_1$ → TT → EE → $P_2$
问题　　试探性理论　排除错误　新问题

问题先于观察! 其实,道理一经波普尔点破,例子便俯拾皆是。比如,我们根据韵书韵图来探讨它们所代表的实际读音。说某现象有,某现象无,看似是归纳结果,但实际上有个理论前提,即预先假定

"凡韵书分的,实际语音也分;凡韵书不分的,实际语音也不分"。前面我们说过,这个假定的前半句有例外,后半句可靠性更差。

对于假设主义公式中 H→T 之间的演绎过程和 T→E 的经验检验过程,大家都认为是可分析的逻辑过程。但是,在 O...H 之间存在的裂缝是归纳主义的逻辑解释,还是给予直觉、灵感、自由创造这样的心理主义解释,各种意见尖锐对立。我的看法如下:

(1) 对于在已有概念上过渡到 H 是可以为归纳主义解释的。比如"白"是已有概念,在欧洲看见甲天鹅是白的,乙天鹅是白的……由上述 $O_1$ 可归纳出 $H_1$:凡天鹅皆白。再演绎为 $T_1$:亚洲天鹅也是白的,美洲天鹅……一直到发现否定性的 $E_1$:澳洲有黑天鹅。从而否定 $H_1$。归纳音位基本上也属此类。

(2) 如果 H 中的概念不是已有的,那就无从归纳。比如"万有引力"就不是归纳的产物。苹果(以及更一般的自由落体)落地的原因是它有"重量",或有"向地性"(亚里士多德)。所有苹果都落地,这是归纳出来的,但"向地性""万有引力"却不是归纳出来的,它们是爱因斯坦所谓的"思想的自由创造"。"从逻辑上说,它(指万有引力定律)构成了一个不能得到直接证实的假说"(赖欣巴哈《科学哲学的兴起》)。从"引力"在真空中的"超距作用"到"以太"介质,再到"弯曲时空"中物质"沿短程线运动",这些观念都不是归纳出来的,其中有些已被证明是错的,剩下的也难以永保不被证伪,但它们都是地地道道的科学概念,它们的交替史就是力学最简略的发展史。音系学中的区别特征概念也是一种创造。各学科之间的概念移植可以归在"联想"名下看作创造。

(3) 直觉、灵感、联想、思维的自由创造等,以目前的知识只能给予心理学解释,但乐观的看法,也是科学的目标就是要对心理现象和社会现象作出理性解释。

假设主义为相当一部分科学家所接受,一方面是因为它表面上归纳演绎、事实理论、假说检验,面面俱到,"无瑕可击";另一方面,科学家讨厌卷入会引向"形而上"的问题。其实,从实证主义提出以来,科学哲学家也都讨厌形而上。但形而上的问题毕竟是一个"客观存在"的问题,因此,科学哲学家把它们留给那些"凭休谟的议论驳不倒的哲学家……那种不以合理性自居的哲学家,例如卢梭、叔本华、尼采"(罗素 1986),一直到当代的萨特、海德格尔(Martin Heidegger)等。

科学家"自然地"进行研究,一般人"自然地"说话,他们的行为又分别成为科学哲学家和语言学家的研究对象。后者的研究结果反过来又在一定程度上影响前者的行为。自然地进行研究是一回事,自觉在当代水平上认识到科学的本质(它的认识论和方法论的出发点和相对性)则是另一回事。而一旦有了这种自觉的认识,在实用上可以省却无数无谓的争端,在理性上又向真理迈进了一步。

我们再来看一种有人所谓的"控制论的科学方法论":黑箱方法论。我觉得称为认识论更合适。这种认识论基于新人本主义:一只可以通称为"人本主义"的蚂蚁在爬弹簧。

早先的人本主义(即人文主义)跟科学主义同时发生于文艺复兴时代,并一起快乐地度过了科学的幼儿期。等到科学一懂事,"客观"占了上风,个人的情绪、兴趣、脾性、主观想象等都作为非科学因素被排除出科学。人本主义当然也被逐出。但从 20 世纪以来,科学经过了毛头小伙子"初学三年天下去得"那血气方刚的阶段,步入"再学三年寸步难行"的成人期,科学不再敢像拉普拉斯或开尔文那样雄心无边地预言无限未来无限远。科学能做的只是:限于人所能成观察的范围、人所能控制的手段和人所居住的宇宙。现代科学使我们认识到即使在宏观领域中也必须重新认识偶然性和必然性,也使我们认识到无论是对宏观上,还是微观上的"绝对"事实和"客观"观察都是一种幻想。人的因素重新占据了它在科学中的核心和出发点地位。此外,世界大战、资源匮乏、环境污染等引起的忧虑也使得人的因素更为突出。

于是,一种新的人本主义认识论,即黑箱认识论,随着领导交叉学科潮流的控制论的成功开始流行。黑箱认识论(金观涛、华国凡 1983)认为,人类控制改造世界的能力越大,认识规律的普遍性也越大,人类不断地把以往的普遍规律降低为在特定范围内的规律,从而在更普遍的程度上认识规律。黑箱认识论认为,产生科学的原因在于人类想对自然谋求更大的控制权,人类并不把可控客体当作科学研究的对象,那些急于想控制而一时又无法控制的事物才是科学的首要研究对象。

认识到上述这一点对于语言学是很有意义的。语言学的直接应用——语文教学——一直是个说不清的领域。听说读写孰先孰后抑或平行,文道孰轻孰重,语文孰主孰次,这些问题不是理论上说得清楚的,至少不是能一劳永逸说清楚的。它们是实际应用问题,答案随着时代不同、地区不同而变化。因此,合适的问题是:这批学生该怎么教?以听说读写为例,结构主义教学法和功能主义教学法都强调听说领先。可在我们这儿,演讲、辩论、谈判等远未进入公众生活。也即是说,在目前的日常生活中,一般的听说能力足以应付,它是一个可控对象。至于信息社会中所需要的在听说中所应保持的对词语的敏感性、逻辑条理的明晰性和叙事的扼要性,则还是一个不急于控制的对象。相比起来,读写则是目前急于控制而又控制不好的事物。以上只是就一般而言。从我国地大人众,差距悬殊的情况看,定一个统一的语文教学计划免不了截长抻短,两头不着。对北京人来说,"写话"是个好主意。可对上海人来说,"作文"才是正经事。否则学话不成,只得哑着嘴巴回上海。再进一步说,"话"和"文"依赖于语境的程度差别很大。对于上海学生来说,普通话不仅仅是一种"高级方言",而是一种"语域"(register)。作文不仅仅是把话写下来,而且是要发展一种文化鉴赏力,获得一个能脱离语境的代码系统。也许过不了多久,听说成为社会生活的急迫需要,应用研究自然也得调整。

再回到黑箱认识论。随着人类社会的发展,人类对世界的控制权逐步扩大。而扩大了的控制范围又成为科学的新起点,人类又在新起点上开始新的一轮控制征服。科学永远是围绕着人本身为中心展开的,所谓"社会的需要"只是"人的需要"的另一种说法。科学的出发点则是人当时当地所具有的控制能力及其可能控制的那一批变量。"科学的光辉照亮了黑暗的宇宙,而这光辉的源泉就是人"。"一个时代的人所认识的真理都是相对的,它直接依赖于人在自然界的地位,和人控制自然的能力。就科学本身来说,它永远是围绕着人为核心展开的。深入理解这一点,对于认识自然界和认识我们自己,都是重要的。它也是控制论科学方法论得出的最重要的结论"(金观涛、华国凡1983)。这也是对于科学基础(中心和出发点)的新人本主义的解释。

中国的哲学传统或思想传统中几乎没有本体观念,因此尽管片断议论不乏睿智颖识,就像孤立技术圆熟精巧,但我们的学问从没有贯彻到底的演绎法,因而也无理论体系。中西不同的学问是用力方向不同(梁漱溟 1987/1922),还是跟语言思维的制约、社会文化的需要有关,暂不去说它〔我的看法是中西学问的不同受制于语言和思维,见朱晓农(1991)〕。在西方,不管哪个领域,宗教、哲学、科学、史学,不管哪个流派,主观、客观、唯心、唯物,学问之网上都是一样的本体、因果、同一性之纲。一有百有,一无俱无。分析性语言强调个体用法(惯用法),综合性语言强调规则系统。重个别用法跟重个体经验之间,重规则系统跟重系统理论之间有什么关系,这可是一个有萨丕尔—沃尔夫之嫌的危险联想。不过,我们跟英美经验论一拍即合,而对欧陆(还有犹太人的)唯理论无法忍受,却是明摆着的事实。但拉丁民族非理性而尽人事的人本主义在我们社会上倒很容易接受。

## 3.4　天经地义和天诛地灭

> 能够保持和促进人类生存的就可以繁荣生长,从而赢得实在性的权利。
>
> ——丹齐克

为争论虚实而动感情的当然不限于语言学。一切动感情中最动感情的一句话是:

以理论就事实天经地义,以事实就理论天诛地灭。(张文裕)

现在我们不带感情地来分析这句可以称之为"天地说"的话,并对上文作一总结。

首先提请注意这样一个事实:这句话本身是一种观点!它极为概括地表达了一种以科学事业作为研究对象的哲学理论或几种理论的共同观点。拿这种观点或浓缩的理论来评判复杂多样的科学工作现实时,应该怎么摆正自己这个心爱的理论和可能不听自己理论话的事实的关系呢?——这的确是一把双刃剑,既能伤及对方,也会砍倒自己。

在现代科学中,不管是先有观察后作理论解释,还是先作理论预言再接受观察的检验,几乎没有人怀疑理论必须与观察相符。"天地说"可以成为归纳主义打击主观主义国学派的武器,但现在的演绎主义跟归纳主义在这个问题上没有分歧。

"天地说"保持了一个古老的认识:事实和理论,客观与主观,是可以绝对分离对立的。量子力学打破了这个人类从早期科学活动中得出的认识。海森伯(《从现代物理学看歌德和牛顿的颜色学》)说:

> (经典物理学)把实际事物分为客观的和主观的两类……客观的实在是以相同的方式由外界强加于所有的人,因此它就被开始发展的自然科学当成研究对象。所以在某种程度上,这种自然科学表示了一种尝试,即把世界如此描述,好像可以把我们自己、我们的思维和我们的操作都忽略不顾。这时我们的感官只是当作一种使我们从客观世界获得知识的或多或少完善的辅助工具,所以当物理学家设法用人为的观察工具提高我们的感官能力,使我们能够深入到已远远不能直接亲临其境的那些最终的、最遥远的客观实在的领域中去的时候,就显得很自然而且是合乎逻辑的。

海森伯在回顾了19世纪以前的科学观之后断然指出:

> 于是在这地方就产生了一种欺骗性的希望,以为通过进一步的改善方法,也许终于会认识整个世界。

波普尔因此发展出"三个世界"的理论,想走出主客两分造成的困境。他认为科学中所说的"事实"和"理论"都不属于客观的物理世界和主观的精神世界,而属于第三个文化世界。

其实,最重要的一点在于:理论所依据的并非事实本身,而是"观察材料"。这一点现在已经很明确了。谁也不会拿一张照片认作是他本人,尽管照片上的人像跟他本人有某种对应关系。如果说理论是易谬的,那么观察材料也是易谬的。在常规科学中,常能见到无视观察材料的理论。这是费耶阿本德所谓的理论的"韧性"。在科学革命期间,观察几乎约束不了理论。如果因为理论不符合最初的观察材料就此否定该理论,那就会把最有希望的新说扼杀掉。科学哲学家和科学史家关于此说最得意的例证便是哥白尼(Nicolaus Copernicus)的日心说。在最初的一百年(一百年啊!)中观察材料都不利于日心说,而有利于地心说。哥白尼理论的主要魅力在于其简单性。这也是日后爱因斯坦的信条。"新理论(包括表述不完善的新颖概念)的早期阐述是在对那些表面上一次次证伪不予理睬的情况下坚持下来并发展起来的"(查尔默斯 1982)。证伪主义也就在这个地方遭到沉重打击。关于事实—观察—理论之间的关系现在可以说比较清楚了。科学赋予新说出生的权利,并允许让时间来检验它。

"天地说"容易理解为"对"的理论是科学的,"错"的理论是不科学或非科学的。这个问题自波普尔以来认识已经大大加深了。首先,理论的对错只有相对意义而没有绝对意义。其次,科学与非科学区别的标准因而不在于对错,而在于能否被证伪(拉卡托斯有更精致的说法并提供了科学的动态图景)。地心说、燃素说都是"科学的"理论,尽管它们"强事实就理论",其实牛顿力学的理论又何尝不是强事实就理论。它们在科学史上都有应得的地位,犯不着借天地之名来开棺鞭尸铲除异己。如果把它们从科学殿堂中扫地出门,那么今天貌似正确的科学理论必定也会被后人扫地出门,整部科学史还会剩下些什么"天经地义"的东西?恐怕"天诛地灭"了所有对头就剩下他这句"天经地义"的话了。

"天地说"实际上沿袭了经典物理学,甚至牛顿本人造成的假象:

> 牛顿给人留下这一个印象,以为在他的物理学中没有一个假设不是实验资料所必然要求的。当他提出他不作假说,并且他是从实验研究结果推出他的基本概念和定律时,就给人以这种印象。如果关于物理学家的实验观测同他的理论的关系的这种想法是正确的,牛顿的理论就永远不需要修正了,它也不可能包含实验未予证实的结论了。要是牛顿的理论是隐含在事实之中,它就应该像那些事实一样确凿和肯定。然而,1885 年迈克尔森和莫雷所完成的实验揭示了这样一个事实,如果牛顿的理论假设全是真理的话,这个事实就不应当存在。这个事实表明,物理学家的实验事实和他的理论假设之间的关系完全不同于牛顿引导许多现代物理学家去设想的那样。在大约十年以后,关于黑体辐射的实验迫使人们对牛顿关于他的研究对象的思想方法作又一次的改造,

所以这个结论就成为不可避免的了。肯定地说来,这意味着物理学理论既不仅仅是实验事实的描述,也不是可以从这样一种描述推论出来的某种东西;而是如爱因斯坦所强调指出的,物理学家只有通过思辨的方法才能得到他的理论。在物理学家的方法中,不是从事实推演到理论的假设,而是从假设的理论推演到事实和资料。因此,人们必须思辨地提出理论,并且用演绎法推导出这些理论的许多结果,以便使这些理论能够接受间接的实验检验。总之,任何物理理论所作出的物理假设和哲学假设,都要比仅仅由事实所给出的和隐含的假设更多。由于这个理由,任何理论,随着同这个理论的基本假设不兼容的新证据的出现(类似迈克尔森—莫雷实验结果那种方式),要受到进一步的修正和改造。

　　　　——诺斯劳普为海森伯《物理学和哲学》英文版所作的序

以哥白尼、伽利略、牛顿为代表的“现代科学的开始是同否定亚里士多德而接受柏拉图相联系的,这绝不是偶然的。……事实上,新科学并不像亚里士多德批评时所主张的那样直接来自经验”(海森伯《科学真理和宗教真理》)。“本世纪科学史研究最令人惊奇的成果之一是,十六和十七世纪的科学革命并不是在培根的归纳法指导下发生的,相反却是在柏拉图式的唯理论影响下发生的”(《当代西方科学哲学述评》)。其实,我们只要明白早期科学所要打击的对象是权威、天启、主观主义,只要知道牛顿他们在多次努力之后仍无法回答笛卡尔派的责难,就不难理解牛顿为什么口头上那么讨厌假说。而实际上,他的“超距作用”在笛卡尔派眼里是不必要的,甚至是“迷信”的。爱因斯坦和海森伯在 20 世纪初分别领导了两场物理以及哲学上的大革命。他们对于科学的认识和方法论上新的一致的选择,以及波普尔为科学革命所作的哲学阐述已经把问题说得很清楚了,并在前沿学科和一些学科的前沿研究中得到响应,但要在国内被普遍接受还需时日。经典物理学毕竟开创并奠定了整个现代科学及其哲学基础,并统治世界三百年,而且现在还在近似使用。但不管怎么样,有一句话是完全有把握的:如果过去三百年中我们有充分理由相信牛顿和培根,那么现在我们同样有充分理由相信爱因斯坦、海森伯和波普尔。

我们研究得比较多的方法是演绎、归纳、类比。此外，还有好多别的方法，如溯因、外推、选择、灵感等，我们对它们的认识还很肤浅，但这决不是否认它们存在的理由。以前我们都认为演绎法推不出新东西，现在看来正好相反：演绎法推得出新东西，而归纳法归纳不出新东西。许多人，包括牛顿，自认为只从事实出发进行归纳，但实际上还用了别的方法，比如包括我们现在还不十分了解的思维机制在起作用。这些机制叫什么名字并不重要，重要的是认识到的确还存在着某些东西。目前关于大脑、思维的研究成为许多学科的焦点并不是偶然的。新概念、新理论和新工具一样，是创造出来的，不是归纳出来的。石斧是拳头的扩大、延长、加强和类比模仿，但它不是归纳而是创造出来的。理论概念和工具一样，有好坏之分，有先进和过时之分，一样要改进，要更换，而且更换起来同样是费钱的，难以下决心的。

类比是一种创造。它对于证明来说是不够的，最多只能作为一种过渡性的解决；但对于发现来说却很有用。吕叔湘转述路威的意思说："'转借'实为文化史中等重要因子。"社会之间的文化"转借"也好，学科之间的概念"移植"也好，遵循的都是"比而推之"的思维过程：这儿合适，那儿为什么不能试一试？思想实验全都是类比：伽利略的萨尔维阿蒂大船、牛顿的水桶以及爱因斯坦的电梯、超光速的探照灯模型。这种看似灵机一动的玄虚想法所根据的基础，所考虑的事实的大量性和多面性，和所能带来的成果，其实在程度之高，只要我们读科学史就能认识到。

爱因斯坦反对量子力学的哥本哈根解释，海森伯晚年反对夸克假说，这说明在科学的最前沿，信念高于证据。一方面是观察没有决定性作用，另一方面，是人尤其是有伟大成就的人对自己理论的自信和偏爱。换句话说，科学总是和哲学分不开的。最前沿的学科创造本体论、认识论、方法论，发展中的学科接受它们。不接受现在的哲学，就接受过去的哲学。什么哲学都不接受，那就只能在传统的思维圈里"格知"。过去曾有过愚昧野蛮不可思议的做法，狠批爱因斯坦和海森伯"主观""唯心"，只讲相对不讲绝对，只讲概率不讲必然。现在又有好心而糊涂的看法，认为他们的理论既然能经受事实检验，本质上便是"客观的""唯物的"。科学在不断地发现新事物新概念，难道我们的哲学评价就只会在主客、心物、虚实的两分中来回倒腾？中国传统世俗中的辩证法跟老庄的一脉相承，但跟西方的辩证法不同。对此我另有专文详论（见 18.2.4 节）。

爱因斯坦和量子力学在"决定论"及其相关的"因果性"这一本体论问题上有根本分歧。"测不准原理"是个拗理精。它认为人的认识有限，上帝是不是在掷骰子我们并不知道，而我们每一次观察却逼着上帝掷出了骰子。说到底，量子力学认为，上帝掷不掷骰子无关紧要，即使要紧也无法知道，我们能做的确切的事情便是给实验以合适的解释。爱因斯坦坚信他的"上帝是不会掷骰子的"信念，因此在本体论上应是决定论的，而目前的非决定论只是认识上的权宜之计。当代许多前沿学科中发展出来的哲学符合海森伯的多，或多或少都提高了偶然性的地位。普里高津认为，一个系统远离平衡态达到分歧路口时，偶然性决定了该系统有哪些剩余部分进到某条新的发展道路上，而某条道路从多种可能性中一经选定，必然性又重新起作用直到下一个分歧路口。事实上，控制论和耗散结构理论都宁愿选择稳定和不稳定的概念来讨论问题，而不是古典的必然性和偶然性。

这种见解跟宇宙学中一个越来越吸引人的观点不谋而合。卡特的"人择原理"对于"宇宙为什么具有这种而不是那种初始条件和物理参数"的回答是：因为现在有人存在。初看之下，这似乎是因果倒置。但它的实际意思是说，可能存在许多不同类型的宇宙，它们各自具有不同的物理参数和初始条件。在决定形成什么样的宇宙时是偶然的，而一旦取定比如我们现在的宇宙的参数，便一定会演化出观察它本身的人类。因此，人类也就只能看到具有特定参数的宇宙。也就是说，被观察到的宇宙和作为观察者的人类的存在是互为依存的，没有观察者，也就不存在被观察到的宇宙。

这条人择原理如果沿用到语言学里来，只需把"宇宙"改为"语言"就行。

未来的发展有三种可能：（1）决定论得到了新论据卷土重来；（2）对偶然性的表述有了新的定量描写法并使大家习惯于这种说法；（3）出现新的宇宙哲学。我现在倾向于认为，决定论的缺口一经撕开，寻找偶然性的工作便成了时髦活儿。偶然性现象找多了，将会有新的统一解释,并重新回到决定论开始一个新周期。决定论和非决定论的争论,跟"寻同—寻异"交替律一样,将成为不同时期的科学工作的主旋律。

从本体论上来看,特定的宇宙产生了人,人跳不出这个宇宙。他在认识这个宇宙时就脱不开他先天具有的也是宇宙强加给他的框架。人类的存在是和宇宙演化密不可分的。同样,语言的演化也是和文化演化密不可分的。人择原理的宇宙观可以跟语言决定论的世界观类比。我的看法跟语言决定论有点儿不同。我把它弱化为"语言—思维—文化"同步论。特定的语言系统是跟特定民族的思维形式、特定文化看待外在世界的方式,以及特定的文化表征同步合拍的。特定民族的思维方式和特定文明的世界观总脱不开其语言框架。思维的发展和语言系统的变化相关。一百年来汉语的书面语结构发生了翻天覆地的变化。

在科学中,从来没有赤裸裸的事实,没有光秃秃的事实,没有孤零零的事实。这话我们已经从开头说到现在了。任何观察材料、实验结果必须依附、迁就某种理论才能成为科学中的"事实"。你不就这理论,就就那理论,再不就想出个新理论来容纳它。什么理论也不就,那就成了国学中的"事件",可以生发无数事理、孕育无数"自成一家言"的"事件"。

从方法论上来说,特定的操作产生了特定的观测结果。如果观察客观世界都免不了人的因素,那么在观察人自己创造、自己运用,而且是用来表达自己主观的语言时,反倒能排除人(包括观察者和被观察者)的因素而坐待绝对客观吗?

科学在宏观和微观上打通了主观和客观,因此,在宏观尺度上使用"主观""客观"一类词时一定要注意这只是方便的、近似的说法。细究起来,观察宏观世界同样受到认识框架、操作程序、研究方法、观察形式的不可避免的干扰。

语言学同样免不了这一命运。我们都记得赵元任调查方言的经典例子:发音人在他面前有意无意地总想说得"国语"点。语音实验也如此,发音人在麦克风前面表现得很不自然。结构主义者自认为通过调查可以得出一个完整而纯正的语音和语法系统,但这种系统是建立在他选择发音人的标准和提问的方式上。他只承认个别字出于方言混杂有异读，通过追踪又老又纯的发音人可以把混杂的东西剔除出去。

这种看法无论在逻辑上还是事实上都有毛病，并显出某种偏见和某种自我干扰。假如追问他：你怎么知道那个老发音人也是纯的呢？他以前就没有受过其他方言的影响？他说的还是他爷爷的爷爷的话？追问到底，就是"作为一个开放系统的语言几乎从一开始就不是纯粹的"（朱晓农 1988e）。因此寻找纯正发音人纯粹是虚构的神话。这是把观察到的现象跟观察以前的现象混为一谈，是把早先的混杂认作现在的纯正罢了。

研究水的性质应该取"洁净的水"，而不是含有杂质的水，这是毫无疑问的。但问题在于依靠结构主义方法得到的只是多维向量中的一个点，或者说是某一种水，无权自称是某系统的纯正代表。调查研究方言也一样。这可以分两层来说。

第一，"土人感"并不是内部一致的。不同的人对发音、句式的判断是不一致的，甚至同一个人前后也不一致。

第二，即使是同一个人在不同场合也有不同的语体，用读字表和提问方式获得的材料只是多种互补语言现象中的一种，也许是最不自然、最人工化（是不是可以说最不实）的一种。

从目前的方法来看，生成语法、普遍语言共性的研究所获得的"水"要比结构主义获得的"水"纯净得多。

由于我们对于各种水的用途、性质、出现场合所知甚少，因此这样的考察极为迫切。我们可以根据不同的水文水质情况为其他工作服务，比如提出水土保持计划、发现某种病源，甚至找矿等等。这也是实验语音学、心理语言学、数理语言学、社会语言学、文化语言学、语义学和语用学等所要达到的目的之一。

一个语言系统是什么样的，取决于我们如何调查认识它。这不是说客观的语言任我们主观随心所欲想捏成什么模样就是什么模样，而是说特定的观察方式决定了语言所呈现的特定的内容。像语言这种不断变化的无穷集合，包含的方面、内容、意义是无限多的。在某个时刻某个地方，只能以某个跟当时当地理性和社会关系最大的方面作为主要研究对象。其实,不要说是无穷集合,就是一个给断定的封闭系统,甚至某一句话,都因为在这个世界上的独一无二性,都可以进行永无休止的研究——格致。

句子那么长,人生如此短。我们实在舍不得投入"格致"产出"炒冷饭"。

# 3.5 小 结

> 句子那么长,人生如此短。我们实在消费不起特色学问。
>
> ——竹子

科学主义和人文主义是在反抗权威主义和天启主义的斗争中同时诞生的。在以后的社会发展中,它们各自起到不可替代的作用。科学,尤其是第二次世界大战后大批出现的新兴学科,发展到今天,本体论和认识论都染上了人文主义色彩。它比早先更有人情味,更自觉地关心社会问题,以及人本身的问题。同时,决定论的解释受到挑战。不过,在方法论上,它仍是彻彻底底的理性主义。演绎主义随着现代物理学革命,名正言顺地登台掌印。归纳主义靠着经典物理学名义上统治科学界三百年之后,经历了在概率论和数理统计熔炉中的脱胎换骨,开始在新兴的生物科学和社会科学中扩大话语权。这是世界范围内科学进程的普遍潮流。现代语言学的方向和方法并不是个别人心血来潮的标新立异。放在历史背景中考察,它只不过顺应了潮流,成为众多易帜学科中的一个。

# 第 4 章 语言学的哲学背景：流派两百年

**不同学派在历史大潮中冲浪。**

——竹子

本章以语言学中的三大流派为对象讨论方法论问题。方法论探讨不但在语言学界，甚至在整个学界都很少见，哲学务虚不算。原因在于我们的文化传统中的判断、评价缺乏逻辑标准(朱晓农 1991)，所以只注重眼前结果。科学的根基是逻辑，所以它重推导过程，重程序。方法论就是讲这个程序，讲究运作程序的逻辑机制。而重结果的最严重结果就是为了向往的结果可以不择程序；结果反过来又促进各种取巧心理，结果是没有原则、没有目标、没有程序、没有自信，当然也顾不上普遍性。下文所谈是我自己的一些心得体会，如有不当处，请方家批评指出，我们可以讨论改进这一程序——这正是科学进步的调节机制在工作。

## 4.1 一个比喻：代序

我们先从研究起点谈起。要确定某项研究的起点、出发点，先要想明确目标，也就是基本假设在哪儿。这是起点取决于终点。从哪儿出发首先取决于想上哪儿，其次是有什么样的交通工具可用，然后再考虑其他因素。

打个比方，从香港去深圳，可以从红磡火车站出发。如果想去纽约，那就得从国际机场出发。这是终点决定起点。

其次，今天去纽约从机场出发；一百年前从维多利亚港出发；一万年前就得北上穿过西伯利亚跨过冰冻的白令海峡了。那么一千年后怎么去呢？用点儿想象，从隔壁阳台上还是从计算机平台上出发？再想象也想象不出。这是由可资利用的交通工具决定的。

如果想去长沙开会，可以从火车站出发，也可以从飞机场出发。这取决于准备坐火车还是坐飞机。所以，确定长沙这个目标，会引出对不同起点、不同方法（交通工具）和不同路径的思考。而不同方法的采用取决于其他考虑，比如晕车还是晕机，时间富裕还是紧迫，便捷还是节约，当然最重要的是自己掏钱还是公家掏钱。

所以，对于起点问题，常常是系统内无解，系统外多解。从这里可以得出一个很严厉的推论：说语法是个自主系统可能从一开始就是个悖论。

可能有人觉得把上面的比喻借用到语言学中来没那必要，因为语言学的目标已经确定，那就是"认识语言"——说这话等于没说，就好像问人旅行上哪儿，他说出门去。单单说认识语言，目标太泛。出得门来，东西南北，还得说个具体地点。单单说个出门，就像女孩子逛商店，目标就是出门、就是逛。逛多了固然也熟门熟路，时不时地还能碰到惊喜。研究也是如此，做多了成了熟手，还不时做出些意想不到的发现。当然，个人怎么做都无可厚非，但如果整个学科缺乏明确目标，结果不用问，必定是南辕北辙，东路西走。

可能还有人不同意上面的比喻："不管去深圳还是纽约，我都是从家里出发。"从覆盖一切的高度上他可以说："我辩证法挂帅，以不变应万变。"说这话的站得高，望得远。任何科学都是从假说开始，通过可控性实验，建立逻辑构造型理论。从这一方法论的根本上来说，上哪儿都是从家里出发也对。

如果概括程度低一点，不去覆盖一切，那么对于那些在时间上有演化性、分布上有差异性的研究对象，我们可以说，研究的目标有两种。一种是追踪"本原（源）"，即在时间上追踪来源，以及来源的来源，直至起源。一种是探求逻辑条件，一路演绎直至逻辑端点。两者追到尽头差不多合一，就像现在的宇宙学大爆炸的奇点，让人看到本原探究和逻辑端点探索的合一，即时间过程和逻辑演绎，两者的起点合一。

就因为终点（基本假设、研究目标）不一样，交通工具（研究方法）不一样，路径（探索领域）不一样，决定了出发点（收集材料的着手点，买火车票还是飞机票)不一样。

## 4.2 从追踪历史来源到
## 演绎逻辑关系

19 世纪的科学大多在追踪本原,语言学、生物学、地质学都是历史研究。历史主义①假定语言也有生长和老死,所以要探索语言演变的过程,直至起源。方法无非历史的方法和比较的方法。当年胡适回国,口口声声说的科学的方法就是这两种。没想到在那之前,语言学已经开始转向了。

语言学中的目标转换是从 20 世纪初的索绪尔(Ferdinand de Saussure)②开始的。其实这是当时或稍早时科学和哲学界大转向的一段小插曲。科学上的理性主义转向可以非欧几何③和相对论的出现为标志。在哲学上,实证主义先驱、法国人奥古斯特·孔德说:"探索那些所谓本因(案:指历时原因)和目的因,对于我们来说,乃是绝对不去做的,也是毫无意义的。"甚至"完全不想陈述那些造成各种现象的动因,因为那样只会把困难往后推"。他认为,"人类精神如果不钻进一些无法解决的问题,而仅限于在一个完全实证的范围,是仍然可以在其中为自己最深入的活动找到取之不尽的养料的"(详见《虚实谈》第 7.1—7.2 节)。看看孔德的观点,就可明白为什么当时语言学界讨厌"钻进"语言起源之类"无法解决的问题"而转向"一个完全实证的范围"内进行共时研究背后的大气候了。

但是,只要科学研究的对象有时间的演化性,那么逻辑上就免不了要上溯追踪起源问题。起源的假说哪怕再不合理,理性认识的程序

---

① 此处"历史主义"是从后世对其拥护者工作性质的认识来说的。其实,19 世纪的历史比较语言学家是"自然主义",持一种"有机"语言观。在拉斯克、施莱赫尔、缪勒等的眼里,语言像自然界的有机物,有生老病死,但没有"历史",因为他们注重的是个体之间的同一性,而忽略因时间地点造成的个体差异。因此,语言学属于自然科学,而不是历史学。

② 其实区别出共时和历时语言研究还有更早的,Dittrich 在 1903 年就已经用了 synchronie 和 diachronie 这两个词了(转引自钱军 1998:108)。

③ 即"非欧几里得几何",为几何学的分科,与欧几里得几何的主要区别在于改变了欧几里得的平行公理。

上还是少不了它,因为我们需要一个时间起点,一个逻辑起点。那就是为什么牛顿要那个"第一推动",这跟"唯心""迷信"不搭界。19世纪对语言起源的种种猜想并不比第一推动更"唯心",那只是在当时科学水平上的认识。一旦科学取得进展,现在又有很多新的探讨了。

对于西方人来说,共时还是历时,必须两者择一。共时的问题一旦求助于历史的解释,立刻引出大麻烦,逻辑上开了个口子,就会没完没了地追到时间的尽头,那就跟本原探究没区别了。解决历史问题有过形式化的努力,如赵元任(Chao 1941)对中古音的音位处理,高本汉(高本汉 1987/1954)不以为然,还有人(如 Bynon 1977)试图建立语言演变的结构主义模型和转换生成模型,结果都不了了之。

所以要么历时,要么共时,不能骑墙,不能掩饰矛盾的"你中有我,我中有你""这也重要,那也少不了",不能机会主义、实用主义、无原则地具体情况具体分析。逻辑必须彻底!论证能走到哪儿,全看演绎法把它带到哪儿,跟走不走极端无关。在这方面采取任何中庸、妥协、折中、全面的态度都对科学不利,都会把研究引向玄辩特色,都会重复几千年来矛盾辩证糊涂循环的阴阳五行传统。具体情况具体分析不是不可以,但必须满足一个前提条件:没有逻辑矛盾。从这逻辑要求来看,玄学就不用说了,就拿历来受人称道的"务实慎立论"的朴学来说,它的确有很多值得称道的优点,也作出过巨大成就,但要适应现代科学的需要还须进行诠释:"实"是建立在逻辑基础上的实,这是唯一坚实的务实基础。而务实要为创新服务,不是为不作为("慎立论"是"不立论"或"述而不作"的委婉说法,见下阮元引文)找借口。朴学固然能用"务实"来教训玄学,教训神韵气象类"理论",但面对科学,很容易会被评论为"'重事实,慎立论'的朴学传统,对理论创新有抑制作用"(陆丙甫 2002)。记得吕叔湘先生在 20 世纪 80 年代同时强调"务实创新",意思是"务实为创新服务,创新建于务实之上"。也就是说,"务实"如果阻碍了创新,就不是真正的务实;"创新"如果不建立在务实之上,不会是真正的创新。当时强调"务实"还有其特定背景。那时玄虚的"文化语言学"在一些文化相对后进的地方蔓延。那些年我有幸每过一两个月去吕先生家亲炙教诲,有一次吕先生对我说,那种"学"离"禅"只有一步之遥。所以吕先生的嘱咐是有极强针对性的,也就是

"缺什么,补什么"(朱晓农 1988b)。如果抽掉语境、片面强调,就不再是吕先生"务实创新"的原意,会起到反作用,会引起打不完的"语录战"。如果要脱离语境一般地谈方法论,可以从科学的两个步骤——随机探索(假设)和逻辑评价(检验)——出发来讨论(朱晓农 1987a)。

我在《虚实谈》中举过一个朴学大师阮元的例子(引文见其所撰《续畴人传序》)。阮元对西方天文学理论一变再变大惑不解("地谷至今才百余年,而其法屡变"),到头来只能以不变应万变,放弃探索了事("天道渊微,非人力所能窥测")。这就是"实—慎"重结果的朴学传统给我们留下的教训:重结果的最终结果是没结果——没有结出理性进步这个实质性之果。仿照老子可以说一句:

> 从虚的出发,到达了实;从实的着手,抓了个虚。

从假设—演绎、逻辑出发,达到了理性进步;从阮元式务实不立论着手,就会万世循环在对天道渊微的敬畏中,"故但言其所当然,而不复强求其所以然。此古人立言之慎也"(探求都不去探求,更不要说立论了,所以慎立论实际上就是不立论)。而我们现在明白,在未"强求其所以然"之前,想言"其所当然"只能是强言想当然。

## 4.3　确定逻辑条件和公理化

共时探讨逻辑条件用的是形式化方法(formalization, formalism),形式化工作的最高境界是公理化(axiomalization)。

公理化思想的源头可以追到毕达哥拉斯(Pythagoras)学派"万物皆数"的观点①。古希腊出现了最早的但至今仍可作为范式的公理化研究:欧几里得(Euclid)几何学和亚里士多德(Aristotle)逻辑学。现代的公理化研究,起点就是几个元素,几条公理。公理可以是元素的定义(朱晓农 1990a),也可以是陆丙甫所说的"很简单的常识"(陆丙甫2002)。音韵学中区别特征的发现或发明是一个追求基本粒子追到尽头虚实转化的典型例子。换句话说,把实物切分到最后,不是像墨子

---

① 毕达哥拉斯的高徒菲洛拉乌(Philolaus)说:"一切能理解的事物,都具有数;因为如果没有数而想想象或了解任何事物,那是不可能的。"

所说的"万世不竭",物质切到最小竟成了性质。40年前我(1983)也学着孜孜以求汉语语音的元素(区别特征),找到了一个九元素的矩阵。那些年我迷公理化方法迷得厉害,觉得太阳底下没有公理化不了的。不仅对音系做公理化构筑,甚至还着手把语言学中最涉及意义的领域(复句和修辞格,见朱晓农1989b、1990a)加以形式化,甚至公理化。诸如此类的智力游戏、推理操练,至今仍觉得是很好的学习方式。

语言学中的形式化工作经历了三个阶段:从结构派的搭建分类系统,到生成派的营造规则系统,再到自主音段派的构筑公理化系统。戈斯密(Goldsmith 1976)的声调研究是公理化的一个好例:H、M、L是他的元素,像是点、线、面。连接规约(association convention)是他的公设或公理,"元音和调素从某根连接线之后自动一一对应"像"两点之间有且仅有一条直线";"连接线不交叉"更是像平行公理在语言学中的翻版。

形式化有三个标准:自洽性、完备性和简明性。从静止的角度来看,只有第一个逻辑要求"自洽性"(即内部无矛盾)是必要的,第二个实践要求"完备性"(对内周延而对外排他)和第三个美学要求"简明性"(独立公理数、推导程序、所构筑的系统均简明)都不是必不可少的。换一个动态角度来看,自洽性是起点要求,从一开始构筑一个形式化系统就必须具备的。完备性是终点要求,是某项研究所要达到的目标。而简明性则是从起点到终点之间的途中要求[①]。在研究过程中,常常有各种竞争性的模型,中国特色的思维(秦人逻辑)是不讲,也没法讲(因为没有亚氏逻辑)方法程序的,靠的是悟,"取舍之间,一得之愚",就这么说者满意听者犯晕地搞定。形式化工作当然不能如此,得要个判断标准,这个标准就是简明为优。

从起步就必备的自洽性要求来看,优选论与其说是形式派的发展,不如说是个突破,也许更应该说是个潜在的破坏,详见4.7节。

使用形式化方法来研究汉语音韵古已有之并取得辉煌成就,最早是受印度声明学影响创造的韵图。从音位学到现在,更是硕果累累。

---

① 这只是理论上的说法,实际操作中简明性原则不是那么直截了当,需引进辅助标准,见4.4节最后一段。另外,起点简明,即独立公理数目少,往往导致过程繁;理论上简单,实际操作并不一定简单。

冯胜利(冯胜利 2000)、端木三(Duanmu 2000)的研究尤其引人注目，他们都是从某个基本单位(冯胜利的"自然音步"、端木三的"非核心重读")出发建立起整个理论体系。

## 4.4 "解释"的解释

有人在谈到历史来源和本原时用"本因""目的因"等一类词，也有人在谈逻辑条件时会用"原因"。但我们前面只说历史来源和本原，逻辑条件和逻辑端，而不说原因和本因。这是我有意避免的。我要把"原因"留给下面的实质/还原主义，留给物理条件，留给"因果律"(cause-effect)里的那个"因"。

形式化里的 A→B(if...then)，这个 A 最好就叫"逻辑条件"，简称"条件"，而不要叫"原因"。因为 A→B 是否成立全看假定的初始条件(元素和公设)。初始条件改变即重新设定，逻辑结果也跟着改变。

至于历史来源，最好也不要叫"原因"，它可能是原因，但只有在时空齐一性的条件下得到证明才能算。在历史学范畴内谈"原因"是件危险的事(朱晓农 1986/1989)，一则我们的学术传统没这习惯，"秦人不懂演绎法"；二则按照信奉胡塞尔①现象学的钱锺书(个人通信)："一个简单现象可以有很复杂的原因，很繁多的原因，而且主因未必就是通常认为是重要的事件或因素"；三则有些被认作原因的事件往往只是时间上的巧合，由于历史事件不像物理事件那样可以重复，所以要分清历史事件间的先后关系(sequence)和因果关系(causation)就多了一重困难；四是常会把一些实质上是"缘"的事件误认为"因"，其实"真正的原因叫作因(cause)，而一时触发的媒介叫作缘(occasion)"(潘光旦 1935：134)。

因此，同样是"解释"，历史主义指的是历史来源，形式主义指的是逻辑条件，实质主义指的是广义的物理原因。

历史主义的"解释"是一种"事后诸葛亮"。用皮尔斯提出的汉森加以发展的新的"发现的逻辑"的观点，是一种"反溯法"(the method

---

① 胡塞尔(Edmund Husserl)，德国哲学家，现象学创始人。

of abduction）。这个术语以前译成"外展法"，译得不知所以。后又有译成"溯因法"的，意思倒是明确了，但"因"这个词我要留给 cause-effect 中的广义的物理原因。而反溯法所溯的可能是时间上的来源，也可能是逻辑论证上的充分条件，还可能是广义的物理原因。所以我译得含糊些——反溯法。此外，反溯法是倒推追溯，不像实质主义和形式主义，还要顺推作预言。

形式主义的"解释"是指明逻辑条件。一般认为结构主义是"描写性的"，而后来的生成派和现在的功能/认知派都是讲究"解释"的。但照我看来，谁都在做解释，只是"解释"有不同的解释。我在《虚实谈》第 3 节中讲了"解释"的五个方面：

A）指明时间顺序，即找到来源，追到底就是本原。

B）指明因果关系，追到底就是本因。

C）指明构成成分，追到底就是元素。

D）指明所属系统，指出它在系统中的地位以及它跟其他成分之间的关系。

A 是历史主义的历时解释。B 是实质主义的泛时解释。C、D 是共时解释，也就是静态共时描写。共时状态中的描写或解释只是相对于不同层次而言，上一层的描写可成为下一层的解释。对 D 作动态描写，即为：

E）指明系统运作时各成分之间的相互作用，即机制解释。

结构派做的是 C 和 D 的解释，生成派加进解释 E。因此我把结构派也归入形式派，尽管后来的形式派——生成派——跟结构派打得天翻地覆，那是兄弟阋墙。我的判断标准是：哪些东西能取而代之，哪些东西就一脉相承，那么它们就是一个派的。生成音系学可以取代结构音位学，非线性音系学可以取代线性音系学——它们都是一派的。但是，结构语言学取代不了历史语言学，功能/认知语言学也难以取代形式语言学——它们都不是一派的。

记得有位先生问过几位做形式音系学的学者："你们谁的'解释'、谁的处理更可取？"回答都是"都行"，这位先生不满意了。其实这是个老问题了。只要看看近几十年来五花八门的汉语区别特征矩阵就可以明白了（吴宗济 1980；叶蜚声、徐通锵 1981；朱晓农 1983；陆致极

1987;钱乃荣 1988,1990;吴宗济、林茂灿 1989;曹剑芬 1990;王理嘉 1991;林焘、王理嘉 1992;罗常培、王均 2002）。相比之下，朱晓农（1983）的最可取。首先，也是最明显的判断标准是：结果最简明，即特征数最少，区别元、辅音一共只用了九对。还有更重要的，是有明确的程序标准，即帮助确定哪些特征入选、哪些排除的一条充要性标准：少一对不足区分，多一对即成赘冗！前半句是充分性——需要的一定要，体现了解释性。后半句是必要性——不必要的不要，最终体现出简明性。这条充要性标准是判别特征矩阵好坏的最重要的标准，而简明性本身不是最终的标准，它是执行以上充要性程序标准的结果。不过，由于简明性显而易见，所以作为线索性判断标准就非常实用——先据此迅速判断出哪个方案好、哪个方案差，然后就可有的放矢地进行程序改进。国内研究区别特征的文章也不算少，矩阵本身好坏并不重要（极端的例子是好的也许是蒙的；差的也许总的路子是对的，只是某个环节没处理好），重要的是明白用什么方法、什么标准得出的。这样从小处说，理论才有改进的余地；从大处说，科学才有进步的动力。当然，简明原则说起来简单，真正做起来并不那么容易把握。有时音库简单了，规则却烦了（Zhu 1999，朱晓农 2005a：2.4 节）。这是形式主义方法论的固有问题〔记得赵元任（2002：60）的来回扫脏土的比喻吗?〕，所以我们是得不到唯一正确答案的。因为从方法论的根本上来说，完全可以重新定一条公设："连接线可以交叉"，从而发展出一个面目全非的"非戈音系学"。说"固有问题"还是轻的，实际上形式主义认识论与作为非自定义系统的语言之间有着天生的矛盾。具体后文再谈。

## 4.5　统一的梦想：齐一性和实质/还原主义

　　语言在时间过程中有演变性、在地域分布上有差异性。还原主义或简约主义（reductionism）的梦想就是想消除这种由时空不同带来的"解释"任意性（这儿的"解释"又是一种意思：特设性假设或自成一家言的特色学问），取得研究对象在时空上的齐一性（uniformity， uniformitarianism)。

还原主义也可以追溯到毕达哥拉斯学派关于"圣四"(tetraktys)的观念,圣四代表构成万物的四个元素:水、火、土、气。任何事物都可以"还原"或"简约"为这四种元素的不同组合。我借用"还原主义"这个术语表示的是"语言非自足、语法非自主、语料非自备"的意思。逻辑实证主义最早用还原主义这一概念来表示"高层次"的规律可以用"低层次"的规律来解释。按这种解释,语言学可以还原为心理学,心理学可以还原为生物学,进而还原为化学,最后到物理学。

还原主义也许并不是一个很合适的名词,因为一方面乔姆斯基也把语言学"还原"为心理学,进而还原为生物学〔所以才有语言习得机制(LAD)假设〕。当然他本人并不真的想做,而是留给了心理学家。另一方面,并不是所有的语言学问题都能还原的。这对任何系统都一样,系统的问题并不能完全还原为成分的问题,原因在于还有成分之间的相互作用问题。所以,在语言学中探求广义的物理原因的也许该叫作"实质主义"(substantivism),还原主义也包括在内,但含义更广。这词借自经济人类学(economic anthropology),该学科中也有形式派(formalists)与实质派(substantivists)的对立,后者把经济活动理解为是在维系整个文化秩序。

语言学中的"还原/实质主义"可以说是刚刚出现,比如实验音韵学、社会语言学、功能语言学、认知语言学等。这可以从"原因简约"和"时间泛化"两方面来说。

先说时间泛化。所谓"时间泛化",在认识论上即是打通历时和共时的隔阂;在方法论上就是"以今释古",也就是拉波夫说的 use of the present to explain the past(Labov 1975)。第一代历史语言学和第二代共时语言学的根本区别在于时间维度。但在还原主义看来,可以用一个"泛时观"来统一。泛时观把共时变异看成是潜在的音变,而历时音变则是实现了的、固化了的变异。也就是说,把分布上的差异性化成时间上的阶段性。"泛时观"这个概念见于朱晓农(1988d),更一般的即是"时空齐一性"。它之所以能够建立,得力于两方面的进展:类型学(Jakobson 1958,Greenberg 1978)和社会语言学(Labov 1994)。这两方面的工作我们都在进行。利用语料库进行类型学研究,可以看出普遍的模式和独特的分布,从而发现问题所在(刘丹青 2001)。把社会语言学引入汉语的研究,林焘(林焘 1985;林焘／沈炯 1995)、沈炯(沈炯 1987)已经开始了。沈钟伟(沈钟伟 2002,Shen 1997)的研究更是为社会语言学的一般原理提供了新的定量模型。他的基本观点是音变归根到底是一种可观察的个人／社会现象,其原理和新产品、新概念,甚至流行病的传播相似。下面引一段我在《反训正解》(1988c)结尾处的话来说明什么是泛时观:

> 我们不赞成郭璞以来对古书上"臭""乱"一类例子所作的"美恶同辞""正反同辞""主客同辞"诸如此类的"反训"解释。我们把这些现象统称"反训"只是考虑到方便和习惯。实际上"反训"的情况很复杂,很难说是同一类现象,只是为了澄清前代留下来的问题,才把这些杂七杂八的例子放在一起来谈。

> 以上并没有一一解释存在于古书上的数以百计的反训词,只是指出了一条理解反训的通道:假定现代人在制造反训时的语言心理、思想观念、推理形式跟古人是一样的,因此,寻觅现代活反训,探讨成因,发掘创造者、运用者的心理因素,是搞清古书反训的坚实基础和可靠前提。更一般地,这是一种从可见事物着手去推测不可见事物,从可验证研究出发去理解不可验证的想法,从共时分布去构拟历时过程的方法。这种方法在历史研究中极有前途,它把对不可逆事件演变的研究转化为研究可重现的共性,把对个人灵机一动、创造性运用(也可能错误运用)语言的非理性因素的探索转化为研究稳定的群体心理范畴、逻辑形式和思想观念。我们在音韵学中主张上述原则,也愿意在训诂学中引进这一原则,更愿意看到在一般的历史研究中贯彻这条原则。

再说"原因简约"。音变的原理、机制并不是独立的、"原生"的。我们的嘴巴喉咙活动服从生理学和解剖学,我们的听辨服从神经生理学和心理学,我们的发音传播服从声学和空气动力学。所以,历时音变和共时变异如果有什么"内在"原因的话,一定服从这些一般的原理。音变原理、机制就可因此而"还原"或"简约"为物理、生理、心理问题,它们只是一般原理、普遍机制在历时和共时的音韵学中的表现。

认知语言学本质上是实质/还原主义,用谢恩费尔特(Frederik Stjernfelt)的说法是"连续主义"(continuism)(Stjernfelt 1995)。他把语言能力看成是更一般的认知能力的一部分,"语言仅仅是壮观的认知冰山一角"①(Fauconnier 1999:96)。认知语言学的诞生一般以首届国际认知语言学大会召开(德国杜伊斯堡,1989)和 *Cognitive Linguistics* 学刊出版(1990)为标志。在这之前,已经有几部奠基之作问世,如莱考夫(George Lakoff)、约翰逊(Mark Johnson)的《我们赖以生存的隐喻》(*Metaphors We Live By*, 1980),莱考夫的《女人、火与危险事物》(*Women, Fire, and Dangerous Things*, 1987),兰艾克(Ronald Langacker)的 *Foundations of Cognitive Grammar* Vol.1 (1987)。我还想介绍一下我的一位极为多产的老师安娜·维茨毕卡(Anna Wierzbicka)的工作(1985,1989,1992,1996),她的方法被认为是认知语义学中一个"理想主义"极端(Geeraerts 1999:163)。按照克罗夫特(William Croft)的观点,类型学和认知语言学都认为语言的基本单位不是句法成分本身,而是句法成分所栖身的建构,即把不同种类的语言信息组合成形式和功能的复合体的信号单位(Croft 1999)。语言在发生上迟于智力,所以可以设想语言的学习和使用会利用到人类的一般智力。国内有学者尝试把类型学的方法(刘丹青 2001)和认知机制引入汉语研究(沈家煊、陆丙甫、张敏 1998,2002)取得很大进展。例如沈家煊用两个认知概念"转喻"(metonymy)和"显著度"(salience)来分析解释无核"的"字短语的构成条件和理解机制(沈家煊 1999)。陆丙甫认为人类语言结构必须充分利用并受制于人类短时记忆的限度(七块左右)(陆丙甫 1993)。这说明语言结构的某些基本制约可以还原为更基本的一般的智力因素。

差不多同时,奥哈拉(John Ohala)主编的《实验音韵学》(*Experimental Phonology*)(Ohala & Jaeger 1986)问世,标志着实验语音学正式介入历时音韵学和共时音韵学。在实验音韵学眼里,历时的音韵演变和共

---

① 当时认为这种说法很对,语言是认知的一部分。但现在我界定了一个"语思"概念后,发现认知和语言是相交关系,而非包含关系,有些认知不需要语言。见 17.1 节。

时的音韵变异服从的是同样的原理。今天的分布是昨天演变的结果，所以分布如果有什么规律可言，那就一定服从演变的规律；而演变如果有什么规律可循，那就一定能从共时的类型学上看出来。奥哈拉甚至提出了一个语言学中从未有过的、连梦想都嫌奢侈的口号：凡是历史上发生过的音变，都要叫它在实验室里重现(Ohala 1989,1993)。

新千年来我在"实验音法学"中实验，写了几篇文章(朱晓农 2003a,2004a/b/c/d/e,2005a/b/c)。有篇从空气动力学原理来解释群母的历史演变过程的文章副标题就叫《实验语音学在汉语音韵学中的实验》(2003a)。《元音大转移和元音高化链移》(2005b)和《汉语元音的高位出顶》(2004c)以回复调音器官的初始状态来解释发生在汉语历史上的元音链式高化，以及为什么链式高化总是推链式的。还有篇《亲密与高调》(2004e)借用动物行为学(ethology)里的一个高调理论来统一解释从各类小称调，到台湾地区爱称女孩为"美眉"、香港地区女孩取名爱用 i-类音、北京女孩女国音等十几种看似毫不相关、以前难以解释的高调现象。三十几年前我在《北宋中原韵辙考》(1989a)中，使用数理统计解决了一个自宋代吴棫、郑庠以来的千年难题——如何释读古韵文，并以此来重建当时的韵母系统。这个难题也囊括了有清三百年从顾炎武、江永到乾嘉学派毕生从事的古音学的几乎全部工作。我所做的也是一种还原主义，即把语言现象还原为一种统计现象。

## 4.6　实质主义与形式主义的异同

简单地来说，实质主义与形式主义的相同点是都想寻找解释，都使用演绎法。不过，此解释不同于彼解释，见以下基本目标。

形式主义与实质主义的区别在于：

(1) 基本假设：语言系统是否自足，语言学是否自主。

(2) 材料来源：通过内省，还是通过类型学/语料库，来获取材料、发现问题。

(3) 物理背景：决定论还是非决定论(包括量子论、突变论等)。

(4) 数学工具：数理逻辑还是数理统计。

(5) 基本目标：给出逻辑条件，还是寻求广义的物理的因果解释。

"语言系统是否自足"这个前提是形式主义和实质主义的分界点。按我的理解，自足系统实际上是个自定义系统，自定义系统中的任何矛盾都可以通过重新定义来消除。从这个角度来看，如今的形式主义语言学，作为公理化系统的目标是完备性（语言的每个角落和每个角落的语言），离当年的理想更远了，而不是更近了。问题就在于语言难以成为一个自定义系统，矛盾没法靠重新定义来解决，所以只能靠缩小范围来加深认识。前面说了，形式化工作的最高境界是公理化。形式语言学如果能达到这一境界，早就做到了。比如平面几何，一个人做完，两千年来其他人没多少活儿可干。

说语言难以成为一个自定义系统，指的是自然语言不是形式系统，人工语言当然又两样了。我们说话，并没有想遵照形式逻辑去构筑一个形式系统，我们遵循的是一种我称之为"秦人逻辑"的联想环、类推链。其实，我们就是想构筑形式系统都不可能，因为在这世界上，古往今来，除了说印欧语的人创造出了个形式逻辑（其实是两个：希腊逻辑和印度因明），其他民族不要说老百姓日常说话，就是名家辩者再百家争鸣、孟子荀子再雄辩滔滔、知识精英再对着竹子苦思冥想，也鸣辩格致不出个形式系统来（朱晓农1991；见本书第四编第18、19章）。

如果要打比方的话，可以"开源节流"来比喻。实质主义是外部开源，形式主义是内部挖潜。形式主义安排内部条理，实质主义寻找外在原因。两者在学术目标上互补而不冲突，无论从哪个前提出发，都是要找出内在和外在的分界。

对"语言共性"的认识有内部和外部两种定义：实质主义把它看成是人类语言中共有的（内部定义），形式主义把它定义为是人类语言中有而动物沟通交流系统中无的独一无二的（外部定义）。本来内涵定义就这两个标准：对内有周延性，对外有排他性。实质主义强调前者，形式主义强调后者。光从"形式"上看，半斤八两，都是"只顾一点，不及其余"。这后八两的理想比前半斤还更宏大。但从操作层面看，实质主义的定义更有利于本学科的研究。实际上，形式主义的研究并不涉及人类语言和动物沟通交流的异同研究，而按照其外部定义，主要应该研究这种异同比较。

　　我不把所有用形式化方法来处理语料的都叫形式主义。我把形式主义单留给那些基本假设是"语言自足"、基本目标仅仅是给出逻辑条件的研究模式。具有其他假设和目标的学者因为同样需要处理作为系统的语言，不可避免地也要使用形式化的方法，但他们不是"形式主义者"。例如上文所举的沈钟伟的工作，说明探讨语言的社会因素不是仅仅凭印象谈杂感，确定语言的社会参数可以做得非常形式化。而社会语言学我们一向认为是和形式语言学从基本假设开始全然不同的派别，因此往往会做成社会语言漫谈。又如功能派语言学家陆丙甫常常使用形式化的符号，但他不是"形式主义者"，用他自己的话说是"形式描写，功能解释"，或者"形式为用，功能为体"。我自己也喜欢用些抽象的形式化符号。1990 年我跟鲍勃·迪克森（Bob Dixon）上田野调查方法（Field Methods）一课。迪克森可以说是当今世上头号描写语言学家。我跟他学习调查描写太平洋岛上的一种叫莫图纳语（Motuna）的施格语（ergative），写了条高度抽象的规则，竟得了他教书几十年给的最高分，还加批了一个"A masterly study!"的评语（详见第 10 章）。

　　最后再谈两句材料的"自备性"问题。语音学中有条规矩，研究者本人是最不"理想的发音人"。本人的发音可以用来做些先导性试验，用作发现是允许的，但要想用来证明，据此立论，那就犯了大忌。用技术点的话来说，那是造成系统误差的来源之一。语法学中使用语料库以及实验和统计的方法来测试句子的可接受性（如 Cowart 1997），也是朝着客观性方向的努力。要做到客观不容易。我在研究中要是看到合乎自己观点哪怕有点怪的例句，常常会越看越合格；看到不合胃口的，越看越不像。我知道自己容易受暗示，也知道自己难免有偏见的，但我没绝望，因为我明白，一旦我认识到这一点就有摆脱暗示偏见影响的希望。

## 4.7　接近的现实、合作的前景

　　优选论的出现，按我的理解，在三方面偏离了形式主义。

（1）借助语料库。想当年从雅各布森起,标记论(markedness)就是以语音学和类型学为基础的,现在转了个圈又回归到这个基础上。与此相应,确定约束的优先级(ranking of constraints)也就要根据在语言样本中的出现频率。

（2）不再认为语言是个自足系统、音系学不再是自主的。卡格(Rene Kager)说大多数音系学家都同意音韵标记植根于语法系统之外的因素(Kager 1999：5)。当年奥哈拉和安德森(Stephen R. Anderson)之间关于"音系学是否自主"的争论至此可以告一段落(Ohala 1990,Anderson 1981)。安德森认为音系学完全自主,跟比如说语音学的关系为零。奥哈拉认为音系学完全不自主,跟语音学完全重合。这段争论很有意思,因为如果不知道什么是外在原因,也就不知道内在"原因";反之亦然。所以他们实际上是从两端使劲,合力推进了语言研究。

（3）允许矛盾命题。按照卡格的说法,语言是个充满矛盾对抗的系统(Kager 1999：4)。解决的办法是为矛盾命题定不同的等级,或运用时有先后,总之不直接对抗。

有了第一个偏离,方法论上就放弃了内省法,至少不再独大。有了第二个偏离,认识论上放弃了原来的"自足"假设。有了第三个偏离,本体论上放弃了语言是自定义的形式系统。总之,优选论的出现使得大家从本体、认识到方法都接近于"三不自"原则①了。这就带来了不同学派接近的现实,也创造了合作的前景。记得我在准备学位论文时,拼命抓住勒希斯特(Ilse Lehiste)的一句话"A phonologist ignores phonetics at his own peril"(Lehiste 1970：vi),一方面把它当救生圈,另一方面又想证明它的正确性。谁知三十年河东,三十年河西,现在已经是不证自明的"公理"了。

前面提到对历史问题曾有过短暂的形式化努力。现在又有用优选论来处理语言演变的了(如McMahon 2000),这是统一历时和共时的努力,与实质主义目标一致。至于共性和个性的问题,还有争议。卡格(Kager 1999：1)那本书开宗明义:"语言学理论的主要目标是说明在所有语言都有的基本原理。"其实,普林斯(Alan Prince)和斯莫伦

---

① 指语言非自足、语法非自主、语料非自备。

斯基(Paul Smolensky)最早的零假设就是所有约束都具有普遍性并普遍出现于所有语言的语法中(Prince & Smolensky 1993)。但麦克曼(April McMahon)却认为优选论在"努力解决普遍的音韵模式时,恐怕就难以处理个别语言的特定问题了"(McMahon 2000:10)。照我看来,这实际上涉及的是个物理观念和数学工具的问题。语言规则用充分条件、绝对蕴涵来表达,总是会有反例(如 ONSET～NOCODA,SVO 的次序),很偶然很偶然才会碰到没反例的真正 universal(VOICED→VOICELESS)(见朱晓农 2003a)。换个基本假设,换个物理观念和数学工具,把共性看成是统计现象,就容易理解多了。那种很偶然的"真正"共性不过是 100%,而 100% 和 0% 都只是特例而已。

其实,自足性、自主性、自定义系统,作这些个假设只是研究的需要。有了这些假设就能够建立研究范式和推进内部挖潜。我在《虚实谈》中说:"各门学科独立出来研究只是为了研究的方便,并不是那个研究对象本身是独立的或者可以独立[或自足]的。"所以,我是不信有谁真的把自然语言本身看成是个自足的形式化系统,就像我研究修辞格,可以把它公理化(朱晓农 1990a),但我一点不认为修辞现象本身是个公理化系统。

## 4.8　三大潮流：代总结

语言学两百年来有三大潮流:历史主义、形式主义和实质主义。如果给这三股大潮各选一位代表,那么,历史主义可以选格林姆(Jacob Grimm)做代表,形式主义可以选戈尔德史密斯(John Goldsmith)做代表,实质主义可以选奥哈拉做代表。用"时间观"作为统一的标准来衡量,历史主义是"历时观",形式主义是"共时观",实质主义是"泛时观"。

以上所论,不管他们是哪一派,相对于咱们信奉同构律的(朱晓农 1991),根本上算一大派:寻找解释,依靠演绎,信奉同一律。好在情况在改观,沈家煊先生在庆祝《中国语文》创刊五十周年的大会(南昌,2002)上说,他支持寻求语言现象背后的解释。像现代中国所有的科学学科一样,语言学是一项引进的事业。像一切引进的研究有分布差异事物的学科一样,语言学在移植过程中需要调整。碰到原有的理论模式难以解释的地域特色时,该怎么办?我在《虚实谈》最后说:在科学潮流面前,西方人有下面前两种选择,而我们三种都能选:

（1）做弄潮儿。

（2）对抗潮流,想着创造下一代新潮。

（3）置身任何潮流之外,以不变应万变,永远保留批判权,永远满足于旁观者清,永远倚仗特设性假设来具体情况具体分析,永远满足于自成一家言,永远耽迷于特色学问。

第一种是补天派,第二种是变天派,第三种是天不变道亦不变派。

# 第二编

## 科学研究的素养

# 第5章 科学精神和认识论

科学≠正确
科学精神＝六德
——竹子

## 5.1 引　　言

### 5.1.1　一般认识

关于科学精神,一般都认为包括实事求是、开拓创新、求真务实等。网上有总结得比较系统的,如"客观、严谨和理性精神,求实、求真和实证精神,怀疑、批判和创新精神,锲而不舍的探索精神,尊重、宽容和协作精神";又如"批判和怀疑精神,创造和探索的精神,实践和探索的精神,平权和团队的精神,奉献和人文的精神"。

科学社会学家默顿(Robert Merton)提出科学精神的四大特征(Merton 1942):(1)普遍性(universalism),所指有二。一是理性标准,即对科学成果的评价标准是逻辑与实证;一是社会标准,即准入科学界的资格是平等的。(2)公有性(communism),是指科学成果归科学共同体所有,同时科学共同体承认并尊重个体首创权。(3)非私利性(disinterestedness),科研活动的过程就是目的,而名利地位等只是副产品。(4)制度化的怀疑精神(organized skepticism),比如同行评议制。

### 5.1.2　总体看法

我年轻时的朦胧认识见 1.2 节,写得不系统,但理性、不谋私、探索、勇气等主要点都有了。本小节先起个头,以为下文张目。

上一小节中引述的一般认识,我总觉得有点过宽,把科学精神搞得像"科学主义"了,包括科学的本体论、认识论、方法论,对科研者的要求,科研社团的规章制度。科学活动包含多方面的属性,我把它分解为理性属性、人文属性、社会属性。理性属性讨论方法论、认识论一类;社会属性讨论科学社团的所作所为;人文属性算是科学精神。

从科研活动三步骤来看(符合一元论的假说—逻辑构造的命题系统—实证),第一步是本体论,第二步是认识论兼方法论,第三步是方法论。方法论是本书的主旨,各章都可见到。一元论后文 19.2.3 节中有讨论。认识论下一节专门讨论。

对于科研者本身有素养要求,也就是科研者具有的品德修为,这集中体现了科学精神。科研所需的品德修养可概括为"理、智、毅、勇、诚、平"六项,此可谓"科研或创新六德",本章也有一节专门讨论。科研六德也是"大师六德",因为六德至高者即为大师。

### 5.1.3　徐光启的卓识

本章讨论认识论(5.2 节)和科研六德(5.3 节),两者首要的因素都是理性。理性的定义就是用逻辑来思考、评估、推理、反驳、构建理论等。这看上去是一项很当代的特质,但实际上在历史上,在四百多年前的徐光启(1562—1633)身上就已熠熠生辉。

徐光启是我在《虚实谈》《跟大师学艺》等文中多次提到的人物。论经学他进士出身官至殿阁大学士,论实干他是《农政全书》《泰西水法》的作者,他还是徐家汇和徐汇中学这些名字的来历(我生在徐家汇,就读于徐汇中学,对他有一种亲近感)。而最重要的是,他是在中国点亮理性主义之光的先驱。在我的传统学者排行榜上名列前三:玄奘、徐光启、顾炎武。这三位在中国文化史上取得的是道级成就,而商高①、张仲景、祖冲之等取得的是器级成就。原因在于,顾炎武建立了传统学问中几乎唯一一个常规研究范式——古音学(朱晓农 1986a,又见本书第 11 章)。玄奘和徐光启是三千多年文明史上唯二的理性主义传播者(见 19.3.2 节)。

徐光启与传教士利玛窦在明末翻译了《几何原本》前六章。第一

---

① 亦称"殷高",殷末周初数学家。

个完整而系统地运用演绎逻辑的学术领域是几何。前文曾引爱因斯坦说科学建于两大成就之上,其一便是代表逻辑的几何学。徐光启还为译本写了《序言》和《几何原本杂议》,文中见解超越了几个世纪,至今依然遥遥领先。引几段如下(括号里是我的按语):

> 此书为益,能令学理者祛其浮气(文科学者学了就不会夸夸其谈),练其精心;学事者资其定法(司法行政官学了能法治),发其巧思,故举世无一人不当学。(徐光启早就说出了教育的两大基础任务之一,举世之人都要学理性思维,这是基础教育)

> 能精此书者,无一事不可精(六德之基之首);好学此书者,无一事不可学。(学通逻辑,一通百通)

> 凡他事,能作者能言之,不能作者亦能言之(人文学者戒之);独此书为用,能言者即能作者,若不能作,自是不能言。(您瞧,这充分条件和必要条件分得多清楚)

> 故率天下之人而归于实用者,是或其所由之道也。(若要实际应用而不尚空谈,就得走逻辑这条路)

> 人具上智而意理疏莽,即上资无用;人具中材而心思缜密,即中材有用。能通几何之学,缜密甚矣。(智商高的若无逻辑,说出话来粗疏孟浪,浪费了天资。普通人学了逻辑,思维就缜密了,成可用之才了)

> 此书有四不必:不必疑,不必揣,不必试,不必改。有四不可得:欲脱之不可得,欲驳之不可得,欲减之不可得,欲前后更置之不可得。有三至、三能:似至晦实至明,故能以其明明他物之至晦;似至繁实至简,故能以其简简他物之至繁;似至难实至易,故能以易易他物之至难。易生于简,简生于明,综其妙在明而已。(从前一直陶醉于苏东坡的洞明练达之情,现在才明白徐光启洞明练达至真)

> 几何之学,甚有益于致知。明此,知向所揣摩造作而自诡为工巧者皆非也,一也。明此,知吾所已知者不若吾所未知之多,而不可算计也,二也。明此,知向所想象之理,多虚浮而不可接也,三也(学了几何—逻辑,就明白以往这些理都

是虚浮想象之理）。明此，知向所立言之可得而迁徙移易也。（学了几何—逻辑，就明白以往的观点都得修改）

此书有五不可学：躁心人不可学，粗心人不可学，满心人不可学，妒心人不可学，傲心人不可学。（反过来是否可以说，这五种人更应该学一学，以戒掉粗满妒傲躁？）

故学此者不止增才，亦德基也。（不但是智育上"增才"，还是德育的最基本的基础。理性居新六德之基——这是本书的科学精神观，见下节）

昔人云："鸳鸯绣出从君看，不把金针度与人"，吾辈言几何之学，正与此异。因反其语曰："金针度去从君用，未把鸳鸯绣与人"，若此书者，又非止金针度与而已。（这肚量！这眼界！）

这已经不是引几段，而是要把全文抄录了。还有一句，引自徐光启的《几何原本序言》：

由显入微，从疑得信，盖不用为用，众用所基。

那无用的逻辑，一旦用起来，就是所有应用学科的基础！复旦大学的民间校训"自由而无用"，也许可用阁老语录来做个注脚。

## 5.2 认识论基础

### 5.2.1 可靠知识的来源

认识论要解决的不是简单的知识来源问题，不是任何知识的来源，或任何你不知道的新知识的来源，而是可靠知识的来源。获知途径无数，可以来自天启神谕的、上帝昭示的、领导和家长教育的、闺蜜蓝颜启发的，可以是张天师传授的、祖宗托梦的，也可以是概括归纳类推联想得到的。这些知识从方法论上来说，都是不可靠的，只是不可靠程度有所不同。当然也可以是逻辑推出来的。获知途径无数，重要的是怎么获得，是建立在什么基础上，这个基础牢不牢靠。所以，可靠知识就是用可靠方法获取的知识。

有学者认为："西方的知识观实际上是建立在古希腊的逻辑理性智慧与信仰的两块基石上的。而我们传统的知识观不幸的是这二者不存在"(许锡良 2017)。逻辑没错,但漏了一条实证观。世间信仰万万千,跟科学兼容的信仰是一元论的宗教或哲学观,古往今来,各种自然神教和古希腊多神教对科学并无帮助。

科学工作的程序是假设—演绎—检验,可靠的知识是靠着科学这套逻辑论证程序得来的,说得详细点:1) 知识是成系统的,即内部是自洽的、无矛盾的。2) 获得的知识,是可以重复的,即可检验的,别人按你的程序也能得到同样的知识。3) 通过了检验的知识,不是就永远正确了,可能通不过下一轮新的检验。第 3 条是证伪论的新观念。

这就是科学的认识论。凡用科学三要素(一元本体论、逻辑构造型理论、实证)作为方法获取的知识是可自我改进的可靠知识。注意,这儿"科学的"不是形容词,而是所有格或对象格,是属于科学的认识论或对于科学的认识论。

### 5.2.2 可靠知识不等于永远正确

#### 5.2.2.1 科学不是正确的代名词

很多人以为"可靠知识"就是"正确"的知识,是永远正确的真理。这种观念是过时的,是逻辑实证主义及其之前的旧观念。传统学问更是要做颠扑不破的学问,所以宁可不说、少说、模糊说,以保证不错。而科学是要在概括之梯上爬至最高处,要把演绎法推到尽头,是要说绝对话,说明确的、可检验真伪的命题。

科学是很容易犯错的,在科学研究过程中,大概 100 个尝试会错99 个。波普尔说(波普尔 2003):

> 科学史像一切人类思想史一样,是不可靠的梦想,固执和错误的历史。但是科学是为数极少的这样的一种人类活动——也许是唯一的一种——在这种活动中错误得到系统的批判并且往往及时地得到纠正。在其他领域中有变化,但很少有进步。

那种认为科学等于正确的看法,其实是非科学,甚至反科学的。

#### 5.2.2.2 错误但却是科学的

伽利略驳倒了亚里士多德重物下落快于轻物的观点,那么,亚氏的错误观点是否成为了他成就的污点?他的观点是不是反科学、伪科学、不科学？从中国文化角度来看,的确如此,怎么这么简单的道理都会说错啊！完了还要面带善意地表达面面俱到的辩证态度:亚氏是人不是神,即使圣人也有犯错之时,话不能说死啊,等等。但是从科学角度看,不是。第一,这不是一个简单的道理,要不怎么会两千年没人看穿？第二,一个表达明晰、无歧义并可验证的命题,是一个科学命题。第三,更重要的是,科学不是正确的代名词,牛顿的平直宇宙观到了爱因斯坦也变成了错误。科学史就是一部纠错改错史,而永远正确的命题只存在于非科学如宗教、道德领域。

### 5.2.3 可靠知识是可自我纠错的成长型知识

#### 5.2.3.1 科学的发现机制:科研两阶三步递归程序

理性意义上的科学精神指的是科学的认识机制。科学凭什么才能保证取得的是可靠的知识,并保证自己不断取得进步？

可靠知识是成长的知识,是可以自我纠错的知识。科学就凭着科研三步骤不断自我纠错,不断前进。这三步也可层级性地表达为如下两阶三步的递归过程:

1）多方探索的随机过程（假设）

2）自动纠错的递归过程（评价）:

　　a）逻辑推导（构建命题和命题集,即理论）

　　b）实证检验

这两阶就是康德说的“发现的心理学和评价的逻辑”。

第一阶随机探索的过程对于发现来说是必不可少的。这也就是平时所说的“百家争鸣”。但光有百家争鸣还不够,因为无论哪个领域,只要不杀头,都充斥着百家争鸣,所以还需要有第二阶自动纠错的递归过程。这是科学与非科学的分水岭。

在中国的知识传统中产生不了科学的主要原因就是缺乏 2a,因而出现不了“出错纠错—在新的高度再出错纠错”这样一种科学才具有的良性循环,以及在这良性循环中缩短周期的加速度。有时百家争鸣得不亦乐乎,但最终不是满足于“自成一家言”或“聊备一说”,就是统一于规定性理解。传统学问推崇的是“要么不说,要说就说颠扑不破、万世不易的绝对真理”。对这种信念的最高评价是科学的早期观念——拉普拉斯式的雄心。我们常可看到一些科普读物中把大科学家承认错误的故事作为他们人格伟大崇高的证据。这是神话科学帮倒忙。出错纠错是科学中正常自然的图景。科学像跳高，每个人都是以失败结束比赛和运动生涯，但新纪录总是在不断产生。要想在科学道路上取得成功，就必须在心理上闯过传统学问设下的信条关，并在行动上接受"出错纠错"的方法论准则。

#### 5.2.3.2 科学训练

所谓"科学训练"，就是学会论证的方法，即逻辑推导和实证检验的途径。

教育需以逻辑理性和实证理性为主来训练。科研第一步假设要教也没法教，而这第二步就不是天生就会的，甚至要学也不一定能学得很好。科学训练就是学会证明的方法，知道证明的途径，也就是演绎—逻辑—推理训练。至于怎么样提出假说，不是靠有步骤的训练就能获得的，而是靠讲不出所以然的"熏陶"的潜移默化作用。这种本事不教也能无师自通，再落后的文明中也有由联想产生的知识，甚至连动物都会。这是思想自由创造的结果。面对同样的材料，可以做出无数种概括、无数种联想、无数种……挑选哪一种概括作为假说，如何"归纳"，如何联想，其间没有逻辑之道，那是"科学鉴赏力""科学素养"。这一步不是教出来的。多年前，我曾听中科院超导专家赵忠贤的一位学生说，在发现高温超导材料的竞争中，赵忠贤凭直觉提出过多种别人想不到的配比，使得中国的超导研究处于世界前列。这第二第三步就是客判思维(critical thinking)的过程，详见第 6 章。

### 5.2.4 可靠知识的范围：科学有探索半径

20 世纪 80 年代有一股气功热，当时有很多人如钱学森支持人体特异功能研究，也有很多人如于光远认为是骗局。于是举行了一场意念移物的实验，实验对象是名重一时的特异功能者张宝胜。实验结果发现张作假，他的特异功能被否定了。但支持者不以为然：即使否定了张宝胜，也无法整体否认人体特异功能。支持论点在逻辑上没错，存在命题是无法用个案来证伪的；但在认识论上错了。

科学是人类凭借自学之力去探索自然之谜的，有一个出发点，即根据已有知识构建的理论。如果把已知比作一个圆,那么你站在圆周上向外伸手够着够不着的地方,那就是科学探索的范围。如果伸手远远够不着,那可能是下一代或再下一代的科学探索的范围。所以我们常常看到有些真知灼见往往过一两代人才得到认可。比如爱因斯坦的狭义相对论(1905),到1921年授予他诺贝尔奖时还没得到完全承认,他得奖的是同样于1905年提出的光电理论。

我自己就深有体会。我80年代初的硕士论文是用数理统计来构建古诗词的押韵系统,这是由宋代吴棫、郑庠启端,至乾嘉学派蔚为大观,到19世纪历史音韵学成为焦点课题中的一个千年难题。但我的工作当时几乎没有回响,直到十七八年后由麦耘先生编写了一款软件才推广开,至今已有大约十几篇硕博士论文按这一方法来写的。我的博士论文是用实验语音学和统计方法研究声调,提出一种反百年传统的"分域四度"标调制,也是过了十几年才慢慢有人跟上来。2000年代中期,我提出一个吴闽方言内爆音主要是自然产生的观点,一反传统侗台语底层说,引起国内外语音、音系、音韵、方言、民族语学界全体反对,只有一位青年学者韦名应竟然写了介绍文章(朱晓农2011)。十多年过去了,接受我观点的人越来越多。我前几年提出的声调起源于发声态的观点,以及普适调型库、普适声素表、SP音节模型等语音学基本框架的一系列理论,估计也得过个一二十年才能为下一代学者所理解,所接受。

产生科学的原因在于人类想对自然谋求更大的控制权。科学要满足三重目的:社会进步的目的、理性认识的目的以及个人兴趣爱好这一心理目的(贝尔纳1986)。并不是所有研究都能天然地成为科学的。光有社会意义的学问如经学,光有理性意义的如邮票分类,光有心理意义的如各种个人爱好,都不足以称为科学。科学有一个中心,那就是围绕着人和社会的需要。科学有一个出发点,那就是人类现有的控制手段。人类凭借已有的控制能力来谋求更大的控制范围,并在这过程中学得更多的控制手段。远远超出人类现有控制范围的现象事物,如飞碟、特异功能,不是科学研究的主要对象。人类已能控制的事物也不再是科学研究的主要对象。只有那些人类急于控制而又一时控制不好的事物才成为科学研究的首要对象(金观涛、华国凡 1983)。在已知圆外伸手够着够不着的地方，做出意料之外的发现，那是一流贡献。超一流贡献则是在伸手稍稍够不着的地方，靠直觉或科学鉴赏力引领做出了惊世骇俗的发现。要是再远出去，如飞碟、特异功能、灵魂不灭等，都不知道往哪儿伸手，那就不是科学研究当前的主要关心对象。科学家作为个体对之有兴趣，甚至非常投入地进行研究，那没问题。但在社会上大力宣扬并支持这样的研究，那就是认识论出了偏差，丧失了科学鉴赏力，是对科学、对社会不负责任。

### 5.2.5　研究的程序和证明的责任

关于证明的责任这个问题很有趣，常常看到有人为此争论。一个假说提出后，谁来证明？按说谁提出假说，这个责任就落在谁(或他的支持者)头上。很多人不明白这道理，例如关注公众号"语言文化学"的一位网友问道：

> 请教作者，如何证伪灵魂不灭？

我的回答是：

> 这是一个科学研究的程序问题。反对者没有义务去证伪灵魂不灭，这是提出者的责任。谁提告，谁举证。法治和科学遵循的是同一程序。否则的话，痴人说梦肆虐，奸人诬告横行，那么你我这样的好百姓就无宁日了。

反对者不是不可去证伪，只是他没这个责任和义务。不过，要是他发现否定某个观点而得到它的逆命题是有科学意义的，他就可以去做证伪工作，就像伽利略为了验证自由落体定律，先得否定亚里士多德"重物下坠速度快于轻物"的观点。网友继续问：

> 应不应该证和有没有能力证是两个问题。抛开研究程序上的不应该，科学有没有能力证伪灵魂？

科学目前还没有能力用"演绎—检验"来验证灵魂。根据 5.2.4 节所论，"灵魂说"是非科学或超科学信念。既然不在科学范畴内，科学就没有必要去证伪它，否则忙不过来。否定"灵魂说"可以简单启用一个与之相对的假说，一个符合齐一性原理并跟其他科学原理兼容的假说：灵魂或精神力或意识必须依附于肉体。在科学最前沿，是信仰齐一性的力量在支撑假说，做出判断，推动科学。有朝一日科学进步到可以检验灵魂了，那么"灵魂说"就进阶或降身为科学假说。有关灵魂这个问题可参看本书9.3节。

## 5.3  六德：科研者的素养

科学精神是科学的属性之一。科学是个多面体，可以从多个方面来认识。其本质属性可以在语思文化的思维类型中加以定义（见6.6节）。科学还有人文属性，体现在科研者身上的便是科学精神，这可以从观念文化的道德、宗教中来认识。

科学刚产生时主要是个体活动，对个人的道德要求应该与其他领域如神学、炼金术等相同。当时科学团体还在形成中，所需社会条件是理性氛围。当代科学作为社团活动而具有社会性，简单地说就是公正、协作，决策透明。科学作为社团活动对成员有成文或不成文的要求，这也是科研者个体的修养要求，可概括为六项品德要求，合称科研/创新/大师"六德"（朱晓农2021）：

A. 理：指基于逻辑的理性。这是一项新德，在所有德行中是最基本的。缺了理性，所从事行业一定不是科学。

B. 智：为传统十二德之一。现代教育中智育和德育分科，但获智只有在最基础部分是智育的事，更重要的部分靠德育。

C. 毅："咬定青山不放松……任尔东西南北风"（郑板桥）——做研究得准备寒窗十年，文科就更不幸了，五十年如一日的孤舟独钓，是一辈子不倒翁。

D. 勇："虽千万人吾往矣"（孟子）——一往无前的勇气，敢挑战权威和共识。

E. 诚："不妄语"（沙弥十戒）——诚实至上！就这么重要。

F. 平："采菊东篱下……心远地自偏"（陶渊明）；"人不知而不愠"（孔子）——淡泊之志！

六项品德可用以下几项参数来分类：

（1）新旧："理"是引进的新德，其余五德均列于儒家十二德（仁义礼智信忠孝悌节恕勇让）或与之相关。十二德（及相关的四维五常八德)讲的不全是内在品德,还包括待人处世的态度和处理人际关系的修身准则。要当心的是,新旧品德所用字眼也许一样,但内涵不一定相同。

（2）先后天：品德分开说,德是德行,指后天修为,"理、毅、诚、平"是德行;品是品性,半是天性半是修炼,"智、勇"属于品性。

（3）上下限：六德中"理"是下限,是起步的门槛,没有理性思维和理性精神的人是不适合做科研的。相比之下,"勇"是上限要求。

（4）内外："智、理、毅、诚、平"都是自我修养,而"勇"半是自我修养,半是外向争锋。

（5）知与识：德修的目的首先是修身做人,外放于科研的结果是获取知与识。各项修行起的作用不同:"毅"主要为获知服务,"勇、诚、平"帮助获识。"智"和"理"的修行是既获知又获识的方法。

### 5.3.1　理：此理非彼理

"理"跟我们熟悉的"(情)理"不同。它是理性之理,在六德中最为特别,是最基础的门槛要求。其他五德是中国固有之德,但"理"是引进的;"毅、勇、诚、平"主要靠德体美育来培养,但理性的获得主要靠智育中的逻辑科来进行,次要靠德体美育。

理性跟数学、物理、化学、生物、语文、历史、地理这些知识课、实验操作或工科训练的技能都不同,它是一种"不用"(是徐光启说的"不用为用,众用所基"中的不用,不是庄子说的"无所可用……为予大用"中的无用),是学习所有知识、所有应用学科的基础,是一种中性的、纯思维方式的训练。不但如此,它还是其他品德修养中不可或缺的工具,可帮助界定、论证其他品德。

### 5.3.2　智：学识要求

#### 5.3.2.1　智分为学和识

科研高低的评判标准是"智"。"智"指知识,可分解为知与识。大众辨认大师的标准是知或学识,知道多少书里说的,掌握多少语言,尤其是古书、古文字。学知分为知识、技能、逻辑三科。专业大师不但在学知方面,而且在识见上超越一个时代。智力不是单一的属性,至少体现为三种能力：记忆力、识真力(主要是逻辑能力)、识见力。因此智力可以分为三级：一阶智力指获知的记忆力，二阶加上获知获识的识真力，三阶再加上获识的识见力。

### 5.3.2.2 识是综合能力

对于创新来说，识见比学知更重要。遗憾的是我们仍不清楚识见到底是什么，也不知道程序性获识之路。我初步的看法是：识见力是一种综合能力，以记忆力和识真力为基础，融进通达、美感与品味(不是品位)、毅力、勇气、自信、好奇心、冒险心等，至少表现为以下诸力：洞察力(包括鉴赏力和预见力)、创造力、宏观综合力。鉴赏力是最基本的识见力，是获得洞察力、预见力和创造力的基础。获识主要不是靠学习或智育，而是靠德、智、体、美全面训练。六德中有四项跟获识有关，所以修炼这些品德有利于获识。获识需要品性上的勇进和识见力(属于智)，以及道德上的诚实、平和、理性。品德大多可以修炼、培养，所以一方面要自我修身，另一方面也需要学校教育能把德、智、体、美四育并进，不能智育独秀。德育、体育、美育的重要性如果不是超过智育，也绝不亚于智育。

### 5.3.3 毅

在理性还未引进之前，求学问的基本要求是坚韧毅力、固守之心。一个勤奋而又坚持的人至少可以保证在他感兴趣的领域内走到专家甚至大专家的境地。毅包括通常讲的专注力，即有恒心、有长心。

毅可分为主动和被动。被动的毅就是逆来顺受，忍耐力强，中国人在逆境中生命力顽强，就是这种被动的毅。主动的毅由使命感驱动，由信仰支持，曾子的话"士不可以不弘毅，任重而道远"，说的就是中国士大夫或知识分子的终身坚毅。弘是心胸开阔，志向宏大，以仁为使命和信仰，非此难以坚持一辈子。

世人常常感叹犹太人怎么历数千年苦难而矢志不渝，在所有重要行业都取得其他民族无法比拟的成就。一般都认为他们特别聪明，其实在聪明背后，除了生理方面的原因(朱晓农 2022)，在德行方面就是创立一神教，这是"犹太教不同于其他宗教的重要特征"(《大众塔木德》)，并坚信不疑，"信仰至上：没有信仰的民族不会是一个伟大的民族"(赫里姆 2009：153)。

### 5.3.4 勇

科学精神中最要强调的就是勇,也是道德的上限、天花板,表现在社会事务上便是不计个人得失的见义勇为、嫉恶如仇,敢与不良行为作斗争。勇不是匹夫之勇,不是"无义之勇"[①]。六德之勇与一个引进概念 AGRESSIVENESS(进取心、侵略性、冲劲)有关,进取心蕴含勇,反之不必然。所以六德中的勇是勇进。进取心是一种品性,可后天训练,也有生理基础,可能与睾丸素的强弱有关。

有一本书叫《反叛的科学家》〔*The Scientist as Rebel*,弗里曼·戴森(Freeman Dyson)著〕,科学家是叛逆者,大师就更不用说了,是逆天者。当年清华国学研究院四大导师中的王国维、赵元任、陈寅恪,给我们的印象不是老成持重、保守慎言,就是温文尔雅、谦谦君子。其实在当时他们个个言辞犀利、特立独行。有人说"叛逆"一词贬义,不如用"创新"。诚然,创新一定叛逆,叛逆不一定创新。不过,叛逆相当于一个变异池子,创新则是其中有意义的叛逆成功者。在成功之前,谁也分不清哪些是为叛逆而叛逆,哪些是潜在的创新。所以允许叛逆变异池子的存在,是创新的必要条件。有关勇,下文要详论。

### 5.3.5 诚

诚不仅是科研的素质要求,做生意也要诚信。这一点对于我们"无商不奸"这一古老智慧而言是陌生的,甚至这是做人的基本道理,"人而无信,不知其可也"(《论语·为政》)。

诚信现在连用通用,分析而言,诚、信是两个概念,诚是内在道德,内在的诚是不管人信不信,或有没有人看见,这是君子慎独之德。信有两种意思,一种是外在的关系,能取信于人者为有信用。在这个意义上,诚信的关系跟勇让关系,或忠恕关系一样,前者都是内在品德,而后者为外在关系或表现方式。信还有另一个意思,那就是说到做到的守信,这是诚的一种,因而是内在道德。

---

① 《论语·阳货》:"君子有勇而无义为乱。"

要真正做到诚,还与勇有关,见下文。

### 5.3.6 平

能修炼出中正态度、平和心境,像陶渊明那样"采菊东篱下,悠然见南山",也就具备了"人不知而不愠"的淡泊之志,这差不多达到了"富贵不能淫、贫贱不能移"(《孟子·滕文公下》,富贵不言行过分、贫贱仍矢志无悔)的境界。这一点对于现代科学来说是不是必要还要看各人境界。对于文科来说,中和是最高境界,因为文科是一场数十年任重道远的弘毅马拉松,是否具备中和素养具有决定性意义。

## 5.4　结　　语

"科学精神"是一个比较笼统的词,关于其性质或包含的内容,看法不一。有人把认识论,甚至方法论都放在科学精神里,也有人把科学作为社团活动的规约也包括在内。我觉得都失之过宽。

科学是个多面体,主要有认知属性、人文属性、社会属性。认知属性是从思维方式以及在其指导下的工作方式这个认知角度来定义,即以"假设—演绎—检验"三大特征的合取作为充要条件来定义科学。科学的社会属性包括默顿提到的普遍性、公有性、非私利性、制度化的怀疑精神四大特征。

我把科学精神缩小到科学的人文属性,即事关科研者的品德:智、勇两项品性,理、毅、诚、平四项德修,统称"六德"。科学大师或学术大师,即为六德修行达至巅峰者。

# 第6章　客判思维：为思维方式分类

critical thinking 是客观评判，错是错，对就对；不是横枪竖棒的批判性思维。

——竹子

## 6.1　引　言

critical thinking 可以音义兼译为"客判思维"，即客观评判的思维方式。

客判思维在现代教育中极受重视，但遗憾的是，它到底什么意思，仍旧困惑着学者和教育家。其实，就是在英文世界，客判思维也没个定论，因为这不单单是个词义的问题，否则查一下词典就解决了。客判思维是一个指向思维的概念。要理解其本质含义，需要一个逻辑定义。而要给思维下逻辑定义，难度之大可想而知，所以值得花费点时间和精力。

本节内我把多年的教学理念做个梳理。年年教课年年强调客判思维，回想起来很有点茶壶里有货但倒不出的感觉。其实，倒不出就是没货，砸碎了茶壶也就是一团糨糊。说不清楚就是没认识通透。"命名即掌握：对于具体事物来说，命名意味着占有；对于抽象事物来说，命名意味着认识"（朱晓农 2008b）。所以对于一个术语，如果说法五花八门，那就是该术语对应的概念还未得到逻辑定义，也就是没能正确理解。

下面先讲解什么是定义，如何进行定义，定义与思维方式的关系，然后再回过来讨论"客判思维"这个思维概念。

## 6.2 六种思维方式

为思维方式分类不是一件易事,尽管有不少人尝试过。我构建了一个思维树分类系统,见图6-1。

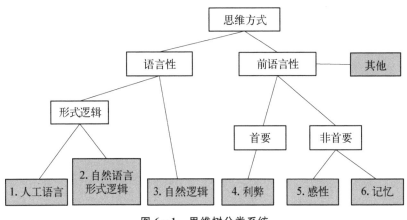

**图6-1 思维树分类系统**

图中六种单一思维方式(朱晓农2020b)中没有"客判思维",因此可以确定客判思维是一种综合性思维方式,与第1种和第2种理性思维有关,而且还加入了别的因素。表6-1用几对区别特征刻画六种思维方式。第4—6种利弊思维(生存的首要思维法则)、感性思维、记忆思维方式是先天生物性的思维方式,是各民族共有的。先天思维从来源上说是前语言的,其初等形式可以基于生物本能而不使用语言,高等形式则使用语言。图中还有一种编外的杂类(其他框),是机制尚未明了的其他思维方式,包括受环境影响的思维方式和某些特殊的本能性或顿悟性的直觉思维、聋哑人思维等,暂不讨论。前两种是基于形式逻辑的理性思维方式,后四种则不是基于形式逻辑的前理性思维方式。

语思所指的思维方式是基于语言的思维方式,包括表6-1中的前三类,即遵循自然语言逻辑的思维方式、遵循形式逻辑的思维方式、以人工语言进行的思维方式。本章涉及的只有第2种和第3种。

表 6-1　六种思维方式分类及其特征(另加编外"其他")

| | | | | | |
|---|---|---|---|---|---|
| 1 | 人工语言思维：数学/符号逻辑/AI | 语言性 | 形式逻辑 | 人工语言 | 理性 |
| 2 | 形式逻辑思维程式：希腊逻辑/印度因明 | | | 形式逻辑自然语言 | |
| 3 | 自然逻辑思维程式：中国逻辑/其他 | | 自然逻辑 | 自然逻辑自然语言 | |
| 4 | 利弊思维方式 | 前语言 | 首　要 | 利弊 | 前理性 |
| 5 | 感性思维方式 | | 非首要 | 感性 | |
| 6 | 记忆思维方式 | | | 记忆 | |
| | | | 其他思维方式 | | |

## 6.3　三种按思维方式的定义方式

先提一个问题："什么是 X"和"X 是什么"，这两个问题有区别吗？或者更具体一点，把"客判思维"代入 X。"什么是客判思维"和"客判思维是什么"有区别吗？

吕叔湘先生有一篇精悍短文《谁是张老三？张老三是谁?》(吕叔湘 1984)。吕先生说："谁是张老三?"有两种作用，或者是要求指出张老三这个人，或者是要求说明、描写张老三这个人的性质；而"张老三是谁?"则没有前一种要求指认的作用，只有后一种要求描写的作用。与此不同的是，"什么是爱情？爱情是什么？没什么区别"。也就是说，张老三那个问题涉及指认和描写两种情况，而爱情问题只涉及说明描写其性质。

让我说得更清楚一点。

1) 为什么张老三问题可以用指认方式，也可用说明方式去回答，而爱情只能用说明描写一种方式去回答？

2) 客判思维是张老三呢，还是爱情？

——这问题不是矫情吧。

要回答第一个问题"什么是 X"，得先明白什么是事物的"本质"特征,如何确认事物的"本质"。这是我们最喜欢说的话:"本质! 本质! 透过现象看本质!"那么,什么是"本质"呢? 那就各说各理了! ——这其实涉及"逻辑定义"。

逻辑定义包括外延定义和内涵定义。外延定义一般只用于小封闭类,内部性质或不很一致。如代词是什么——"'我、你、他',再加'们、自己'",大致完备了。不过,由于大部分集合不是那种小封闭类,所以外延定义法作用有限。

逻辑定义主要指内涵定义。事物有各种属性,其中有一个是所谓"本质"属性,也就是亚里士多德说的 essence。那么什么是"本质"属性呢? 有很多哲学书、方法论论著讨论这个本质属性,很繁复,让人不得要领。其实,本质属性很简单,就是给出逻辑定义。而所谓逻辑定义,就是属加种差。但你要能指出所考察事物的属和种差,就得先有一棵如下图的逻辑分类树,"指认"就是按图索"张老三"。

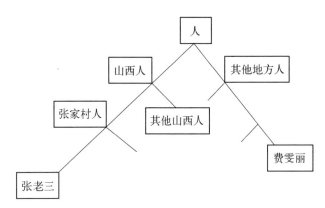

图 6-2　按图索"张老三"

但问题是要画逻辑树,得先有类型学,有分类框架。可惜现在既无跨语言的声调类型学,又没语言内的音法分类系统,尽管声调研究已进行了 100 年。在逻辑分类系统/类型学没做好之前,谈本质属性都是玄学。

内涵定义明确指出了对象的性质。有些看似内涵定义的其实是描写性的,"什么是爱情?"你得描写(可能连描写都不是,见下文）。内涵定义的基础就是类型学,"门纲目属",有个逻辑分类框架或逻辑分类树。在这棵树上,我们可以轻松"指认"张老三。但是我们没法画一棵开着爱情花的分类树。那么,"爱情"该怎么定义呢?下面来看三种定义,各自按照不同的思维方式(详见下节)构成:

（1）爱情是生死相依。/爱情是人类最美好的感情。/爱情是凌霄快感。/爱情是文学的永恒主题。/爱情是肾上腺素激增。

（2）声调是音高在语言中系统地用以区别词汇意义、具有音位意义、落实在音节上并多于两个的类别（朱晓农2010a：272）。

（3）声调是音节的非线性成分,与音节的线性成分（音素组合）对立。

第一种"感性定义"是感性思维的产物,不同的人对某事物有不同感受、从不同感性认识出发提出的某项特征。这种"定义"当然还算不上定义,至少不是逻辑分类中的定义。

第二种"描写定义",是一种介于感性认识和逻辑定义之间的、用基于记忆的类推/归纳思维得到的描写性定义,它归拢了一连串与不同事物相比得来的非区别性特征。比如拿声调跟情感音高比它有音位意义,跟句调比它有词汇意义,跟重音比它有至少三个类,跟唱歌或咳嗽比它用于语言,跟偶然区别词义的音高比它是系统的——比了一连串不在同一个逻辑系统中的东西。

第三种"逻辑定义"基于用逻辑思维得到的逻辑分类系统。声调的上位单位是音节,作为音节的下属成分——非线性成分与另一种下属成分——线性成分对立。

我们举个例子来看第二种定义和第三种定义的差别。给黑猩猩下的描写性定义（即第二种定义）是：有很高智力的动物,成年雄性体重约60—80公斤,毛色黝黑,前肢可长于后肢,四肢行走为主,草食为主的杂食性动物等等。而对黑猩猩的逻辑定义则是：灵长目人科黑猩猩属;与同属倭黑猩猩相比,体重和脑容量都显著大于倭黑猩猩。属加种差,直截了当,明确而无歧义。

逻辑定义能回答"什么是 X"的问题,感性定义和描写定义只能回答"X 是什么"的问题。

所以,如果问题是"什么是 X",那么我可以很有底气地指认,我有个类型框架可以定义;但如果问的是"X 是什么"时,我的回答有点羞羞答答,可能有点忽悠,无法进行逻辑定义,只能多加几个定语来说明。下一节我能回答"什么是 critical thinking/客判思维",而不是"critical thinking 是什么",就是因为我首先构建了一个思维方式的分类系统,并在内部构造一棵较小的"理性思维方式"类型树,critical thinking 就可以在这思维分类系统中得到逻辑定义。

在给出客判思维的定义之前,我们先从日常字面义入手,先排除一些干扰项。然后以分析组成成分的方式来定义理性思维,并构建分类系统,从而在此系统中把 critical thinking 定位,也即给它一个逻辑定义。

## 6.4  critical thinking 的词典义和其他定义

### 6.4.1  critical thinking 不是批判性思维

critical thinking 有好几个中文译名,最流行的是"批判性思维",而 critical 的几个义项中确有"批判"这一项:

(A) Expressing adverse or disapproving comments or judgements(*Concise Oxford English Dictionary*,12th edition,p.339,义项 1,表达负面意见的,即批评,或严厉点,批判。)

因此,"批判性思维"是一个按词典义的翻译,但可惜这个译名取错了英文义项,更为不妥的是它起到了误导作用。critical 是有"批评/批判"之义,但 critical thinking 却不是"革命大批判/批评与自我批评/批判愚昧落后"那样的"批判性思维"。critical thinking 不是一味地批判,不是一味地批评质疑。很多人以为 critical thinking 就是质疑,就是挑战。不是的! critical thinking 是该质疑时质疑,该支持就支持! 假定你对某观点进行 critical thinking,你使用已有的或自己搜集的证据,经过逻辑论证和实证检验,发现此观点有问题,那你就挑战它,但如果你证明此观点站得住脚,那你还质疑吗?不,你就应该支持它,哪怕你不喜欢这观点——这就是有逻辑推理的、有实证检验的客观评判的思维,而不是单单具有批判性、批评性、质疑性、挑战性,表达负面意见的思维。所以,客判思维类似于科学思维,实际上它是部分性科学思维,是去掉科学的第一步"假设",留下"演绎逻辑"和"实证检验"两步的思维方式。

### 6.4.2　critical thinking 不是审辩性思维

最近还有将 critical thinking 译成"审辩性思维"的,这比"批判性思维"好多了。这个译法大概出自下面 critical 的另一个义项。

（B）Providing a careful judgment of the good and bad qualities of something. (*Longman Dictionary of Comtemporary English*，*New edition*，1987,即对某事物的优缺点进行审慎评判的)

这是一种谨慎审慎的评判、评估、判断,是缺点就说是缺点,是优点就说是优点,而不是一味地批评批判、挑剔非难、质疑挑战。"审慎的评判"就是要进行公正合理的判断。

"审辩性思维"稍有不妥的是,"辩"是"思辩/思辨"之义,而"思辩/思辨"常用于"禅思式""辩证式""中国哲学式""中国传统式"思维。这些个思辨什么都不缺,就缺"客观""公正""合理"地进行评判。客观就是要把天人分离。公正就是要不带偏见。合理指的是合乎理性、合乎逻辑,不是中文"合情合理"中的"合理"。我们的合理通常是在情感上合情合理,而在逻辑上不那么合理,因为合逻辑的理性会让中国人不舒服:"那么冷冰冰的""那么不人性化""那么不讲情面"。所以我们的合情合理就分不开主观和客观,就天人感应了。

上面从词典义来解读,一方面会有不必要的引申义,另一方面又可能漏掉点什么。两个词合成一个词组,就像两个语素组合成词,常有 1+1＞2 的情况。比如"白菜"有的地方是浅黄色的,有的地方是绿色的,你不能从"白"推出"白菜"的颜色。中文翻译的误解可以理解,因为英文原义就有个演变过程。这是从字面上看,从实质来看,批判质疑的本质是破坏性的,学术需要的是建设性的客判思维。

### 6.4.3 critical thinking 的其他意义

上文是从词典义和科研步骤来理解 critical thinking 是或不是什么。词典中其他解释如"危急的""紧要关头的""关键性的""临界的"等义项,都无关乎此。还有很多以私意解读的。如有人认为客判思维不能无视"人文关怀"。这话没说清楚,想来作者不会把人文关怀搅和进逻辑推理和实证检验过程中。

下面还有几个流行的"定义":

1) reflective thought,约翰 · 杜威［critical thinking 即反思］;

2) the thinking of thinking,理查德 · 保罗(Richard Paul)［critical thinking 是对思维之思维］;

3) 批判性思维就是把知识的表象和本质区分开来的能力。

这么来理解 critical thinking,不得要领,因为这些都不是揭示本质的逻辑定义。定义有感性、描述、逻辑三种方式(朱晓农 2018a)。杜威和保罗说的都属于比拟式的感性定义。第 3 个定义属于列举特征的描述性定义方式,而且很笼统,还没说清它在"思维"内部处于什么地位,就跳到一个更泛的"能力"范畴,走路、画画都是能力,批判性思维显然不是要跟这些能力去比。

要揭示客判思维或任何其他事物的本质需要逻辑定义,需要先建立一个关于思维方式的逻辑分类系统,然后找到客判思维的地位,也就是"属加种差",即指出其上位属概念,并确定其与同属其他思维方式之间的差别。我建立了一个七种思维分类系统(朱晓农 2018a),前四种是非语言性思维,后三种是语言性思维。第 5 种是非逻辑自然语言思维方式,第 6 种是合乎逻辑的自然语言思维方式,第 7 种是人工语言思维方式。后两种是逻辑性的理性思维方式。客判思维没在这七种思维方式中,它是一种综合性的思维方式,与理性思维有关,还加入了别的因素,详见下文。

## 6.5　critical 的新义项

critical 有个最新的权威释义,据牛津线上 *Living English* 词典,critical 的第 2.2 义项为:

(C) Involving the objective analysis and evaluation of an issue in order to form a judgement. 对某事物进行客观的分析和评估以作出判断的。

例句:Professors often find it difficult to encourage critical thinking amongst their students.

我的感觉是,critical 的这个新义项"客观分析和评估",似是反向从 critical thinking(客观评判思维,客判思维)而来的。也就是说,critical thinking 不能从 critical 的词典义出发来理解。上述"客观评判的"这个义项看来最为贴切,例子就是用的 critical thinking。把释义缩略一下,critical thinking 可从字面直接翻译成"客判思维",同时还部分兼顾了音译。

所谓"客观评判",可以这么理解,客观就是要有实证,评判就是要用逻辑推理的方式来进行判断,即后文 19.2.1 节所讨论的科学活动三步骤"假设—演绎—检验"中的后两步。所以学生进行客判思维训练,就像是常规科学家论/证某个假说的研究过程的练习版。

critical thinking 用的是理性和逻辑思维,可以支持你的对,也可反躬自问自己的错——两者表面看截然不同,但用的都是同样的 critical thinking。这就是客观、审慎、公正、合理的评估判断,就是如《虚实谈》(朱晓农 1987,2008a:23)中所说的:

> 如果学会什么情况下抛弃自己心爱的理论,什么条件下接受对方"可恶的"观点,我们就已经走上理性主义之路——因为我们弄懂了逻辑评价程序,掌握了理性批判标准。

这句话并没给客判思维下定义,但它所具有的特征已表露无遗:在论证辩难中,能自我反省,敢主动自觉地承认错误,这是掌握客判思维的一项必要条件。如果一个人从来也意识不到自己会犯错、已犯错,从来也不会自我反省,那么他就一定会熟练运用批判性思维(都是对方的错)、思辨性思维(坏的就是好的,坏中也有好),但就是没掌握客判思维(你对就说你对,我错就说我错)。上述《虚实谈》引文跟如下亚氏雅言如出一辙:

能真心实意地接纳一种难以接受的思想,是一个受过教育的心灵的标志。(亚里士多德)

但怎么才能做到这一点呢?"客判思维"我们可以倒背如流,但这跟如何做到客判思维没有一丝关系。所以口头上知道大道理不重要,这是知识教育就能做到的,重要的是用什么方法去贯彻这些道理。

总之,critical thinking 对于中国文化来说,是个陌生概念,所以需要用一个新词去对应,以免张冠李戴。

## 6.6 理性思维的四小类

客判思维是理性思维(即广义逻辑思维方式)的一种,不过在表6-1的七种思维方式中,没有理性思维。可见理性思维不是一种单一的思维方式,而是一种综合的思维过程,它涉及第2种"合乎逻辑的自然语言思维方式"和第1种"人工语言思维方式"。

理性思维构成一个思维方式子系统,其下可分为演绎推理、客判思维、形式科学思维、经验科学思维四小类。理性思维的核心是演绎逻辑推理,这是四小类思维方式的公因子。这个思维系统还涉及科学研究活动。我把"科学研究活动"定义为三个步骤:假设—演绎—检验。把这三项当作理性思维的三个区别特征,其中演绎推理是必选项,另外两个是可选项。然后加以不同排列,可定义四种理性思维方式。

**表 6-2　由科研三步骤定义的四种理性思维方式**

|   |   | 假设 | 演绎逻辑 | 实证检验 |
|---|---|---|---|---|
| 1 | 演绎/狭义逻辑思维 | - | + | - |
| 2 | 客判思维 | - | + | + |
| 3 | 形式(科学)思维 | + | + | - |
| 4 | (经验)科学思维 | + | + | + |

1) 演绎思维,即演绎逻辑推理,狭义逻辑思维。

2) 客判思维(critical thinking,客观判断思维):即加上客观实证检验的演绎推理判断。

3) 形科思维(形式科学思维):又名"纯理论思维",即假说加演绎推理,如逻辑、数学、程序语言,以及理论物理学中的工作过程,即第 7 种思维方式。

4) 科学思维(经验科学思维/经科思维):即假说—演绎—检验三成分完备的思维过程。

现在可以给出一个关于客判思维的严格的内涵定义了:

定义:客判思维是用且仅用演绎推理和实证检验的理性思维方式。

推广实用定义:以上述思维方式对某种观点或事物进行评判或评估。

这样的话,"客观评判思维"中的"客观",可理解为实证检验,"评判"可理解为按逻辑推理作出判断。客判思维用于实际工作,就是如下这种方式:寻找证据 Y,试在 Y 和待检验命题 X 之间建立起逻辑关系。如果不矛盾,X 就得到正评判,也就是通过了这一轮检验。如果有矛盾,那就寻找更多的证据,或者对 X 进行修正,提出 $X_1$,然后重复以上过程。

这种工作方式类似于经验科学研究的工作方式,只不过作为学生学习之用,客判思维的出发点假设,大多是个既定的观点,由老师或课本等给出,学生的工作就是进行上述客观评判工作。如果学生在客判思维基础上,自己又提出了假设,再重复客判思维过程,那就等同于科学思维过程了。因此,客判思维的运用就是对假设进行逻辑评估。

插一句我关于理性的获得的话:

教育的宗旨是引导个体重走群体语思进化之路:习得口语/书面语,习得逻辑/实证理性。

前两项是最基础的语文习得。后两项学习逻辑和建立实证观可合为"理性习得",这一步如果成功,就意味着获得了客判思维能力,即能运用逻辑推理和实证检验来进行客观合理的评判。

客判思维对于我们来说尤为重要,因为逻辑推理不是中国传统文化固有的。对于我们知识界来说,首先要弄清楚什么是客观、公正、合理、审慎的客判思维,什么是"都是你的错"的批判性思维,什么是"坏的就是好的/民族的就是世界的"正反义随心转的辩证性思辨。

客判思维是一种理性思维,是按照逻辑步骤不紧不慢按部就班的思维,并不总是批评、质疑、批判,不是感性式的、跳跃式的联想思维,不是色厉声竭、暴风骤雨般的批判,而是客观地该批评就批评,该支持就支持。

## 6.7　思维方式大分类系统

给思维方式分类是件勉强的事,道理就不用多说了,思维是个黑箱。不过,要推进认知,就得勉为其难,强不知为知,知其不可为而为之。再简陋破败的窝棚也比露宿好,范畴认知总要跨出第一步的。这不是说以前没人做过思维分类工作。恰恰相反,做得太多了,但一个普遍缺点是,没做到很好的逻辑分类。

综合图6-1和表6-2,可画出一棵枝茂根深的思维方式大分类树,见图6-3。这棵树的枝丫还与人类的两阶四段语思文化进化和教育相应的宗旨相关。

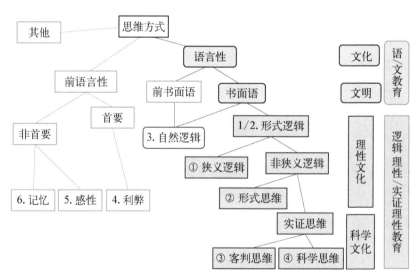

**图6-3　大思维树及其与文化演化阶段和智育宗旨的对应**

图 6 - 3 中第 1 种至第 6 种思维方式(外加"其他"),即表 6 - 1 中的 6 类。其中第 1 种和第 2 种合为"理性思维",其内部又分四种,即第①种至第④种。

思维方式分类,首要标准是语言,即根据有声语言的出现或习得分为语言思维和前语言思维。前语言思维包括三种生物性普遍思维方式和环境性思维方式。

语言思维下辖书面语思维和无书面语思维,这是文字创制后产生的区别。它跟上一阶段的口语思维并无质的跃进,不过,文字留存了有声语言,于是增强扩大了记忆,积累并运用了经验,并为下一步逻辑语言和理性思维的产生提供了可操作的工具。书面语思维对应的社会文化形态便是文明,而无文字的文化则停留在前文明阶段。

在书面语基础上产生了形式语言及其对应的逻辑思维。所谓形式语言,指语言中的概念有严格定义,推理有明确并可检验真假的程序。逻辑思维下便是四小类理性思维方式。这一阶段对应理性文化。理性文化内部分一期和二期。逻辑语言思维对应一期理性文化。实证理性加入后,便对应二期理性文化,也就是科学/法治文化。

还有一个与思维方式相关的重要对应,那就是智育所引导的个体重演人类认知演化之路:语文习得和理性习得。

这个思维方式的分类系统,不敢说完备,但有形式和经验两方面的优点。先看形式优点,这个分类做到了分析性明晰,即每个步骤都有可操作性和可验证性。当然,最重要的形式优点是做到逻辑自洽,以符合构建一个形式系统的起点要求(完备性是终点要求),因而这也是认知的一个可累积、可改善的推进过程。顺便加一句,在起点要求自洽性和终点要求完备性之间,便是简明性或美感。

这个分类系统的第二大优点是经验性,跟两大独立系统,即文化演化的阶段性和教育的阶段性完美地对应起来,从而使得这三方面的独立分类都得到相互的支持,达到"一荣俱荣一损俱损"的地步。这实际上已经做到跨系统完备性,比单纯系统内的完备性在经验科学范畴内更为可靠,也更有价值。这个优点使得任何想对此思维方式分类系统进行反驳的企图变得极为困难,除非反方在另建一个新的思维方式分类系统之外,再建立起与文化演进和教育宗旨相匹配的关系。

# 6.8 "理性"的几种用法

上文定义了"理性思维"。再核定几个名词：逻辑理性即演绎推理，实证理性即实证观念。这两个含义的理性都很常用，合称核心理性，核心的理性思维包括了客判思维和经科思维。一般讲的"理性思维"包括了表6-2四种思维方式，也可称为基本理性。

理性还被扩展用到更广的领域，即在基本理性基础上，加入求善而构成"价值理性"。价值原是宗教和伦理学的关注对象，现在当然其他人文学科，甚至科学社科都有参与讨论的。在西方不管是古希腊时期，还是中世纪，更不用说现代，价值都是要用逻辑理性来论证的。但在中国，从孔夫子开始，价值就是说教，是规定性的，不用论证，当然我们也无法论证，因为我们过去是没有演绎逻辑，现在是对之如叶公好龙。

另一种广义的理性是在基本理性基础上加求美而构成"美学理性"。美学理性这个概念看似有点矛盾，"美"是感性思维的对象和产物，不过美学是要使用演绎逻辑论证的。在更一般的科学方法中，尤其是形科思维中，简明性（simplicity）和美感（elegance）是很重要的评估标准。

对于价值理性和美学理性，人文学者别高兴早了，以为可以滔滔不绝写现代汉赋排比句了。看看上面的说明，演绎逻辑都是不可或缺的。我这么定义广义理性，是因为有很多人用价值理性、美学理性这些词，所以有必要把概念和术语规范一下，指出逻辑是所有理性思维的公因子。

# 6.9 分析即分解命题

## 6.9.1 两个基本分析方法

"分析"或"分析推理"也是在现代教育中经常强调的概念，而且常跟客判思维一起出现。那么，什么是分析呢？在科学中，分析是相对于综合来说的。打个比方，一辆汽车，分解为零部件，那是"分析"。然后按照图纸装配，那是"综合"（这里讲的"分析"和"综合"是解决问题的方向和过程,不等同于哲学上的"分析命题"和"综合命题")。但对于中国式思维的传统国学来说,实际上没有"综合"一说,有的只是笼统、混沌和懵懂。因而在国学中谈不上什么分析,比如中国式思维最喜欢说的议论:

> 越是民族的,就越是世界的(辅以一些国货在海外受欢迎的例子)。

这种说理方式就是中国式思维的笼统思辨,而不是分析推理。要做分析推理,就要给出各种不同的条件。这有两种方法:

第一,写出限定条件,比如说:

> 受到世界欢迎的某民族的东西,才是世界的。

这样的表述,实际上已经符合康德以来定义的"分析命题"的要求了,即命题中的谓词概念包含在主词概念中。又如:

> 有一句话说,"直到死亡把我们分开",在这里,要说成"直到死亡把我们团聚"才合理。

这句话看上去非常睿智而辩证,但实际上只是玩弄辞藻,是容忍隐藏条件和偷换概念的含混思维。这两句话里的"我们",前一个指死者和生者,后一句指来悼念死者的生者们。

有时候我们"辩证"用惯用顺溜了,一出口就是"辩证",其实它不一定是辩证,而是分析的意思:

> 和朋友在公园聊天散步,他问怎么界定正能量和负能量。我说,要辩证地看,不能一概而论。比如这个(写着24个字的)牌子,放在这里是正能量,举起来在街上走一圈就是负能量。

这其实不是"辩证看问题",而是在作分析。同样的东西,由于所处地位或环境不同,所以评价就不同。这是分析:分析不同条件得出不同结果! 但由于我们传统教育太强大,习惯性套语成自然,教得大家只会说"辩证",把分析推理也当成了"辩证看待"。

第二,给出统计数据,比如多少种民族的东西受到全世界欢迎,多少种受到某些国家的欢迎,多少种没受到欢迎等等。这实际上已经不是一般所见的议论文或评论文,而是进入了社科领域,要求比较高了。

# 6.10　学科性质流程图

初版绪论里的学科流程图是用一系列方法来定义大学科,也就是人文学科和科学到底区别在哪儿。再版我用思维方式更精确地定义学科领域。

人类有各种各样的研究,这些研究的性质与思维方式有关。思维方式分为 6 种(见 6.2 节)。里面关键性的分野是语言和逻辑。后 3 种思维方式(利弊、感性、记忆)就来源而言,有生物遗传性,是全人类一致的,其高级形式有语言参与。第 3 种自然语言逻辑(非逻辑性地使用自然语言思维的方式),结构不同的语言,自然逻辑也不同。第 2 种(逻辑性地使用自然语言思维的方式)和第 1 种(人工语言思维方式)是理性思维方式。后 4 种没有演绎逻辑参与不属于理性思维方式。

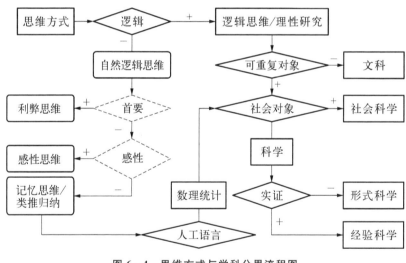

**图 6-4　思维方式与学科分界流程图**

图 6-4 表达了思维方法和研究/智力活动性质之间的关系。左边第 1 列是使用自然语言表达的利弊、感性、记忆思维,不过音美舞创作中常不依赖语言。依情感而行的是感性思维(可用于文学、艺术、宗教、宣传等)。随趋利避害天性而思考的,是利弊思维即文化性的"理

智考量"。原始性利弊思维是"见利就上见害就跑",高级形式使用了某种语言如汉语,因而具有具体文化性的利弊或理智思维,如"君子爱财取之有道"。根据记忆经验而进行的类推思维,包括归纳。如果数学用于归纳,就是数理统计了,那就进入逻辑思维了。

逻辑思维导向理性研究。图中第二个实线菱形框"可重复对象"指的是研究对象是否可得到重复观察。如果对象是不可重复的具体人物事件(另外本体论不是一元观寻找普遍性),无法进行检验,无法运用数学,那就是文科。如果可重复,那么就进入下一个选择器:研究对象是不是社会现象,如果是,那就是社会科学。如果不是,那就进入科学。科学分为形式科学和经验科学(即自然科学)。经验科学需要实证,而形式科学(数学、逻辑、电脑程序)则不需要,它只需构建一个内部无矛盾的自洽的形式系统。有关文科的特征和意义、与社科的区别,以及非逻辑思维的意义等问题,另外讨论。

我以前按康德的说法把科学研究分为两阶:随机探索和逻辑评价。后来把逻辑评价细分成两步:逻辑的论和材料的证。于是就有了科研的两阶三步程序。文科在第一步随机探索阶段比谁也不差,在更为关键的第二阶逻辑论证上,能做到一点的,就分离出一个社会科学的学科。当然,更多的还留在文科里,希望第二步逻辑的论能逐渐用上。

# 第 7 章　概括、归纳和演绎

> 概括是必要的，归纳是无效的。
>
> 万恶玄辩为首，百法演绎为先。
>
> ——竹子

演绎与归纳是方法论中常说常新的话题。本章内就几个容易误解的问题作一番澄清：第一是归纳的定义，以及与概括的区别所在。第二是归纳的效力，应该说是归纳的"无效力"。概括在科学研究中是必要的，少不了的。归纳在科学研究的第一步"随机探索"中是可要的，但不是不可或缺的；而在第二步"证明评价"中是无效的。这是自休谟以来的老生常谈。之所以老生常谈还要喋喋不休，是因为国内学界对此误解得厉害，以为归纳能用来当铁证。第三是演绎的效力。演绎是可靠知识的基石，这不新鲜，而更重要的是第四——演绎能推出新知识。这算不上一个新观点，罗素以来都这么认为。

## 7.1　概括与归纳的区别

首先要分清楚什么是概括（generalization），什么是归纳（induction）。这两个不同的概念在很多人笔下是不分的。归纳的实质在于在概括的基础上作预言。两者的区别在于：没有了预言，就是概括；加上了预言，就是归纳。由于科学是要作预言的，是要用有限材料来作全称判断的，是要用小本钱做大买卖的，所以单单作概括，对科学来说是不够的。概括无处不在，你随便说句话，比如"有的人喜欢吃肉"，甚至"他喜欢吃肉"，都是在概括。但如果在概括的基础上作预言，也就是进行"归纳"，那么这样的预言只是假说性质，而不具备证明的效力。

让我来举个例子。爸爸有个苹果,妈妈有个苹果,冰冰有个苹果——冰冰小朋友三岁时从上面的"系列个体事实"得出一个结论:"大家都有苹果。"这个结论是"概括"还是"归纳",取决于对结论中"大家"的语义解释。如果"大家"此处即指"爸爸、妈妈、冰冰"三人,那么这个结论实际上是精简地表达已知——冰冰是在作"概括"。如果"大家"泛指冰冰所认识的所有的人,那么结论就超出了概括范围——冰冰是在作"归纳"了。

科学研究包括两个步骤:第一步是想点子提假设、作出发现的随机探索过程。第二步是逻辑评价的递归过程。这两个步骤也就是康德说的"发现的心理学和评价的逻辑"。

归纳可以是假设的来源之一,但远非全部。假设可以来自纯逻辑方法(即排列所有逻辑可能性甚至不可能性),但大部分来自非逻辑方法,如类比、类推、移植、概括、归纳、触景生情、移花接木、棒喝顿悟、灵感、白日梦,甚至真做梦;还有一个稍有不同的回溯法(abduction)。所有这些非逻辑方法都可归到"联想"名下。但这仅仅是做研究的第一步随机探索。重要的是第二步逻辑评价。在第二步中,只有演绎逻辑派得上用场,归纳、类比、触景生情等所有非逻辑方法都是不管用的。

为什么第二步才重要呢?因为第一步要教也没法教(见下段),不教也能无师自通,再落后的文明中也有的是由联想(包括归纳)产生的"知识",照罗素的说法,动物(火鸡和马)都会①。而这第二步就不是人人都会了(朱晓农 1991)。首先,不是每个民族都发展出了演绎逻辑,实际上只有说印欧语的才发展出这门学问(古希腊逻辑和古印度因明),其他民族是要去"西天取经"的。其次,即使是西天活佛菩萨,也是要通过学习、操练、修行才能学得,因为这是学问,不是人的先天能力。

科学训练就是学会证明的方法,知道证明的途径,也就是演绎逻辑推理训练。至于怎么样提出假说,怎么样学会这个本事,本质上不是靠有步骤的训练,而是靠讲不出所以然的"熏陶"——跟随大师学艺

---

① 因此可以联想到归纳可能是动物的潜在的认知能力的一部分——诸如此类稀奇古怪的念头可以一天归纳、类推、联想出 100 个,但重要的是如何去证明(证实或证伪)。

起的就是这作用①。这是一个"思想自由创造"和"艺术创造"的结果。面对同样的材料,可以做出无数种概括、无数种联想、无数种……挑选哪一种概括作为假说,如何"归纳",如何联想,其间没有逻辑之道,所以那是科学以外的问题,是"发现的心理学"(康德)。你可以说这是"科学鉴赏力""科学素养"。这一步是我们现在无法控制的,只能靠"潜移默化",而学会第二步则是教育的主要责任。

综上所述,归纳对于研究的关键"证明/评价"来说是无效的、无用的。对于第一步"随机探索"(包括假设、发现等)来说,它只是众多途径之一,而且使用起来一定要注意几个陷阱。请读者注意,在下面的讨论中,我随大流地使用"归纳"一词,但实际含义很可能是"概括"。

## 7.2 归 纳 的 盲 区

第一,归纳可能是盲目的。我在一门研究生的课上(Research Methodology in Language Studies)举过个例子:咱们在座十几个人,归纳(其实是概括)起来,有无数条结论。比如"在座所有的人都不超过 2 米""不超过 2 米 01""不超过 2 米 001"……"不低于 1 米""不低于……""都有头发""都没有……""头发长短和身高呈负相关""听了这些话都笑"……那么哪些概括是我们需要的,哪些概括可以发展成归纳? 这就要看你想做什么事情,在什么理论指导下,想证实或证伪什么假说了。

第二,归纳可能会走岔道。举个儿化的例子,甲方言中有如下儿化情况:

(1) 画眉儿、金戒指儿、丁香儿耳环;
(2) 狗官儿、拖油瓶儿、猫头鸟儿;
(3) 表哥儿、老太公儿、小娘儿。

一级归纳结论之一:甲方言中儿化可以表示各种感情色彩,表喜爱如(1),表憎恶如(2),表亲热和尊敬如(3)。

---

① 可参看朱晓农(2003a),文中回顾了在跟随鲍勃·迪克森实地学艺的过程中所受到的熏陶。

乙方言：

（1）表喜爱亲昵：哥们儿、老头儿

（2）表厌恶轻蔑：小偷儿、混混儿

（3）中性：桃儿、杏儿、棍儿

一级归纳结论之二：乙方言中儿化可以表示各种感情色彩。

丙方言中有类似情况：

（1）表示喜爱亲昵：糖团<sub>糖果儿</sub>、妹团<sub>小姑娘</sub>、乖团<sub>乖乖</sub>、罕团<sub>娇儿</sub>

（2）表示轻蔑或厌恶：贼团<sub>小偷儿</sub>、媾团<sub>小姐妇</sub>、败团<sub>败家子</sub>

一级归纳结论之三：丙方言中相当于儿化的团化可以表示各种感情色彩。

......

二级归纳结论之四：各方言的儿化都可以表示各种感情色彩。

假定没发现反例，或者就到此为止，大家能同意上述一级、二级"归纳"吗？

我想大家不会同意，否则就要同意如下归纳了：某人第一天喝威士忌加苏打水喝醉了，第二天喝白兰地加苏打水又醉了，第三天喝杜松子加苏打水还是醉了，他归纳说：苏打水致醉。

第三，归纳可能是无力的。有时候，材料再多、再归纳也没用，不要说没有理论上的意义，就是想说明一个实际问题都办不到。例如你搜集了一千个无定 NP 主语句的例句，你会发现这类句子的"谓语都是动词，没有发现形容词谓语句，凭语感，形容词做谓语似乎不可能，但材料有限，不能断言"。这样说是不是有点"唯材料至上""唯归纳可行"？一有困难就想到"材料有限"，要是例句数量增加到一万又怎么样呢？语言是个无限集合，要证明什么有，增加材料也许"归纳"得出，但也可能办不到，因为它本来就没有。至于想证明什么无，不管材料增加到多少还是没法证明。其实，材料再多，在整个语言系统中占的比例都趋向于零，因为作为分母的语言的全部句子是个无穷集合。逻辑实证主义者卡尔纳普想用概率主义来挽救归纳主义以作为知识的可靠基础，就是在这儿走上了麦城。解决这个问题得从假设—演绎着手，可参看《语法研究中的假设演绎法：从主语有定无定谈起》（朱晓农 1988a）。

第四,归纳对我们想要建立的知识系统(用演绎推理串连起来的命题集合)来说,不是远远不够,而是根本不够格。举个爆音分布和系统空档的例子(朱晓农 2003)。我们知道,浊爆音中要有系统空档,缺的总是软腭音/g/。那么清爆音要有空缺,缺的是什么呢?我们可以去归纳,找几百种语言来比较,原来唇音/p/最容易出缺。归纳至此,大功告成。但对知识的探索不会在此躺倒不起。我们得问为什么浊爆音出缺从发音部位在后的开始,而清爆音出缺却是从发音部位在前的开始呢?把一些空气动力学、声学、心理学中的普遍原理拿来一演绎,发现原来浊爆音出缺是发音上的问题,清爆音出缺是听感上的问题。归纳所能达到的一个境界就是统计学中最简单的部分:描述统计(descriptive statistics)。描述统计用均值和方差的数据最概括也最精确地给出材料的"归纳"结果。如上爆音出缺,如给出其在几百种语言中的出现频率、分布比例就算归纳的最高境界了。但是没法进一步说明什么。再进一步,就需要用数理统计中的推断统计(inferential statistics)。这已经是假设—演绎—检验法了。过去,白涤洲、赵元任、罗常培、周祖谟、张世禄、王力、李荣等都用过描述统计,不过是一半的描述统计,有均值没方差。陆志韦(1985)与时俱进,在 20 世纪三四十年代引入了概率论的方法。由于二战后数理统计得到很大发展,我们今天就可以用推断统计来作假设—演绎—检验了,如 t 分布假设检验、卡方检验、ANOVA、主干成分分析等等(朱晓农 1989a,2005a;Zhu 1999)。

第五,归纳的极限功能是指出多种逻辑可能性之一。钱大昕的例子我在《虚实谈》第四章里谈过(见本书 14.4.2 节)。

总之,在研究的第二阶段"逻辑检验"中,归纳是无效的。在研究的第一个阶段"随机探索"中,归纳只是众多非逻辑方法中的一种。它的功用听上去比联想强大,但实际效果差不多。

## 7.3 演绎产生新知

认识论要解决的问题不是"知识来源",而是"可靠的知识来源"。所以,本题所论"新知",是指"可靠的新知识",而不是"任何你所不知道的东西"。

获知途径无数,可以来自天启神谕、上帝昭示的,可以是张天师李大师传授的,可以是祖宗托梦的,可以是概括归纳类推联想的,当然也可以是通过逻辑推导出来的。获知途径无数,重要的是怎么获得,是建立在什么基础上,这个基础可靠不可靠。归纳在证明(科学研究的第二步)中的地位问题,是个让休谟、罗素、逻辑实证主义者们伤透脑筋的问题,他们均以放弃告终。新知的来源有很多,演绎也产生新知识。从狭义理解,简单地说,如果甲仅知道大前提,乙光知道小前提,加起来,得出一个两人都不曾料想到的新命题。广义地说,别以为演绎是同义反复的废话①,数学、逻辑全是同义反复。说演绎不产生新知的人肯定是没学过几何。用添加辅助线(小前提)的方式能得到很多几何新命题。"证毕"实际上就是让我们知道哪些命题(在什么条件下)与哪些命题等价。在研究中,用替换小前提的方式可以获得不同的结论。把这些结论作为新的大前提,再假设不同的小前提,又能得到不同的推论。如此这般,只要其中某一环得到证实,我们就得到一连串的新命题——新知。比如:

(1) a. 所有直立行走的生物都是人。(定义)[某个饱学之士甲知 a 不知 b]

b. 神农架野人直立行走。(数十位目击者的观察)[某个野小子乙知 b 不知 a]

c. 所以,神农架野人是人。[你觉得这是个新认识吗?至少对甲、乙来说,c 是新知。即使丙 a 和 b 都知道,但如果不知道如何建立它们和 c 之间的逻辑信道,还是得不出 c。我们几千年历史上除了玄奘(还有他徒弟,著《因明大疏》的窥基)、徐光启,其他所有学者,包括最雄辩和博学的孟子、墨子、朱子、王阳明、顾炎武、

---

① 我们不喜欢形名辩学和逻辑学的原因很多,其中有一个就是我们的文化太"小聪明",老觉得三段论不过是同义反复,没新东西,是废话。活在 21 世纪的人大多很聪明,其实古人跟我们一样聪明,他们也觉得"人都是要死的⋯⋯苏格拉底是要死的"这样的废话不说也罢,要说就要"语不惊人死不休",得说"人固有一死,或重⋯⋯或轻⋯⋯",或者"人固有一死,圣人人也,然则圣人不朽"这样的妙句才过瘾,参看朱晓农(1991)。

钱大昕等等都不懂这样的推理。所以强调演绎不是

　　无的放矢，而是对症下药，"缺什么，补什么"（朱晓农

　　1988b）］。

从上述(1)进一步得出：

　　(2) a. 人且仅有人会说话。（定义）

　　　　 b. 神农架野人是人。（已证，1c）

　　　　 c. 神农架野人会说话。（对我来说这是新知。你呢？）

　　如果我们不相信结论(2c)，我们可以做些什么呢？可以修改定义(1a)使之成为比如说"并非所有直立行走的生物都是人"，这对于我来说又是新知。也可以修改定义(2a)，同样也能获得新知。我们还可以否定观察材料(1b)。不管是部分否定（神农架野人并非直立行走的），还是全部否定（根本就没有神农架野人），对于我来说都是新知。更大的新知是：

　　● 观察材料(1b)并不能直接用来作证据。（想证明什么？）

　　● 不符合理论预期的材料实际上对它是视而不见的。

　　当然，如果我从来不作假设(1a/2a)，直立行走是直立行走，人是人，说话是说话，那么对于(1b)也就"姑妄听之"，"宁可信其有，不可信其无"……在我们的传统学问集大成中（"集大成"不等于知识"系统"，知识系统是指能用演绎推理串连起来的命题集合），充满了此类似是而非的"观察"（也许是想象）记载，这些记载（也许是创作）又能随心所欲地用来证明你想证明的任何"命题"。问题出在哪儿？这个问题应该不难解答了。只有把知识建立在可靠的逻辑基础上，后人才可能靠着演绎推理的延伸踏在前人肩上不断攀高。如果建立在别的基础上，那就会像我们延续更应该说循环了三千年的传统学问，找不到可踩的前人之肩，只好原地打转瞎踩乎。

　　举个用假设—演绎—检验法解决实际问题，解决归纳解决不了的问题，用演绎获取新知的例子。上面提到通过无定 NP 主语句观察到（也许你会说"归纳出"）"谓语都是动词，没有发现形容词谓语句，凭语感，形容词做谓语似乎不可能，但材料有限，不能断言"。既然增加材料解决不了问题，既然归纳法捉襟见肘，让我们来试试别

的办法①。先假定动词谓语句和形容词谓语句的描写功能是不同的。再假定动词谓语句是用来描写事件的(Ⅳ)。然后假定形容词谓语句是用来描写某个对象的(Ⅴ)。然后推理：对象不定,难以描写,因此,"无定主语＋形容词谓语"的句式在一般场合难以成立。再推理：如果我们靠形容词谓语句的描写来确定作为描写对象的主语是什么,那就是让人来猜谜。一旦从假设Ⅴ推理到这一步,便能毫不迟疑地作出如下演绎预言：在谜语中能发现"无定数量名主语＋形容词谓语"的句式。找一本谜语大全翻翻,或者自己编个谜语试试,无论这预言被证实还是证伪,我们都能获得新知。

有一项意想不到的运用假设—演绎—检验的研究成果(朱晓农2004)。小称变调在各方言中都可见到。单从变调的"事实"也就是调值来说,我们只能"归纳"(其实是概括)出小称变调什么形式都有：昂调、降调、平调,高调、中调、低调,甚至还有远远高于[5]度的"超高调",类比一下,可标为[39],还伴有各种发声状态：喉塞音、整体紧张、嘎裂声、假声。这样的归纳也就跟没说什么差不多。话说有一天有位叫奥哈拉的学者突发奇想,把动物行为学里的一个假说移植到语言学中。这个"高调表小"假说从个子小的声带短而薄、基频高这个观察事实出发进一步把它与弱小、从属、讨好等联系起来。把这个假说引入汉语研究,就能解释小称变调,不仅如此,还能解释很多过去注意到但难以解释的高调现象如台湾的"美眉"、香港的"仪怡"、北京女国音、"好好儿"的变调,甚至为什么男人谈恋爱时声音变得尖细,为什么有时陈述也用疑问句调,为什么传统日本女性走小碎步、满族女子穿高底花盆鞋、古时汉族妇女缠小脚、西方女性穿高跟鞋,等等等等。

假设—演绎—检验的方法还能用于历史语言学研究(朱晓农2003)。群母从上古到中古洪音字变入了匣母,这是一个世纪前高本

---

① 这儿不要误会了,以为演绎是辅助归纳的方法。引一段《语法研究中的假设—演绎法》开头的话："本文以主语的有定无定为例讨论语法研究中的方法论问题,想以此说明归纳法强弩不及之处,正是假设—演绎法显身手的地方。这句比喻说法希望读者不要误解了,以为假设—演绎只是科学研究中辅助归纳的方法。恰恰相反,对于任何一门科学学科来说,假说—演绎法都是更为基本、更为重要的方法,我在《虚实谈：现代语言学的工作旨趣》中对这问题有详细讨论。"

汉就知道了的。但为什么这么变？这样的问题是 20 世纪归纳时代（再早就更不用提了）不会问的。从空气动力学的原理出发，演绎到语音学中，原因就很容易找到了。再演绎一步，也就明白了为什么把现代汉语日母"描写"成卷舌浊擦音[ʐ]是错的。

科学训练就是学会证明的方法，明白证明的途径，学会逻辑推理。"逻辑"从最窄的"演绎逻辑"到包括"归纳逻辑"，其至"辩证逻辑"，一直到最宽的"事理"有多种理解（朱晓农 1991），这里讲的"学会逻辑推理"是"演绎逻辑"。这是教育的主要责任。我们的教育缺的就是这种推理训练。这个误区其实有着更深刻的因素，那就是错误的"虚实观"。科学依靠逻辑的效力，逻辑是"实"，是可靠的。这方面的典范是数学。与此相对的是，感觉、经验，以及从经验得到的结论，归纳也好，类推也好，联想也好，这些都是"虚"的，建立在不可靠的知识基础上的。而前科学时期的看法正好相反，认为眼见为实手摸为真，经验最可靠。

上文从正的（如何用演绎推理来证明）和反的（归纳证明是无效的）两方面来演示如何证明。证明就是指出逻辑必然性，这只有演绎能做到。其他如归纳、外推/溯因、类比等等只是指出了逻辑可能性，因此只能用于"探索—发现"的程序，不能用作证明。而教育在发展理性这方面的主要职责，就是教会学生如何证明。如果我们的学生到大学毕业对此还是懵懵懂懂，说得轻点是教育的失职，说得重点，是教育的失败。

总之，在描写中概括不但是必要的（初版语条儿4），而且抽象没有底（初版语条儿5）。在假设阶段，有逻辑方法，更有众多非逻辑方法，归纳只是后者中的普通一员，而且用起来要注意它的内在缺陷。在证明阶段，归纳是无效的（初版语条儿4），有效的只是演绎。演绎，只有演绎，才是推动科学的动力（初版语条儿3）。科学中，万恶玄辩为首，百法演绎为先（初版语条儿2）。能得到最后这些结论，是因为逻辑要彻底（初版语条儿5），是因为不想再得 vague（虚）的评语。

## 7.4 充分条件和必要条件

本书是谈方法的，我几十年工作的方法论结晶实际上就两句话：

> 方法是科学的灵魂。或如邦迪所言:"科学就是科学方法。"

有人对这两句话不理解,说:方法不是科学的灵魂,思维才是灵魂。思维不就是灵魂在思考吗?

方法中最不可缺的就是演绎法,所谓:

> 演绎,只有演绎,才是推动科学的动力。

对这句话的反应就更骚动了起来:1) 难道归纳法就可以缺少吗? 2) 难道有了演绎法就有了科学吗? 古希腊有演绎法不也没科学吗? 这是两种最常听见的反诘。

对于第一个反诘,可以回答说:不用归纳法,照样可以做科学研究。当然用了就更好,那是"锦上添花"的事儿,不是"不可或缺"的东西。但缺了演绎法,那么对不起,哪怕你洋洋万言,一定不是在写科学论文,而是在"文人议论"。演绎法是"雪中送炭",是生命攸关的科学前提。

第二个反诘实际上反映了对演绎法或者说逻辑的无知。当我们说"不可或缺"的时候,讲的是"必要条件"。而第二个反诘是把我说的必要条件当成了充分条件。更重要的是,这两个反诘都不是演绎逻辑的驳论,而是中国逻辑对比推演法的驳导。

这种使用对比推演法而不是演绎逻辑来辩论的错误,不但学生,连文科教授都很容易犯。学术界里混淆必要和充分的情况满地皆是、触目惊心。我们来看两个例子。下例"大学生有饭吃"取自某微信群里的讨论,几位教授在谈一个逻辑选择题:

> 孔子说:有德者必有言。若该命题成立,则据此可以推出:
>
> 1) 无言者必无德。
>
> 2) 无德者可有言。
>
> 3) 有言者未必有德。
>
> 4) 不存在"有德而无言者"。

正当群友们同意答案是 1) 时,C 教授出来反对说:"你们对孔子原文理解有误!"于是群友请他赐教。

> C 教授:凭什么可以从"有德者必有言"推出"无言者必

无德"？

群友 Q：根据逻辑规则推理的结果。

C 教授：同理，"大学生有饭吃"，根据你们的推理，"不是大学生就没有饭吃"？

C 教授没分清充分条件和必要条件，根据群友的推理，从"大学生有饭吃"应该推出：没有饭吃的不是大学生。所以，应该是"没饭吃的大学生"这种情况才能反驳。而推演出"不是大学生就没有饭吃"的，是根据 C 教授自己的道理。也不是他自己的，是中国逻辑的对比式推演：你说"有 P 就有 Q"，中国逻辑的对比反驳就是："不是 P，就不能是 Q 吗？"

第二例子取自另一个微信群，几个教授在争论，各自依据不同的推理方式：

群友 Q：数学训练尤其是几何训练，是学习逻辑的最佳训练。意思是说，学好数学尤其是几何，就容易学好逻辑。

A 教授：数学不好就逻辑不好吗？数学考零分进名牌大学的大学问家，如罗家伦、吴晗、张充和、臧克家，看来都没有逻辑能力了。

群友 Q：你把学好逻辑的充分条件"数学/几何"当成了必要条件。你应该学一点逻辑。

A 教授：恐怕不是我要学逻辑，是你要先好好学习思辨的能力。

当我看到很多文章推许某某学者"思辨能力很强"时，心头总是一咯噔："是不是又要顺着对比原理，像孟子那样不顾逻辑地思辨滔滔了？"A 教授也是用对比推演法在反驳："你说学好数学和几何就能学好逻辑，数学不好的某某人，难道逻辑也不好吗？"这种反驳类似于："你说无才便是德，难道有才便无德吗？"按照主谓形式逻辑，这是混淆了充分和必要条件，要反驳群友 Q 的论点，必须找到逻辑很差但数学/几何很好的例子。但在汉语自然逻辑里，这是很自然的对比推演。

C 教授和 A 教授一定写过很多论文，真不知道他们是怎么论证的。

# 第8章　摆材料,讲逻辑

科学中没有赤裸裸的事实,没有孤零零的材料。任何材料都必须依附于某种理论,材料必须就理论。不就理论的事实要么不是科学中的事实,如果现有的控制手段力所不能及;要么会就此引起一场以求容纳它的理论变革。

——竹子

## 8.1　材料和理论

有一种观点认为:材料摆多了,道理自然就出来了,理论是蕴涵在材料里的。像其他具有中国特色的理论(如果也算理论的话),这种看法广为流传,然不知所出。如果一定要究其源头,像是"书读千遍,其义自见"的现代版。

这种看法似是而非。让我们来看两个例子,一个是材料摆了很多却摆不出道理来,一个是道理出来了但不是材料摆出来的。

中国的天文学发达很早,也许比不了中东一带,但比起欧美来足以自豪。更值得夸耀的是我们有积累了两千多年的连续的天文观察材料,这是谁也比不上的。世界上最早的有关哈雷彗星的记载见于《春秋》鲁文公十四年秋七月:

> 有星孛入于北斗。

从这之后的两千六百年,共有三十四次确凿记载(陈遵妫1984)。它来一次,我们记一次,一次不落。但让我们吃惊、真正大为吃惊的不是那几千年如一日的勤勉,不是那都快成精的深厚功底,而是竟然没认出那是同一颗星! 要不就不叫"哈雷"这个洋名了(可见命名即占有,命名即认识)。

这些"客观描写"中数汉元延元年的记载最为详细,对哈雷彗星的路线、视行、快慢、出现时间都有精确描述(《汉书·五行志》),引得外国天文学史家惊叹赞赏不已。

但这有什么用?材料摆了那么多年,比缠足的历史长一倍,除了能让靠它吃饭的钦天监们用来象征天灾人祸,除了能满足个人癖好,除了能成就百家言尤其是引作"先前阔"的证据(这也是证据,但证实了什么?前文说的"证据不等于证实"在这里又得了一个证据),除了最终缠得思想骨折,剩下来唯一的作用就是启发后人明白:材料摆得再多,跟理性和进步也无关。如果连这最后的作用也没起到,那么那些皓首穷经的算是白白了头。

材料再多,也不能保证讲清楚道理,甚至不能保证道理已经看清楚。相反的例子倒有的是:哈雷(Edmond Halley)发现哈雷彗星,仅此一见。巴尔末(Johann Balmer)提出"光频率梯级",材料少得可怜。索绪尔搭起结构主义语言学大厦的房架时,共时描写的砖瓦一块都还没烧出来。朱德熙为解决词类下位分类问题,凭着科学鉴赏力提出了"语义层次"假说,至于对这些层次的描写,还等着在这观点指导下进行,并为证实这一假说而努力。这就是所谓提出问题比解决问题更重要。在科学中,当我们说"有一种理论"时,蕴涵着对已有材料的处理和对未现事物的预言;当我们说"有一批材料"时,意味着在某种理论指引下进行了收集工作。

再举一个道理不完全是从材料中归纳出来的例子。

钱大昕搜罗书证,找到上百条证据来证明古无轻唇音。他做到了既伟大又谦虚的"但开风气不为师"。后人跟着去证明喻四归定(曾运乾)、娘日归泥(章炳麟)、古无邪纽。钱大昕材料不少,但从归纳逻辑来看,他得不出这个结论,因为固然有可能古无轻唇音,但也可能古无重唇音(事实上有人持这看法),甚至还可能古无唇音。他们能证明的只是轻重唇古同类。钱大昕实际上还无意识地依赖了别的方法和前提。

细究起来,只有直音、读若等直接指明同音的材料才能证明古同类,谐声、假借的材料并不是逻辑上充分的证据。

也许有人会反驳:"你别假设,你举一个于史有证的实际例子。"这就是史学观念事件派,就事论事。科学观念就是要考虑到逻辑上可能存在的各种情况,哪怕暂时还没发现。

上文提及,钱大昕实际上还无意识地依赖了别的方法和前提,前提可能有三。

第一,从发音生理或听感上来看,重唇音比较容易发成或听成轻唇音,反之较难——尽管反洋务派说我们什么东西都古已有之,但要说钱大昕已经懂了实验语音学,您回家跟孙女儿讲"格林童话"去。

第二,语言普遍现象表明这种演变趋势。钱大昕博学多闻,记忆超群。他要愿意,像陈寅恪、钱锺书那样懂个八九十来门外语不是难事——可惜汉语里没有虚拟语气,我没法用委婉的语气来说钱大昕不懂外语(至少没人知道他懂外语),要不他能把"格林定律"(Grimm's Law)移植过来。

第三,官话里的轻唇音(比如"蚊"w-)在当时某些方言中仍有读为重唇的(比如吴语和粤语中声母都是 m-)。这是最可能的出发点。钱大昕心里模模糊糊有了个"假说":"这是存古",并以此"演绎"到官话中,假定他以前也是如此。

像钱大昕这种看似归纳,实际上还不自觉地运用了假说、演绎、类比的情况,并不是两百年前的中国学者独有的。现在一些强调归纳、贬斥假说和演绎的汉藏语、方言、语法学者的一些文章里,照样下意识或不自觉地在使用这些方法。这不是说它们不能用,科学本来就靠这些方法。问题在于不管你承认不承认,只要是在搞科学研究,这些方法就会同时起作用。因此,对于"科学方法",必须要有自觉而充分的认识。

现在的语言学材料中,语音实验数据可说是最过硬的。谁要是对实验资料及其解释有疑问,准保受到嘲笑。大概一门学科从描写分类、手工操作进入实验—解释阶段会产生"实验至上"的自信感,这也很正常。不过,撇开"虽然有许多很精密的实验工作,可是研究语言所需要知道的好些方面,是不能够用实验来满足这许多要求,答复这许多问题的"(赵元任 2002)这样的评论不谈,我们也应该认识到,造成技术性失误有多方面原因。除了笔误刊误外,还可能是实验误差。这包括仪器本身的精度,操作程序的完备性,对操作的理解,限定条件的可控制程度,以及意想不到的干扰。当测试对象是人的时候,限定条件的可控制程度是较低的。因此，像心理学、医学、语言学上的实验往往是统计资料才有意义。有时候连统计数据都可能有系统误差。对于引发性实验的结果必须要有清醒的认识，像皮亚杰对儿童的提问方式就曾遭到质疑。

有一份很重要的语音实验报告中承认某项实验做得不够理想。这话有认为受试人表现不自然的意思，也就是限定条件失控，或由于别的原因使实验发生系统误差，因而数据应有所保留。按照材料至上、实验至上的归纳主义观点，只要接受实验结果就行了，为什么还要怀疑呢？唯一的解释就是，研究人员预先有个前提 P，并从 P 推演出这项实验的结果 P1。现在实际结果 Q 跟预言结果 P1 不符，因此要么否定 P，要么否定 Q，鉴于 P 在其他材料中表现出来的可靠性很高，而 Q 确有可疑处，所以得出实验不够理想的结论。

科学史上有个很有名的例子。赫兹（Heinrich Hertz）在做检验麦克斯韦（James Maxwell）电磁理论的实验时，并没有按照归纳主义所主张的"不带偏见地观察记录所有情况"，如房间大小、墙壁颜色、气候冷暖、鞋子尺码等，而是按麦氏理论的偏见认为这些情况都无关。实验成功地发现了电磁波，但跟麦氏理论的一个推论，即电波速度跟光速相同明显不符。赫兹并不因此否定麦氏理论。直到他死后，才发现问题出在"无关的"实验室大小上，是墙壁反射造成了意外干扰。

我们并不总是无条件接受实验结果的。对于那些不符合理论预言的实验结果，我们持谨慎的批判态度，因为这种结果要么有错误，要么就会导致认识突破。

材料本身是死的，无所谓"意义"。意义是思想赋予的。自然界只有光波的频率不同，"颜色"是人截取光谱的一段赋予它的"意义"。我们实在不知道红外线是什么颜色，X 光又是什么颜色，因为它们对眼睛来说"没有意义"。听觉跟声波频率的关系相当于视觉和光波频率的关系。因此，赵元任（2002）在说了上文所引的话后接着说："因此有许多语言学家，根本不拿实验语音学认为是语音学的一部分。"不过，我对实验语音学的看法并非如此。这关系到把语言学看成一门什么样的科学这个总问题，我们后文再谈。

不同的颜色分类系统，如冷暖两分，三原色，六色、七色系统，都是对同样的材料根据不同的文化需要所作的合适分类。不同的分类需要角度不同、详略不同的描写。反过来也可以说,不同的描写会导致不同的分类。这些分类系统如果目的相似,那么它们之间可以"对译",也就是在逻辑上是等价的。如果目的不同,那么它们之间就不存在可比性。详尽描写是为合适分类作准备工作。它只是手段,目的则是认识。分类便是一种认识。我们可以每隔一微米就作一次频率描写,但这对认识颜色并没有什么帮助,甚至对光波的认识作用也有限。何况一微米一描写仍旧不是"详尽"的,因为光谱是连续的。也就是说,颜色的区别在"客观"上是无穷多的。描写再多,除以无穷大,商依然趋向于零。逻辑实证主义想用概率主义来修补归纳主义,就是在这儿碰了壁。

我们常用树木与森林的关系来比喻细节描写与整体把握的关系。杨振宁还举过一个油画近看细节远看画面的例子。这两个比喻只能说明细节内部构造跟整体构造有关的情况。如果整体构造跟细节内部构造无关,而跟细节之间的关系有关,情况就不一样了。我们看电视或看报上的照片,只能在一定距离范围内。如果认为离近点,甚至拿起放大镜就能看得更清楚,那就错了。不但图像没有了,连细节也没有了。

有时候,材料再多也没用。不要说没有理论上的意义,就是想说明一个实际问题都办不到。范继淹在讨论无定 NP 主语句时说,这类句子的"谓语都是动词,没有发现形容词谓语句,凭语感,形容词做谓语似乎不可能,但材料有限,不能断言"。这真有点"唯材料主义",一有困难就想到"材料有限"。语言是个无穷集合。要证明什么有,增加材料也许办得到。但也可能办不到,因为本来就没有。至于想证明什么无,材料随你增加到多少还是没法证明(参看朱晓农《句法研究中的假设演绎法》,1988a)。

材料的详略多寡并没有决定性意义(材料的非决定性)。关键在于你想说明什么,在于它们能否进入某个已有的认识系统,或利用它们来构建新的认识系统。

我们来看一个方言声调情况。方言调查者常常会为确定一个调值是[24]还是[35]发愁。那么,"事实"是什么呢?可能两者都不是,而是[2.5、4.5]或[2.7、4.3];也可能这个人或这一次发的是[2.25、4.33],那个人或下一次发的是[2.75、4.67],等等。事情很清楚,我们不这么用小数点,是因为对声调的描写和认识是受五度制框定的。

"事实"可以分两个方面来辨析。一方面是前文讲过的事件与物相之别,不过,这儿的物相是一个统计量;另一方面是不同层次或不同领域的事实:声学事实和感知事实并不是一一对应的。使用物理参数能更精密地描写声调,但也会碰到上述光波和颜色的关系问题。因此,一方面可以用增加小数点后的位数来增加声学考察的精度。另一方面也可通过改进标调法的认识分类框架来:(1)推进感知范畴的研究,以及(2)更简明合适地处理不同方言的声调系统。我在第四届音韵学会议(1986年)的"方言与音韵"专题讨论会上提出这样的看法:(1)声调的相对性除了因人而异外,还随音素不同而变;(2)三区七型的调位标调法比起五度制来更简明,声调之间的关系也更显豁①。

摆材料并不意味着道理自然蕴涵在内了。理论是靠对各种材料和各种逻辑可能性反复辩难论说磨炼出来的,而不是像偈语卜辞的含义是供人猜测品味的。明晰地表达一个哪怕以后证明为假的命题,比起笼统含混的"万能话",在科学上的价值大得多。含蓄在艺术上引起的多重联想是艺术的魅力所在,含混在科学上引起的模棱两可是科学的泥潭陷阱。

模棱两可包括两种情况:

- 没把或不把话说清楚因而引起多解,就像算命先生说的"爹死娘在先";
- 话说清楚了等于没说,比如"中国队决赛可能赢可能输""明天或者下雨或者不下"。

理论只有在想把它说清楚时才显出欠缺之处,而不把它说清楚反倒哪儿都好像安得上。说到底,含混表达法是想保证永远英明不被证伪的小算盘。但无论按实在论的逼近真理观还是工具论抑或是证伪主义,科学理论总有可能更新或证伪。那种认为摆材料自然蕴涵道理的含混表达法在科学中没有地位。

科学是一个成长中的机体,在不同时期所关心的问题不同,跟非

---

① 现在看来,(1)是定论,(2)还不好说。最近我又发展了一个分域四度的模型,见朱晓农(2005)。

科学的分界标准也有不同,这就是图尔明给我们画出的动态图景。

正确与错误根本不是科学与非科学的分界线。宗教、伦理训导"黄金律"是正确的,常识判断"人要吃饭"是正确的。但它们都不是科学。颅相学、占星术也有不少说对之处,却是十足的伪科学。反过来,地心说、日心说、绝对时空说、燃素说、生物灾变说、以太说,以及无以数计的理论现在看来都是不折不扣的错误,但它们都是不折不扣的科学(朱晓农 1987a)。

科学活动有两个步骤,多方探索的随机过程和自动纠错的递归过程,其中递归过程是个逻辑评价程序,是科学独有的,至少是在它那儿运作得最好的。古代中国曾有过无数发明发现,这都是随机探索的结果。由于缺乏第二个自动纠错的递归程序,因此,古代技术集大成者徐光启、李时珍、宋应星便成不了哥白尼、伽利略、牛顿。中国也就始终没有现代意义的科学(朱晓农 1987a)。

我们在谈到王士元、桥本万太郎利用"我们的"材料构建他们的理论时,除了别的心情外,还有些瞧不起:

"他那个理论不可靠,老在变。"

这正好是前文提到的"要说颠扑不破的永恒真理"的逆否式翻版。这儿只强调一点:科学理论跟宗教信条不一样,它的嬗变体现了科学的活力和进步。

"他们是小本钱做大买卖。"这是一个商业比喻。那就来看看商界的观点。有本钱不做买卖根本不是商人。大本钱做大买卖理所当然。大本钱做小买卖是没出息或不以买卖为重的商人。小本钱做小买卖是本分的小商、小贩、小业主。小本钱做大买卖具备了商业家的资质。而会做无本生意的是商界奇才。

这只是拿商业打比方,用不着太较真。不过,我总觉得在我们的传统中把商业误解得厉害,比如本钱与买卖、生产与经营。我们总把"小本钱做大买卖"看作不诚信的事,做无本买卖更是骗子行径。这一方面是由于我们的商品经济太不发达(存在决定意识)①,另一方面也

①　现在看来,商品经济倒是大大发展了,但商业规矩却日见衰败。做无本生意的不是靠好主意来吸引风险投资,而是靠经济外因素无风险敛财。

是受建立在重农抑商的小农经济基础上的哲学、伦理观念的影响。不少人享受了商业好处却还在骂商业，就像西方的反智主义者享受着科技带来的高度文明，却还在骂科学。流大汗是实，动脑筋是虚，这本是农民意识。可现在连不少读书人都接受了。如果再不改变这种观念，我们也太不自我尊重了。

在真正的商品经济中，不但鼓励小本钱做大买卖，我们都听说过王安公司和苹果计算机凭着那几个只配摆摊的小本钱几年内成就了举世罕匹的大实业；甚至银行投资家都鼓励商业奇才做无本买卖。这就是风险投资。银行基金会借了众人的钱放到只有虚的设想而无实的本钱的冒险家手中让他去折腾。

西方文化各领域是同步发展的。科学奇才爱因斯坦是用虚的公式，而不是靠实的观察实验，推出宇宙结构的。可以说，处于科学前沿的数学和理论物理学里都是做无本买卖的。阿基米德（Archimedes）的本钱是洗澡水，牛顿的本钱是苹果，欧几里得的本钱恐怕只是纸和笔了。即使现代实验物理学家，比如吴健雄①，凭着把钴 60 原子排列几分钟就要证明一条宇宙通则，本钱够小的，买卖够大的。

上面说了，对这些商业比喻不用太较真。事实上，知识是信息，不服从物质能量守恒定律。"你给我一个苹果，我给你一个苹果，一人还是一个。你给我一份思想，我给你一份思想，一人就是两份"（萧伯纳）。因此，我们又可以说，爱因斯坦所拥有的本钱是 19 世纪以前所有的物理、数学知识。

当然，在非常态科学和史学领域里就没那么幸运了。传统文人如黄侃信奉"厚积薄发"到了"只积不发"甚至"见人发就骂"的地步。"笃守"师说"，重视"家法"（张世禄语）对于黄侃来说是一种生活方式且是唯一正确，别人也须遵循的生活方式。研究新学西学的不必提了，就连王国维、杨树达也被斥为"不明古训"，"仓皇立说，炫耀后生"。这样的读书做学问不管家长多么留恋，是一去不复返了。现代教育、研究的基础就建立在"投资少、收效大"这种小本钱做大买卖的观念上。

语言学值得庆幸，早已进入初级常态期，具备了概括这一科学特

---

① 吴健雄(1912—1997)，美籍中国女物理学家，生于江苏太仓。

点,并跃跃欲跨入高级常态期。科学不是就事论事,而是要求我们根据有限材料作出全称判断,引导我们从已知走向未知。从这个意义上来说,科学过去是,现在是,将来也必定是"小本钱做大买卖"。

"他的材料不充分不扎实。"我们回过头去看一下音韵学中的情况。当年高本汉所据三十三个方言点的材料,今天看来少得可怜,但他取得了空前的成就。假如其他条件相同,材料多少及其意义大小之间并不服从线性关系,而是服从对数关系。也就是说,最初的材料很重要,但随着同类材料的迅速增长,其意义却长得有限,到了一定阶段,材料再涨,意义却几乎不长了。这能解释古音学史和音韵学史。今天汉藏语调查报告数以千计,但我们对语音史的认识还停留在高本汉的水平上,甚至还有讲章黄通转的。幸好人家在材料增长的同时也改变了视角观点。有从各原始方言往上推的(罗杰瑞等),有从原始汉藏语往下推的(包拟古等),想两头夹出个原始汉语来。这些都跟高本汉一样是根据谱系树理论来工作的。如果有一天我们确认了汉藏语的发展跟印欧语不同,我们就会回过头来重新看待桥本的先驱观点。

这种虚实之争当然也不限于中国,在我们看来虚得可以的美国语言学界也有这争论。远的如萨丕尔,近的如格林伯格。

对于语言变化,除了过去的历史比较语言学外,现在有了王士元的词汇扩散说,甚至拉波夫的共时变异理论都能用来帮助解释。另外,实验语音学、类型学研究取得的成就支持并约束了历史构拟。已知的普适原理和普遍现象禁止了构拟中的特设性假设,并逐渐把音韵学从研究事件的史学之路引向研究物相的科学之路。

我们的进步为什么总是这么心不甘情不愿,为什么总是差人一步? 当年史语所大师们说:

> 我们不能制造别人的原料,
>
> 便是自己的原料也让别人制造吗?

(《历史语言研究所工作之旨趣》)

发出这样的呼声时,他们的科学观念和研究方法是站在 20 世纪 30 年代世界顶峰的。要是他们晚生五十年,看到已经开采了这么多原料,他们的呼声一定会改为:

> 我们不能利用别人的原料来制造成品,

便是自己的原料也要出口了让别人加工吗？

除了上述材料的非决定性和材料深浅详略的适用性以外，再谈一下材料的相对性、时效性和经济性。

材料的相对性前面已经涉及，这儿再补充几句。材料多少是相对而言的。只要有目的、有理论地开始收集材料，也就开始了科学工作。反之就不是。当研究对象是像语言这样一个随时间变动的无穷集合时，材料收集到什么程度才算够，根本无法回答①。

"共时描写"只是一种相对的、近似的说法。只能寄希望于语言变化很慢，而所进行的调查的时间跟语言变化的速率相比是微不足道的、可以忽略不计的。忽略不计的东西再微小，所得材料也只能是个近似结果。这就涉及材料的时效性问题。我们举一个商业例子。

做买卖要收集供求、产销、价格、顾客心理甚至政治局势、气象条件等各方面的情报。理论上情报收得越齐就越好，但实际上却是做不到的。如果情报无穷多，那不必说了。即使情报是有限的，仍旧不能等收齐了再作决策。一个商人花两个月收集到五分之四的情报，为了收集剩下的五分之一，他可能还要花半年甚至更久。而到了那时，先前收集的情报又已经过时了，因为市场发生了变化。只要是以事件而不是以物相为对象的研究，都会碰到时效问题。我们花五十年到一百年收集到的"现代汉语"材料，是共时材料还是历时材料？既然研究对象无穷多并一直在变，而我们的收集工作受到相对性和时效性的限制，那么，我们实际上所能做的只是材料选取工作。这个看法其实在2.2节中说"哪些是描写对象，哪些是评改对象"，以及2.3节中说语言是个统计现象时已经涉及了。

材料的经济性很容易理解——有多大的资金办多大的事儿。给中国人做衣服，如果每人每件都量尺寸，那当然合身，可是，那得要多少裁缝？所以我们只能选取若干万人做样本，制定标准尺码成批生产。这就是经济性问题。对于科学研究，尤其是应用性研究，是一条不可忽视的原则。

———————————

① 再版案：当年"根本无法回答"，现在看来答案很简单：够提出假说这阵子就够了。那么下一阵子怎么才算够呢？够修改或推翻前说而建立新说就够了。

总之,材料工作是重要的,但不能越界,受到各种情况的限制。首先是理论制约,更一般地说受到背景知识和研究传统的制约。证伪主义者(波普尔)正是发觉了归纳主义者看问题过分简单,才提出那个著名论断:

> 问题先于观察。(初版语条儿7)

最后我们引一段物理学家霍夫曼(B. Hobbmann)的话作为结束(Hobbmann 1979):

> 我们一开始创造哪怕是最初等的理论,就难免被指责一味空论。然而理论,不管是多么临时性的,正是科学进展的命脉。

## 8.2　材料的收集和材料的安排

> 安排材料的重要性决不亚于收集材料。这一点,尤其是现在,是怎么强调也不过分的。
>
> ——竹子

收集、安排、解释材料,往后在更大的范围内跟别的材料一起作统一处理,这些步骤只是分析而言,在具体工作中它们交互发生影响。收集材料总是在某种理论指引下并为说明某个问题而进行的。这不排除在收集材料过程中会发现新问题并得出新观点(所谓"歪打正着")。安排材料时总要考虑怎么解释。不同的解释需要不同的安排,甚至影响收集。比如旧有的理论认为,只有"语言斗争"(一种语言吃掉另一种语言),没有"语言合作"(两种语言互相融合)。因此不承认"洋泾浜"(即皮钦语,pidgin)是语言,对克里奥尔语(creole)装聋作哑,视而不见。于是这些宝贵的语言材料无人收集,更不用谈如何安排了。

歪打正着有两种情况。一是从有错误的材料或前提得出有价值的结论。二是原打算解决甲问题,但在收集安排材料过程中解决了乙问题。这两种情况都不少见,用不着一一举例。机遇和直觉目前还无法得到合乎逻辑的解释,因此正式讨论时大多有所保留。神经学家和心理学家正从神经元和行为两头夹攻,不过,要打开思维黑箱看来也不是一时半会儿的事儿。有些科学哲学家过分一本正经按现知逻辑论说,反显得云里雾里。这儿不想多谈免得太虚。不过我倒觉得听听科学发现中的逸闻趣事能激发灵性。"机遇总是垂青于有准备的头脑"(贝佛里奇),这相对于无准备的头脑来说是不错的,但对于同样有准备的头脑来说,为什么有人碰上了,有人却碰不上? 机遇和直觉在科学发现中的重要性远比我们现在已知的要大得多,对此我们必须保持一个"有准备的头脑"。

不同的解释往往跟不同的认识目的和实用目的相关联,而不同的目的往往跟不同的材料安排相关联。随着计算机运用范围的扩大,社会科学领域中盛行"模型法",这既是假设演绎理论性很强的工作,又是很实用的。研究社会现象难于研究自然现象。社会现象不可逆,不可控,可变因素多,材料可靠性低,实用性强,价值标准跟社会相关。也就是说,它的真假好坏的判断标准不是根据跟人类的主观相对的自然客观,而是根据跟个人的主观相对的社会群体客观。海森伯(《在科学进步中思想结构的变革》)认为,"历史的可行性也是一种客观的正确批评,就像科学中的实验一样"。这种"可行性"就是社会群体的价值取向。模型法就是为社会判断提供选择方案的。它根据以往大量的统计资料找出几个因维或参数作为假设前提,再为每个因维取定不同的值,于是演绎出多个模型。大多数模型的"不可行性"一望而知,剩下的模型各有利弊。这些模型提供给应用者,让他在决策时选择。选择哪个模型往往不是跟"最科学""最合理"有关,而是跟最需解决什么问题或对特定应用者最有利是什么有关。科学家对于"赤裸裸的事实"(K. 柯尔)并不感兴趣,刘易斯·托马斯(Lewis Thomas)说,仅"当放在一起的数据意味着某种东西"时,才称之为科学事实。

自然科学中的物相事实都如此,更不用说社会科学中的事件事实了。社会科学中的材料有点儿像纸币。只有在特定时间、特定地域投入使用才有"钱"的价值,除此之外,几乎就是"纸"。即使使用,也有一个安排问题。可以周转增值,可以做慈善事业,可以享受,当然也可以认为上面的"虚"安排是沽名钓誉败家子,不如存入银行放心。只是银行也会倒闭,不如放进缸里埋到地下,想起来就高兴就实在。不同的安排服从不同的人生目的。对于不同的目的来说,各自的的安排都有实在意义。因此,要比较不同安排的好坏,不如去比较不同目的的高下。当然,埋在地下的钱会随着时间慢慢失去使用价值。过了特定的使用时间,就不再是资金,而是史料了。

材料多能兴旺史学,但作为概念系统的科学并不是材料仓库。在我们历史上有过无数经验知识,据考证(坦普尔 1995),世界上基本的发明创造可能有一半以上源自中国。而现在连我们自己都忘得一干二净,还要让外国人到中国故纸堆古器物中去"重新发现"。不纳入理论系统(认识框架)的孤立的事实知识能起到的作用是有限的。在我们数千年有术无学的"科技史"上,常听说某绝技失传了,某绝技又重新发现了。最典型的要数指南车的反复发明和反复失传(见刘天一1981)。这些世代积累的经验知识要成为普遍知识还需要现代科学重新处理。

一般都认为,西方人擅分析,中国人重整体;西方人争首创,中国人集大成。可集大成从没集出一门科学来。我们接触到科学不是最近一百年的事,早在三百五十年前的明代末年,耶稣会传教士就带来了当时的科学。当时正是中国古代技术集大成的时候,李时珍写了《本草纲目》,宋应星写了《天工开物》,徐光启写了《农政全书》;可惜这些跟现代科学的发展都没什么关系。

值得一提的是徐光启。这位在政治上居高位,经验知识上集大成的传统文人,自从认识了利玛窦(Matteo Ricci)以后,最使他倾心的学问竟是演绎科学的开山作——欧几里得几何学。他和一批志同道合者拟定了宏大的科研计划,并把数学研究作为基础,"度数旁通十事"(《条议历法修正岁差疏》)。这十事包括水利测量、音乐、舆地、兵器制造、会计、天文、建筑等。相比之下,两百年后的训诂集大成者阮元虽处于科学进一步发展的时代,识见却短了一大截。他对于西方天文学理论一变再变大惑不解:"地谷(即第谷·布拉赫,Tycho Brahe)至今才百余年,而其法屡变。"(《续畴人传序》)他不明白一百年对于科学进步来说意味着什么,也不明白理论嬗变的意义,更不懂得逻辑评价程序和理性批评标准,一句话,不知科学为何物。反认为"天道渊微,非人力所能窥测,故但言其所当然,而不复强求其所以然。此古人立言之慎也"。要是他见到今天变本加厉的"强求其所以然","立言不慎"竟至于一代之内"其法屡变"的宇宙学和语言学,不知是否有更精彩的评论,还是重弹这两句老调?

我赞成徐光启,不赞成阮元,用的是两条简单可靠的判别标准:

其一,谁能理解对方的观点、前提、依据、目的,谁的观点就更可取。聋人对话,赞成不赞成谁无所谓。徐光启当然深通阮元之学;但阮元焉知徐光启之志。

其二,科学成长的生态环境是批判的湍流,不是信仰的静水。

我出生在上海的徐家汇,就读于徐汇中学。我曾无数次来到徐光启墓地。在这体大质朴的"阁老坟山"下,有个想法逐渐明确起来,或者更应该说,有个问题让我越发糊涂起来。在我们过去两千五百年的思想史上,肆行权威主义、教条主义,盛行"我注六经"式的朴学经验主义和"六经注我"式的玄学人文主义,为什么偏偏没有理性主义和科学主义?偶尔出现的科学主义者如墨子、徐光启,竟如夜空流星,倏忽即灭。为什么是徐光启而不是阮元,在我们历史上是个特例?阮元式的话语在人文学科中依然是对学生耳提面命的金玉良言。

徐光启出自传统学问而终于倾心于科学,如果我们不满足于语言学的研究现状而想到民族性或传统语言学中去谋出路,前景如何,看阮元便知。语言有民族性,语言学只有科学性。其实,关于人种、地质、动物、植物、民族,甚至气象都有地域性差异,而研究这些对象的科学却是超越空间的。语言学必须摒弃"中学""西学"的无谓争端。那种对立发展到极端便是数学也分"中算""西算"。

"拉到篮里就是菜",那是胡乱过日子。人类历史固然有十之八九是在对付着过日子(路威 1984),但自从有了科学便知道安排计划了。商店进什么货要根据需要,怎么布置橱窗货架也要根据需要。这里面有好多学问。要是进货以多多益善为准,而不思考销售策略,这家店准保关门大吉。经济界吃够苦头后总算悟出个道理:"生产是实、经营是虚"这种传统农业社会的虚实观过时了。当然在实践上完成从生产型向经营型的转变尚需时日,但好歹道理已经明白了。

有人会反驳:货多总比货少好,安排货架总不能无视货物的库存。

前一个问题已经谈得很多了,材料多并不总是有用的,至少并不跟用处成正比。后一个问题再说几句。

首先得检查材料是不是同构型的,看看篮里是不是真的都是菜。如果在处理同质的材料时依然进退两难,那么在一致性和完备性方面首先满足哪一条呢?现代科学中的公理化思想毫不犹豫地选择一致性。宁可多加限制条件,缩小要说明的范围,也不包罗万象"集大成",内涵矛盾而熟视无睹。朱德熙(1982)的语法体系便是宁要一致性,不要完备性。各家语法都有所讨论的复句问题他一笔带过,因为单、复句的分类标准是不一致的。

同样的火药,安排方式也就是设计不同,一个成了花炮,一个成了大炮。同样的指南针,认识和目的不同,一个用来看风水,一个用来航海。都说我们是个有智慧的民族,我不知道别人怎么想,我在看到这种经验知识结不出科学之果时心情是非常沉重的。

安排材料的重要性决不亚于收集材料,这一点,尤其是现在,是怎么强调也不过分的。门捷列夫(Dmitri Mendeleev)只是把已有的货物安排上架,并根据货架上的空当预计会进何种新货,"这是大胆预测的一个惊人范例"(莱斯特《化学的历史背景》)。数年后,镓、钪、锗接连被发现,"周期表从此变成了化学的主要基石"(莱斯特)。有个小插曲很说明问题。布瓦博德朗(Lecoq de Boisbaudran)发现了镓并报告了各项化学性质。门捷列夫去信指出,镓即门氏预言的类铝,比重不应该是布氏实际测定的 4.7,而应该是门氏理论计算的 5.9—6.0。布氏有一年左右不肯承认镓即类铝,但最后他信服了:"我认为没有必要再来说明门捷列夫这一理论的巨大意义了。"

如果其他条件相同,三三得九是好安排,二四得八再加一是坏安排,一加一……加一根本不是安排。二四得八是好安排,$2^3$ 是更优方案,因为后者概括了更多的内容并显示出简明的科学美感。

科学知识既包括事实知识,又包括逻辑关系知识。光有事实知识,只能成术,不能成学。光有逻辑关系的知识至少成就了几何学、逻辑学、早期宇宙学,甚至整个数学。要是真如列维-斯特劳斯所说,语言学跟人文学科的关系类似于数学跟自然科学的关系,那就该好好加强逻辑关系的研究。

科学的发现也包括两方面。有些人坚持认为单纯的事实发现还算不上科学发现,大部分人接受的是一种比较公允的说法:"新的事实的发现还不是完整意义上的科学发现。"普利斯特里(Joseph Priestley)最早制得了氧,但他从燃素说框架中先把它看成一氧化二氮,后又看作燃素含量较低的普通空气。后来拉瓦锡(Antoine Lavoisier)也制得了氧,认为它是大气的两种主要成分之一,并创立了氧化燃烧理论。因此有人就对普氏的首先发现提出了异议,认为真正发现氧的是拉瓦锡。

较合理的解释是辨认新事物需要新理论、新认识框架。以普通话日母的音值为例。这个语音事实亿万人都听见了,但为什么高本汉认为是擦音 $z$,傅懋绩认为是半元音 ɹ,赵元任认为是通音 r,王力认为是闪音 ɽ 呢?原因在于西方语音学家制定的音标没法标写汉语的这个特殊音。他们定义的无擦通音、半元音都没法描写这个音。认识框架有局限! 其实,通音从无擦到强擦是一个连续统,西方语言中分两类就能安排它们的事实了:

- 通音:包括元音、半元音、鼻音、边音;
- 擦音。

可普通话里得分三类才能更合适地安排普通话的语音事实:

- 无擦通音:包括元音;
- 微擦通音:包括半元音、鼻音、边音,还有日母;
- 擦音。

有了合适的分类框架,对事物的认识也就"真实"多了,日母属于微擦通音并可标为 ɹ。

以上所述的主要观点见于我最早的一篇论文《关于普通话日母的音值》(1982)。该文是我大一时(1978)的一篇学期论文,三年后发表在《中国语文通讯》上。尽管这不过是一千五百字的短习作,但有几点值得一提。

第一点是承王力先生著长文《再论日母的音值》(《中国语文》1983年第 1 期)回应。此事在当时国内学术界颇不一般:辩论双方一方是学界泰斗,另一方是在校大学生。王力先生谢世后,北京大学唐作藩教授(《中国语文》1986 年第 4 期)和复旦大学许宝华教授(《音韵学研究通讯》1987年第10期)撰文纪念,都提到这件学术巨擘和大学生之间的学术交往。

第二点是动摇了自高本汉(1915)以来现代汉语日母是浊擦音 $z_{.}$ 的观点。此观点根深蒂固,在中国境内为所有教材所接受。陆志韦在1940年代提出怀疑,二十年后还被李荣数落一番,说他少见多怪。当然赵元任的耳朵是不会出问题的,他把日母称为通音 r。

第三点是我设计了一个新的音标 ɻ 来标记日母。当时的国际音标图中 retroflex approximant 一格是空白。在1979年的国际语音学会上创制了几个新的音标,其中有一个跟我的设计不谋而合。实际上,当时的国际音标图中还没有 approximant(近音)一词,那一行里是叫通音(continuant)和半元音(semi-vowel)。我也把日母叫作"半元音"。后来在另一篇文章里(1987d)我杜撰了"微擦通音"这个术语。

还有两点要提请注意:

一是叫什么名称、标什么符号,只要本系统内用得无矛盾,就不是什么大问题,关键在于说明日母在系统中的地位以及跟其他音之间的关系。

二是分类框架和分类名称中西不同,但这决不是什么"民族性的"或"具有中国特色的"语音学,而是在同样的科学原则、态度、方法、目的指引下发现的新物相事实。

"拉瓦锡没有发现过新物质,没有设计过真正是新的仪器,也没有改进过制备方法"(柏廷顿)。按布兰德的说法,"在科学方面,拉瓦锡虽然是一个伟大的建筑师,但他在采石场的劳动却是很少的。他的材料大都是别人整理而他不劳而获的。他的技巧就表现在把它们编排和组织起来"。但不幸的是,当然是对我们这些实脑瓜或者死脑瓜来说,正是由这种安排材料的技巧,而不是采石的出大力流大汗,引爆了"化学革命"(见柏廷顿2010,又见莱斯特1982)。同样显赫的例子举不胜举,像麦克斯韦,像爱因斯坦,像玻尔,像沃森和克里克,等等等等。

在我们两千五百年的学术史上,大约有几样最谈得上是接近于科学的研究。其中最出色、最像现代常规科学的就是古音学。对周秦古音的研究很早就有了,但成为一门遵循一定范式的常规科学始自顾炎武。顾炎武引爆了"韵学革命",他是古音学界的牛顿。但让不知道应该是谁遗憾的是,他的材料、方法、目的、语言观都不是新的,有的甚至旧得有好几百年的历史了。他的本领在于把所有这些东西组织起来,由此开创了西学东渐以前中国历史上最精彩的一门学科(朱晓农1986)。

"编排和组织"材料的本领就是综合能力、抽象能力,在繁复中发现简单、发现统一、发现规律的能力。牛顿的万有引力定律综合处理了天上的行星和地下的苹果。而前者早已被开普勒(Johannes Kepler)行星运动三定律所解决,后者已为伽利略自由落体定律所解决。而开普勒的定律又是在第谷收集的极为详尽的天文观察材料的基础上加以椭圆形安排(还有音乐比附)得出来的。爱因斯坦对此赞叹道:

> 这好像是说,在我们还未能在事物中发现形式之前,人的头脑应当独立把形式构造出来。开普勒的惊人成就是证实下面这条真理的一个特别美妙的例子。这条真理是:知识不能单从经验中得出,而只能从理智的发明同观察到的事实两者的比较中得出。

伽利略也是用"思想实验"的时候多。在第谷—开普勒、伽利略—牛顿这条发展链上,可以看到越是抽象和综合的工作,意义就越大。但按照我们的从实评判材料第一,是不是第谷在科学成就上应排在第一位呢? 他的发现最具体。他的材料里是否已经蕴涵了开普勒定律? 而开普勒和伽利略的发现中是否也已经蕴涵了牛顿定律呢? 如果真有这种"百善实为先"的想法,根本不值一驳。

同样的材料,角度不同、安排不同,得出的结论天差地别。读"四书五经",五四前后的人读出了完全不同的含义。同一部《红楼梦》,有人看到这,有人看到那。《道德经》五千言,万洪一流能据此发展成炼丹点金的道教,玻尔他们也能悟出对补原理。同一批天文材料,开普勒用来支持哥白尼并得出美妙的太阳系结构,而收集者第谷本人却用来反对哥白尼。华莱士(Alfred Wallace)寄来的论文中使达尔文震惊的并不是华莱士有更多更新的材料,而是一个革命性的思想恰好跟他不谋而合。不同地层里的不同类型的化石并不是新发现,居维叶(Georges Cuvier)也是根据这些材料,把它们安排进递次灾变的理论框架中。而达尔文则重新构造了一个进化框架来安排这些材料。也许有人会说,达尔文毕竟见到了许多新材料。这话只说出了前后两个事件的某个特征。前面说过,时间顺序并不一定蕴涵因果关系。拉马克(Lamarck)的材料跟居维叶也差不多,那该怎么解释拉马克学说?再进一步,虽然今天的生物学家都信奉达尔文学说,可是"达尔文说过的东西,就其细节而言,有很多是错误的"(道金斯《自私的基因》)。北欧人对于哥伦布(Cristoforo Colombo)发现新大陆一直有异议。的确有迹象表明冰岛人、爱尔兰人早就到过美洲。后来中国人也来争这"首创权",力图证明扶桑就是墨西哥还觉得不够早,印第安人从亚洲到达美洲已经安居乐业了上万年,还用得着哥伦布来"发现"吗?最近墨西哥人又有了"反发现"观点:美洲人早就到过亚洲。这种发现的发现是史学研究中的精彩篇章。不过,这两种发现都跟"地理大发现"的"发现"意义不一样。孤立的到达是一件历史事件,知道这样的事件是史学知识。哥伦布的"发现"导致了地理学的改写,并成为社会进步的一个新起点。就是在这理性认识的科学意义上和人类进步的社会意义上,我们承认哥伦布发现了新大陆。

如果说"材料的意义不是它本身固有的"这句话听起来有"主观"的倾向,那么说成"材料的内涵意义是多方面的,甚至数不清的"便很"客观"了。这两句话并没有实质性区别。只有放进特定的理论框架,材料的意义才能显示出来。哈雷彗星的观察材料只是进入了牛顿力学框架才显出重大意义。要是为积累材料而积累材料,再记录两千六百年也是做无用功。

概括地说,材料的理性意义在于激发思想、加深认识、得出结论、产生预言,并导致新事物新材料的发现。

让我简单重申一下,事实知识很重要,是科学的必要条件。新事物的发现能加深理解、扩大眼界、开辟新领域。我们称其为"新"事物,就意味着有个原来的认识框架做出发点。孤立的事实是无所谓新旧的。它可以反复记录又反复忘却,反复失传又反复再发现。逻辑关系的知识也是科学的必要条件,并有时能成为充分条件。

胡适有句名言"大胆假设，小心求证"。一方面，这句话曾经引来猛烈的批判，这不用在学术上当真；另一方面，太多人又信奉它为座右铭，这可要仔细辨别一下。在我看来，这句话只有在四分之一的场合适用（见初版绪论中"方法语条儿第9—10"）。不过，当年对他的口诛笔伐，那就……正如陈原后来对三十年代自己加入的以瞿秋白为首的拉丁派对以赵元任为首的国罗派的声讨所作的反省，五十年后方觉得赵元任的两字反击"无聊"的英明。

胡适的这条实证论原则只说出了一部分道理，加上证伪论观点，就能成为如下评价某项工作的意义的标准：

初版语条儿9：

大胆假设，小心证实；

小心立论，大胆证伪。

一百个大胆的假设，否定九十九个并不困难。但要证实一个不但困难，而且真的做到，科学就会大发展。科学中充满想象，虽然最后只有一种可能被接受，但开始时仍应努力把千百种可能性，甚至不可能性全都想到。为了这一个可接受的结论，作千百次尝试是值得也是必要的。就像拳击比赛中最后一拳击倒对方，能说前面打的几百拳都白费了吗？何况科学家的对手难对付得多。大胆假设原是科学中不可缺少的东西。要是没了激情与幻想，科学还有什么味道？科学的成就和魅力就体现在把荒谬绝伦的虚幻念头，如上天入地、人兽同祖，变成一般常识。

给十个谨慎的立论进一步提供证据并没多大意思。反过来，如果能证伪其中一个，科学就会大发展。科学没有工夫把显而易见证明得更显而易见，把没有问题证明得更没问题。谁也不会每隔一毫米扔个小球来进一步证实落体定律。科学的成就和魅力就体现在把显而易见的不成问题，如地平天灵、空直时匀，变成天大的问题。

我把上面两种情况归结为底下两句话：

初版语条儿8：

于不疑处有疑，

从无关处相关。

（前一句引自宋儒张载。）

努力做好这两点,是提高科学素养的可靠途径。但要做到这两点,根本上不是靠扩充材料,而是靠安排材料,因为所谓"无关的"和"无疑的"材料,都是已知的,甚至是司空见惯的东西。

上面我所说的"证实大胆的假设,证伪小心的立论",那是顺着胡适的话往下说的。至于什么时候贯彻证实原则,什么时候贯彻证伪原则,我们还可以说得更具体点:

*初版语条儿 10:*

*存在命题,小心证实;*

*全称命题,大胆证伪。*

比如,我在研究有定无定问题时(见《语法研究中的假设演绎法》1988a),曾提出一个理论预言:

**在谜语中能发现"无定主语＋形容词谓语"的句式。**

这是一个存在命题,想证伪,从实践上来说,也就是使用归纳法,是无法做到的,因为谜语无穷多。反过来,要是能证实,也就逻辑地证实了这项预言前面的假设前提。

至于全称命题,上面已经说过,就像落体定律,进一步的证实并没什么意思,而如果能将其证伪,则对科学功莫大焉。

## 8.3 摆事实,讲道理:古训是错的

过去有个广为流传也公认正确的说法,叫作"摆事实,讲道理"。其实,这个说法很笼统,很模糊,很误导。对这种说法的最高评价是感官经验主义,还达不到逻辑实证主义。

这种说法引出的第一个问题是:事实是能放在你手里摆弄的吗?事实如果是指一个有具体时空的"事件",那么发生了就发生了,原貌是什么,只有全能者知道。科学研究的是抽取了具体时空的物相事实,是共性。换句话说,"事实"是研究探讨的对象,而不是已经掌握的东西,所能掌握的只不过是观察或实验材料而已。

第二个问题就更严重了,"讲道理"讲的是什么道理啊? 是最原真的道家之"道",理学之"理",还是别的儒家学派的理,还是玄学的理、禅宗的理、朴学的理? 家里吵架,"公说公有理,婆说婆有理",是一个

理吗？

这些"理"都不是同样的理,公理婆理中有老规矩怎么育儿,老道德如何教子,新教育理论怎么诱导启发,新伦理道德不得打骂子女等等。禅宗怼法相宗是佛教教义的理。人之初性善性恶是儒学的道理,等等等等,这些都是不同内容的道理。历史上的大学者、现实中的小百姓的争论都在讲理吧？是这么讲这些理的吧？讲清过吗？讲得清吗？学术要进步,理性要发展,的确需要讲理,但这"理"只能是逻辑之理,演绎逻辑的推理。

让我把话说得明确点:从古到今,中国人"讲道理",讲的都是道理的内容,是观念(除了墨辩中的个别情况),是精神文化中的内容。但在科学研究,以至所有理性讨论场合,都是要"讲逻辑",也就是讲道理的程序,指从前提到结论这个过程合不合理;而不是讲大而无当的观念性道理、不知何出的结论性道理。因此,方法论今训就是:讲逻辑,摆材料。

这个讲道理的程序就是按演绎逻辑进行,是中性的、程序性的,属于语思文化。

# 第 9 章　说有无：存在的判断

现有领域,说有易,说无难;

前沿领域,说有难;

超科学领域,说无易。


大胆假设小心证实;小心立论大胆证伪。

存在命题小心证实;全称命题大胆证伪。

——竹子


## 9.1　有无/难易：四种搭配

赵元任曾经教导王力:"说有易,说无难。"[①]王力说他受益了一辈子。

赵元任先生是学界泰山北斗,我们的学术生命都是喝赵著乳汁长大的。"说有易,说无难"是赵元任当年批在王力研究生论文上的评语。当时赵先生是清华国学研究所的导师,王力是全班三十多个学生中唯一写语言学方面论文的。五十年后王力先生说,这句话让他受益了一辈子。这一渲染,"说有易,说无难"成了语言学界家喻户晓的名言,更有不少人认为是"至理名言"。

这句话看上去很简单,直观上很正确;但实际上因事而异,所以需要分析。我曾在一个会议发言中专门讨论了为什么"说有易,说无难"这句话需加补充说明。"有无"和"难易"两对概念相互搭配可以构成四种情况,或者说四种逻辑可能性,见下表:

---

① 原话是"言有易,言无难",现在流行的是白话版"说有易,说无难"。

表 9 - 1　有无×难易：四种可能的搭配

| | 易 | 难 |
|---|---|---|
| 有 | 1.(说)有易 | 2.(说)有难 |
| 无 | 3.(说)无易 | 4.(说)无难 |

　　"说有易"在逻辑上并不蕴涵"说无难"，因为逻辑上也可能"说无易"(表中第 3 种可能性)，事实上也有此现象(见 9.3 节)。

　　顺便说一下其所以可以"说有易,说无难"这么对着说,是符合汉语三条基本语法原理之一:对比原理(朱晓农 2018b/c;又见本书18.3 节)。这是汉语中对偶句现象背后的原理,是中国逻辑对比推演律,中国式论辩"(同同)异对"的反驳驳斥策略的语言基础。

　　"说有易,说无难"仅适用于一般场合,即所说之"有""无"都是现有理论、认识框架所能容纳得下的事物。如果所面对的事物现有理论不能包容,此时说有大不易(见 9.2 节)。如果所涉及事物的成立条件不存在,那么在现有理论中说无并不难(见 9.3 节)。

# 9.2　说有大不易

　　先看"说有易",这个"有"可以是全称命题,也可以是存在命题。

　　先说存在命题。在这个意义上"说有易"指的是存在命题容易得到证实。这句话适用的场合是:如果所面临的事物是现有认识框架容纳得了的,辨认这样的事物相对来说比较容易。而如果新发现是现有框架容纳不了的、现有理论说明不了的,在现有的概念系统中是空档,甚至没位置,要辨认这样的事物,不是件容易事,甚至可以说是异常困难的。例如日母的音值是什么,一百年来千百万人天天说,多少语言学家用各种语音符号去描写,但认识至今依然不清不楚。对于那些跟现有理论不符的"事实",我们除了就近胡乱归类,更大的可能是听而不闻——说有大不易!

　　举个语言学以外的例子。神农架"野人"尽管数以百计的目击者"说有",尽管很多考察队搜集到其脚印,甚至毛发、粪便,但轻易说有的(说有易的)都是业余人士,科学工作者却迟迟不敢说有。道理很简单,"野人"在我们的生物学知识中没有存身之处——承认在猿科和人科之间还有一个过渡的种会引起学界地震,此时说有大不易。

下面是"说有大不易"的两个典型的语言学例子。

(1) 吴语台州片从中部到北部有一种很特别的发音,其实更应该说是"发声"——嘎裂声(creak voice)(朱晓农 2004d)。但是,从赵元任(1928)开始至今,都没能很轻易地说一句"此处有嘎裂声"。赵元任最早是说黄岩上声有"中喉塞",郑张尚芳(1981:48)则认为天台话的"上声带喉塞……阴上 ʔ325,阳上 ʔ214",是喉塞韵尾,如饺 kiauʔ325。更多的方言调查报告中则干脆没记录这种显而易听但难以归类的发声,所以耳不听为净干脆不记。就调查方言的广度和深度来说,赵元任先生和郑张尚芳先生算得上数一数二,但连他们亲身耳闻目睹了嘎裂声都未能说一句"台州有嘎裂声",可见要发现认识框架/现有理论框架/概念系统中没有的东西,谈何易!

与此相仿的是粤北土话中的"中喉塞",这最早也是赵元任(1929年的调查手稿)记录的。从理性认识意义上来说,这还不能算是"发现",因为赵先生把它称为中喉塞。根据我们(朱晓农、寸熙 2003)对韶关城内郊外三位发音人所做的语音测量分析,清楚显示和台州话一样是嘎裂声,这跟真正的中喉塞[aʔa]是不同的。例如"西安"两字间有个中喉塞,显然不是嘎裂声。一个最直接的测试办法就是:嘎裂声与低调同现,而喉塞音与非低调同现。

嘎裂声是一种特殊的发声(phonation)(不是"发音"),是最近二十多年来随着实验语音学的发展而逐渐明了起来的(朱晓农、寸熙 2003)。以前由于对其发声机制不太清楚,不要说国内,就是国际语音学界也只是用些比喻性的叫法,如"突突声"(pulsation)、"颤裂声"(trillization),还有个流行的别名叫"油炸声"(glottal fry、fry voice、vocal fry)。当然,最常见的是用紧喉/喉化(laryngealization/glottalization)这些笼统的词来指嘎裂声。国内同样有很多感性的叫法,如"中喉塞""气泡音""挤喉音""不连续成分""间歇调"等等。术语多歧正反映了概念混乱。赵元任先生是在很早很早以前就报道了这种很特殊的发声,所以非常了不起。那时语音学还在早期阶段,没有嘎裂声的概念,没有嘎裂声的音标,没有嘎裂声的术语,这时能要求谁去说"有嘎裂声"? 而且还"说有易"? 显然,在这种情况下,"说有难"!

(2) 日母从高本汉,其实是从更早的汉学家,一百多年来对它的音值的"客观"描写都让人怀疑到底是"客观"观察还是"主观"理解——人只能看见他愿意看到的或他能够看见的东西。最初,19 世纪的传教士说它是舌叶浊擦音 ʒ,高本汉起把它确定为卷舌浊擦音 ʐ。后来,赵元任(Chao 1968)、傅懋绩把日母认作通音(continuant)ɹ,而王力则认为是闪音 ɽ。最后是我把它鉴别为卷舌半元音 ɻ(1982,1987),即后来说的卷舌近音(2003)。我的看法得到王力(1983)的响应。林焘(1996/ 2001)后来也表示了同样的看法。但是翻翻现在的现代汉语教材,仍将错就错都称浊擦音 ʐ。倒有一本教材改称半元音ɻ 了,说是根据王力先生的提议。王力先生没提议,王力先生是同意。

上面说的是对于存在命题并不总是"说有易"的,因为"命名即认识"(朱晓农 2005a)。缺乏认识框架、缺乏理论,说有大不易。

至于全称命题想"说有易",恐怕就更难了。如果这个全称的对象是个有限集合,例如"所有语言都有 a",那么,理论上该命题能得到证实,只要时间、精力、经费允许,且假定所有语言都不变,都不消亡,也不新生。如果命题中的全称对象是个无限集合,例如"所有/ a/ 的声学变体,其 F1 和 F2 之差最多为 500 Hz",那么,这个全称命题是无法得到经验证实的,因为共振峰的分布在频率这一维度上是个连续统,无法做无穷多的实验去一一验证。换句话说,这已经不是说有易不易的问题了,而是从"务实"角度来看是不可能办到的。

# 9.3　说 无 并 不 难

再来看"说无难"。这也分全称和特称两个意思:全称或特称否定命题难以得到证实。这话本身不错,但容易被初学者误解,因为它似乎暗示,既然难以证实,所以就不应该提出否定命题,尤其不应该提出全称否定命题,甚至不应该提出全称命题。因为习惯性的"说无难"会阻止进一步探究。例如即使碰到一些明显荒谬的命题,如全称命题

"世界上哪儿都有鬼",或特称命题"这老宅院里闹鬼",是不是因为"说无难"而无法否定呢?

没错,的确"说无鬼难",尤其是坚守"摆事实,讲道理"[①]的方法,恐怕根本无法用"事实"去否定这种明显荒谬的命题,去"说无"的。你查完房间没鬼,他说在院子里;你院子里挖地三尺,不见鬼影,他说在房梁上;你练就了轻功上房,他说晚上才出来;你晚上去查夜,他说没人才出来。你就不去了;但你不去,又怎么用事实、用"眼见为实"来证明呢?

而另一方面,我们又很容易说这世上没鬼。但是要明白,此处"说无易"不是从事实出发[②],而是从某种理论出发,认为不存在脱离肉体的灵魂。从这儿,如果我们真的信奉"说无难",就会(演绎)推出一个令人震惊的,甚至难以接受的推论:

**理论不是事实能驳倒的;理论是被理论取代的。**

这是从"说无"着眼推出来的,其实从"说有"角度也能推出这结论。这一点远的看看科学史上的地心说,反例多如牛毛,也许该说多如星星,可是在没有日心说出来取代它之前,它就新三年旧三年缝缝补补又三年,熬过了多少个世纪。近点儿看看顾炎武开创的中国历史上少有的精彩的学术范式——古音学。顾炎武古音学压倒同时代毛奇龄通转韵学并不是由于得到更多的事实的支持;顾炎武古音学被高本汉音韵学取代是理论取代了理论,详细讨论可参看《古音学始末》(朱晓农 1986/1989)。

上面说了,对于像"这老宅院里有鬼"这样的"论断",我们是没法用事实去证伪的,那么"有鬼论"者是否可以很骄傲地宣布:"你既然没法否定我,我的观点就是成立的!"

在中国几千年历史上有无数的"自成一家言",大多如此。说者姑

---

① "摆事实,讲道理"这句我们习惯成自然信奉为真理的话,在方法论上不是一种准确的表述,改成"摆材料,讲逻辑"才对,因为"事实"不等于"材料";"道理"千千万万种,只有"逻辑"才是最有道理的道理。

② 说来有趣,说有鬼的倒是"从事实出发",世上有千千万万人可以出来作见证,说他见鬼了。反驳他的却只能从理论出发来类推,说他们的"活见鬼"是幻觉。"子非鱼",你怎么知道我是幻觉,哪怕你证实了再多的别人是幻觉。做特色学问就会为"子非鱼"这样的辩证俏皮"论证"幸福得晕乎乎,就会坚定地维护"我是特殊的"这样的"命题"。

妄说之,听者姑妄听之。到后来大家都宁可信其有,不可说其无——因为"审慎务实"的态度是"说无难"啊!

错了!此非证明之道。从科学研究的方法论角度讲,谁提出命题,证明的责任在他自己身上,旁人没有否证的义务(见 5.2.5 节)。这儿的"证明"是指"演绎逻辑的论证",而不是像钱大昕"论证"古无轻唇音一样,把似是而非的材料在一句"古无轻唇音"后一堆了之[1]。钱大昕那时的学者们还不懂演绎逻辑,所以不怪他。逻辑论证是指在材料和观点之间建立起演绎逻辑的通道。讨论各种逻辑可能性,排除各种逻辑不可能性。最后如果能确定唯一一个可能性成立,那最好。如果不能,那就确定一个逻辑上可能性最大,或者与各种独立材料兼容性最强的可能性作为结论。

下面来看两个"说无易"的语言学实例,一个是关于浊阻音的分布(朱晓农 2003),一个是关于小称形式(朱晓农 2004)。

一个例子是,李方桂先生(1980)构拟的上古音阻音声母表里,有浊爆音 b、d、g,但没有浊擦音。与之相反,从黑龙江、吉林、辽宁到山东、苏北,往西一直到新疆、青海,数十上百的官话方言描写中都没有浊爆音,但有浊擦音 ʐ 或 z。下表下半是普通话有关的辅音,有浊擦音但没浊爆音。

| | | 爆音 | | | 擦音 | | | | | |
|---|---|---|---|---|---|---|---|---|---|---|
| | | 唇 | 齿 | 软腭 | 唇 | 齿 | 龈后 | 卷舌 | 软腭 | 喉 |
| 上古音 | 清 | p pʰ | t tʰ | k kʰ | | s | | | | h |
| | 浊 | b | d | g | | | | | | |
| 普通话 | 清 | p pʰ | t tʰ | k kʰ | f | s | ɕ | ʂ | x | |
| | 浊 | | | | | | | ʐ | | |

---

[1]　传统知识界往往一人身兼两职:文人和学者。写文章也是一个模板,不像现在,学者的论文和文人的抒情文、感悟文、议论文大相径庭。比如钱大昕的名作"古无轻唇音"劈头给出一个全称命题,然后一路引了一百多个例子:"凡轻唇之音,古读皆为重唇。《诗》'凡民有丧,匍匐救之',《檀弓》引《诗》作扶服……"像不像"环滁皆山也。其西南诸峰,林壑尤美,望之蔚然而深秀者,琅琊也……"起首一个全景描述,然后一路走去一个一个的山头。

这里有个蕴含矛盾：李先生的上古音构拟中有浊爆音但没有浊擦音；而现代汉语官话的描写中有浊擦音但没有浊爆音。从空气动力学和语言类型学的理论和知识系统出发，我们(朱晓农 2003)可以大胆地说：李方桂先生的构拟，哪怕再有人说上古音构拟是鬼画符，一点问题都没有；而现代汉语官话的描写却值得怀疑，也就是说，这两个所谓的"浊擦音"在所有已复核的场合其实是近音 ʐ 或 ɻ。

一定有人会责问：事实就是事实，管理论什么事？ 客观就是客观，跟蕴含有什么关系？ 描写就是描写，怀疑干什么？

对了，就管理论的事儿，就要怀疑不符合理论的描写，这怀疑的程度跟理论的普遍性成反比。理论越普遍，越不容怀疑。如果某个理论只是个特设性假设，像某些学派里林林总总的理论，那么，个把反例就能将其颠覆。但如果某个理论覆盖面大，独立证据多，要驳倒它就不是几个疑疑惑惑的例子就够的。例如关于爆音的分布有条规律：如果一种语言只有一套爆音，那么它就一定是清爆音而不是浊爆音。但是有报告说澳大利亚的土著语 Bangjalang 反其例而行之。语言学家没有轻信这种不合普遍规律的"客观描写"，根据麦迪森(Ian Maddieson)的观点(Maddieson 1984：27)，是描写出了问题。这里的教训是：否定普遍理论会引起知识系统的改写，所以，如果没有准备好替代理论，就不要轻言反例。

再看个例子，我的《亲密与高调》(2004)从某种普遍理论(动物行为学理论)出发，要知道普遍理论是浓缩了的现有知识系统，我们可以预言不存在低调的小称调。

《亲密与高低》一文缘起于 2002 年 3 月在杭州开的一个小会上听到四五篇文章谈小称变调。我本来对小称问题没留心过，看到有那么多人关注，就跟着想了想。当天晚餐时，突然想到生物学里的"高调表小"原理，一下豁然开朗。接下去的半年中，又联想到很多引起广泛注意但又无法解释的高调现象，如"女国音""美眉""好好ɻ的"变调等等。于是写成此文，于 2002 年 11 月先在新加坡的一个会议上报告，后来又贴到网上，引起很多争议。有人给我写信，有人在网上发帖，表示了一些不同的看法。最主要的一点是：如此作预言说无，"新鲜倒是新鲜"，但就是"胆子太大，不够慎重"——因为"说无难"啊。

先说新鲜——高调表小论在生物学、动物行为学里是一个被广泛接受的理论,可以说已经很陈旧了。只不过将其引入语言学(Ohala 1982、1983、1984),再进一步,引到研究小称调、女国音等当中觉得有点新鲜。理论本身不新,新是新在处理了新现象和难以解释的老现象,并把许多看似无关的现象串起来作了统一解释。

再说"胆子太大,不够慎重"——其实我的做法很慎重、很保守,守在通用理论的范围内做文章。只不过这通用理论太通用,已超出语言学范围。这种得到各方面独立证据支持的理论,不是举例所能驳倒的,反方实际上需要提出另一种替代理论才是负责任的表现。对了,要建设性,不要破坏性——这是我们文化中的老毛病了。破棚子也是蔽身之处,你要拆了建楼,我不反对——改善人民居住条件。但你要是为拆而拆或美其名曰有碍观瞻,结果破棚子是拆了,老住户却落得个露宿野外——这就是破坏性。

与我胆小审慎相反的是,不信普遍理论、对普遍理论随意提出反例的人胆子才是够大的,因为他要承担起挑战现有通行理论,并独立发展新理论的历史任务。这一点我在《从群母论浊声和摩擦》(2003)一文中有所论及。碰到反例,有三种态度,一是动辄"汉语特殊"①,那当然是无稽之谈,咱们不特殊。二是学习爱因斯坦,破旧立新。这样的人有学术理想,我佩服。还有第三种最保守是我奉行的,也是科学界的常规做法,那就是反反复复检查反例,重复观察,重复实验,绝不轻信,因为一旦反例成真,就会推倒通行理论,就会引起知识系统的改观,所以一定要慎重。所以慎重的应该是不轻信反例,更不轻言反例。这不是不尊重"事实",这是例行做法,恰恰是尊重事实的做法。否则的话就会"自成一家言"满天飞。我们不习惯这么做,好像这么一检查就冒犯了他人的考察工作。这实际上是由于我们从来没有理论,也就不觉得有矛盾,也就没反例,也就不会去重复观察,重复实验。物理学界天天都有人声称能造永动机,给热力学第二定律找反例,当然大家都当他是业余闹科学。但语言学界的看法常常与之相反,所以咱们的科学化道路还很漫长。

---

① 这种"汉语特殊论"有年头了,差不多一有语言学就有这论调。比如胡以鲁《国语学草创》说:"吾国语言,当未成语言之时,即感召发声之时,已特异于他族语矣。"

坚信普遍理论,从普遍理论出发预言"有"或"无",是一种谨慎的做法,一种工作假定,一种审案前的"无罪推定",是科学研究中的常规做法。当然,在没有逻辑构造型理论的学问中,上述所有都不适用。这事、那事、眼见的、鼻闻的,书上看来的、路上听来的,都堆那儿,以史家的审慎态度存古集为最不审慎的大成。那跟科学实在没什么关系。科学不是就事论事,科学要用演绎推导来作预言。我们可以很容易地说火星上无生命,即使我们并没有上火星去瞧一瞧,因为我们根据生命需要水和氧气(大前提),而火星上没有(小前提),所以"说"火星上"无"生命很容"易",尽管这个命题可能被证伪,但一点不妨碍它是科学中的命题①。日后如果发现生命可以无需氧气或水(原命题的大前提错了),或者发现了火星上有某种形式的氧气或水(小前提错了),并发现了火星上有生命(原结论错了),我们的认识也由此推进了,知识由此增长了,科学由此发展了。相反,如果我们永远地以世故的审慎对未来世界不置可否、"子不语怪力乱神"、敬未知而远之、永远因为"说无难"而不作否定命题,那么我们就永远地离科学很远。所以,我要是犯了不敢说"火星上无生命",不敢说"没有那么多语言/方言中会在没有浊爆音的情况下有浊擦音",不敢说"不存在系统使用低调来表小称的语言"诸如此类的错误,赵元老一定会教导我:说无很容易。

# 9.4　结　　语

综上,我们可以画一张难易表如下:

表 9-2　探索领域的难易性

| 领　　域 | 说　有 | 说　无 |
|---|---|---|
| 现有领域 | 说有易 | 说无难 |
| 前沿领域 | 说有难 | (说无不可能) |
| 超科学领域 | (说有不可能) | 说无易 |

---

① 有一种普遍的误解,以为"科学"等于"正确",见 5.2.2 节。

赵元任的"说有易说无难"(表9-1的第1种和第4种可能性),是针对一般性场合说的,即所说之"有""无"都是现有理论和认识框架所能容纳得下的事物。在其他两种场合,这句话就不适用了:如果所面对的事物是现有理论所不能包容,即研究的最前沿领域,此时说有大不易,也就是表9-1第2种可能性"说有难"。如果所涉及事物的成立条件不存在,即不为现有理论中所认可,那么在此时说无并不难,这是表9-1的第3种可能性"说无易"。所以,这句名言是否"至理",全看你犯的是什么类型的错误。

　　顺便说一下,表9-2中还有两个空格,一定要填充的话,那就是:前沿领域说什么无,几乎是不可能的;超科学领域中肯定什么有,也是不可能的,不过倒是可以作为假说提出来。

　　由于"说有易说无难"是以现有知识为范围来说的,是学生比较容易犯的错误,所以新手最好把这条"赵氏语条儿"①刻在写字桌右边时刻铭记。而"说有难/说无易"涉及的是新发现和新理论,那是以后走到前沿研究时才碰到的问题,到时再来复习一下表9-2。

---

　　① 赵元任自拟十多条格言,称之为"语条儿",大多至今仍是"至理名言",如"凡是带凡字的话,没有没有例外的"等,见初版绪论。

# 第 10 章　素质的熏陶：
# 　　　　　跟大师学艺

*知识可以记诵,能力可以训练,素质只能靠熏陶。*

*——竹子*

　　知识可以记诵,能力可以训练,素质只能靠熏陶——这个"素质"事关创新六德。本章介绍我如何跟随语言学大师鲍勃·迪克森学艺的过程。先谈鲍勃怎么教我调查一种形态迥异的施格语,然后介绍这种非常特殊的语言,最后谈谈有关描写与概括等方法。

## 10.1　训　练　过　程

　　那是三十多年前,我在澳大利亚国立大学文学院的语言学系读书,有幸师从当代最著名的描写语言学家鲍勃·迪克森。鲍勃在澳大利亚是掌控全局的学术带头人。那时澳大利亚国立大学的语言学正蓬勃发展,一时风头无双,竟然同时拥有两个语言学系。一个在文学院(The Arts Faculty),系主任是鲍勃;另一个在太平洋研究院(Research School of Pacific Studies),由另一位大人物温棣帆(Steve Wurm)主持。国内方言学界很多人知道老温,因为他是《中国语言地图集》的澳方主编。本来他们俩像有默契,老温研究太平洋岛屿的语言,鲍勃研究澳洲大陆的土著语。后来澳洲土著语描写研究出版了好几大卷,鲍勃对类型学越来越感兴趣,他的调查范围就出了澳洲,到太平洋岛上,到高加索,到南美洲——真是踏遍荒漠、离岛、高山、丛林。

　　第一学期开始,我试听鲍勃的"语言学流派"(Linguistic Schools)一课。一个星期后做了个结构主义的替换分布作业,得了个高分(High Distinction),但还是决定退出。鲍勃问为什么,我说听不清他那又快又结巴的"牛津腔"。他说我作业做得很好嘛,怎么听不懂? 他不知道这我以前自学过。

第二学期一开学,他就把我叫到他办公室说,这学期他开"田野方法"(Field Methods)一课,要我报名选修。他向我保证,这门课他说得少,主要是我们跟发音人交流,整理好以后在班上汇报讨论,他作评论、指导。现在想来,幸亏选了这门课,因为这是鲍勃做系主任二十年的最后一年,也是最后一次开课。下一年他拿了大笔经费办了个类型学研究中心,专注于研究而不再教学。

这门课上请了位从布干维尔岛(Bougainville Island)①上来的女发音人朵拉(Dora),她说的是一种叫莫图纳语的 ergative 语。后来我在学位论文的鸣谢中说:这门课上同学们在用英语调查莫图纳语,我却借着调查莫图纳语在学英语。ergative 以前翻成"作格",其实应该是"施格",这我下面再讲。

**图 10-1** (左起)作者、合作调查的大西同学、发音人朵拉和她丈夫

头两个星期全班十个学生(其中有两三个是来进修的教师)一起记了一两百个基本词,鲍勃把整理音系的任务交给了我。我花了一个

---

① 太平洋西南所罗门群岛中最大的岛,巴布亚新几内亚属岛。

晚上,把音位系统整理好,后来记录语法材料大家都用这套音位。从第三个星期起,两个人一组,分头选取一个语法题目进行调查。我和一位日本学生大西 Masa 一组,全班也就我们两个亚洲学生,选的题目是并列句(co-ordination)。课后我们预先准备好一些问题,也可以说是些工作假设(working hypotheses),然后和朵拉一起问答两小时,核实、推翻、补充或修改预作的假设。到上课时就一组一组汇报调查所得,大家发问挑刺。鲍勃时不时插几句,回想起来都是要点。完了带着问题,带着新假设再继续调查。

这种训练的有效性,让我讲个故事。快到学期末时,其他组都差不多了,只有"动词"组完成不了,莫图纳语的动词变形实在太复杂。鲍勃让我和大西去帮他们。我设计了张动词调查表去问朵拉。一句、两句、三句、四句,到后来朵拉不耐烦了,她说:"你们不就是想知道那些东西嘛,下个星期我告诉你们。"下个星期她果然带来一张粘贴拼合起来的大大的纸,大概 8 开的样子,字写得密密麻麻,是完整的动词形态表加详细例句,把我们都看呆了——我们还在受训,她倒成了专家了。只有鲍勃不吃惊,微微笑,像是见怪不怪。

## 10.2　施格的特征

莫图纳语是一种施格语言。施格早在 19 世纪就已经在高加索语言(Caucasian)中发现了,但真正作为类型学上一个重要概念则是从鲍勃 1979 年在 *Language* 学报上发表 *Ergativity* 一文开始的。

那么,施格语是什么样的一种语言呢?中文把它译为"作格"。这个译名恐怕不妥,ergative 应该是"施格"。让我们来看一个比较简单、容易说明问题的施格语例子,材料取自与布干维尔岛邻近的萨摩亚(Samoan)岛上的萨摩亚语,由奥尔加·乌留皮娜(Olga Uryupina)记录。我在澳大的另一位老师摩泽尔·乌尔丽克(Mosel Ulrike),她教社会语言学,是萨摩亚语专家,下面例句中有些问题请教了她。

1.	'Ua lafi le pua'a.　　　　　　The pig hid.

2.	'Ua tutuli e tagata maile.　　　The people chased away the dogs.

3.	'Ua pupu'e e le pusi 'isumu.　　The cat caught the mice.

4. 'Ua pu'e e le tama le pusi.　　The boy caught the cat.

5. 'Ua fefefe teine.　　The girls got scared.

6. 'Ua fasi e tama le 'isumu.　　The boys killed the mouse.

把它们按及物不及物重新安排如下表。A 栏中的 'ua 是个体标记,C 栏中的 e 是施格标记,D 和 F 栏中的 le 是单数(sg)标记。B 栏中是动词。E 和 G 栏中是名词,我们不用主语和宾语称呼,而是用施事 A(gent)、受事 P(atient)、作事 D(oer)(或 actor)来指称,因为主语、宾语这些在汉语、英语等众多受格语(accusative)中稀松平常的术语到施格语中全然没用。萨摩亚语的语序按格林伯格以来习惯的叫法是 VSO,但最好说是 VAP,是"动施受",不是"动主宾"。这不是玩弄词语,而是有实质性区别的。

| | A | B | C | D | E | F | G | 英译 | | | | |
|---|---|---|---|---|---|---|---|---|---|---|---|---|
| 2 | 'Ua | tutuli | e | | tagata | | maile. | The | people | chased away | the | dogs. |
| 3 | 'Ua | pupu'e | e | le | pusi | | 'isumu. | The | cat | caught | the | mice. |
| 4 | 'Ua | pu'e | e | le | tama | le | pusi. | The | Boy | caught | the | cat. |
| 6 | 'Ua | fasi | e | | tama | le | 'isumu. | The | boys | killed | the | mouse. |
| 1 | 'Ua | lafi | | | | le | pua'a. | The | pig | hid. | | |
| 5 | 'Ua | fefefe | | | | | teine. | The | girls | got scared. | | |
| | Aspect | V | Erg | sg | A | sg | P/D | A/D | | V | | P |
| | 施格标记 | | | | 施事者 | | 受事者/作事者 | 施事者/作事者 | | | | 受事者 |
| | | | | | 施格语 | 作格语? | | | | 受格语 | | |

表中的前四句(2、3、4、6)容易理解,都有及物动词(B)、施事(E)和受事(G),按那顺序排列。要说明的是最后两句(1、5)不及物动词句的孤零零的名词作事者(不是"主语"),它应该放在哪一栏里呢——E 还是 G? 作事放在 E 栏里表示和施事同格,放在 G 栏表示和受事同格。

在解决这个问题前,先来看萨摩亚语中施事和受事的区别:

(1) 施事有前置施格标记 e。

（2）施事单复数变化和动词没关系，受事单复数变化和动词有呼应关系（agreement）。

（3）施事位置在受事之前。

第 1、5 句中的作事者 pua'a 和 teine 之所以跟受事者一起放在 G 列里，而不是和施事者一起放在 E 列里，是因为 1）作事者前面没有 e 标记，2）作事者的单复数变化与受事者一样，如第 5 句中的作事者 teine 和第 3 句中的受事者 'isumu 都是复数，这反映在动词呼应上，重叠其第一个音节。

世界上绝大部分语言施作同格、受事自成一格，因而叫"受格语"。而在特殊的 ergative 语言中，却是受作同格、施事自成一格，显然该叫"施格语"，而不是"作格语"。

作事从来也没自成一格过，不管在受格语中，还是在施格语中。从逻辑上看，作格不可能自成一格，除非"施受作"三格分立。因为施事和受事不可能同属一个格，"狗咬人"和"人咬狗"在哪种语言中都是要区别开的，不用语序，就用格标记，再不就是别语法手段。迄今我只看到一种构拟的古 Rošani 语像是"施受作"三分（Payne 1980）。Rošani 语属于印欧语系伊朗语支的帕米尔（Pamir）片。帕米尔语言现在是受格语，但原始帕米尔语言被构拟成施格语。现代 Rošani 语是受格语，但古 Rošani 语的构拟很奇特，作事者是单独一个格——"通格"（absolutive），而施事和受事同用一个格标记——"旁格"（oblique）。佩恩（John Payne）称之为"双旁格"（double-oblique）（Payne 1980：152,155）。当然施、受还是有区别的，那就是语序：施事在前，受事在后，如（Payne 1980：155）：

1）duf      xawričę n    um      kltōb    x    ēyt

    these/OBL   boys         that/OBL   book     read

    these boys read（past tense）that book

2）d        xawričę nan   tar        Xarag    sat

    these/ABS   boys       to         Xorog    go

    these boys went to Xorog

这种现象应该是从施格语变为受格语时的一种过渡态。

调查莫图纳语时还发现一些从汉语出发难以想象的奇怪现象，它除了被动句,还有"反被动句"(anti-passivization)。它的数范畴包括四种情况:单数、复数〔区分双数(dual)〕,少数(paucal)、多数(plural)〔参看朱晓农(2021b)〕。

## 10.3 描写的本质

在调查莫图纳语的过程中我领教了什么叫"描写":在做专题性调查之前先从已知的语言知识、类似的语言结构出发,作一些关于被调查语的句型的与普遍理论有关的工作假设。在调查中就围绕着与理论有关的事实不断深入,核实、推翻、补充或修改预作的假设。然后把调查所得从形式上加以概括,能多抽象就多抽象。从头到尾,哪怕在描写特殊语法中最特殊的细节时也想着语言共性的理论:是支持呢还是反对。这种工作程序,对我这样一个多年来在古代汉语专业里格致熏陶深入骨髓的语文学者来说,未免有点先验有点虚,不太扎实不太可靠。但实际上这是有效率的科学调查、科学研究所必需的。只有带着问题学,带着假说去调查,才能迅速鉴别出新材料并判断它的重要性、发现新问题所在。只有时刻关心理论问题,才能把自己的描写变成有科学意义,而不是只有历史意义,搜罗奇闻轶事以俟日后考证。

鲍勃本人也许就是个最好的例子。他既是顶尖的描写语言学家,同时又有理论癖和理论建树,例如他对英语语法就有一种从语义学出发来刻画的新方法(Dixon 1991),又如他对语言演变提出一个"裂变—聚变"交替进行的新模式(Dixon 1997)。他描写了很多特定语言的特定语法,但他又为共性研究、理论探索作出了无与伦比的贡献。事实上,形式主义和实质主义都引用他的成果。

跟他学习怎么描写一种陌生语言是一种享受。我们调查是两人一组,但期末报告各写各的。我先把鲍勃的多部描写语法著作(1972,1977a,1980,1988)看熟了,然后看样学样。最后的报告竟得了他教书几十年给的最高分,还加批了一句"A masterly study!"的评语(见图10-3)。那当然是他自卖自夸,照他的评分标准,是因为我照他的Yidin 语法(Dixon 1977a)依样画葫芦,给莫图纳并列句写了这样一条

删除规则(具体见图 10-2):

If[...],[...]then it should be the case that

$[(X)a(Y)V-x]^i,[(W)b(Z)V]^j$

where CR(a，b)，i≠j, and either if SA：O(a，b),
then x＝$ro$, or if ～SA：O(a，b), then x＝$ku$, and then
"b" can be deleted.

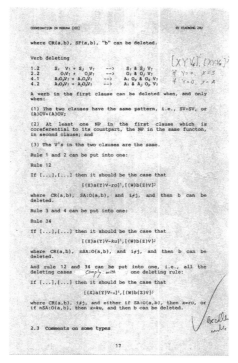

**图 10-2　迪克森批语"excellent rules"(精彩的规则)**

　　这条总规则是从 200 多个例句中概括(不是归纳!)出来的,它概括了两条大规则,四条次规则,次规则概括了六类三十一种并列句型。举这个例子并不是说我自以为高明得敢来法门念咒,那不过是小和尚念经。我举这例子是因为这是自己的学习经历,谈起体会来贴切点:第一,形式化的方法不是哪个主义的专利,是通用工具。第二,描写的真谛并不像我从前学到的那样把材料堆那儿像开杂货铺那样,顺手归堆"归纳"成"厨房用品""床上用品"等等。描写的目标实际上是能多

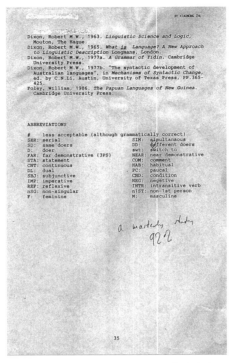

图 10 - 3　迪克森批语"a masterly study"(大师级研究)①

抽象就多抽象,"只要登上概括之梯,就没有理由在哪一级上停下来"
(《虚实谈》第 3 节)。

　　在调查施格语这种我们看来非常特殊的语言中也让我理解了什
么叫"特殊"。长久以来我们都喜欢说"汉语特殊",自从 1980 年代出
了门"文化语言学",说得就更多了。其实跟施格语一比,汉语、英语、
日语、南亚语、阿拉伯语、达罗毗荼语、斯瓦希里语、印第安语,统统属
于一个常见的类型——"受格语"。Klimov 提出另两种类型,一种是
stative-active,包括西伯利亚和北美的一些语言,加姆克列利泽、伊万
诺夫构拟的原始印欧语亦属此类(Gamkrelidze & Ivannov 1995)。另
一种尼科尔斯把它叫作 gender type(Nichols 1987),包括班图语和一
些澳洲土著语。迪克森(Dixon 1979)的分类中没有 gender,但有

--------

①　迪克森给的分数是 92 分。之前他给学期论文打的最高分是 90 分。

hierarchical，包括北美基奥瓦-塔诺安（Kiowa-Tanoan）语系和部分 Meso-American 语，如 Tepenhuan。不过主要的还是受格语和施格语两种。巴布亚新几内亚岛上分布有七十多个语族，七百多种语言，复杂、奇怪、特殊，相比之下，汉语实在很普通、很一般。还有人说汉语有很强的人文性，意思是很多场合理解句子含义需要同时或预先理解句子背后的文化含义。这恰恰不是特殊性，而是共性，其实无论哪种语言都有其本身的人文性。反倒是没有人文性的语言才是特殊的，不过迄今为止还没发现没有人文性的自然语言。

"特殊性"可以从相对和绝对两方面来理解。相对的特殊，也就是我们一贯认为的特殊，是把汉语跟比如英语、日语相比较，说这不同那不同，这特殊那特殊。反过来，英语、日语在汉语特殊的地方也表现出特殊性。寻找这种相对特殊对于学语言来说是有用的，但强调这种相对特殊对于语言学来说是有害的。一旦放到人类语言的共性背景中，绝大多数的"相对特殊"就失去了特殊性。任何科学都是以寻求"共性/规律"为基本目标的。人类语言中不是不存在变异，不是不允许特殊，但语言学要确定的是"绝对特殊"。也就是说，在人类语言中只有汉语有的特点，或只有少数语言有的特点，那才是语言学所要研究的，而不是"学语言"时所要牢记的特点。从这个意义上来说，没特点才是汉语最大的特点。如果哪天发现了汉语中哪个现象真是绝对特殊，那是我们中国语言学家的节日，因为我们为探索语言共性及其极限，为语言学作出了自己的贡献。

## 10.4  大师的熏陶

时间过去很多年了。从小到大也不知道听了多少门课，有两门课是我难以忘怀的。一门是初二时在徐汇中学听一位翁姓高级教师讲几何。我记得第一堂课他病病快快地走进教室，两眼半望着天花板，慢条斯理地讲 geometry 一词的希腊语源。他讲的古希腊理性主义文化、欧几里得公理、令人心悦诚服的演绎推理逻辑证明，在我心灵深处引发起永不衰减的回荡。他告诉我们徐汇中学得名于所在地名徐家汇，徐家汇又得名于所居人徐光启，而徐光启则是把几何引进中国的理性主义先驱人物。

另一门就是鲍勃的田野方法。我很庆幸有机会跟从鲍勃学习，一招一式地学会怎么描写。鲍勃思维敏捷，常常我开口没说半句，他就明白我想说什么。他读深奥的专业书比人家看小说还快，而且快很多。我真觉得他写一流专业书比人家写连载小说还快。到新世纪初，他发表论文一二百篇，编书十二种，著书十四种，其中十二种是他独自一人完成的。而且仍在源源不断地生产，又有两种自撰和两种主编的书即将问世。算起来平均每三年出两本书，再加十多篇文章，更令人难以置信的是本本重要，篇篇精彩。跟他学习，学会具体操作程序还在其次，更重要的是零距离地领略了大家风范，受了一种气度熏陶，学了一种在理论与实践之间、读万卷书继承与行万里路发现之间保持平衡的专业精神。"虽不能及，心向往之。"直到好多年后我才意识到让我最终坚信"概括没有底，逻辑要彻底"这些想法的源头原来来自鲍勃。

第三编

音变认知的千年演进

# 第11章　范式转变：从吴棫到
## 顾炎武再到高本汉

*范式转变即认知转变。*

——竹子

## 11.1　引　　言

对于汉语历史语音的研究经历了四种研究范式。本章内谈前三种：(1) 吴棫、朱熹为代表的对古音的规定性理解；(2) 顾炎武开创的古典学术中唯一的成长型研究范式(所谓"前修未密后出转精")；(3) 高本汉带来的历史比较语言学。第四种范式是近年来兴起的演化音法学，见第16章。

一门学科什么时候发生，什么时候结束，这是学术史家首先要解决的重大问题。通行的学术和科学史观认为：学术或科学是累进的，后人只能在前人成就的大厦上添砖加瓦。如果用图形来表示其发展，那就是一条连续曲线。在这条连续曲线上，要确定一门学科的起点和终点是不容易的。因此，学术史家们在谈到某一学科的起点时，倾向于尽量往前推[①]。至于终点，则趋向于无限远。

新的科学史研究(参看库恩 1980)[②]表明，科学发展的曲线有连续，也有跳跃。连续曲线表示常态科学，而跳跃曲线表示科学革命。科学进步不再是永远地逐步累积。科学革命会引起世界观的改变、科

---

[①]　此处须分清两件不同的事情。科学活动也许可以追溯到原始宗教。这就像大树主干上有支干，支干上有分枝，分枝上还有叉桠。一方面可以说枝杈都发自主干，这只是认识史上的问题，属于哲学范畴；另一方面，对于个别门类的科学或学术史来说，主要是要找到一个个分节点在哪儿。史家们爱用"滥觞"一词，这表明他们喜欢尽量上推。

[②]　库恩(1980)现在来看是两代以前了，但本章所据的《古音学始末》一文成稿于1980年，所以是"新的学术史研究"。

学范式的改变、研究前提的改变,以及所关心的问题的改变。后人不再只是添砖加瓦,而是到了一定时候就会另找地基自建大厦。

我们就是在这种科学史观的启发下重新考察了古音学史,并处理了一些以往没注意或解决得不够理想的问题。有迹象表明,库恩所谓的"范式的形成和转移"是一种普遍的发展模式①,而且在越是成熟的学科中就越是明显。这也就是为什么首先是在古音学而不是在人文学科或社会社学的其他学科中出现范式的形成和转移这种发展模式的原因。

## 11.2  传统音韵学史观

张世禄先生和王力先生是当代最重要的古音学史专家。张著《中国古音学》(1930)、《中国音韵学史》(1938)和王著《中国音韵学》(1935)、《中国语言学史》(1963—1964)中所论,代表着通行的古音学史观。本节内我们来看一下他们对古音学的起始是如何表述的。

前面说过,学术史家在讨论某学科起点时,倾向于尽量往前推。但是,这种"河源唯长"的追溯法,并不能使我们对于古音学的起点有个明确观念。张世禄先生和王力先生都是在这种观点指引下"上穷滥觞",把古音学的根源一直追溯至汉代。

张世禄:"吾国古音之学,发轫于宋明,而大盛于今世。然推其源,则汉人解经,已明古音与今音有殊……明古今音读之异,实为考求古音之嚆矢。"(张世禄1930:8-9)

张世禄:"我们在上文第四章第二节里说过,郑玄、刘熙诸人已经注意到古今音的异同,在汉魏之间可以说是已具有古音学的根源。只可惜当时音韵学的基本知识未曾发达,所以对于上古音也未曾加以系统的研究。"(张世禄1938:261-262)

---

①  举一个"红学"研究的例子。根据余英时(1979)的分析,红学史上出现过四个相互交替和/或竞争的范式。最早是以蔡元培《石头记索隐》为代表的"索隐派";接着是以胡适《红楼梦考证》为代表的"自传说",以及修补自传说以赵冈为代表的"合传说";第三个是以李希凡为代表的"阶级斗争说";第四个便是余英时本人提出的以研究《红楼梦》的创作意图和内在结构的有机关系为重点的"两个世界说"。"范式"从科学史搬到学术史中,难免会发生概念移植中常见的变形现象。

王力："在汉朝已经有人谈到古音。例如刘熙……也注意到古今音的异同。因此我们可以说古音之学在汉朝已有根源,只不曾作有系统的研究罢了。"(王力1935:1)

这就是说,自从汉朝学者意识到周秦典籍中某些字音韵归类和当时的归类有差异时,即"古音"意识刚一露头时,古音研究就开始了。我们本来只要量一下树枝的长短,可现在连树干都量进去了。

当然,张世禄先生和王力先生也不是干枝丫丫全然不分。他们也用了些办法来区分。但是,这些办法看来并不怎么有效。他们关于古音学起始的讨论是模糊的,使我们无法看清干枝的分节点。

张世禄先生在谈到古音学的起始时,又曾提到好些时代的人名。他认为唐代陆德明"言古韵宽缓,实吴棫通转之说所自出;其有造于古音学者,又岂浅鲜"。但又认为"吾国古音学,肇始于宋人","吾国古音之学,发轫于宋明"。因此,吴棫的研究"实开后来研究之途经",吴棫作《韵补》,"遂为近代古音学的萌芽",《韵补》是"考求古韵之书"的"首始","吴氏为近代古音学之始祖","吴氏诚古音学之鼻祖哉"!而杨慎"为才老(即吴棫)之功臣,即同为古音学之首创者也"。郑庠是"近世言古韵分部者"之祖。不过,在陈第以前,古音研究只处于萌芽。"盖自陈氏,叶音之说,始破除净尽①……数千年古音之弊,乃始昌明焉"。陈氏提出的"音有转移"的"历史观念,实为古音学成立之基础"。再往后,他又说"古音学之成立,顾亭林为首功","古音之学,至亭林犹草创伊始"。(以上见张世禄1930,1938)。

王力先生的说法也大致相同。他认为宋代已有吴棫、程迥、郑庠三位"古音学家"。吴棫在"古音学的路途上""是一个开路先锋"。后来他又说古音学是从明朝开始的。"历史观点一天不建立,古音学就一天不能产生。古音学的建立,首先应该归功于明代的陈第"。"有了时间概念和地点概念,古音的研究才走上了科学的道路"。"如果说陈第是开路先锋,顾炎武就是古韵学奠基人"。但是王力先生后来又认为陈第和清儒都还不能算有真正的历史观点。(以上见王力1935,

---

① 其实,到陈第为止,叶音之说并未"破除净尽"。顾炎武的声调观点"四声一贯说"是叶音说的最后堡垒。参看朱晓农(1987b)。

1962,1963,1964,1980b)。

王力、张世禄先生的观点实际上也是汉语音韵学三百年来的传统看法。从江永开始到严式晦,他们的说法都差不多。例如:

江永在《古音标准·例言》里说:"言韵学者两家〔按:指吴棫《韵补》和杨慎《转注古音》〕为古韵权舆。"

邵子湘(转引自江永《古音标准·例言》):"吴才老作《韵补》,古韵始有成书。"

段玉裁在"戴震《声类表》序"和"江有诰《诗经韵读》序"中把古音学开端从郑庠分部开始算起。

《四库提要》:"言古韵者自吴棫……国朝顾炎武作《诗本音》,江永作《古韵标准》,以经证经,始廓清安论,而开除先路则此书〔按:指陈第《毛诗古音考》〕实为首功。"

张裕钊在"重刊陈第《毛诗古音考》序"中说:"吴棫、杨植之徒,稍稍窥见涯涘,颇悟古今音读之殊,然卒未有能深探本源,洞晓其旨趣者。陈氏季立乃始才辟扃奥,为《毛诗古音考》一书。于是古音之说炳若日月。国朝诸大儒,益因其旧,推扩而精求之……实陈氏有以启之……陈氏创始之功顾不伟哉!"

严式晦在《音韵学丛书·初编目录》中说:"吴才老、陈季立两家书,言古音者大辂之椎论也。顾亭林出而音学大明。"

张、王两位先生和清代学者一样,使用了一系列含义不清的词语,尤其是用了许多比喻说法,来描绘古音学的开始。"发轫""始祖""首创"是不是一个意思?"萌芽"跟"基础"有什么区别?"昌明"和"首功"是什么关系?"开路先锋""首先归功""奠基人"又是谁先谁后谁重要?这些词语所表示的概念、内涵是不明确的。通行的学术史观缺乏明确的标准和清晰的术语,因此,它对古音研究史的分期问题便无能为力。或许可以说,这种分期问题在传统的学术史中还没有成为重要问题。总之,这样的历史研究,无论从方法论上来说,还是从它所能给予我们的实际知识和新的启发上来说,都需要重新考虑了。

通行的学术史观对于一门学科的起点难以确定,对于它的终点就更难确定了。后人的理论观点,或多或少总是跟前人有相似之处。往前的追溯毕竟还有个头,而往后则是无穷无尽了。因此,一门学科的终点就要推到无限的未来。在我们传统的认识论中,曾经适用的,就永远适用;曾经是学问,就永远是学问。这种认识与科学相悖,也与历史不符。

在"添砖加瓦"的发展观的指导下,史家们便会去搜寻某一观点对于后世语言学的永恒贡献,比如张世禄先生(张世禄 1930：22)和周祖谟先生(周祖谟 1966：217)都指出了吴棫对后世的永恒贡献。又如张世禄(张世禄 1930：44)把毛奇龄的"两界两合"看成是"开阴阳对转之先河",而实际上阴阳对转是在一种与毛氏学说截然不同的范式指导下发展出来的理论。

而另一方面,"添砖加瓦"的观点是跟下述研究方法连在一起的,即站在今人的立场上,从对后世的影响和现代科学学术的成就出发来评估前人的工作,说它对还是错,都是从现代角度来定的。这种研究方法主要是用来评价过去的某项工作或某个人在今天的学术活动中所占的地位。它有许多缺点,其中一个是：在发展过程中,人们对某事物会有新的认识、新的理解,事物的各方面的意义会逐渐显示出来,而早先的观点也会呈现出不同的含义,这就使得学术史家得不断地修改对它打的分数。既然分数只是时间的函数,那么仅根据某一时刻的分数褒贬某个观点便有了很大的局限性。

我们的研究着重注意某人的观点跟他前后左右有关联者的观点之间的关系,并探讨学科兴起和衰亡的原因。

## 11.3 传统音韵学史观分析

从上面我们可以看到,没有明确的标准会引出含混的结论。本节我们尝试用几个不同的标准来帮助理解传统的古音学史观。

### 11.3.1 方法标准

首先使用"方法"这一标准。顾炎武及后世清儒都是用归纳法系统地研究上古音韵部。不过,这种方法并非始于顾氏。顾氏甚至陈第的方法都跟吴棫相同,只不过"格外精密"(周祖谟 1966：217)而已。顾炎武在《韵补正·序》中有段话最能说明问题："如才老(按：即吴械)可谓信而好古者矣。后之人如陈季立、方子谦之书不过袭其所用，别为次第而已。今世盛行子谦之书，而不知其出于才老，可叹也①。"

再往前就没有人这么系统地研究古韵了。因此，如果以"使用归纳法系统地考察古韵"这一标准来衡量，我们可以把古音学上推到吴棫②。

不过，假如以"明确划分韵部"这一研究方法作为标准，那么，起点就只能从与吴棫差不多同时而稍晚的郑庠算起了。段玉裁在戴震著《声类表》和江有诰著《诗经韵读》的序中就认为他自己的分部是郑庠、顾炎武、江永分部的继续。夏炘在他那部有一定影响的《诗古音表二十二部集说》中首先就列出郑庠所分的古韵六部，然后是顾炎武、江永等。

这样看来，由于用作标准的"方法"不同，所确定的古音学的起点也就不一样了。

### 11.3.2　目的标准

如果改用"研究目的"作为标准，则又可定出新的起点。

顾炎武研究古音是出于读经需要，他甚至想恢复古音③。陈第也

---

① 一般都强调顾氏受陈第影响极大而忽略吴棫。如王力(1964：1,62)："清代古音学以顾炎武为首创者，而顾炎武就直接受陈第的影响，顾氏在他著的《音学五书·音论》一开头就引了陈第《毛诗古音考》和《读诗拙言》的几大段议论，可见顾氏对陈第的推崇。"王显(1957：34)就更进一步了："顾炎武的《音学五书》主要就是在陈第的启示下及其成就上写成的。"他们的论断也许是这样推出来的：吴棫的"通转"韵学是不科学的(见王力1962：144)，陈第的"音有转移"观是科学的；既然顾炎武的研究也是科学的，当然只能受陈第的影响并以陈第为基础，而与吴氏无关。如果他们是这种"科学只能生自科学"的想法，那么思路的尽头便是死胡同：最初的科学来自何方？顾炎武的确曾大量引用陈第，"音移"观的确对他影响很大，但顾氏更是个考据家，更注重实际工作和归纳法。无论从《音学五书》的体例、方法来说，《韵补正》就更不用说了，还是从正文所引的这段话来看说，他本人似乎更看重吴氏。顾氏在归纳方法、系统研究上自觉追随吴氏，而在"音移"观点上不自觉地听从陈第。因此，我们若是只作小修小补的话，那就可把王显的话改成："顾氏著作主要是在吴棫和陈第的启发下，并在吴氏的成就基础上写成的。"但本章是想在新的基础上重新评价顾炎武，因此就没必要那么改了。

② 张世禄和王力都把"古音学家"的称号首先授予吴氏。

③ 顾炎武(《答李子德书》)："愚以为读九经自考文始，考文自知音始……嗟夫学者！读圣人之经与圣人之作而不能通其音，不知今人之音不同乎古也。"顾炎武(《音学五书·自叙》)："今韵行而古韵亡……宋韵行而唐韵亡……世日远而传日讹，此道之亡盖二千有余岁矣……据唐人以正宋人之失，据古经以证沈氏唐人之失。而三代以上之音部分秩如至[臣责]而不可乱。乃(作是书)……自是而六经之文乃可读，其它诸子之书离合有之而不甚远也。天之未丧斯文，必有圣人复起举今日之音而还之淳古者。子曰：'吾自卫反鲁，然后乐正，雅颂各得其所。'其有望于后之作者焉。"

差不多,他希望在读古书时能用古音①。吴棫虽然自己没说,但从其他人写的序言中可以看出是同一目的②。再往前,陆德明、颜之推,甚至到东汉郑玄等都一样。他们一般都认为越古越优、越古越对,后世若有不同是后人搞错了。因此,像吴棫、顾炎武的韵书一方面是归纳古韵的结果,另一方面又希望它们能成为后世使用古音的模板。

目的的改变是从江永开始的。江氏(《古韵标准·例言》)似乎竭力想摆脱实用的桎梏,采用一种"为古音而研究古音"的态度③。这可称得上一变,因为学术往往经历这么一个过程:纯粹为了实用→为研究而研究(只求其真而不求其用)→以社会需求为学科动力,以研究本身为个人的推动力④。

后世古音学的目的接近江永而不同于顾炎武、吴棫。因此,若以"目的"为标准,可以说古音学是从江永开始的。顾炎武、吴棫等人是在另一目的的指导下进行古韵研究的。

### 11.3.3 音移观标准

再用"音移"⑤观念作标准来衡量,可以看到顾炎武以后都受陈第

---

① 陈第(《毛诗古音考·自序》):"夫诗以声教也……又惧子侄之学诗而不知古音也。于是稍为考据,列本证旁证二条……二者俱无,则宛转以审其音,参错以谐其韵,无非欲便于歌咏,可长言嗟叹而已矣。盖为今之诗,古韵可不用也。读古之诗,古韵可不察乎?"焦竑(《澹园集》):"韵之于经,所关若浅鲜。然古韵不明致使诗不可读,诗不可读而正得失动天地感鬼神之教,或几于废。此不可谓之细事也……若夫为今之诗,从今韵;以古韵读古诗,所谓各得其所耳。"

② 徐蒇(吴棫《韵补》序):"自《补音》之书成,然后三百篇始得为诗,从而考古铭箴诵歌谣谚之类,莫不字顺音叶。"陈凤梧(重刊《韵补》序):"经生诸子……虽读其书而不知其韵,识者病之。宋儒吴才老博学好古,乃采辑古经传子史协韵,分为四声,各释其音义,汇成一书,名曰《韵补》。"

③ 江永(《古韵标准·例言》):"顾氏又曰:'天之未丧斯文,必有圣人复起,举今日之音而还之淳古者。'愚谓此说亦大难。古人之音,虽或存方音之中,然今因音通行既久,岂能以一隅者概之天下?譬犹窑器既兴,则不宜于笾豆,壶斝既便,则不宜于尊罍。今之孜孜考古音者,亦第告之曰:古人笾豆尊罍之制度本如此,后之摹仿为之者或失其真耳。若废今日之所日用者,而强易以古人之器,天下其谁从之?观明初编《洪武正韵》,就今韵书稍有易置,犹不能使之通行,而况欲复古乎?顾氏《音学五书》与愚之《古韵标准》,皆考古存古之书,非能使之复古也。"

④ 国内的语言学目前似仍在"为研究而研究"的阶段。

⑤ 我不愿把"音变"这个词用在陈第身上,因为"音变"所包含的意思比"音移"多得多。陈第和清儒所谓的"音有转移"观念只是认为古音变化是在一组已知的音之间的转移,如甲古读乙,丙古读丁,而甲乙丙丁在明清各方言音系中都实际存在。

影响。这就是说,古音学是从陈第(《毛诗古音考·自序》)开始的。至于陈第又受到谁的影响,早先还有谁提到过"古音无叶",那是另一个有关"首创权"的问题。这里只是说明,改用"音移"的观念作标准,则古音学既非始于吴棫、郑庠,亦非始于顾炎武、江永。

### 11.3.4　古今音观标准

"古今音"观念——如果把"音移"观念再扩大一下,凡已察觉到古今音异(不管自觉不自觉,也不管明确不明确)而探讨古音韵,就算他具有"古今音"观念。使用这一标准,就可把古音学上推到汉代[①]。

### 11.3.5　讨论

从上述这些不同的标准出发,我们得出了不同的起点。把这些起点跟11.2节中张世禄先生的描述加以比较,可看到有趣的吻合。原来张先生所说的古音学的"根源""鼻祖""萌芽""基础""昌明""首功"等,是根据不同的标准得出的结果。不过,那位"草创伊始"的"奠基人"顾炎武,上面没有谈到。我们把他放到下一节去详细讨论。

我们虽然使用分析方法澄清了目前描述古音学史的混沌概念和模糊词语,但是对于如何看待这个"起点"的问题,依然没有得到很大的满足。按照不同标准得出的不同起点,使我们有只见树木不见森林之感。对于那些爱问"为什么"的人来说,起点到底在哪里,似乎只有一串不能令人满意的相对的标准,而没有一种比较可靠、比较稳定的判断方法。

更为麻烦的是,使用这些标准会使我们难以确定今天的音韵学到底继承的是谁的学说:从方法上来说像是吴棫或郑庠的,从"音移"观念来说像是陈第的,从目的上来说又像是江永的。要说他们都是始祖的话,那么是不是也可以说他们都不是。还有,今天的研究实际上已跟吴棫、陈第等人的研究天差地别,如果要用上述标准来判断,似乎在

---

[①]　戴震(《声韵考》):"郑康成笺毛诗云:'古声填置尘同。'又注他经,言古音者某某同,某读某为某之类,不一而足。是古音之说,汉儒明知之,非后人创议也。"钱大昕(《音韵答问》):"古今音之别,汉人已言之。刘熙《释名》:'古者曰车,声如居,所以居人也。今日车,声近舍。'韦昭辨之云:'古皆音尺奢反,自汉以来,始有居音。'此古今音殊之证也。"

看得见的未来,也不会改变它的出身和谱牒。

　　人类或许跟禽兽鱼虫有共同的远祖,但现在只要找到直系亲属就够了。近代一切科学和学术也许有着共同的渊源——宗教和哲学,但现在只要找到经验科学和经院研究之间的分节点。这就是为什么要提出一种新的标准——范式——来帮助确定某一学科的始末。用这一观点来看历史,就可以清楚地看到人类知识是如何一代一代增长、又怎样一批一批更新的。

# 11.4　范式理论中的古音学史

　　本节内我们用"范式"标准来考察古音学的始末,并讨论一些相关的问题。

## 11.4.1　什么是"范式"

　　首先来看什么是"范式"? 凡是具有以下两个特点的科学成就,就是"范式"(库恩 1980：8)：

　　a.这种成就"足以空前地把一批坚定的拥护者吸引过来,使他们不再去进行科学活动中各种形式的竞争"；

　　b."这种成就又足以毫无限制地为一批重新组合起来的科学工作者留下各种有待解决的问题"。

　　简单地说,"范式"是一种学说、一种理论、一套工作方法,它被广泛接受而又留下许多有待证明(证实或证伪)的问题。

　　范式在科学领域处处皆是,但在学术领域就少多了。中国数千年来的传统学问中,成就最高的是清代学术。这跟清儒的求实、疑古精神和所使用的归纳方法有关。清儒研究范围很广,其中成绩最昭著的便是通称为"小学"的文字、音韵、训诂之学。这也许是因为小学是传统学问中最为基础的东西,正如作为自然科学基础的数学,也是走在最前列[①]。而在小学中,又是音韵学,尤其是古音学,理论最完备,体系

---

　　[①]　倡导结构主义哲学运动的人类学家列维-斯特劳斯曾把语言学和人文学科的关系比作数学和物理学的关系(见李幼蒸 1980：344)。

最精密,成就最显赫。其原因不外是:(1)研究对象比较简单明确,因而(2)归纳法使用得最为成功①。由此看来,学术领城中的范式首先出现于古音学就是很自然的。

### 11.4.2 吴氏学说的出现和顾氏范式的确立标志着古音学的两个阶段

宋以前的古音研究始终是零碎而不系统的。汉唐学者从整体上来说还没有意识到语音系统的演变,对于古音的探求是为读经目的服务的,并以改韵协句为手段。实际上,这种古音研究不是客观的考察,而是规定性的理解。其所以旧有九家《诗经》注音,方音流变固然免不了,但这种有着很强的主观性的规定性理解也是原因之一。

古音研究到了宋代有了第一次飞跃。吴棫把它发展成为一门有专门的研究对象(虽然还不是为研究而研究)、有系统的学问——通转韵学。吴棫本人著述甚富,据徐蒇在吴棫著《韵补》的序中说,有《书裨传》《诗补音》《论语指掌》《考异续解》《楚辞释音》《韵补》等。但除了最后一种外,其余都失传了。吴棫的古音学说就是通过《韵补》流传下来的。此书以"通""转"来重新分合古音韵部。关于吴氏韵学,周祖谟、张世禄、王显诸位先生有所评价,其中好些观点我们不敢苟同。这里只注意他的学说是否定于一尊,成过范式,从而成为作为常态科学的古音学的起点。

答案显然是否定的,因为吴氏之后的古音学界是一派混战局面。

我们先来看吴氏学说的前提。吴棫所依据的前提是语音不变。在这前提限制下,他对不协的古韵文的处理有三种可供选择的方法:(1)古人韵缓不烦改字,(2)改韵协句,(3)两者兼而有之。张世禄先生(1930:21;1938:65)力主第一种说法,尚欠有力证据。周祖谟先生(1966:215-217)排斥第二种说法。这么一来,陆德明的"古人韵缓不

---

① 这话并不意味着语言是个简单现象,而是指古音学所利用的材料是有限的,研究目标仅仅是古韵分部(以后又扩大到声调、声母)。王国维在《周代金石文韵读序》中说道:"原斯学所以能完密至此者,以其材料不过群经诸子及汉魏有韵之文,其方法则皆乎古人用韵之自然,而不容以后说私意参乎其间,其道至简,而其事有涯。以至简入有涯,故不数传而遂臻其极也。"

烦改字"的观点对于通转韵学的启蒙意义就不下于陈第"古诗无叶"对于顾氏古音学的影响了。从吴棫《韵补》的体例及通转韵学的发展来看,第三种说法,即两者兼而有之,比较符合实际。吴氏把整部通押的称为"通""转",把个别字通押的称为"叶",即所谓"吴棫不知其故,而以音读之异名为叶,部分之殊注为通转"(《四库提要》"韵学"条)。

稍后的朱熹把早先吴棫的"叶音方法"发展为全面的"叶音说"。朱子注《诗》是否"尽从吴氏",仍有争议。很多人认为是①,但也有些人认为并非尽然②。朱熹肯定大受吴棫影响,否则也不会这么彻底地把叶音说贯彻到《诗经》《楚辞》中去。他也一定利用了吴棫的研究成果来为自己的"实用韵学"服务,要不两个押韵系统不会这么接近。不过,两者毕竟是有区别的。叶音说仅根据上下文来确定某字的临时读音,只考虑个别字在特定语境中的语音表现③,而不考虑整个语音系统,当然也不考虑每个字的统一的语音表现。说穿了,朱熹所注重的是事理发挥,至于音韵,只是那么个意思。他(《朱子语类》卷八十)说:"只要音韵相叶,好吟哦讽诵,易见道理,亦无甚要紧。今且要将七分工夫理会义理,三二分工夫理会这般去处。若只管留心此处,而于诗之义却见不得,亦何益也!"

直接继承吴氏学说的郑庠进一步发展了通转韵学,并使它第一次具备了分类学上的特点。这一派发展到清初毛奇龄、仇廷模已臻于登峰造极的地步,并跟叶音说势同冰炭。不过,毛氏只承认郑庠,他认为

---

① 杨慎(《答季仁夫论转注书》):"吴才老……作《韵补》……程可久又为之说……朱子又因可久而衍其说。"杨慎(《转注古音略·题辞》):"宋吴才老作《韵补》……朱晦翁诗传骚订,尽从其说。陈凤梧晦庵先生作《诗集传》,悉本其韵,以协三百篇之音。"邵长蘅:"吴才老作《韵补》,古韵始有成书;朱子释诗注骚,尽从其说"(转引自江永《古韵标准·例言》)。程可久:"才老《韵补》为朱子所推服如此"(转引自江永《古韵标准·例言》)。江永(《古韵标准·例言》):"朱子取《韵补》释诗。"又陈振孙、朱彝尊都认为朱氏从吴之说(《四库提要》"韵补"条)。

② 《四库提要》"韵补"条:"则朱子所据非此书明甚。"钱大昕(《音韵答问》)态度较折衷:"朱文公《诗集传》间取才老之《补音》而加以叶字。"从朱熹(《朱子语类》卷八十)自己的话也可看出并非全照吴氏:"吴才老《韵补》甚详,然亦有推不去者。"又:"叶韵多用吴才老本,或自以意补入。""叶韵乃吴才老所作,某又续添减之。"

③ 这是一种"随句审音"的方法,它跟"随文释义"的训诂方法出于同样的思路:具体情况具体处理,只见特定场合的个别,不求统一原则的系统。这种思路当然不限于音韵训诂学。

吴棫跟朱熹一样是主张叶音说的①。由此也可看到吴氏"通""转"的含义是不太明确的,至少在后人眼中并不仅仅只有"古人韵缓不烦改字"一义。

不管吴棫、朱熹是一开始就有区别的,还是郑庠、朱熹都是从吴氏学说中发展(或分化)出来的,总之,他们都没能统一天下。朱熹靠着他的名声和几本通行的集注,在实用上影响较大,普及面较广。但在学者的研究中,追随朱熹的较少,只有茅凑、张献翼等②;而追随吴棫的较多,如龚黄、刘慎、吕维祺、王值、方日升、柴绍炳、毛先舒等③;还有些人如甘雨、杨贞一等想用吴氏《韵补》来修改朱子叶音说的④。

到明代中叶,又有一种理论,杨慎的转注说(认为古诗叶音的基础是转注)也加入了竞争行列。

真正使叶音说感觉到威胁的是 15 世纪与 16 世纪之交出现的陈第的"古诗无叶"观点。陈氏的"音移"观也大大刺激了通转说。为了对付陈第,叶音说和通转说都努力修补自身,使其臻于完备。正是因为如此,才使它们耗尽了最后一点活力,从此无可挽回地走上了衰亡之路。

除了上述情况之外,还有一些竞争的学说,如杨庆、杨时伟想杂糅吴棫和陈第的学说⑤;而朱简、熊士伯等则自辟一路,与他人不相类同⑥。

这种有多少古音学家就有多少古音学说的现象一直延续到清初。跟顾炎武同时的方日升、邵长衡、黄扶孟、毛先舒、毛奇龄、柴绍炳、熊士伯,一个个固执己见,"南辕北辙,互相攻击"〔《四库提要》"声韵源

---

① 毛奇龄(《毛西河文集》·文五十五·卷七):"古韵无明注,惟宋吴棫、郑庠各有古韵通转注本。惜当时但行棫说,不行庠说,致韵学大晦……考郑庠《古音辨》,分古韵六郁。此书出吴棫《韵补》后。其所通转,按之今音,已得十九。所略不足者,鱼虞歌麻与萧肴豪尤分两部耳。"毛奇龄(《毛西河文集·经六·易经·卷一》):"乃朱明以还,韵学丧亡。郑樵、吴棫妄作音叶,而朱氏引之以注《诗》《易》,极其乖诞。"

② 茅凑著《韵谱本义》,张献翼著《续易韵考》。

③ 龚黄著《古叶读》,刘慎著《古音丛目》等四种,吕维祺著《音韵日月灯》,王植著《韵学》,方日升著《韵会小补》,柴绍炳著《古韵通》,毛先舒著《韵白》《韵学通指》《声韵丛考》。

④ 甘雨著《古今韵分注撮要》,杨贞一著《诗韵辨略》。

⑤ 杨庆著《古韵叶音》,杨时伟《正韵笺》。

⑥ 朱简著《总韵持》,熊士伯著《古音正义》。

流"条;又可参看江永(《古韵标准·例言》),向楚(江永《音学辨微》叙),张世禄(1930:42;1938:268-269)]。只有李因笃一人服膺顾说,他跟毛奇龄辩论韵学总是不欢而散,有一次甚至拔剑相向①。不同学派之间分歧之深、争斗之烈,由此可见一斑。这种情况颇似牛顿以前有多少光学家就有多少光学见解,富兰克林以前有多少重要的电学实验家,对电的本质就有多少看法(参看库恩1980:9-11)。

但是在顾炎武以后,情况就大大不同了。顾氏学说在"韵学战国"的激烈竞争中取得了决定性的胜利。他的学说成了范式。清代的一流学者一致追随其后②,而其他学说则从此一蹶不振,再也没人响应。这些一流学者包括江永、戴震、段玉裁、孔广森、钱大昕、王念孙、江有诰。他们的古音研究工作都是在顾氏范式指引下进行的。在这些学者周围及其后,又有许多追随者(参看张世禄1930:63-64,74,91-98,108,115-117,118-133)。三百年中形成一个群星闪烁的古音学时代。所有这些学者的工作组成了在顾氏范式指引下的"常态科学"。

---

① 《清国史馆儒林传》:"李因笃……与毛奇龄论古韵不合,奇龄强辩。炎武是因笃而非奇龄,所著《音学五书》,因笃与有力焉。"江藩(《宋学渊源记》):"李因笃,字天生,一字子德,富平人……与毛奇龄论古韵不合,奇龄强辩,因笃气愤填膺,不能答,遂拔剑砍之,奇龄骇走。当时相传为快事。"

② 江永(《古韵标准·例言》):"近世音韵学家毛先舒稚黄、毛奇龄大可、柴绍炳虎臣,各有论著,而昆山顾炎武宁人为特出。余最服其言曰:'孔子传易亦不能改方音。'又曰:'韩文公笃于好古,而不知古音。'非具特识能为是言乎?有此特识,权度在胸,乃能上下古今,考其异同,订其是非。""顾氏悉用《唐韵》,最有见,今本之。"段玉裁(《寄戴东原书》):"玉裁自幼为诗,即好声音文字之学。甲戌乙亥间从同邑黄丈一帆游,始知古音大略。庚辰入都门,得顾亭林《音学五书》。读之惊怖其考据之博。癸未游于先生之门,观所为江慎修行略,又知《古韵标准》一书,与顾氏少异,然未能深知也。"段玉裁(戴震《声类表》序):"乃得昆山顾氏《音学五书》、江氏《古韵标准》。读之叹两先生之勤至矣。后进所得未敢自以为是也。"戴震(《答段若膺论韵书》):"顾氏于古音有草创之功,江君与足下皆因而加密。"孔广森:"广森学古音,幸生于陈季立、顾宁人二君子之后,既已辩去叶音之惑,而识所指归。近世又有段氏《六书音均表》出,折衷诸家,从其最善。"江有诰(《诗声类》):"有诰谫劣无知,惟好音韵之学。囊者有志于此,不得其门而入也。博观毛西河、邵子湘诸说,当时虽不敢以为非,然觉其言之浞漾而无岸涘。及见顾氏之《音学五书》、江氏之《古韵标准》、《四声切韵表》,叹其言之信而有征,谓讲音学者当从此入矣。后得先生《六书音韵表》读之,益佩其造诣深邃,真能复三代之元音,发唐宋以来未宣之秘,足与顾江二君子参分鼎立者,惟先生而已。但其书宏纲大体,固已极善,而条理似未尽密。还淳方氏有言:'学者当为宋儒净臣,不当宋儒佞臣。'有诰敢为先生净臣,而献其疑焉。"段玉裁(《寄戴东原书》):"我师[按指戴震]序之云:'谈始为之之不易,后来加详之信足以补其未逮。'始为之谓顾氏也,后来加详者谓江氏及余也。"江永(《古韵标准·例言》):"甚则依吴杨二家之书,杂糅汉晋唐宋、舜谬鄙俚之韵而命之曰:'此古韵也。'其纷乱曷有极乎!"引文如不节制,可以加长数倍。当然,比这些议论更能说明问题的是他们研究工作本身的性质。

上面讲的是顾氏学说符合 11.4.1 节中所说的条件 a，要说顾氏学说是"范式"，还需符合条件 b。这一条是再清楚不过了。自江永以后，或者在古韵分部上越来越精密（从顾氏十部到江永十三部，又到段氏十七部，再到王念孙、江有诰廿一部），或者在考察对象上顺理成章地扩大（从顾氏的韵部研究到段氏的四声考察，再到钱大昕的声类探索），从而也扩大了可资利用的文献材料的范围（从顾氏主要利用韵文和参考使用谐声、读若等，到段氏全面使用谐声，再到钱氏注重读若、声训、异文、重文等），或者是音系研究中的重大的理论突破（从顾氏的入配阴，到戴震的阴阳入三配）。有一句经常引用的话"前修未密、后出转精"，很能说明顾氏学说留下了许多有待解决的问题。要不是有这些问题，也不会吸引这么多大学者两三百年如一日孜孜奋斗。

　　古音研究从宋代吴棫开始成了一门独立的学问——古音学，但随即也产生了各种互相竞争的学说。古音学发展到清初的顾炎武，经历了一次跳跃。顾氏古音学发展到 20 世纪初，由高本汉的学说又引起了一次跳跃（见 11.4.3 节）。为了明确概念，我们把顾氏以前的古音学叫作"古韵学"，顾氏到高本汉之间的古音学叫作"古音学"，高本汉以后的研究称为"音韵学"。

### 11.4.3　高本汉学说的兴起标志着顾氏古音学的结束

　　在顾氏范式指引下的古音研究持续了三百年。它的殿军章炳麟、黄侃把古音学维持到 20 世纪 30 年代。在此之前，瑞典汉学家高本汉（Bernhard Karlgren）写了一部辉煌巨著《中国音韵学研究》（*Etudes sur la phonologie chinoise*，1915–1926）。跟清儒相比，高氏研究的目的、方法、旨趣、眼光、材料都大不相同。这部巨著是用历史比较法研究中古汉语的重大成果。稍后，高氏又在此基础上研究了上古音（他又使用了内部构拟法），接连发表了《中日汉字分析字典》（*Analytic Dictionary of Chinese and Sino-Japanese*）、《汉语词类》（*The Word Families in Chinese*）、《上古中国音之中的几个问题》（*Problems in Archaic Chinese*）、《诗经研究》（*Shi King Researches*）、《古汉语字典》（*Grammata Serica*）等一大批论文专著。

现在我们感兴趣的是高氏学说是否具有"范式"的两个特点。

第一,它是否有足够的吸引力?要回答这个问题,只需举一些翻译的例子。为了介绍高氏音韵学,赵元任、罗常培、李方桂决定翻译《中国音韵学研究》一书。这项工作前后耗费了这三位现代语言学界卓有成就的大人物五年工夫,"此固近年我国译学上未有之业,瞻望明代译《天算》诸贤,可无愧焉"(傅斯年 1941)。此外,在上古音方面,张世禄先生翻译了《汉语词类》,赵元任先生翻译了《上古中国音之中的几个问题》。此后,潘悟云、杨剑桥、陈重业、张洪明几位先生又翻译了《汉文典(修订本)》。这都说明高氏的巨大成就强烈地吸引了当代中国学者①。

第二,它是否留下许多有待解决的问题?答案也是肯定的。从 20世纪 30 年代起,李方桂、罗常培、王力、陆志韦、周祖谟、董同龢,一直到郑张尚芳、潘悟云等一大批著名学者作出不懈的努力,进一步完善高氏的中古音和上古音系统。

高氏学说既大别于顾氏古音学,又符合上述两个条件,因此它成了新的范式取代了顾氏范式。高氏理论成了当代中国音韵学的正宗。

有一段时期人们很贬低高本汉,说他错误、反动,没什么了不起,至多不过给传统音韵学带来了音标。这种话是不值得从学术上加以认真看待的,因为它们是在一种大批判的氛围中说出来的"中体西用"的翻版。说高本汉不稀奇,那顾炎武也算不得有能耐,他的方法、观念大多也是从别人那儿来的(见 11.3 节)。高氏音韵学不是修补传统之器,而是范式替换之体。

还有一事要交代几句。11.4.2 节中说过,顾氏学说胜出之后,其他竞争理论便销声匿迹。高本汉最早的著作问世已有百年,其间音韵学虽然不断取得重大成就,虽然章炳麟的治学方法早已被"才力学说既比得上清代的大师如顾炎武、段玉裁、王念孙、俞樾,同时又能充分运用近代文史语言学的新工具"(高本汉 1940)的当

---

① 胡适(1981:219)有一段话虽然常被责为说得过分,但的确很能代表当时接受了西方教育的中国学者把引进的科学作为新的工作范式的一般看法:"高本汉过去二十年研究的成绩,有清三百年中的中国音韵学者都不能望其项背……他仅仅只有数十年的功夫,其成果则为清代学者数百年的成绩所不能及。"

代最杰出的一班新兴学者所不屑(见《历史语言研究所工作之旨趣》),但时至今日,章黄遗风竟时时抬头。究其原因,乃是近数十年来学术研究屡经沧桑,有相当一段时期陷于停顿,因而出现了这种不利于常态科学时期知识积累的情况①。这是学术的不幸,历史的嘲讽。

### 11.4.4　常态科学和非常态科学

所谓"常态科学",就是某个科学团体遵循同一种范式而进行的研究工作②。对某一对象进行的研究一旦进入常态科学时期,研究人员就能在同一范式指引下进行工作。他们有一致的工作前提、一致的操作程序、一致的工作语言,对于好坏对错有统一的判别标准。这就非常有利于知识积累和科学进步,而且也容易一致发现反常现象。正是这种反常现象最终导致了常态科学的危机和科学革命的爆发,并促使新范式的产生。于是再开始一轮新的周期。

非常态科学的特点是,同一时期内对同一研究对象有着互相竞争的理论(这不包括两种范式交替之际出现的短暂竞争现象)。在同一个范式共同体内也会有竞争,但那像是服从同一组比赛规则的体育竞争。而非常态学中的竞争多少像跳远选手跟跳高选手比赛争夺冠军。

常态科学与非常态科学之间还有一个区别:前者的研究成果一般是以单篇论文的形式报告的,而后者总是不厌其烦地出版综合性、概论性的书。

常态科学分初级和高级两种形态。初级常态期的研究以描写、

---

①　有个例子很能说明这种由学术停顿而引起的倒退现象。张世禄先生告诉我说,训诂学学界至今仍在黄侃二十八部中打转。其实就连音韵学界也常可听到"一声之转"。王力先生(1980a：8)甚至还发现有继续采用叶音说的人。他们根本无视高本汉以后国外汉学界的新成果。这种情况只能以学术停顿来解释,因为20世纪20年代的第一流学者都已服膺高氏学说。《史语所集刊》开宗明义,把章炳麟一流斥为"人尸学问"。这种抨击既显示出后学自信自强超越前儒,又可看到不同范式指导下的研究之间的激烈争斗情况。

②　库恩(1980：8)对"常态科学"下的定义是:"严格根据一种或多种已有科学成就所进行的研究,某一科学共同体承认这些成就是一定时期内进一步开展活动的基础。"又(库恩1980：10):"一种范式经过革命向另一种范式逐步过渡,正是成熟科学通常的发展模式","成熟科学"即"常态科学",我们不使用"(不)成熟科学"字样,那容易引起误解。此外,中译本中的"常规科学"和"规范",分别改为"常态科学"和"范式"。

分类为重点,仅仅满足于回答"怎么样"。像历史比较语言学、结构主义的音位学和句法学,都处于初级常态期。当这一时期的分类工作几乎穷尽了一切被考察对象,或者,如果被考察对象是个无穷集合,则积累了足够多的数据,使得剩下的描写分类工作的进展足以跟得上对象的变化速度时,它便开始迈出重要的一步,即跨入高级常态科学期,由描写进入解释,开始回答"为什么"了。这一步可能迈得很顺利,也可能不顺利,这完全取决于与其有关的广义的物理学的分支的进展情况。比如生物学在 1940 年代由描写分类进入解释时,顺利地建立了分子生物学,这得力于遗传学和量子力学的发达。

高本汉音韵学在 1970 年代受到一批当时在普林斯顿工作的汉藏语学者的挑战。后者不像高氏那样认为《切韵》音系是现代汉语各方言的直接来源,主张在构拟原始吴语、原始闽语、原始粤语、原始官话等的基础上再追踪原始汉语。此项计划没过多久便陷入困顿,大部分人偃旗息鼓,把目标压得很低。只有两个人例外,一个是罗杰瑞,他仍跋涉在原始闽语的历史小径上;另一个是桥本万太郎,他彻底改弦易辙,砍掉谱系树,另盖地理类型学的大楼。此外,还有一个在谱系树框架内工作的"形态构拟派"(包拟古等),因得到国内新一代学者如郑张尚芳、潘悟云等的支持而进展颇快。几乎同时,历史语言学的基本原理也受到两种新理论——王士元的"词汇扩散说"和拉波夫的"变异理论"——的严重挑战。格林伯格和拉波夫等人对语言普遍现象的研究使我们看到了把分裂为二的共时研究和历时研究统一起来的希望。我们预期在音韵学研究中将随着新的语言演变假说的出现而有新的突破。

根据上述分析来看,吴氏古韵学还在非常态科学期,而顾氏古音学则进入了初级常态期,以后通过范式转移进入另一个初级常态期——高氏音韵学。实际上,历史比较语言学在 19 世纪达到的高度并不亚于当时的生物学、地理学。当代的自然科学都进入了常态期,社会科学中有不少也开始进入常态期,人文学科则还未进入。语言学之所以常被认为是领先学科,就是因为它的一些分支已进入了常态期,如语音学、共时音系学和历时音韵学。

### 11.4.5　顾氏范式被取代的原因[①]

首先必须澄清这里的"取代"并不仅仅意味着"淘汰",它包括三种情况,参看下节。

毛奇龄和顾炎武在清初并肩称雄,但后世学者都沿着顾氏模式走下去,而毛氏韵学全然没人理会。其原因并不是顾氏学说比毛氏韵学更为圆满[②]。恰恰相反,是毛氏理论在"通转韵学"范围内完美得没再留下任何问题,这当然无法再吸引有才华的学者了。"通转韵学"在它没有发挥到顶时也曾吸引了好多饱学之儒(包括毛奇龄)来进一步探讨。同样,古音学在"前修未密"的情况下,吸引了大批学者来解难题,而到了王念孙、江有诰以后,"后出转精"已是"日丽中天"了,于是就走下坡路了。

从理性认识上来说,一种范式被取代必须具备以下两个条件(必要性),而凡具备以下两个条件的必然会导致旧范式被取代(充分性):

(1) 或是捉襟见肘,矛盾百出,如 15 世纪的"地心说";或者已经到了在本范式指导下的研究人员认为是完美无缺的地步,几乎能解释一切有关现象,如 19 世纪末的古音学和经典物理学、19 世纪前期的灾变说生物学。

(2) 必须要出现有吸引力的新理论。倘若无新理论出现,符合条件(1)的旧范式就会不死不活地拖着。乾嘉以后的韵部研究已趋向完备,其后一直无所建树,不死不活拖过夏炘、严可均,一直拖到章炳麟,他的脂队分部算是最后的余威,而他的"成均图"已经跟毛奇龄的"五部三声两界两合"的分类框架性质上差不多了。这是一个严峻的教训。中国式的经验科学往往把研究对象、材料、方法看成一个封闭系

---

　　① 谈"原因"是件很危险的事。一则我们的学术传统没这习惯,"秦人不懂演绎法";二则"一个简单现象可以有很复杂的原因,很繁多的原因,而且主因未必就是通常认为是重要的事件或因素"(钱锺书,私人通信);三则有些被认作原因的事件往往只是时间上的巧合,由于历史事件不像物理事件那样可以重复,所以要分清历史事件间的先后关系(sequence)和因果关系(causation)就多了一重困难;四是常会把一些实质上是缘(occasion)的事件误认为因(cause),其实"真正的原因叫作因,而一时触发的媒介叫作缘"(潘光旦 1941:134)。我们之所以还要"强不能为或难为而为之",主要是出于理论工作"聊胜于无"的考虑,切望能因此而引出一管玉来。

　　② 新理论刚问世时并不见得比旧理论解释能力强,这是常见现象。海森伯:"在今天,人们一般已不很清楚,对于正确地表述经验事实来说,哥白尼的思想起初并不比托勒密的看法来得高明。"(海森伯 1978:4)

统,一个自足系统,结果不可避免地原地转圈。古音学的创始人顾炎武曾跟毛奇龄势不两立,而古音学的殿军章炳麟却跟毛奇龄相差无几。这当然不能从章氏个人身上找原因。像章氏这样的饱学之士,总是渴望开辟新领域,获取新成就的,但由于缺乏新理论、新方法、新材料,尤其是中国学者普遍缺乏使用假设—演绎法来构建逻辑构造型理论这一科学基本素养,朴学到了此时便无所作为。上面讲的是韵部研究。声类和四声的研究起步较晚,情况也更复杂,因此更需要新的方法和材料。

从上面可以看到,一旦在旧眼光、旧方法、旧材料的圈子中,饱学之士无法满足他们的"格致"欲望,即尽管"材料掌握丰富"但没有假设—演绎—检验思想时,便很容易从"朴学"走向"玄学"。直到高本汉带来逻辑构造型的"历史比较语言学",才有了一场范式交替的音韵学革命。可见,一种范式若到了号称包医百病、老在圈内打转而仍无新范式来取代时,那将是这门学科以及该学科研究人员的极大不幸,因为他们的精力才智都将投入没有回音的无底洞。

虽然从原则说一种范式终将被另一种取代,但是只要前者仍有解决问题的能力,其他理论就不会对它构成真正的威胁。"理由是清楚的,科学像制造业一样——更换工具是一种浪费,只能留待需要的时候进行"(库恩 1980:63)。由此看来,把一种理论发挥得淋漓尽致,即所谓走极端,对于该理论本身的命运来说是糟糕的,但对于整个学科来说却是大为有利的,因为这促进了工具的更新。

顾氏古音学发展到 20 世纪初,就其对韵部分类来说,已经到了几乎是完美的地步了,这就是说它基本上满足了第一个条件。与此同时,也出现了一个完全有资格取代它的理论——高氏音韵学。这就是说,第二个条件也已满足。因此,一场引起范式交替的音韵学革命爆发的理性条件已经具备。下面我们再进一步探讨高氏音韵学是怎么取代顾氏古音学成为新范式的。

新范式能够形成,有三方面的原因[1]。

---

① 这三种原因常常是共同起作用的,我们只能指出在具体某学科的范式交替中哪一种原因最直接。

第一种原因是学科内部的发展结果。这可以普朗克（planck）提出量子学说为例。当根据经典物理学的能量连续发送的观念所作出的理论计算总难很好符合黑体辐射的实验数据时,普朗克终于提出了量子式能量发射的新观念,从而吹响了物理学革命的号角。

第二种原因是学科间的影响。这可以生物学出现以遗传学为基础的新范式为例。描写分类的古典生物学发展为现代的分子生物学,在这中间,量子物理学的影响是关键因素。战后,有很多物理学家和化学家改行进入生物学。这批在高级常态科学研究中受过熏陶的科学家给当时还处于初级常态期的生物学带去一整套新思想、新观念、新理论。

第三种是社会原因。这里面又包括(1) 社会需要的刺激,(2) 社会革命,(3) 社会政治力量的干预(政策、奖励制度等)。第(1)点指狭义的功利刺激,它主要对应用学科影响大。第(2)点的作用也很明显,西方的文艺复兴和中国的五四运动都使许多学科发生了范式转移的科学革命。第(3)点,我们举一个中国的例子。中国古代的数学一直处于世界领先地位,但到了宋辽金元之际趋于失传。从明代开始,科学又开始复苏。天文、历算、算学、几何都开始接受西方的新内容,如利玛窦、徐光启合译《几何原本》、熊三拔(S. Ursis)著《泰西水法》、汤若望(J. Schall von Bell)修历等等。这种科学兴旺景象到清初方兴未艾,大有形成高潮之势。但突然,清政府为对抗罗马教廷"1704 年教令",把教皇派来的公使送运到澳门监禁。传教受到打击,殃及传教士带来的科学。接下去雍正皇帝为了争位之事又把耶稣会势力进一步压迫。于是,一次接受西方科学范式的机会由于政治力量的干预推迟了两百年。

对于历史比较语言学取代顾氏古音学,哪一种原因最重要呢?

第一种原因马上可以排除。从古音学中是难以直接发展出历史比较语言学的。这一方面是受研究对象汉字不是表音文字的限制;另一方面更重要的是同中国的学术传统有关,重文言轻口语,重文献轻实验,重古代轻现代,重标准轻变体,重感觉轻理性,重现象轻本质,有材料无(逻辑构造型)理论,有事理无检验,尤其重要的是有玄学的想象、有朴学的勤劳但偏偏没有演绎,结果是有特色学问而无普遍科学。

从我们的传统学术中是难以发展出现代意义的科学来的。这是一个痛苦但又必须正视的事实。传统学术以建立一个标榜"言之成理、持之有故",能自圆其说,自认没有毛病①,既无法证实也无法证伪的封闭系统为最高目标。它不寻求解释②,也不启发新知。正如"通转韵学"最后发展为毛奇龄的"五部三声两界两合"理论,章炳麟四面八方都能转的"成均图"就是顾氏古音学自然发展的结果。

第二种原因很吸引人。诚然,不引进历史比较语言学是不会有音韵学取代古音学的。不过,怎么会引进历史比较语言学的呢?这里就有一个更重要、更直接的原因,或许更准确应该说是"缘"而不是"因",那就是第三种原因中的第(2)点,一场社会革命(五四运动)直接导致了音韵研究中的范式转移。

实际上,历史比较语言学在19世纪中叶已形成,到"新语法学派"已蔚为大观。但是,19世纪的中国学者并没引进它的原理。甚至在高本汉之前,19、20世纪之交,就已经有了一批研究汉语音韵学的历史比较语言学者,比如艾约瑟(J. Edkins)、商克(S.H.Schaank)、饶桑(V. Rosthorn)、沃匹切利(Volpicelli)、库纳(Kuhnert)等。但那时还没有引进他们学说的社会条件。要说引进高本汉是因为他比前人成就高,那是站不住脚的。因为成就高低是相对的,艾约瑟等人比起高本汉是低,但他们比更早的汉学家的成就高多了,尤其是商克(著 *Ancient*

---

① 这种"没毛病"只是从中国传统思维方式来说的:特定情况特定处理而排斥统一考虑。比如朱熹并不认为他的叶音说有什么毛病,章炳麟也觉得他的成均图很圆满。但是从亚氏逻辑来看,中国式学术系统内部矛盾重重,到处都是非理性的思维跳跃和特设性假说。顾氏古音学之所以在几千年传统学问中鹤立鸡群,原因就在于它的理性因素多于非理性因素,统一考虑压倒特设性假设。我们使用"理性"一词,大抵与"逻辑"相当。因此,在传统文化中,多的是懂切身利益和晓道德好坏的"理智",而没有明客观是非的"理性"。

② "解释"有两种理解:一是现象解释,一是机制、原因解释。要作现象解释,可以用一个分类系统来解决,某个现象能放入某个空格便算得到了解释。这在中国学术中能见到,尽管往往是糊里糊涂的、比喻性的、无视内部矛盾的、贴标签式的自圆其说。后一种解释是中国学术尽量回避的,生怕违背了"子不语怪力乱神"原则。在这一点上,东西方有根本区别。西方人对任何现象都追求一个初始解释。对于一个判断,他们上溯其前提,下生其推论。如果推出谬误,则另作选择。如果没有别的选择,或别的选择更其大谬不然,他们就宁愿相信这个判断及其逻辑上相应的前提(解释、解释的解释、一直到初始解释)。我们一般不追求解释,因为那会逼出初始解释;而我们的祖先对于原始的初始解释的来源——天鬼神,采取的是敬而远之、不置可否的态度。理学倒是追求系统解释,只是仍停留在哲学式而非科学式玄妙凿空阶段,仍然是伦理中心主义。不在客观上用理性去寻求解释和原因,固然可以保证不出错或少出错,但换来的是最坏的结果:不能促进求得或多求新知。

*Chinese phonetics*，*T'ong Pao*，1 卷 8 - 9 期，1897 - 1898)的工作很出色。晚清学者实际上根本没有注意他们的工作。直到五四以后，新一代中国学者把眼光投向西方。这时正好高本汉在西方汉学界脱颖而出，于是便成了被介绍、被模仿的对象。如果没有高本汉，中国学也会引进艾约瑟、商克、马伯乐(Maspero)、钢和泰(A.von Stael Holstein)等人，汉语音韵研究中的范式转移照样会发生。这一点可以从下面的事实中得到验证。除了高本汉，中国学者还受到其他西方汉学家的影响。比如，引起中国音韵学界一场大规模辩论的汪荣宝的《歌戈鱼虞模古读考》(1926)就是受钢和泰的梵汉对音研究启发的。这场以汪荣宝、钱玄同、林语堂为一方，章炳麟、徐震为另一方的大辩论标志着音韵学研究中范式转移的开始。又如，国内第一部古代方言研究专著，罗常培的《唐五代西北方音》(1932)是受马伯乐的《唐代长安方言研究》(*Le dialecte de Tch'ang-ngan sous les T'ang*)的影响；第一部域外汉语(Xanic Chinese)专著，王力的《汉越语研究》(1945)是在马伯乐的《安南语音史研究》(*Etudes sur Phonetique de la historique langue Annamite，les initials*)的基础上进一步研究完成的。

我们再把本节的要点重复一下。顾氏古音学延续到清末民初，已经提不出什么新问题了，也就到了危机阶段；而与此同时，既然西方有可以引进的科学(学科间的影响)，而当时的社会情况又使这一引进成为可能(社会因素)。早百八十年，历史语言学还没成型，早二三十年呢，社会条件还不成熟，于是不早不晚，引起范式转移的中国音韵学革命就在 20 世纪 20 年代爆发了。

### 11.4.6　新范式取代旧范式的不同形式

新范式终将取代旧范式，这是作为最终结果来说的。但是，作为一个过程，一种理论是有很强的生命力的；而曾作为范式的理论尤其如此。新理论取代旧理论大致有三种形式：

(1)"接力棒"式。新旧理论互不兼容，新理论完全取而代之，如牛顿力学取代亚里士多德力学，燃烧理论取代燃素说。顾氏古音学排斥吴氏通转韵学也同此，只是后者还未成为范式。不过，一种理论的生命力是很强的。即使是被认为早就淘汰了的理论，往往可能随着新事物的发现,赋予它新的解释。

（2）"滚雪球"式,即旧理论被包容进一个更普遍的理论中。比如顾氏古音学被包容进其材料和方法中都大大扩展了的汉语音韵学。又知欧几里得几何同罗巴切夫斯基（Lobachevsky）几何和黎曼（Riemann）几何一起构成更普遍的几何系统。结构主义的描写语言学也被包括进社会语言学的"多维向量式"的描写中（参阅朱晓农1987a：9.11 节）。

（3）旧理论被安置在一个特定的较小的范围内作为方便的近似工具,比如地心说虽然在几个世纪前就被宣判为"不科学",但时至今日,在大地测量、航海定位时仍假定地球不动。

## 11.5　高本汉范式：适应 本土的比较语言学

过去研究古音基本上只能靠搜索文献。19 世纪初,历史比较语言学由瑞典汉学家高本汉引入中国,从此改变了音韵学的研究范式,也从此有了乾嘉"语文学"和高本汉历史"语言学"的分野,两者的区别如下：

**语文学是仅仅面向文献的；语言学面向活语言,但不仅仅是活语言。**

前一句不必多说,因为这差不多就是定义。不过,面向活生生的世界常常会给书面问题提供意想不到的答案。最好的例子也许就是寇兹（Richard Coates）的伦敦地名史研究（Coates 1995）。他在西敏寺教区内见到一个叫皮姆利科（Pimlico）的地名,遍查古书仍不解其源,于是扔下书本,一路追踪到北美。结果发现这原是一个印第安部落名,从北卡罗来纳跑到伦敦西南,又重返美洲用作地名和鸟名。其实,音韵学史上最伟大的学者顾炎武[①]也不是只捧古书不及其余的。他在探讨上古音时曾以当时的方言地名读音为证,例如,他认为"家"

---

[①]　说顾炎武是"音韵学史上最伟大的学者",这不是套话——我甚至想说顾炎武是中国学术史上最伟大的学者,因为他建立了一套中国学术史中难得一见的范式来研究古音学,从而"创造了西学东渐以前中国数千年历史上寥寥无几的经验科学中最精彩的一门",详见朱晓农（1986/1989）。

"古音姑"，并以冀鲁方言为证："今山东青州以东犹存此音，如张家庄李家庄之类皆呼为姑；至幽蓟之间则又转而为各矣"（《音学五书·唐韵正》卷五）。可惜这种"以今释古①"的尝试没能发展成系统而彻底的逻辑方法（这个要求对传统学问来说是高了点），直到高本汉带来历史比较法，但那是两百多年之后了。

至于后一句话，麦耘先生已经说过类似的意思："对于研究语言史的人来说，既要面向活语言，又必须面向文献。"（麦耘2002）下文就加些例子，把这意思发挥得充分点。

我们知道，西方的历史语言学家也充分利用了文献，威廉·琼斯就是在比较了两千年前的梵文、古希腊文、拉丁文、哥特语、凯尔特语等的古文献后才得出"原始印欧语"假说，从而揭开了历史语言学的辉煌序幕。问题在于：

（1）这些文献是用字母写成的，所以大体上可以看成代表两三千年前的活语言；

（2）即使如此，西方的历史语言学家们也不在文献面前停滞不前，他们在这基础上再往前推进三五千年，构拟6—7千年前的原始印欧语。

相比之下，中国的文献不是用字母写的，绝少记录活语言，大多不是为语言学目的写成的，比如韵书是为作诗而编纂的。当然这些文献中蕴藏着当时的音韵信息，所以值得研究。但是，这里有一个方法论原则，那就是，这些文献可以作为研究的出发点（即用来提出工作假定），并最终成为历史语言学被解释的对象；而不是可以直接用来作为证据（尤其是孤证）证明什么的。这个方法论原则可以区分语言学和语文学。

说这些话并不意味着否定文献工作的重要性。恰恰相反，我们对文献工作提出了更高的要求。那就是要在科学的基础上对文献记载作出合理的即合乎逻辑（当然是演绎逻辑）的解释②，而不是停留在截

---

① "以今释古"是科学研究中的标准做法。拉波夫（1975）有篇文章就以此为名——《论以今释古》（On the use of the present to explain the past）。

② 注意：合理是指合乎演绎逻辑的"推理"，而不是"常理""情理"，或者别的不合正道的理。科学中，只有演绎逻辑是正理。合理就是合这一正理。

取古人的只言片语,把古人对于语言的非语言学认识,当作立论的绝对依据,即所谓"本证"。有文献的语言如汉语,对其进行历史语言学研究,我们要有更高的要求。首先是对汉语及其亲属语言应该追踪至远古,应该像印欧语那样,追到六千年前,而不是单靠文献只能追踪两三千年。其次是对有文献的这两三千年里的古音的重建要构建更详细的细节,就像重建细致入微的罗曼语族的历史(可参看 Posner 1996;Jensen 1999;Dworkin & Wanner 2000;Cull 1994)。另外在方法上也有了更多的选择和更高的要求(详见朱晓农 2006b)。

我在三十多年前写过一篇小文——《音韵学:认识论和方法论》(1988d),讨论了这一方法论原则。现在看来,除了个别字句稍嫌稚嫩,大体意思没错。该文谈到了历时音韵学研究的是"语言的变化",而共时音系学研究的是"变化中的语言"。两者的方法是相通的,两者的理论可以互相验证。因此,好的历时理论如王士元的"词汇扩散说"能解释相当一部分共时异读;好的共时理论如拉波夫的"变异说"能帮助我们理解历史上一些令人费解的音变。也就是说,语言变化具有时空齐一性(uniformitarianism),语言研究可以建立在"泛时观"上,历时和共时应该也可以打通。

那篇文章里有一点没谈,这也是后来增长的见识,即从高本汉起我们实际上从来没有彻底贯彻过历史语言学的原则和方法。这跟以下两方面情况有关:一是汉语音韵学的工作性质,二是汉语演变的方式。

先说工作性质。因为中古(这儿先谈中古,上古有些不同,下面再谈)以来的音韵系统,或者说是音类框架,像四声八调、三十六字母、二百零六韵等,已经被韵书、韵图、字母、押韵等等勾画出来了,所以从现代方言上推,并不是很严格地在做比较构拟(comparative reconstruction)和内部构拟(internal reconstruction),而只是选择或构拟一个中间音、一个公分母、一个平均值,填到中古以来的历代框架里就行。如果很学究气地(实际上是很理性地)贯彻比较法(comparative method)和内部法(internal method),那样构拟出来的声韵母想跟文献勾勒的中古以来的音类框架完全相符,可能性不是没有,但实在是微乎其微。如果构拟与文献音类框架有出入,其结果便会遭人怀疑。更进一步,则是历史语言学的原则方法遭到质疑,甚至唾弃。这也就是麦耘先生所说的"撇开文献,只根据现代方言的比较研究来构拟汉语语音史,已被证明是行不通的路"。

对麦先生的这句话,我下面再评论。先来看一个例子,为什么语言学"不仅仅"面向活语言,为什么即使印欧语学者在使用"历史比较法"时也不排斥文献协助——因为比较法确有技穷之时,而文献恰好能提供有关信息。现代罗曼诸语言中,法语、意大利语、西班牙语、葡萄牙语、罗马尼亚语都没有 h 这个音,按照比较法,在构拟原始拉丁语的时候就不会无缘无故"生出"一个 *h。这时就得靠文献了,因为根据古拉丁文献显示,当时的拉丁语中是有 h 音的。不过,由于他们在这方面问题不严重,文献补足了比较法的短处也就完了。但到了汉语里,这种情况就严重得多,甚至可以说是危机四伏,所以才有了麦先生的那句论断。

其实,麦耘先生的这句话,如果去掉前面四个字"撇开文献",我也同意,比如单靠现代方言来构拟上古复辅音就是不可能的。为什么要去掉前面那四个字呢,我下面再谈。先说为什么同意他的部分——关键就在于跟上面提到的第二点"汉语演变方式"有关。

历史比较法是建立在一个认识基础上的,那就是施莱歇尔(August Schleicher)提出的语言演变的"谱系树"模型。谱系树的确立有两个假设前提。一个是子语言的截然分化,比如印度-伊朗语族语言和欧洲的印欧语族语言,日耳曼语族语言和斯拉夫语族语言,截然分化,干净利落。另一个是分化以后互不影响,如果有影响,也看得出是文化层面上的影响带来的一批文化词,就像英语里的法语词汇。

再来看汉语的演变,上面两个假设前提都不符合。汉语各方言的分化是"拖泥带水"的,分化以后的相互关系又是"纠缠不休"的。因此,谱系树模型是否适用于汉语发展,是值得怀疑的。再进一步,便是历史比较法"被证明是行不通的路"。

我并非在鼓吹"汉语特殊论",更不是在主张建立"具有中国特色的汉语音韵学"。恰好相反,我想说的是:第一,汉语的发展情况尽管跟印欧语不一样,但绝不是独一无二的。高加索地区和巴布亚新几内亚的语言极复杂、极怪异,难以想象的施格语就出自这两个地方。第二,即使在印欧语中,巴尔干诸语言之间"剪不断、理还乱"的情况,比起汉语方言之间或者汉、侗台、苗瑶之间的关系来,如果不是说"有过之而无不及",也不会简单到哪儿去。第三,比较法和内部法有短缺处,但这不是我们回到"六经注我"无根发议论或"我注六经"钻进文献到白头的理由。实际上,1960 年代以来,语言学有了很大的进步,发展出了很多的新方法新视野,如格林伯格的类型学、王士元的词汇扩散论、拉波夫的社会语言学、奥哈拉的实验音韵学、迪克森的"聚变—裂变"模型等等,为历史音韵学开辟了一片比现有研究远为广阔的新天地。

这就是我为什么要去掉"撇开文献"那四个字,因为有了这四个字,好像暗示:既然历史比较法行不通,那么研究方法就应该回到"皓首穷经"。我知道麦先生不是这个意思。但恐怕有一部分人只会在"现有的科学方法"和"中国特有的方法"两者之间来回折腾——现有的科学方法不行了,不如回到我们旧有的特有的;人家发展出新方法了,马上又趋之若鹜。这种"两极倒腾"在语言学内有小环境,在语言学外有大环境,这种现象看看足球界就能明白,但这都是错误的。正确的态度应该像赵元任先生(1994)在讨论中国音乐和西方音乐时所说的,先把现有的科学方法学到一个"及格程度",再加上中国特有的贡献[①]。

现在就是一个提供特有贡献的好时机,因为现有的方法不敷用。有很多人在探讨的"历史层次"的观念恰好反映了汉语诸方言的分裂不那么截然划然,互相之间的影响,尤其来自官话的影响从未间断。这个观念的重要性,只要比较一下"聚变—裂变"语言演变模型就可明白。我的老师迪克森,他是当代头号描写语言学家,数一数二的类型学家,还是一等一的历史语言学高手。他在一本小书《语言兴衰论》(*The Rise and Fall of Languages*, 1997)中提出了一种新的"间或打断的稳态聚合演变模型"(详见 14.6 节)。

再说两句上古音构拟。上古韵母的构拟大体上跟中古音差不多,

---

① 见所著《新诗歌集·序》。赵元任说:"要分清哪一部分是不同的不同,哪一部分是不及的不同。"按他分析,"不同的不同"也不多,有的看似是中国音乐的特点,其实人家也有;"不及的不同"就多多了,而且也重要得多。

因为《诗经》押韵已经勾勒出了上古汉语的韵母类。现在的构拟也跟中古音构拟类似,是往框架里填上合适的音。当然,由于《诗经》透露的音韵信息有限,加上传统处理韵文方法上的短缺,所以上古韵母的构拟有着比中古韵母的构拟更大的不确定性。传统钻研文献方法的不确定性,研究人员都有所体会。王力先生在脂微分合问题上"这也可以那也行"的犹豫态度可以作为典型例子。一方面,他主张脂微分部;另一方面却又说:"如果谈古音者……不把脂微分开,我并不反对"(王力 1937/80:147)。单靠"考古之功""文献法"来探求古韵母,到此差不多走到了尽头。找到《诗经》里 110 例押脂微韵的例子,数清楚其中 26 处合韵,84 处分韵——这就是"文献法"所能做到的部分"知其然"。如果想要全面地"知其然",想要"知其所以然",想要确定脂微是完全"同辙同韵",还是"同辙不同韵",还是干脆"不同辙",那是数理统计的工作。有关使用数理统计来处理韵文反切材料的工作,可参看陆志韦(1985),朱晓农(1989a),胡杰、尉迟治平(1998),麦耘(1999)等。

上古的声母和声调则是另外一回事。谐声字透露了一些有关声母的消息,《诗经》韵也透露了一些声调的消息,但要是只靠这些线索来构拟上古的辅音和声调,则是远远不够的,所以比较法就有了用武之地。这也是为什么奥德利古(Haudricourt,研究越南语、汉语)、蒲立本(Pulleyblank,研究汉语)、穆然扎棍(Maran Ja Gun,研究缅语、景颇语)、马提索夫(Matisoff,研究拉祜语、汉语)等对声调起源的研究,以及李方桂、董同龢、杨托夫(Yakhontov)、蒲立本、罗杰瑞和梅祖麟、郑张尚芳和潘悟云等对辅音和形态词缀的探讨,会有长足的进展。

此外,除了上述历史音韵学内部自身发展出来的方法,还有实验语音学、类型学、社会语言学等学科的方法也被引进来协助解决历史音韵问题。早的如洪堡特(1978)、洪堡特等(1979)用实验证明了从奥德利古(1954/1986)以来对辅音和声调的关系的看法,即(1)声母清浊的不同必然导致声调产生高低或阴阳的区别,(2)喉塞尾必然导致昂调,(3)喉擦音尾[-h]必然导致降调。我们(朱晓农 2003a,2004a/b/c/e,2005b)尝试用实验音韵学和类型学方法,来解释汉语史上的元音大转移、群母的擦化、重组四等唇音字的齿龈化、元音的高顶出位、小称调的起源等音变问题,解决了很多以前难以解决的难题还在其次,提出了很多以前无法提出的课题是更为重要的(详见 14.3 节)。当代历史语言学所有新前景中最激动人心的,便是"凡是历史上发生过的音变,都要叫它在实验室里重现"(Ohala 1993)那样匪夷所思的豪言壮语(详见 14.1 节)。

说到底,古音重建之所以必要(说实在的,我喜欢用 reconstruction 的直译"重建",而不喜欢用意译"构拟/拟构",道理很简单:"构拟"听上去像是在"猜",而"重建"则是根据假设前提和已知条件堂堂正正逻辑推导的结果),有认识论上的需要,也有方法论上的需要。认识论上的需要是科学有"求真""求本"的冲动。这是一种文化特质,不是人的天性,不是普遍存在的。方法论上需要古音重建,是出于一个简单的目的:最新的古音重建无非反映了对语言各方面最新的认识以及语言研究中最有效的方法。例如,现在要重建某种语言的历史,如果我们信奉迪克森的"聚裂论",那么就不但要重建裂变前"发生学上的"特征,还要重建在聚变期产生的"获得性的"区域特征。我们所重建的古音就像是速记符号,是语言学中(甚至语言学外)各项最新成果的综合性的结晶和最方便的概括,也是贯彻科学方法中的两个要点——systematicity(系统)和 thoroughness(彻底)——所必然要到达的逻辑的结果。当然,这是语言学,而非语文学的目标[①]。

## 11.6　余论:王国维观点评价

上文我们用一种新的观点重新考察了古音学史,并连带讨论了一些必然要涉及的问题。最后我们想通过分析王国维的两段议论来重申我们关于古音学始末的观点。第一段话是:

> 自明以来,古韵上之发明有三:一为连江陈氏古本音不同今韵之说,二为戴氏阴阳二声相配之说,三为段氏古四声不同今韵之说;而部目之分析,其小者也。(王国维《韵学余论·五声说》)

---

① 　一般都认为古音构拟是历史语言学的目标。这只是一种方便的说法。严格说起来,历史语言学的基本目标是认识语言变化,详见第 13 章。

这个结论为后世古音学史家所接受。但根据上文的分析，我们认为顾炎武才是第一功臣①。其对于古音学的最大"发明"是把吴棫的归纳法和系统研究法、郑庠的明确分部方法和陈第的"音移"观，再加上他自己的"离析唐韵"的分析方法结合起来，创造了西学东渐以前中国数千年历史上寥寥无几的经验科学中最精彩的一门②。如果说陈第是古音学史上的伽利略、拉马克，那么顾炎武便是古音学的牛顿、达尔文。

第二段话是：

> 古韵之学，自昆山顾氏，而婺源江氏，而休宁戴氏，而金坛段氏，而曲阜孔氏，而高邮王氏，而歙县江氏，作者不过七人，然古音二十二部之目遂令后世无可增损。故训诂名物文字之学有待于将来者甚多；至古韵之学，谓之前无古人，后无来者，可也。（王国维《周代金石文韵读序》）

关于这段话，近世学者颇多异议。他们认为学术研究总是后人超越前人，并举了高本汉以后的成就来证明。本书读者应该清楚，这是"添砖加瓦"式的连续发展史观。按照本章所论来看，王国维这一结论是很自然的。19世纪末的物理学界也出现了同样的豪言壮语：整个牛顿物理学除了一两朵乌云外，已是完美无缺了，今后的物理学只需要在测量和计算方面增加小数点后面的位数就行了（开尔文勋爵）。单就原有范式而言，19世纪末的古音学和物理学真可谓"前无古人，后无来者"了。但就是那两朵乌云促发了古典物理学中一场翻天覆地的

---

① 从"添砖加瓦"的角度看，顾氏的方法观点大多继承至宋明学者，仅有"离析唐韵"这么一个技术革新。这使我们想起因建立DNA模型而获诺贝尔奖的沃森和克里克。也有人认为他们并无创新，只是把别人的成果加以综合罢了（参看胡文耕1981：23）。

② 所谓经验科学，指的是站在实物证据基础上进行的系统研究。实物证据包括自然物和文化产物。梁启超（1985：19）在考察清代学术活动时说："客观的考查有两条路，一，自然界现象方面；二，社会文献方面。"后者所指未免狭隘了些。中国古代的技术固然随机发明了不少，但由于缺乏导致共性研究的统一观念、逻辑构造型理论和受控实验，始终与科学无缘。无数惊人的创造自生自灭，周而复始。至于文献研究到清代形成高潮。梁启超（1985：22）说："乾嘉间学者，实自成一种学风。和近代科学的研究极相近，我们可以给他一个特别名称，叫做'科学的古典学派'。"又（梁启超1985：214）："音韵学为清儒治经之副产品，然论者或谓其成绩为诸学之冠。"胡适（1924：550）："中国旧有学术，只有清代的'朴学'确有'科学'的精神。"根据胡氏的说法，朴学主要包括文字音韵学、训诂学、校勘学、考订学。"清代汉学的成绩，要算文字学的音韵一部分为最大"（胡适1924：555）。

大革命。古音学中的一朵乌云(实际音值问题①)也必然迫使出现于五四时代已接触到西方语言学的新一代中国学者引进历史比较语言学。因此,即使没有高本汉,也一定会有范式转移的音韵学革命。

---

① 段玉裁在经历了发现支脂之三分最初的狂喜之后,晚年却陷入深深的惆怅之中。他向年轻的江有诰请教它们各自该怎么读,可惜的是这位"精进未艾"(段玉裁语,见《寄戴东原书》)的江晋三也一筹莫展(见章炳麟《音韵学丛书·序》)。

# 第 12 章　音韵学：认识论和方法论

> 历史研究的第一方法是以今律古。
>
> ——竹子

## 12.1　音韵学作为科学

汉语音韵学既古老又年轻。说它古老，从吴棫、郑庠系统研究上古音算起，已有上千年的历史。如果再进一步上溯到刘熙《释名》、两汉经师注音，那就有两千年了。说它年轻，是从音韵范式[①]的最近一次转移——20 世纪 20 年代高本汉《中国音韵学研究》的出版和钱玄同、汪荣宝等跟章炳麟、徐震的大辩论——算起，至今不过一百多年。

朱晓农讨论了范式转移对中国音韵学进步的意义和作用(朱晓农 1986)。跟顾炎武古音学相比，高本汉音韵学对于语言本质和演变的认识，以及对音韵研究的目的、方法、材料等各方面都有了根本性的改变。认为高本汉只不过给"中国的"音韵学带来音标的看法，是国粹派在语言学中制造的"中体西用"的浅薄之论。范式转移意味着科学革命，而科学革命并不仅仅是学科内部的核心理论和假说保护带的变革，而且还标志着文化保护壳的突破(参看吴忠 1987)。因此，它就不仅仅是方法之器的改变，还是对传统之体的变革[②]。

音韵学是一门什么样的学科？我们最好先来回答音韵学"不是"一门什么样的学科。

首先，音韵学不是一种"虚"研究，不是以凭空构拟为乐事的虚幻

---

① 关于范式和科学革命，可参看库恩(1980,1981)。

② 其实方法论的彻底变革必然同本体论、认识论的变化相关，不过本书中我分开谈。

之学。

其次,音韵学不等于文献考古学,不是以搜罗书证、发掘概念含混甚至互相抵牾的文献记载而各人"自成一家言"的考据之学。

再次,音韵学不是一门只研究"古"现象的历史学。

关于第一个"不是",我下面再谈。

关于第二个"不是",我认为,古籍文献不是音韵学成立的充分条件,甚至连必要条件都不是。否则,几十年来李方桂的侗台语研究、张琨的苗瑶语研究就不知道在干些什么了,因为像侗台语和苗瑶语不要说历史文献,就连文字都是新近才有的。

关于第三个"不是",我想简单地谈一下我的历史观。所谓"历史",当然是关于"过去"的事情的记载,而"过去"可以定义为到我现在写这个字为止的一切过程。这就产生了一个问题:"现在"指什么? 有两种解释:

第一,"现在"是一种方便的、近似的说法,只是按需要截取了最近的"过去"的一段时间;

第二,"现在"是一个动态的"点"概念。

不管怎么理解,要想把"历史"划定在过去的某一时间点之前,从逻辑上来说是办不到的。照我们的看法,"历史"是由不断成为"过去"的"现在"连续生成的。在考察语言变化,尤其是语音变化研究中,1960 年代来出现了两个理论。一个是王士元(1969)提出的关于历史音变的"词汇扩散说",另一个是拉波夫提出的关于共时变体的"变异理论"( the variation theory )(奠基之作为 Weinreich, Labov & Herzog 的 *Empirical Foundation for a Theory of Language Change* , 1968)。这两个理论虽然一是历史理论,一是共时理论,却有不谋而合之处。这并不是偶然的,可以支持我们如下的"泛时观":

(1) 好的历史理论能说明"现在"正在变的,或者说结果还不明显的变化;

(2) 好的共时理论能说明"过去"已经变的,或者说结果已经明确的变化;

(3) 好的历史理论即好的共时理论都能预测将要变的。

按照上面对"现在"的第一种理解,"共时"只是"近期"的概念。因此,我们可以说,历史语言学研究的是"语言的变化",而共时语言学研究的是"变化(中)的语言"。两者的理论可以互相验证,两者的方法是相通的。

通过对上述两个"不是"所作的分析,我们可以看到,音韵学实际上是一门建立在对活语言研究基础上的扎实可靠的科学。这就可以来理解第一个"不是"了。

音韵学不是在凭空构拟古音系,也不是把古音构拟作为自己刻意追求的绝对目标。古音构拟只是我们的现实音韵知识和其他相关知识的逻辑推理的结果。古音构拟之所以是"必要的",是因为科学有溯因的必要,有溯源的必要。古音构拟根据某种语言演变假说和某些语言演变规则来解释在历史中造成的现代分布差异。这项工作的意义相当于宇宙史、地质史、生物史。随着新证据、新假说的出现,我们会发现以前的构拟有问题。因此,古音构拟需要不断修改。但这并不意味着音韵学玄虚不可靠。事实上,任何时期的任何一门学科都不是万无一失的,也不是永保正确的。是否出错并不是科学与非科学的分界,而对于错误的态度(是否承认会出错),以及有无改错机制则是区别科学与非科学的重要标志之一。科学最重要的特点就是有一套自我修补和自我完善的机制。出错纠错是科学的常规之路(朱晓农1987a,1987/1988,1988b)。

## 12.2　音韵学的方法论基础

我们已经看到,音韵学是一门扎实可靠的科学。和一切研究有时间演变过程和空间分布差异的"天地生"学科一样,音韵学的扎实基础首先是建立在对现实语言的观察和记录上,其次才是文献古籍上的非本学科的记载。因此,认为历史句法学和历史词义研究全然于书有征而历史语音研究往往"凭空"构拟,因而前者比后者更实在、更牢靠的看法,只是一种"国学"的观点。从科学角度来看,正好应该颠倒过来。

除了材料的客观性以外,历史语音研究还有以下四个可以称为科学基石的方法论基础。

其一,具有愿意接受事实检验并甘冒证伪危险的科学假说;

其二,基于类型学的普遍现象,也就是语言共相;

其三,基于实验语音学的普适性原理;

其四,数学工具,包括:

(1) 基于集合论和数理逻辑的、显示蕴含关系的表达式,包括公理化—形式化的方法,这是现代演绎法;

(2) 基于概率论和数理统计、处理分析,这是现代归纳法。

相比之下,历史语法和词汇的研究就虚多了。它们还未脱离只研究具体事件的"史学"领域。如果离开了古代文献,它们就没法成立。音韵学已经步入研究物相事实,也就是"共相"的"科学"领域。没有文献材料照样成立。这就是音韵学更实在、更领先、更科学的标志。

当然,这不是说可以对文献材料视而不见。恰恰相反,音韵学利用文献材料有比其他学科更科学、更客观的数学方法,而不是一味进行主观的、无法检验的事理疏通。汉语多文献,这既是汉语音韵学的优势,也是一大障碍。说是优势,是指多了许多可以帮助确定音变的绝对年代和相对年代的材料。至于困难,主要是韵书韵图的性质难以确定,材料难以处理和解释,详见 13.4 节。

## 12.3　中古声调有几个

下面我们举一个例子来说明前三个方法论基础(科学假说、类型共相、语音原理)。至于第四个(数学工具),请看 14.5 节。

以《切韵》为代表的中古音,其声调有几个? 要解答这个问题,先得明确一个方法论上的前提,即《切韵》系韵书一类文献资料只有参考作用,没有决定性意义,更不是唯一起作用的。也就是说,《切韵》系韵书最多只是寻找答案的起点,并提供反馈信息,而不是问题的归宿。更进一步,可以说,对于科学来说,所有历史记载都是待解释的对象,而不是答案所在。

目前,对《切韵》音系的声调有两种看法:一种认为是四声,一种认为是八声。哪个答案更可取呢? 这需要把问题进一步澄清,即问的是调值还是调位。

音位学的方法对于历史语音研究是否有用是有争议的。赵元任曾使用音位学原理处理切韵音系(赵元任 1941：203－233)，高本汉不以为然(高本汉 1954：366－367)。陆志韦对此的评价是"公说公有理，婆说婆有理，可不是同一个理"(陆志韦 1963：353)。音位系统是某个共时音系内部同一性识别的结果，是一种概括、简便的处理。至于研究这个共时平面与前后共时平面的关系，则仍需要考虑各种非音位特征。

因此，对于中古汉语声调的数目，我们可以回答，八声是调值确认[①]，四声是调位处理。

确认八声的证据有文献资料，比如，陆法言《切韵序》中说："欲广文路，自可清浊皆通；若赏知音，即须轻重有异。"稍后的孙愐在《唐韵序后论》中说："切韵者，本乎四声……引字调音，各自有轻重。"这些话表明，隋代与初唐人在听感上能分辨出由声母清浊引起的声调"轻重"(阴阳)差异。不过，这些文献记载并不是逻辑上充分的证据。决定性的证据在于：

(1) 由现代汉语方言的类型学研究得到的普遍现象可知，凡有声母清浊对立，必有声调阴阳差别(朱晓农 1987c)。

(2) 实验语音学证明清浊[②]影响阴阳(Hombert 1978)。

跟以往声调演变中的"分化说"相反，王士元提出了"声调合并"假说(王士元 1986)。这个假说由于得到上述两点的支持所以容易让人接受。此外，还有一个文献和逻辑上的理由使我们选择"八声说"。中唐以后的韵文和汉越语的读音都显示调分阴阳的迹象。日本安然《悉坛藏》(880 年)中关于汉语方言声调的详细描述表明，中唐时期有很多方言的声调超过四声，有五个的、六个的、八个的。如果隋代与初唐是四声，中唐是八声或五声、六声，那么我们就得回答分化或分化后又合并起于何时。更重要的是还要回答是什么原因造成这些分化。合并说能轻易解释八声情况，也能轻易解释因浊音清化开始引出的五声、六声的情况。

认为中古只有四个声调(调值)的证据是《切韵》系韵书。这种看似从材料出发进行归纳的方法，其实背后还有假设前提，只不过这个假设前提是模糊感觉到而不是明确意识到的。这个假设是：凡

---

①②　见本章末"再版附记"。

文献记载有的,实际语言必有;凡文献记载无的,当时语言必无。这个模糊感觉到的假设远远没有上述语言共相和语音普适原理来得可靠。因为文献记载有的,实际语言不一定有,《洪武正韵》的浊母入声和老国音分尖团、有入声便是典型例子;文献记载无的,实际语言不一定无,这一点几乎是不言自明的。更不必说韵书一类书籍只是为作诗押韵考虑,而不是从那时还子虚乌有的语言学角度来记录的。因此,我们若想进行扎扎实实的音韵学研究,就必须把基础建立在前述四项科学准则上,建立在观察现实客观现象和客观分析文献材料基础上,建立在合乎逻辑的推理基础上;而不是一味依靠科学出现以前很久的文献记录和模糊感觉到的不可靠的前提,更不可信从不可靠的模糊前提和不可靠的文献材料非逻辑地跳跃得出的结论。

## 12.4 以今律古看《切韵》的音系基础

由上述历史语音研究的方法论基础第二条和第三条(类型共相、普适音理)可以推出一条"以今律古"的方法,可以运用于对《切韵》音系基础的理解。有关《切韵》的性质,书面材料翻来覆去就那么几条,专家们的释读差距也越来越小,差就差在找到个原型,或今型,就能帮助我们理解了。下面是我的基本思路,看看能否把各家的解读协调到某种程度。

基本观点——(1) 具有异质音素,(2) 具有语音基础。

说明——(1)《切韵》"具有异质音素",意思是有一个音系作底本,加上些其他来源的音素。不是"综合体系",也不说是"综合成分"。说"综合"好像有个预先构想好的"综合体"的蓝图,再把"成分"或"零件"组装上去。(2)"具有语音基础",但不代表某个活音系。也就是说,每个字都念得出,却不是任何人的母语,甚至不是任何地方的书音系统。这是一个理想系统。

前提——提出以上基本观点的基本前提是颜之推的观点。《切韵》的编撰反映了颜之推,或与颜之推相似的观点,即"萧颜多所决定"。而颜氏的观点反映在《音辞篇》中:"至邺以来,唯见崔之豹、崔瞻叔侄、李祖仁、李蔚兄弟,颇事言词,少为切正。李季节著《音韵决疑》,时有错失。阳休之造《切韵》,殊为疏野。吾家儿女,虽在孩稚,便渐督正之;一言讹替,以为己罪矣。"可见颜氏有明确的语音标准,可以把任何人的活语言或任何韵书分类与之相比,以判定正确与否。他还可以用这标准音来教孩子说话。

方法论基础——我一向信奉的方法论是"以今释古",而且越来越觉得这条原理具有可靠性和可行性。如果能找到现实的原型,那么我们所构拟、所释读的对象便有了超时空的科学基础。

类比——"我辈数人"像"读音统一会",《切韵》像 1913 年通过的国音标准(1919 年 9 月编辑出版了《国音字典》)。这个老国音以一种活语言为基础,加上异质音素,加到哪儿是哪儿(所谓"京音为主,兼顾南北")。但不能说它是综合体系,因为谁也没有预先设计一个"综合体"是什么。它有语音基础,赵元任可以把有异质成分的老国音读出来并灌唱片、写课本(商务印书馆,1922)。但它不是任何一个活音系。颜之推嘴里的切韵读音和赵元任嘴里的老国音一样,为同时代大知识分子们认可,但除了他们自己,谁也不会说。有一点颜之推不如赵元任,后者马上觉悟了。两年后(1924 年)又根据国语统一会的新规定,以北京音代替老国音,为商务印书馆重新灌制了国语留声片。

# 12.5 历史重建的原则

由于一切历史研究都须做类似音韵学里面古音构拟那样的历史重建工作,因此,这儿所谈的方法论原则,实际上对研究历史现象都适用。研究其他历史现象会碰到语音史研究中所有的类似困难:

(1) 历史现象不可重复,而科学的结论是建立在重现,至少是相关和倾向上的。

(2) 历史现象是个别的,而科学结论是普遍的。

(3) 历史研究受文献资料的限制,而文献所记录的只是过去人类活动的微小的一部分,因此,仅凭文献数据根本无法穷尽逻辑上的各种可能性。而科学结论则是各种逻辑可能性中当时最合理的一种选择。

建立"泛时观",运用假说,引入统计学的概念和方法,把现象加以概括抽象,接受现代科学的成果,不但考虑实际上有什么,而且还考虑可能有什么;不但考虑可能有什么,而且还考虑可能没什么,这都有助于克服上述三个困难。归根到底,某种历史重建和解释是否可接受,全看其能否说明共时的类似现象或时间过程中的某种倾向,以及能否作出预言。正是在这个意义上,我们才说"所有的历史记载都是待解释的对象"。也正是在这个基础上,我们才认为历史语音的重建和解释是可以得到检验的,因此它跟现代科学是同性质的。

# 12.6　再　版　附　记

本章所据是一篇 30 多年前的小文(朱晓农 1988d),总体说得比我今天能想到的还全面。但有两个细节要增补一下。

### 12.6.1　八声是调型

12.3 节中说:"中古汉语声调的数目⋯⋯八声是调值确认,四声是调位处理。"四声是调位,没问题。八声是调值,那是当年的认识,其实也是现在绝大部分人的看法。我现在要说的是:

八声是调型。

调型就是声调类型,这是个新概念,是十多年前刚刚形成的概念(朱晓农、衣莉 2011),到朱晓农(2014)趋于成熟。据最新的确认,共有 57 种调型,详见第 15 章。

### 12.6.2　清浊是清冽声和气声的区别

12.3 节中还说:"凡有声母清浊对立,必有声调阴阳差别"。"实验语音学证明清浊影响阴阳"。"清浊"是传统名词,当年对其的理解是不带声和带声的区别,这其实也是现在大部分人的看法。我现在要说的是:

清浊是清冽声和气声的区别。

清冽声和气声是附着于音节(不是声母)的发声态,这又是新概念。应该这么说,在生理学、声学中发声态半个多世纪前就开始研究了,但"音法发声态"是新概念,详见第 15 章。

从初始小文(朱晓农 1988d)到今日附记,看似不过改了两个词:调型、发声态,认知上却是翻越了崇山峻岭。尽管如此,当年有两点还是值得记下来,一是敢说,二是说得还算没什么错。本编后几章是后来的看法,主要观点都源自于此。

# 第 13 章 历史语言学的五项基本

历史语言学方法论的第一公理是齐一性原理。

——竹子

现代语言科学是从历史语言学开始的,至今已有 200 年的历史。这 200 年的语言学史,历史语言学先独享辉煌一个世纪,然后它被共时语言学"边缘化"了一个世纪,如今它作为研究语言演化的一个部分重新成为兴趣焦点之一。由于历史语言学从一开始就是历史音韵学,所以下文主要从历史音韵学角度来讨论历史语言学中的五个基本观念:基本假设、基本目标、基本方法、基本材料和基本定位。历史语言学中的最基本的假设就是"齐一性"原理。最基本的目标则是理解语言变化。基本方法经历变更,过去首推比较法,但近来发展出一些其他方法,可参看我的另一篇文章《历史语言学的新进展》。基本材料以活语言材料为主,文献记载为辅,后者只能作为旁证、线索,并最终需得到现代科学的解释。基本定位是从史学过渡到经验科学。

## 13.1 基本假设:齐一性

历史语言学里有一条最基本的假设,可以说是不证自明的公理,那就是"泛时观"(朱晓农 1988)。用更一般的术语是时空的齐一性原理。这条原理雅各布森很早就提到过(Jakobson 1958)。他的意思是说:人的发音、听感的生理基础都是一样的,语音传播的物理性质更是毫无二致,所以,此时此地能出现的语言变化,彼时彼地也能出现;此时此地难以出现的情况,彼时彼地也难以出现。换句话说,对于语言演变的有利条件和限制条件,古今中外都是一样的。

只有承认了这条齐一性原理,历史语言学才有建立的可能。我们才能"以今律古",用已知推未知,以今人之口度古人之音,从今天的语言知识倒推回去,重建古音。说得具体点,就有如下的认识:

(1) 跨语言的共时分布反映历时阶段;

(2) 语言内部的共时变异是潜在的历史音变的开端;

(3) 因此,所构拟的祖语要与类型学相容,除非另有证据;

(4) 因此,共时理论应该能解释历时变化;

(5) 因此,历时理论应该能解释共时变异。

齐一性原理是一切科学学科中的基本假设。一条物理定律如果在黄河适用,那么在银河也适用;如果今日适用,那么在宇宙大爆炸之初也适用。承认了这条原理,才有可能把语言学建立在坚实的科学基础之上,而不是仅仅停留在文献搜索的史学阶段,也就不必谈什么"地方特色"。记得《国外语言学》创办时有过说明,为什么不叫《外国语言学》,因为语言学并没有中国语言学和美国语言学之分,有区别的只是在中国进行的语言学和在国外进行的语言学。下面引一段我研究"反训"的一篇文章(朱晓农 1988a)的结尾中的话来说明什么是泛时观:

> 上文并没有一一解释存在于古书上的数以百计的反训词,只是指出了一条理解反训的通道:假定现代人在制造反训时的语言心理、思想观念、推理形式跟古人是一样的,因此,寻觅现代活反训,探讨成因,发掘创造者、运用者的心理因素,是搞清古书反训的坚实基础和可靠前提。更一般地,这是一种从可见事物着手去推测不可见事物,从可验证研究出发去理解不可验证的想法,从共时分布去构拟历时过程的方法。这种方法在历史研究中极有前途,它把对不可逆事件演变的研究转化为研究可重现的共性,把对个人灵机一动、创造性运用(也可能错误运用)语言的非理性因素的探索转化为研究稳定的群体心理范畴、逻辑形式和思想观念。我们在音韵学中主张上述原则,也愿意在训诂学中引进这一原则,更愿意看到在一般的历史研究中贯彻这条原则。

## 13.2 基本目标：理解语言变化

历史语言学的基本目标，除了语言学的总目标"认识语言"之外，还有自己的小目标，那就是认识语言变化：怎么变的，为什么变。一般认为历史语言学的基本目标是重建语言史，是古音构拟。其实不然，历史音韵学以认识语音演变——其机制、模式、原因——为主要目标。重建语言史只是理解了语言变化后的副产品。

历史音韵学要构拟古音，但并不是凭空捏造，也不刻意地为构拟而构拟。说到底，古音构拟只是根据我们现有的音韵和其他相关知识以及某些理论假说进行逻辑推理的结果。常常可以听到把古音构拟讥为"鬼画符"的言论。有人说这话是自嘲，我欣赏他的幽默；有人说这话是讥刺个别人的不规范做法，我理解他的责任心。不过还没有谁真以此来指责整个学科，否则太大无畏了。

古音构拟之所以必要，有认识论上的需要，也有方法论上的需要。

认识论上的需要是科学有"求真""求本"的冲动。这是一种文化特质，不是人的天性或文化的普遍共性。古音构拟之所以是"必要的"，是因为科学有溯因的必要，有溯源的必要。

方法论上需要古音构拟，是出于一个简单的目的：最新的古音构拟无非反映了对语言各方面最新的认识以及语言研究中最有效的方法，古音构拟像是速记符号，是语言学中各项最新成果的综合性的结晶和最方便的概括，即根据某种语言演变假说和某些语言演变规则来解释在历史中造成的现代分布差异。它也是贯彻科学方法中的两个要点——系统而彻底——所必然要达到的逻辑的结果。这个"逻辑"是演绎逻辑，不是归纳逻辑、辩证逻辑什么的。

那么，语言是怎么变的？又为什么要变？第一个问题问的是语言的变化过程、变化途径、变化机制。第二个问题问的是语言变化的原因。

从新语法学派到词汇扩散说，从历史语言学到社会语言学，尤其是最近十几年来实验音系学、类型学、接触语言学的巨大进展让我们对此的了解有了长足的进步。我们明白想要认识语言的变化，必须从研究变化中的语言着手。以研究实际语言所获得的知识去解释历史文献，如果那种语言碰巧有历史文献的话(世界历史上有历史文献的语言比没有的少多了)。研究语音变化有两个侧重点：一是注重内部音变，一是注重外部音变。外部音变是指接触音变，例如杭州话里的"小伢儿、筷儿、儿化"等儿化词，跟周围萧山话、海宁话等不一样，这是南宋时北方移民带来的，是一种外在因素造成的。一般来说，外部音变的起因不确定，变化方向难预料，目前只能像史学研究一样，对非重复事件进行个案处理。当然，如果外部影响是成系统的、持久的，那它对借出方和贷入方的语音重建就能提供证据。将来接触音变研究多了，能概括出普遍模式，那么对普遍音变的研究也能作出贡献。

还有些音变发生得很普遍，古今中外很多语言里都能见到，那就应该有个普遍的解释，这就是内部音变了。

这方面的研究已经从泛泛之论进入了实质性的探讨(参看朱晓农2003，2004，2004a，2004b，2004c，2005a)，这才有了奥哈拉(Ohala 1989b，1993)的那句文科中惊世骇俗的宣言："凡是历史上发生过的音变，都要叫它在实验室里重现。"这样的让人为之热血沸腾的学科目标当然不是这位前任国际语音学会会长心血来潮的无稽之谈，而是学界岩浆喷薄欲发的前兆。

## 13.3　基本方法：演绎之外

谈方法一般总是排在谈本体论、认识论后面。但实际上应该第一个谈，因为方法(包括工具)的改进往往带来本体论、认识论的根本改观。单单去考虑本体论、认识论的问题，是难以取得实质性进展的。不但不能，还常常走进形而上的死胡同。方法工具的改进也带来研究材料的拓展，这一点可以望远镜为例(见13.4节、14.7节)。

是的，人类的时代都是以工具和生产方式来定义的——石器时代、青铜时代、铁器时代、蒸汽机/工业化时代、计算机/信息时代……

"科学就是科学方法"(邦迪)。每个学科都有特定的方法，所有学科都用普适的假设—演绎—检验法。随着概念的进步，工具的改善，学科的特定方法会更新、发展或被淘汰。但亘古不变的是假设—演绎一检验法,而且随着学科的进步愈趋重要。历史语言学与其他科学一样,最基本的方法当然就是假设—演绎—检验的方法。这一点在西方不用谈,因为他们的学术、法律、财经等都是从亚氏逻辑中熏陶出来的,演绎逻辑是空气,所以只要谈具体方法就行。但在我们的文化中,假设—演绎—检验的观念一天不建立,其他一切免谈,否则就容易回到阴阳辩证的老套子里去。我们在历史语言学之前有古音学。那时不懂逻辑,也不知检验。假设往往是模糊的、下意识的。一个想法跳将出来,众口铄金就成了"定论"。不过那是在学术幼儿期,只能将就着过日子了。现在当然不行了,你可以对古音有尽情的想象,但更重要的是第二步,即用逻辑推理的力量,把这些构拟的古音和现有的各类相关知识连结起来,不矛盾的暂时通过,矛盾的就淘汰出局。凭借假设—检验的反复过程,我们对古音的认识就提高了。

就历史语言学本学科的基本方法而言,以前首推"比较法"(the comparative method)。"比较法"是个特定名词,前面有个定冠词"the",指的是遵照新语法派的基本信条"语音演变无例外",重建古音的那五六个步骤。不是什么"比较"都能叫"比较法"的。有一次两位国外汉藏语学者谈中国的历史音韵学现状。一位问:"你认为中国有比较法吗?"另一位答:"有比较,但没有 the comparative method。"话是尖锐点,但大体没错。高本汉以来的汉语历史音韵学,从来没有把历史比较法充分贯彻过。这一方面跟我们的工作性质(有研究语音演变的、有研究音韵学史的、有解读古书的)有关,另一方面跟汉语的现状(最重要的是无形态)和演变的方式(不是截然分化)有关。我自己有过切身体会。我在中国语言学家面前作历史音韵学的报告,无论他们同意不同意,都很容易理解。我在澳大利亚国立大学做同一题目的报告时,听众中有几位历史语言学家,有一位哈罗德·科赫(Harold Koch),是我的学位论文导师之一,行内有点名气。我听过他的"历史语言学"课程,期末论文得了个最高分外加"Expert!"(专家)的评语。之后论文还被复印了放在图书馆给后学做模板。但那次听完我的汉语历史音韵学报告后,他们一个个表情复杂,尤其哈罗德,好像我把他教的历史语言学的那些原理、程序全还给他了。他们不知道,汉语历史音韵学,尤其是中古音以来的构拟,没法完全贯彻历史语言学的那一套。尽管我们也调查方言,但在构拟中古音或老官话时,只是想一个前后都连得起来的音,填进已有的音系框架中,而这些音系框架已经由韵书、韵图、三十六字母等勾画好了。

历史比较法以谱系树模型作为理论基础,不过,语言接触和混合语的研究成果,对谱系树演变的普遍性发出质疑。我的老师鲍伯·迪克森提出了一个"聚变—裂变"(equilibrium-punctuation)语言演变模型。这是他从生物学里借来的术语,我给他起个语言学名字"裂变—聚变模型"。punctuation 是"中断中裂"的意思,直译为"裂变",生物学里有译为"突变"的。equilibrium 是"平衡稳定"的意思,这里指的是多种语言/方言聚集在同一地区,互相接触,不同的语言特征聚合互动、互相影响,达到一种稳态平衡的状态,逐渐形成区域特征,成为后世共同的原型。对照"裂变",并参照他用以解释这模型的"converge"(汇聚、集中)一词,我把达至稳态平衡的语言特征在区域内传播意译为"聚变"。迪克森的基本观点是:谱系树模型仅适用于裂变期,而不适用于聚变期。十多万年来的语言演变,大部分时间处于聚变期,裂变仅仅是偶尔发生。也就是说,语言变化总体上是以趋向区域平衡的聚变为主,只有当大规模的移民潮发生,才涉及中断式的裂变突变。迪克森认为当前语言学家、考古学家、遗传学家所持观点有很多需要重新考虑的地方。他还强调说:构拟方法能适用的范围很有限,而现有的关于祖语可以重建的猜想应该摒弃。我把他的观点稍事折中一下,"聚裂论"可以看成是一个更为普遍的语言演变模型,谱系树模型包容在内,让它作为一个说明特定时期变化的特定理论,而历史语言学家现在的任务要更多地去关注过去忽视了的那种达至稳态平衡的聚合变化,由接触变化造成的混合语。汉语方言中有些小群落归属不明,如粤北土语、湖南土语、平话等,都可能不是直接从切韵音系裂变而来,而是区域中多种语言/方言聚变而成。

有关老方法的回顾请看朱晓农(1988,2006b),有关近年来逐渐引进历史音韵学的一般性方法:雅各布森提倡的类型学、拉波夫开创的社会语言学、王士元创立的词汇扩散理论、奥哈拉提倡的实验音系学和数学方法,以及迪克森提出的裂变聚变理论等,请看我另一篇文章《历史音韵学的新视野》。具体讨论起来,历史音韵学中的方法论还有几个盲点,如证据的权重问题、构拟的兼容性问题、"摆事实,讲道理"等等。这些问题以前没有注意过,但都具有极重要的意义。详细讨论我们另外为文。

## 13.4　基本材料:活语言第一

材料实际上不是独立的,它没有独立价值,没有永恒价值。一门学科里哪些材料可用,哪些不可用;可用的材料里哪些重要,哪些不重要,取决于以下两点:(1) 本体论和认识论,例如以前认为只有语言斗争,没有语言合作,所以不承认混合语,对这类材料也就视而不见;(2) 可资使用的方法工具。尤其是第二点,所以讲材料离不开讲方法工具。让我们复习一下天文学的例子。自从有了望远镜,原来黑蒙蒙一团混沌的夜空,现在成了材料宝库。现在有了高保真而轻便的录音机,有了高效能而简易的语音分析软件,历史音韵学材料当然大为拓展。凭着科学的指引,我们的学问已经不在黑蒙蒙混沌一团中了。

讲研究材料还离不开讲研究对象。研究对象和研究材料不是一回事。历史音韵学的研究对象,也就是研究目标是语言变化。而要达到这个目标,可以通过各种有关材料。不过,由于这些材料不是现成的,需要加以整理、研究,所以材料本身常常"异化"为对象。当然,如果心里老装着大目标,把那些被整理的材料视作现阶段研究的小对象,也未尝不可。但是如果将整理材料本身当成研究的目的,那就是喧宾夺主,烧香赶出和尚了。当然,个人怎么做都无可厚非,但每个人都这么做,学界方向就大成问题了。

历史音韵学中的材料以活语言为第一重要。这门学科的成立并不依赖于文献。有文献固然好,没文献也没有问题。世界上大部分语言没文献,有文献的也不像汉语那样有这么长的连续记载历史。汉语的连续文献,也不过两三千年。但是历史语言学在每种语言的研究中都成立,而且远超出两三千年。我们知道,李方桂、张琨等先生开创的侗台、苗瑶语历史研究都没有文献基础。这是我们首先要弄清楚的历史音韵学成立的必要条件和不必要条件。

汉语历史音韵学一定要说有些什么特点,就是多了些相干不相干的书面记载。加上传统读书人的习惯,历史音韵学就有这义务或责任去处理历史文献。不过要注意的是我们是去处理、使用,而不是依赖这些文献。依赖文献就会掉进陷阱而不自知。这一点以前识见通达的大学者们早就有所论述。张东荪举过一个例子,认为讨论"孔子在陈绝粮"这件事的真假并非头等事(张东荪 1946)。《论语》中说是事实,崔东壁说是虚构。我们不能起孔子于地下问个虚实。其实,就是孔子死而复生,依然不能一言定实,要不钱锺书就不会那么讨厌写回忆录——"创造性回忆"。讲述"孔子在陈绝粮"这件事,是为了说明某个事理——"圣人自有天保佑",或者"要做大人物,先饿其体肤"。其实,为了说明"事理",是不惜制造"事实"的。让中国人确信了两千年的三皇五帝之类的"史实",直到顾颉刚出来才知道是层叠累加出来的。"士大夫阶级会看书,也会造假历史"(潘光旦 1935),"故考据家斤斤计较事实的本身却反而离原来叙述此事的命意远了"(张东荪 1946)。

再举个看得见摸得着的例子。有一次,我的朋友、学生看到我几张滑雪的照片,他们中有的是滑雪好手,看了照片,从我的姿态神情一致认为我也是好手。其实那是我第一次尝试,一共滑了五次,倒有四次摔了六个跟斗——不过那没记录在镜头里——两个大拇指三个月后还使不上劲儿。我问学生,假定这些照片在若干世纪后被发掘出来当史料,他们是不是确凿无疑的证据证明朱晓农是滑雪好手?

说了上面这些话,是不是意味着否定文献材料和文献工作的重要性呢?不是。恰恰相反,我们不但不否认,反而(1)对文献工作提出了更高的要求,(2)也对在有文献的语言中做历史语言学研究提出了更高的要求。

对文献工作有更高的要求——那就是要在科学的基础上对文献记载作出合理的解释,而不是停留在摘取古人的片言只语、把古人对于语言的非语言学认识,当作立论的绝对依据。例如《切韵》不能作为直接的证据:它分 206 韵,中古就一定是 206 韵。但是也不能完全抛开不管(如王力 1985:164),还得解释,哪些是实际有的,哪些只是书面区别。

文献材料在历史语言学中是重要的,历史语言学家们不但不无视文献材料,而且在利用文献材料时有更科学、更客观的方法,而不是一味进行主观的、无法检验的事理疏通。汉语多文献,这既是汉语历史音韵学的优势,也是一大障碍。说是优势,是指能帮助确定音变的绝对年代和相对年代,也能帮助研究细节。至于障碍,则有多重:

一是由于这些文献是在前科学时代为非语言学的目的写成的,其中所透露的音韵信息往往性质不明。比如好多韵书,尤其是韵图,我们不知道作者说什么方言,语言观点如何,书图受没受方言影响,受没受某种观点影响,有没有比附硬凑之处,流传过程中有没有增删,甚至不清楚成书年代。

二是这些材料过于庞杂难以处理。

三是这些材料原则上都应得到历史音韵学理论和古音构拟的解释。

四是我们现在还缺乏使用书面材料如韵图的标准,哪些材料能用,哪些不能用,能用的该怎么用,都需要有个标准。

对在有文献的语言中做历史语言学研究有更高的要求,包括:

一是对汉语及其亲属语应该追溯至远古,至少像印欧语那样,追到五六千年前,而不是单靠文献只能追踪两三千年。

二是对有文献的这两三千年里的古音的重建可以构建更详细的细节,如像罗曼语族的历史研究(Posner 1996)那样。

三是在方法上有了更高的要求,这包括如下四项:第一是有愿意接受事实检验并甘冒证伪危险的科学假说,第二是基于类型学的语言共相,第三是基于实验语音学、儿童语言研究、病理语言研究、社会语言学、接触语言学等学科里的新成果所建立的普适原理,第四是数学工具。

## 13.5 基本认识:从史学到科学

有了上述本体论和方法论基础,我们就可以来为历史音韵学定位了:历史音韵学是一门什么样的学科?是科学还是史学?

首先确定科学和史学的区别。史学是研究跟特定时空人物相关联的具体事件的,而科学则研究跟特定时空人物无关的抽象事实,也就是共相或共性。"我们观察事件,但无法从事件中得出科学意义上的结论。从事件中能得出的是国学意义上的结论——事理。这种对事件的原因和意义铺言陈词加以解释的事理,在很多场合是随心所欲的一家言"(朱晓农 1987—1988)。科学遵循齐一性,史学中只有马克思、汤因比等人是承认齐一性、探讨共性的,其余大部分研究都不是。现在的问题在于历史语言学也是研究历史现象的,这就有了如下矛盾:

(1) 历史现象不可重复,而科学的结论是建立在重现,至少是相关和倾向上的。

(2) 历史现象是个别的,而科学结论是普遍的。

(3) 历史研究受文献资料的限制。文献所记录的只是过去人类活动的微小的一部分,仅凭文献资料既无法告诉我们事实全貌,也无法穷尽逻辑上的各种可能性;而科学结论则是各种逻辑可能性中当时最合理的一种选择。

建立"泛时观",运用假说,把现象加以概括抽象,接受现代科学成果,引进实验语音学、类型学、社会语言学、统计学等的研究方法。不但考虑实际上有什么,而且考虑可能有什么;不但考虑可能有什么,而且考虑可能没什么;不但考虑"事实"本身(那只是"事件"),而且考虑逻辑上的各种可能性。这都有助于克服上述三个困难。归根到底,某种历史重建和解释是否可接受,全看它能否说明共时的类似现象或时间过程中的某种倾向,以及能否作出预言。按照打通古今的泛时观,历史语言学研究的是"语言的变化",而共时语言学研究的是"变化的语言"。两者的理论可以互相验证,两者的方法是相通的。好的历史理论能说明"现在"正在变的,或者说结果还不明显的变化;好的共时理论能说明"过去"已经变的,或者说结果已经明确的变化;好的历史理论即好的共时理论都能预测将要变的。正是在这个意义上,我们才说"所有的历史记载都是待解释的对象"。也正是在这个基础上,我们才认为历史语音的重建和解释是可以得到检验的,因此它跟现代科学是同性质的。

现在从否面来看历史音韵学的性质,它"不是"一门什么样的学科。

其一,历史音韵学不是以凭空构拟为乐事的虚幻之学。

其二,历史音韵学不等于文献学、考据学。

其三,历史音韵学不等于音韵学史。顾炎武提出"四声一贯说"是在做音韵学研究,而我为了探讨"四声一贯说"的含义而写的《顾炎武的四声一贯说》一文(朱晓农 1987b),则是在做音韵学史的研究。音韵学史的研究无疑是史学性质的;而音韵学则不一定了。如果对此不加区别,就会混淆两者的性质,概念的冲突也由此而生。这个道理其实很简单,就像天文学不等于天文学史。天文学也倒推回去算古历法、古天象、古日蚀月食,如果碰巧古书里有天象记载,能用来启发、旁证、印证,并最终得到现代天文学的解释。没有古书,并不会阻碍天文学的发展,而且就算有古书,天文学倒推回溯的历史远远超出了古书的年代。解读古书里的记载,弄懂古人是怎么认识的,那是天文学史、音韵学史,而不是天文学本身、音韵学的任务。

其四,历史音韵学不是一门只研究"古"现象的历史学。历史音韵学根据某种假说和某些语言演变规则来解释在历史中造成的现代分布差异。这项工作的性质相当于宇宙史、地质史、生物史的研究。随着新证据、新假说的出现,我们会发现以前的构拟有问题。因此,古音构拟需要不断修改。但这并不意味着历史音韵学玄虚不可靠。事实上,是否出错并不是科学与非科学的分界,而对于错误的态度,以及是否有自动改错机制,则是区别科学与非科学的重要标志之一(朱晓农 1987a,1987—1988)。

现在我们明白了历史音韵学是一门什么样的学科,它包括两个过去没有明确区别的分支:一个研究语音史,一个研究语音史的研究史。现在分工开始明朗,前一分支逐渐走上了经验科学之路,而把史学留给音韵学史的研究。


中国的音韵研究从韵图、字母、古韵分部为标志算起,已有上千年历史,其间高潮低谷迭现,乾嘉时期更是创造了中国传统学术史上的一座顶峰。伴随高潮出现的是方法创新、材料拓展,以及对语言的认识角度的转换。如今它又到了一个新路口,我们有理由期待它在历史音韵学这一经验科学之路上越走越正、越走越顺。

# 第 14 章　功夫在诗外：新方法
## 移植综览

> 要作哲学家，须念不是哲学的书。
>
> ——赵元任

## 14.1　历史语言学的雄心：代引言

19 世纪是历史语言学的天下。那个年代最后一批大将中有一位索绪尔，他二十岁上下就构拟了原始印欧语的元音系统，并假定了一个几十年后在赫梯语中得到证实的"喉音"成分。也就是他，后来改行另创共时语言学，一手将历史语言学窒息了半个多世纪。如今，随着一些相关学科的有力进展，例如实验语音学、类型学、变异语言学和词汇扩散论、接触语言学和裂变—聚变论、数学和统计学等等，对于语言演化的研究逐渐成为兴趣焦点之一。而历史语言学作为其中一部分也重新崛起。因此，本章谈的是相关学科的进展引起的历史音韵学的复兴。下文先总体概要介绍一下这些学科对历史语言学的影响和贡献，然后挑几科举几个汉语研究的例子。在介绍之前，有两点要强调：一是拉波夫的成就，一是奥哈拉的宣言。

拉波夫是研究共时语言学的，研究语音的社会变体。表面上看，与历史语言学不但无关，而且对立。但就是拉波夫对共时变异的观察，推翻了语言演变只能在发生后才能观察到的传统观点。这种从变化中的语言着手来探讨语言的变化，被认为是"当代语言学中最惊人的单项成就"（Chambers 1995：147）。

如果说拉波夫的在共时中研究历时是当代语言学中最惊人的单项成就，那么奥哈拉（Ohala 1989b, 1993）的"实验重现历史"（凡是历史上发生的音变，都要在实验室里重现）的宣言便是历来语言学中最激动人心的目标。这是一个崇高的学术理想，不是梦想。其实，就是梦想，也没关系；不但没关系，还应该有梦想。人类总是先有嫦娥奔月的美梦，才有阿波罗登月的壮举。而我们现在要做的就是从奔月梦到登月舱之间建立一条通道，把这条漫长的道路转化成一个一个具体的、可分解的、可操作的、可改进的技术性步骤。

## 14.2 新方法概说

本节的小题是"新方法概说"，而不是"新视野概说"，原因就在于"科学就是科学方法"（邦迪）。方法、工具的改进往往带来本体论、认识论的根本改观，也带来材料和对象的拓展。也就是说，新视野是新方法带来的。例如，自从伽利略发明了望远镜，天文学的视野彻底改观，原来黑蒙蒙一团混沌的夜空，现在全是材料和对象了。历史音韵学已经从目治时代，经过口耳时代，经过机械、电子时代，到达了数码时代。目治时代是指用眼睛看古书的研究方式。口耳时代是指手工操作记录活语言的宏观粗放时代。机械电子时代是指开始使用仪器设备来辅助人力。到了现在的数码时代，高保真数码录音机和计算机语音软件则把历史音韵学家武装到了牙齿。

有关老方法的回顾请看朱晓农（1988d，2006b/d）。下面谈几种一般性方法：雅各布森提倡的类型学、拉波夫开倡的社会语言学、奥哈拉提倡的实验音韵学、陆志韦开创的音韵材料的统计处理，以及迪克森提出的聚变裂变理论和接触语言学。

类型学对历史构拟的重要性不言而喻。首先在理论上确立类型学在这方面作用的是雅各布森（Jakobson 1958），而在实践上作出突破的是加姆克列利泽和伊凡诺夫（Gamkrelidze & Ivanov 1973/1995）。印欧语的构拟早在19世纪后期就已大体完成，以后只有一些局部改进，如索绪尔关于两个喉音的构拟。加姆克列利泽和伊凡诺夫利用亚美尼亚语的材料提出"喉化理论"，用喷音(ejective)取代浊送气音，全面修正格林定律，使得历史语言学取得一个突破性进展。我们关于群母音变的研究（朱晓农2003a），重纽四等的构拟（朱晓农2004a），都以类型学为出发点之一。

拉波夫的社会语言学（如 Labov 1994, Labov et al. 1972）推翻了语

言演变只能在发生后才能观察到的传统观点。这是一个革命性的观念改变,因为在变异派社会语言学(variationist sociolinguistics)之前,流行的是结构主义的观点,如霍克特(Hockett 1958:444-445)有个著名的说法:语言演变是无法直接观察到的,只能事后才能察觉。或如马丁内(Martinet 1952:5)所说:"语音律的实施是盲目的。"布龙菲尔德(Bloomfield 1933:385)坦承:"导致音变的原因我们毫无所知。"怎么变不知道,为什么变就更不知道了。只有等到语言变化后,记录下变化的结果,把它跟以前的记录相比较,才能看出语言已经变化了。拉波夫开创的变异派社会语言学,加上王士元的词汇扩散论,使得我们能在现实活语言中来研究语言变化和变化中的语言(language change and language in change),并把这研究结果推广到历史语言学中,从而更深刻地理解并解释语言的历史变化。这样一种使用"共时方法"研究语言变化,被认为对我们认识语言变化的机制和动因有巨大影响(Bailey 2002:312),它回答了或正在回答布龙菲尔德、霍克特、马丁内认为不可能的问题。事实上,钱伯斯(J. K. Chambers)认为拉波夫研究变化中的语言可能是"当代语言学中最惊人的单项成就"(Chambers 1995:147)。探讨历史上的语言变化,最好的切入点不是去格致尘封的古籍,而是直接观察变化中的语言。后文"数学方法"一节中介绍的"动态语言学"就是从社会语言学和词汇扩散论中发展出来的。

如果说拉波夫的在共时中研究历时是当代语言学中最惊人的单项成就,那么奥哈拉的"实验重现历史"的宣言便是历来语言学中最激动人心的目标。这是一个崇高的学术理想,不是梦想、不是空想,因为现在已经开始有了这样的研究,开始在奔月梦到登月舱之间建立一条通道,并把这条漫长的道路化成一个一个具体的、可分解的、可操作的、可改进的技术性步骤。具体的例子可参看朱晓农关于亲密与高调(2004e)、群母演变(2003a)、重组四等构拟(2004a)、元音链移(2005b)、古上声的性质(2007)等的研究。

以上几个研究方向都离不开一个统计概念。这涉及一个本体论问题,科学界一个世纪来经历了从决定论到非决定论(统计概念)的过渡。语言学中,不但共时研究需要统计学,历时研究也需要,尤其在处理大数量的历史音韵材料时要是离开了统计,那么结果就是,要么不作什么结论,要么结论言不及义。要说汉语音韵学跟其他语言的音韵学相比有什么特点,那么具备大数量的不表音的音韵材料就是最突出的一个。因此,如何处理这些当年并非为音韵学准备的现在的音韵学材料便是音韵学中"具有中国特色"的任务。这项工作最早由陆志韦开创,近年来已有扎实进步,具体可参看朱晓农(1989a)、麦耘(1999)等。后文将介绍两个如何在共时动态研究(沈钟伟)和历史材料处理中(朱晓农)使用数学方法的例子。

近年来出现了一个"聚变—裂变"语言演变模型,是我的老师迪克森提出的(迪克森2010)。这个新理论融合了两种传统的语言演变理论:反映裂变的谱系树模式和反映聚变的波浪说,充分考虑到语言在过去十万年的演变过程中的种种可能,为语言演变以及语言关系的研究展开了新的一页。迪克森从"语言宇观"的角度出发,讲述了大洋洲、非洲、南美洲等地的土著语言如何在以万年为单位的漫长聚变期中演化为语言区域(linguistic area),之后又怎么裂变为不同的语言。"聚变""裂变"交替进行,构成一幅更为丰富、也更为真实的语言演变图景。

具体讨论起来,音韵学中的方法论还有不少盲点,如证据的权重问题,构拟的兼容性问题,是"摆材料、讲逻辑"不是"摆事实、讲道理"等等。这些问题以前没有注意过,但都具有极重要的意义,详细讨论见前第一编和第二编。下面分科介绍实验语音学、类型学、数学方法应用于历史音韵学,以及迪克森的聚变—裂变演变模型。

## 14.3 实验语音学取向

### 14.3.1 概说

实验语音学在历史音韵学中的作用不言而喻,这一方面是由于语音学取得了巨大进步,另一方面则归功于奥哈拉多年来不懈的身体力行。

历史音韵学以认识语音演变——其机制和模式——为主要目标。研究语音演变有两个侧重点:一是注重内部音变,一是注重外部音变。外部音变是指由语言接触引起的音变。内部音变的原因很多,现在能辨认出来的比较大的原因有三种:第一种是比较抽象的"目的论"原理,如省力原理、区别原理、由结构压力造成的填空档等。第二种是本语言社团内部的社会文化驱动因素。第三种是服从生理、物理和/或听感的普遍因素引起的普遍音变现象,这是目前"实验历史音韵学"所赋予最大关注的。这种普遍音变现象就会:(1)在历史上重复发生;(2)在其他语言中重复出现;(3)在语言习得中重现;(4)在失语症中镜像重现;(5)在实验室中重现。因此,实验历史音韵学就有条构拟原则:所构拟的古音演变要经得起上述五个"重现"的检验。这也符合前辈音韵学家开创这门"口耳之学"的初衷。可以说,这五个重现是把口耳之学具体化、科学化了。

利用实验语音学来探讨历史音韵问题,不但能解决以前解决不了的问题,更重要的是能提出以前没法提出,甚至没法想到的问题,例如小称调的来源、形成、发展的问题,不是传统音韵学的研究对象,因为在传统的音韵训诂典籍中没见过有关小称调的记载。又如汉语上古和中古过渡期的首次元音大转移(朱晓农 2005b)和早期上声的语音性质的问题(朱晓农 2007),如果没有实验语音学,这些问题不要说无法研究,连提都无法提出来。

### 14.3.2 元音大转移的原因

音变的过程,尤其是原因,一直是历史语言学的中心论题。但直到实验语音学介入之前,我们只能很笼统地用些大原则来解释。朱晓农(2005b)的音法学研究以实验语音学、类型学等为工具来探讨音变的具体过程和特定原因:发现了"汉语元音大转移",并提出"舌位复初论"加以解释。

汉语历史上首次长元音推链式高化大转移发生的时间上限在西晋以后,下限在北朝前期。链移涉及歌鱼侯幽四部,鱼侯依次高化,逼迫幽部裂化出位:ai＞a⇒a＞o⇒o＞u⇒u＞ou。

| | 长元音高化 | | | | 出位 |
|---|---|---|---|---|---|
| | ai | a | o/ io/ i | u/ iu | ou |
| 汉魏晋(上古韵部) | 歌 | 鱼 | 侯 | 幽 | |
| 北朝初(中古韵目) | | 歌 | 模/虞/鱼 | 侯/尤 | 豪 |

**图 14-1 首次元音大转移**

首次元音大转移的启动很可能是从单元音的低端 *a 开始的,一方面推动连串单元音 o、u 高化,另一方面拉复元音 *ai 来填补空位。长而低的元音 a 容易高化的原因在于它难以长时间维持大张口、低压舌状态。当 a 拖长到一定时候,说者会出于"时间错配",在最后阶段调音器官会自然地回复或滑向最自然、最无标记的混元音这一初始状态。"时间错配"指发音器官在协同发音的时间上没配合好。按说应该发声先停止,然后调音器官回复初始态。但如果发声还没完全停止之前,调音器官先恢复初始态,那么就会产生一个 aə 或 a↑ 滑音的过渡状态。

按照"回复发音初始态"假设,首次元音大转移是由鱼部 *a 开始的,由于 a 向初始态滑动而不经意间开始了高化 a↑,并推动 o 高化。与此同时,由于留下一个纯 a 位置,吸引歌部 *ai 来填补——因而这是推链和拉链交叉进行的链移。当然一开始这只是个人的、随机的、口语中的变异,通常会被社会规范纠正,或者被听者自动回归译码为 a,所以一般不会发生音变。虽然完全的随机选择有可能导致音变,但更大的可能是在人口流动混杂的情况下,非本语言社团的听者不会自动回归解码为说者心目中的语言目标 a,当他们学说时,有可能真的说成提高了点的 a↑。

这个"复初论"解释能力很强,不但能解释汉语,也能解释在其他很多语言(如西日耳曼语支的英语、汉藏语系的白语)中发生的元音高化链移;不但能解释通语,还能解释发生在各方言(例如吴语、客家话)中的链移;不但能解释汉语首次链移,也能解释以后的几次链移;不但能解释高化链移,还能解释其他音变现象如"高元音后显复化";更重要的是能解释为什么链式高化的总是长元音而不是短元音。总之,元音高化链移是一种普遍现象,在各种语言的各个时期,甚至同一个语言的不同时期不断地重现,因此,需要也必须用一个普遍的理论来解释。

### 14.3.3 亲密与高调

有关小称变调变韵问题有过很多研究,描写的各种规则、种类相当繁复。直到有一次在一个小型会议上听到四五篇文章谈小称变调,我本来对小称问题没留心过,看到有那么多人关注,就跟着想了想。当天晚餐时,突然想到动物行为学中有一条不但跨语言还跨物种的原理,"高频声调表示体型小",一下豁然开朗。从这条原理可以派生出

"下属、弱势、屈从、无威胁、讨好、想要对方善待"等含义。与此相反，低调首先与"大个儿发声者"相关，其次是"统领、侵犯性、有威胁"等派生含义。汉语各方言中形形色色的小称调以及众多看似互不相关的高调现象，如"女国音"、台湾的"美眉"、"好好儿的"变调等，都可以此来作统一的解释。

汉语各方言，包括吴、闽、粤、客、赣、徽、官、晋、粤北土话等中都存在小称调，都可以用高调亲密论来解释。小称调来源于儿语。小称调从发生上说先有昵称功能，再有表小功能；从演化上看昵称功能先磨损，导致小称退化。所以"小称"（diminutive）应该叫"昵称"（affective）。小称调有多种形式（高升、高平、超高调、喉塞尾、嘎裂声，甚至假声）和不同功用（从亲密到轻蔑）。这些发声态各异的多种小称调形式是独立发生的，不代表发展阶段，不过产生的原因和所起的作用都是为了突显或强化高调。儿化小称和高调化小称是独立产物，但两者产生的理据都是出于由怜爱婴儿所产生的联想。儿化取词汇义，而高调化则利用了高调与婴儿语音之间的天然象征关系。婴儿的语音则能引起人们对弱小对象的怜爱和亲近。女性的声音也属于高调，通常也给人弱小和怜爱的感觉。

不仅在汉语中，在所有的人类语言中，小称都与亲密、儿语相关。朱拉斯凯（Daniel Jurafsky）建立过一个小称模型（Jurafsky 1996）。在各种语言中，小称均起源于与儿童相关的词语，并且高调与亲密相关。在生物学上，任何物种都有爱护保护幼儿的天性，北方话中的儿化现象中的"儿"直接取自"儿"的词汇意义，儿化韵表示"小""可爱"也还是与儿童有关。因此，无论是儿化还是高调亲密理论都可以得到更为基础的生物行为学的支持。

与此相反的是低沉的嗓音，它给人的感觉则是雄浑厚重，象征的是力量。听感实验表明，嗓音低沉给人的整体感觉是更有自信心，更有统领感（Carleton & Ohala 1980）。莫顿（E. W. Morton）发现，不管哺乳动物还是鸟类，在它们打架争斗时，往往有自信的强的一方发出的叫声、吼声都是低沉的，而弱的一方往往声音尖细，也就是频率高但音强小。因为个头大的声带一般也长而厚，嗓音也就比较低沉。因此，打架前低沉的叫声是为了显示自己个头大，哪怕是虚张声势。与此相反,声调尖细就表示个头小,无威胁性(Morton 1977)。埃沃(R. F. Ewer)认为这是模仿婴儿尖细的哭叫声(Ewer 1968)。奥哈拉认为如果这个假设能够成立,则可以解释尖细嗓音是个摆脱受攻击的好办法,因为在一般的社会中都有避免伤害婴儿的禁忌(Ohala 1983)。

在某些方言中,小称也有轻蔑、鄙弃、调侃、揶揄、藐视、嘲笑的意味,如粤语广州话、信宜话、容县话,吴语温州话、宁波话,徽语屯溪话、黟县话。小称同时具有亲密和轻蔑的含义在世界上其他有小称的语言中也可发现,例如维兹毕卡认为波兰语中从"小╱儿"发展出来的隐喻是构成小称的亲密和轻蔑两种含义的基础(Wierzbicka 1984)。如何解释这种现象?这实际上是高调的"本义"——细小、臣服、讨好、亲近——中发展出来的,跟叫人"儿子、孙子、小鬼、小家伙"等一个道理,用在后辈亲近者身上是亲昵,用在朋友身上是揶揄、玩笑,使用超出了范围则表示轻蔑、嘲弄、小看他人了。

除了各类小称调,高调亲密论还成功地解释了一些原来很难解释的现象。例如,北京话中的"好好儿"为什么不遵守通常的上声连读变调的规则,而变成了"低高型";为什么称小孩儿"宝宝"也不是通常的上声连读,也是低高型;为什么台湾"国语"中把原来属于去声的"妹妹"说成低高型的"美眉";为什么香港女性的中英文名字爱带 i 音;为什么北京女孩儿说"女国音";为什么汉语中指称亲属的称呼大都是上声;为什么有时候陈述语气却用疑问句的语调;甚至为什么男人谈恋爱的时候声音变得尖细起来,等等。所有这一切,都可以通过高调亲密论得到统一的解释。


### 14.3.4　早期上声带假声

我在"汉语上古音构拟国际学术研讨会"(上海,2005 年 12 月)上以实验语音学的知识来释读古籍中有关声调描写的记载,提出早期上声带假声的观点,并证之以侗语和吴语的声学材料。"早期"指的是"四声时代",大体上指的是从东晋末至初唐的两百多年。早期四声调形如《元和韵谱》所描绘的:"平声者哀而安,上声者厉而举,去声者清而远,入声者直而促。"声调是从非声调因素发展而来的,这些非声调因素包括四大语音学候选者(时长、音强、音段、发声),十二个具体因素,见图 14-2。

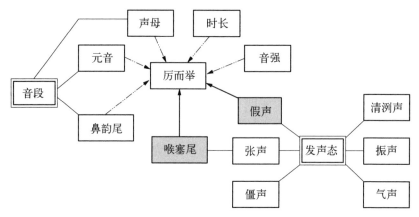

**图 14 - 2  导致"厉而举"上声的可能因素**

从实验语音学的知识可以一项一项地排除,直到剩下假声和张声喉塞尾这两个可能造成"厉而举"调形的因素。从田野调查我们发现了两种"厉而举"的调形:高坝侗语的"厉而举"声调是假声引起的陡升高平调,温州话的"厉而举"声调是假声加喉塞尾引起的高急昂调,见图 14 - 3 和 14 - 4。这两位都是男性发音人,他们"厉而举"的声调都极高,阳调几达 300 赫兹,阴调更高达 340—360 赫兹,这对于女性来说都是很高的。

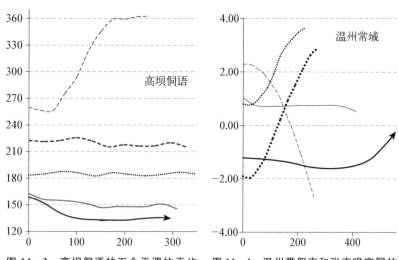

**图 14 - 3**  高坝侗语的五个平调的平均基频曲线,带上升调头最高的平调带假声

**图 14 - 4**  温州带假声和张声喉塞尾的急升的阴上和阳上,另三条灰色曲线作为基频高低的参照

有四项材料都表明早期上声是温州型的,包括:平仄的长短含义(Mair & Mei 1991),平仄的"隐形特征"(张洪明 1987),王梵志的《诗韵格式》(朱晓农 2007),梵汉对音(周法高 1948)。早期声调的时长格局与顾炎武的推测相仿,"平音最长,上去次之,入则诎然而止"(《音学五书·音论卷中·古人四声一贯》)。

## 14.4　类型学取向

### 14.4.1　引言

对语音类型的关注很早就开始了,赵元任在 1930 年代对汉语中的爆发音种类的探索(赵元任 1935),可以说是最早的一项系统的专题语音类型研究。不过,直到格林伯格于 1950 年代把眼光投向非洲、美洲语言,世界范围的语音的分布才第一次整体地呈现在语言学家面前。格林伯格的《人类语言的共性》(1978),以及麦迪森的《语音类型》(1984)开阔了历史语言学的视野。

研究语音类型和共性本身不是目的。它就像"基本国情调查",调查全国有多少人口、分布密度、男女比例、年龄构成、民族成分、教育程度、收入分配,如此这般等等等等。了解了这些分布类型,就可以探讨形成的原因,或作为制定各项政策的依据等。语音类型研究同样是醉翁之意不在酒,同样是墙里开花墙外香。今天的分布是昨天演变的结果。因此,如果分布有什么规律可言,那就一定服从演变的规律。因而共时的分布模式就为追踪历时演变提供了线索。它的成功大大刺激、推动了对语音现状的历史来源和广义物理原因的探讨,也因此大大推进了我们对语言的理解。从这个意义上来说,就可以不分墙里墙外了。没有语音类型学之前,对语言来历和原因的探讨始终是零星而不成系统的、猜测性较多的、缺乏稳定动力的。语音类型学建立之后,历史语言学家和理论语言学家突然发现了问题来源的宝库。他们可以系统地制定目标推进研究了。

雅各布森在 1950 年代以语音类型和共性为出发点做过两项经典研究,一项是对共性的功能解释,一项是类型学对历时研究的贡献。前者就是直至今日依然常有人提起的"为什么都叫'爸爸妈妈?'"(Jakobson 1962)。后者则是为历史语言学指点了一条新路向的"类型学研究及其对历史比较语言学的贡献"(Jakobson 1958)。日后加姆克列利泽、伊万诺夫(1995)重塑印欧历史语言学即以此为发轫。

### 14.4.2　古无轻唇音的证明

钱大昕《十驾斋养心录》中有个名篇"古无轻唇音"。他一开始就给出这个结论,然后堆砌一百多个例子一直到底。"古无轻唇音"的观点可能不朽,但钱氏的论证不符合现代科学的(演绎)逻辑程序。实际上,他没有进行论证,他所提供的材料能说明的只是"轻重唇古同类"。因此前些年有人提出相反意见"古无重唇音"。双方都说出一个逻辑可能性,从逻辑角度看,谁也没比谁好。其实,还存在第三个可能性:"古无唇音",即轻重唇音都来自非唇音。那么,如果没有直接证据,该怎么来论证呢?可以:

(1) 从语音学角度,从重唇变轻唇是语音学上常见的"弱化",反之少见。

(2) 从简明性角度,在构拟历史音变时,如有多种可能,除非另有证据,先选择比较简单的,而简单的也跟下面第 3 点要说的概率高的相关。

(3) 从共性角度:共时的分布类型,或历时的演变方式。本节内我们来看从共时分布类型怎么论证。图 14－5 和表 14－1 是唇音在 317 个语言样本中分布情况(据 Maddieson 1984),P＝重唇音(p/ pʰ/ b),F＝轻唇音(f/ v)。

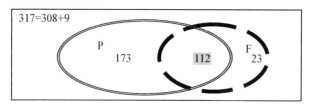

**图 14－5　唇音分布**

表 14 - 1

|  | 重唇音 P(p/ p^h/ b) | 轻唇音 F(f/ v) | 总数：317 |
|---|---|---|---|
| 两者都有 | 轻重唇都有的语言数：112 | | |
| 仅有其一 | 仅有 P 而无 F：173 | 仅有 F 而无 P：23 | |
| 至少有一 | 或有 P 或有 F 或都有，即有唇音的语言数：308 | | 无唇音：9 |
| 其中 | 有 P 的语言数：285 | 有 F 的语言数：135 | |

因统计频数较大，可近似看作概率。猜上古有唇音：

蒙对的概率：308/ 317＝0.972

蒙错的概率：1－0.972＝0.028

如果上古只有一套唇音：(1) 有重唇而无轻唇，或(2) 有轻唇而无重唇。那么：

蒙(1) 蒙对的概率为：173/ (173＋23)＝0.883

蒙(2) 蒙对的概率为：23/ 196＝0.117

以上从共时分布来看，"古无轻唇音"的可能性为 0.858(＝0.972 *
0.883)，而"古无重唇音"的可能为 0.114(＝0.972 * 0.117)，"古无唇音"的可能仅为 0.028。从历时演变来看，从重唇变轻唇音很常见，例如格林定律所指的日耳曼语的辅音链式音变就包括重唇变轻唇这一环。反之则罕见。

钱大昕找到 100 多个例子得出"古无轻唇音"的"不刊之论"。材料不少，却成问题。他把不同时间、不同地域，谐声、假借、直音、读若等性质不一的材料往那一堆了之。细究起来，只有直音、读若等直接指明同音的材料才能证明古同类，谐声、假借的材料并不是逻辑上充分的证据。甚至连直音材料都不一定如山铁证。例如从这么样一条记载"蛋黄，上海话音荒"，能证明上海话浊音清化了吗？当然不能，因为有可能：(1) 方言混杂，(2) 古音遗留，(3) 个人怪僻，(4) 条件音变，(5) 个别例外，(6) 音变开始，(7) 浊音已经清化，(8) 清音变成了浊音(别以为这不可能)，(9) 其他可能的情况。这还只是材料问题，说到论证，问题就更严重了。演绎逻辑钱大昕那时代还没有。就归纳来说，他也得不出这个结论，因为固然有可能古无轻唇音,但也可能古无重唇音,甚至还可能古无唇音。从那些材料能概括的只是轻重唇古同类。钱大昕实际上还无意识地依赖了别的方法和前提,这种无意识,说不出所以然,是不是就是"蒙"?"蒙"在研究的第一阶段(随机探索)是可用的,它的现代定义就是用归纳、类推等联想方法猜出逻辑可能性之一。而证明是用演绎法指出逻辑必然性。我们现在研究历史音韵学,比起钱大昕来,"蒙"还是在"蒙",但有几点改进了。第一,考虑到各种逻辑上的可能性,也就是说不瞎蒙了。第二,使用实验语音学,这保证我们的"蒙"从生理、声学方面来看是合理的,进一步不瞎蒙了。第三,使用类型学,这引导我们从最大概率角度去"蒙",也就是说去"蒙"最大的逻辑可能性,蒙对的机会大增。因此,我们现在的"蒙"尽管还不能一定得到逻辑上必然的结果,但至少开创了逼近逻辑必然性的道路,也就是告别了历来的摸着大象瞎蒙,走上了理性之路。

### 14.4.3　浊爆音的分布和群母的命运

群母是个不合群的母。从很早起它就缺了点什么,其他爆发音声母(并定见溪)都是四等俱全,群母却只有三等字。对群母的分布空缺,很多学者从历史发展、现代方言里的残留读音,以及域外对音,多方面来证明上古群母也是四等俱全的(详见朱晓农 2003a)。那么,为什么上古以后其他爆发音阻塞依旧,群母却破塞为擦了?难道群母命中注定要先变?

研究这个问题的一个合适的出发点便是类型学,如果我们发现软腭浊爆音在世界语言中的分布常常出缺,那么群母的问题就不单单关乎群母,而是一个普遍的、类型学上的问题。如果这是一个普遍的问题,那么就一定有普遍的原理在控制,我们就应该去探求这个广义的物理原因。综观世界语言,浊爆音中软腭音最容易出缺,例如欧洲的荷兰语、捷克语、亚洲的泰语、美洲的希卡利亚纳语(Hixkaryana)等都是有[b、d],但没有[g]。下面表中是[b、d、g]的在 317 种语言中的分布数据(据 Maddieson 1984)。

表 14 - 2　浊爆音在 317 种语言中的分布(总出现频数 212)

| 出现频数与频率 | | | | 蕴涵分布 | | | | | | |
|---|---|---|---|---|---|---|---|---|---|---|
| 总 | b | d | g | b d g | b d g | b d g | b d g | b d g | b d g | b d g |
| 212 | 202 | 193 | 180 | 170 | 17 | 11 | 4 | 4 | 2 | 4 |
| x／212 | .95 | .91 | .85 | .801 | .080 | .052 | .019 | .019 | .009 | .019 |
| x／317 | .64 | .60 | .56 | 常态 | | | | 还算正常 | | 例外 |

有 212 种语言有至少一个浊爆音,有[b]的语言最多(202),比[g](180)多 12%。从分布来看,绝大部分场合都是有[g]就有[b/d],没[b/d]就没[g]。真正不合这项分布的,即有[g]但[b、d]都没有,这种例外只有 4 次,不到 2%。可见群母的分布缺等是常态。而隐藏在这种分布不平衡后面的原因就在于空气动力学的原理。赵元任(1935)很早就用通俗的语言指出了这个道理:

> 这里的理由不难找,从舌根与软腭相接的地方到声门那里一共就没有多大的空间可以像口腔较宽绰的[b]或[d]音那么弄出些特别的把戏;声带稍微一颤动,那一点的空间马上就充满了气成正压力了。所以也没有空间也没有时间可以造成第九类那种悬挂的印象或是第十类那种望里"爆发"的印象。本来舌根的爆发音不加上那些特别的把戏已经够难成浊音了。

浊爆音难以维持的原因在于空气动力学的偏见(Ohala 1997;朱晓农 2003a,2004b)。但有趣的是为什么群母的洪音字变了[g>ɣ],而在三等细音字里还保留着呢?像"群奇琴强"等有[i]介音的细音字在《切韵》时代还是群母[g]。为什么中古群母还有且仅有三等字?原因还是可以从赵元任的那段话里引申出来。[g]容易消失是因为"从舌根与软腭相接的地方到声门那里一共就没有多大的空间",而发[b、d]时"口腔较宽绰"。现在[g]后面有了个腭介音[i],成阻点往前了,也就是说,这个／g／其实不是软腭音,而是硬腭音[ɟ]。这样一来,"口腔较宽绰了",浊声也就容易持续了,所以"群琴期"等字的／g／暂时保留下来了。由此可见,成阻点越往前,口腔空间越大,就越能够抗拒清化。

因此,浊爆音消失是从成阻点在后的开始的:小舌爆音[ɢ]最早,然后是软腭爆音[g],再然后是硬腭爆音[ɟ],最后是齿音[d]和唇音[b]。

# 14.5　数　学　方　法

语言学各领域中是音韵学首先引入数学方法。前辈学者几十年前就使用了统计的方法,如白涤洲、罗常培、赵元任等等。尤其是陆志韦,引进了概率论。可见,数学方法的运用不是一种尝新,更不是一种时髦的选择,它可以使思维精密化,筛去由含混造成的干扰。下面介绍两项研究,一是对共时动态的语言变化建立数学模型,一是对历史音韵材料进行数学处理。

### 14.5.1　动态语言学的数学模型:沈钟伟

沈钟伟(Shen 1997,沈钟伟 2002)提出了一个描写语言动态变化的数学模型。他认为研究语音变化的动态过程是认识音变原理的关键,不然关于音变的讨论无法深入。音变可以看作是一种语言"传染病",可以和医学上的传染病的传播过程相比较,两者的传播媒体都是人。已经发生了音变的人可以类比于受病毒感染的,而未发生音变的人是未受感染的。音变则是一个"语言病毒"传播的过程。

王士元的词汇扩散理论中一个重要推理是:一个音变在语音和词汇上不可能都出现"突变",因为这样的音变就成了一种顷刻间的变化。但这是个人的语言情况。如果加入人群(语言社团)这个向量,个人语音和词汇上的突变,就不和整个音变的渐变性产生矛盾。

| 某个人语音 | 某个人词汇 | ·人群 |
|---|---|---|
| 突变 | 突变 | 渐变 |

任何语言变化的实质都是一个新的语言要素在一个语言社团中的传播。一个语音变化,不管是从一个语音条件向另一个语音条件扩散,或者从某些词汇向另一些词汇扩散,总是要在使用这一语言的人群中传播来进行的。

如果语言变化是可以观察到的,那么音变的动态过程也是可以研究的。沈钟伟一方面做了大量的个体调查,因为取样越多,越能精确地代表语言社团的语言实际情况。这不但是统计上的基本要求,而且更能在理论的逻辑推理上避免受到有限材料的影响而产生误解。另一方面他又运用数学模型来作分析研究。运用数学模型既便于对大量的数据材料作出量化处理,又能把要了解的现象和要回答的问题用精确的方式表达出来。

一个语言社团中的任何一个人在某个词上的音变只有两种表现方式:"未变"的和"已变"的。在任何一个时间$(t)$,"未变"$(u)$和"已变"$(c)$的人构成一个语言社团中的人数的总和。换用数学语言表示:

$$1 = ct + ut \qquad 或者 \qquad ut = 1 - ct$$

当然,"未变"和"已变"的人的接触并不每次都造成音变的传播。传播有一个效率$(a)$。随着时间的推移,"已变"人数会逐步增加。"已变"的人数的变化和时间的变化可以用一个微分公式来表示:

$$\Delta c = auc\Delta t$$

这个微分公式的解是:

$$c = [1 + ke - a(t-b)] - 1$$

如果 $c$("已变"的人)是已知的话,这个算式就可以用来求出音变的速率$(a)$和音变的起始点$(b)$。

通过对这些材料的综合分析,沈钟伟发现语音的合并的过程是"有向而无序"的。有向性可以证明语音在作动态变化;无序性则揭示了音变有规律的根本原因。同时,也解释了显示词汇扩散的各种语言材料。

### 14.5.2　从韵脚重建古韵辙和古韵母:朱晓农

(1) 韵脚在音韵学研究中的重要性。历代音韵学有一个核心问题:如何利用古代韵文材料来重建古代韵母系统。

音韵学如果从宋代吴棫、郑庠划分《诗经》韵部(即韵辙)算起,有上千年的历史,做的就是从《诗经》韵脚入手来划分上古韵部。到清初顾炎武这项工作发展成一种系统研究。有清一代,古音学占了音韵学的一半多。至民初高本汉带来历史语言学,音韵学的广度和深度都拓展了不少,但利用韵文来划分韵辙依然是一项重要工作。如陆志韦、王力依《诗经》韵划分上古韵辙,罗常培、周祖谟、丁邦新、李荣、张世禄等进而编撰汉、魏、晋、隋、唐、宋韵谱以探讨历代韵辙系统。

(2) 两个缺陷。上面讲了重要性,但问题在于,尽管历经上千年,尽管有无数杰出音韵学家的努力,探讨这一"千古难题"的方法依然停留在乾嘉水平:

一方面,凭经验估计来划分韵辙(韵部),缺乏一个客观标准。20世纪50年代语言所开了个会,陆志韦、王静如等和《两汉韵谱》的作者罗常培、周祖谟一起,猜测他们的两汉韵谱中所用的分部标准(即划分韵辙)是三七开还是多少开。其实即使是三七开,仍有四种理解: 1)七成同用(三成独用),即合辙,2)三成同用(七成独用),即合辙(别以为这绝对不可能),3)七成独用(三成同用),即分辙,4)三成独用(七成同用),即分辙。而且,即使说清楚是四种中的哪一种,依然没解决更困难的问题:凭什么是三七开而不是二八开? 二点九、七点一开行不行?

另一方面,对韵辙(韵部)内部的韵母区别无能为力,例如同一个"言前"辙内部有 an、ian、uan、yan 四个韵母,这在以前是没法管的。

以前是用"韵段/韵次/韵例"来统计,因此,一首押 3 个韵脚的诗和一首押 30 个韵脚的诗,都计算为一次韵例,而它们在统计中的重要性完全不一样。结果造成两个缺点: 1)粗糙:没有区别应该区别的情况;2)浪费:无法利用可资利用的信息。

看一个著名的脂微分合问题,这是王力先生在音韵学上的最大贡献之一。但是,一方面他主张脂微分部,另一方面却又说:"如果谈古音者……不把脂微分开,我并不反对"(王力 1980a:147)。他这种犹豫态度表明单靠"考古之功""文献法"来探求古韵母,到此差不多走到了尽头。找到《诗经》里 110 例押脂微韵的例子,数清楚其中 26 处合韵,84 处分韵——这就是"文献法"所能做到的部分"知其然"。如果想要全面地"知其然",想要"知其所以然",想要确定脂微是完全"同辙同韵",还是"同辙不同韵",还是干脆"不同辙",那是数理统计的工作,可参看朱晓农(1989a),胡杰、尉迟治平(1998),麦耘(1999)等,以及陆志韦处理反切的概率论方法(1985)。

(3)解决方案。朱晓农(1989a)以数理统计方法制定了一套客观标准,解决了这个自宋代以来的千古难题。自此以后,在利用古代韵文材料划分韵辙时不必再凭经验来估计,在区分韵辙内部的韵母时有了一套严格的操作程序和数学证明。注意,使用数理统计方法并不跟校勘和系联对立,统计就是对经过严格校勘的韵脚的细心系联结果的统计。

两个基本概念(用作统计):韵次 Y,字次 Z。两者的关系为 Z=2Y。

三个重要数值(用作分韵判断第 1 步):同用的理论预期值 P,同用的实际统计值 R,韵离合指数 I=R/P*100。

判断两个韵分或合,并不仅仅依靠表面上相押的次数或百分比。另外有两个因素在起决定作用:[1]所有韵的总字次;[2]每个韵各有多少字,或更精确点,各出现多少字次。总字次[1]对分辙有用。各韵的字次[2]对辙内分韵有用。例如有 A、B、C、D 四个韵,分辙公式先把它们分成,比如说两个辙:A、B 为甲辙,C、D 为乙辙。假如统计结果如下:

[3] A 独用 60 次,B 独用 10 次,A~B 同用 30 次。

[4] C 独用 35 次,D 独用 35 次,C~D 同用 30 次。

甲乙两辙同用数相同,都是 30 次;独用数也都是 70 次。结论似乎应该是若 C 和 D 合成一韵,A 和 B 也该如此;其实不然。因为 A、B、C、D 四韵的字次可能不同。打个比方,有两个口袋(两个辙),各装100 个球(各韵的字),分两种颜色(两个韵)。甲袋里黑球 80 个,白球20 个。乙袋里红绿各 50 个,假定这些球摸上去手感都一样(两韵无区别),那么每次到一个袋里去摸出两个球(押一次韵)是什么颜色,取决于这种颜色的球在总球数(100)里的比例。因此:

[5] 在甲袋里摸 100 次,每次两个球,黑黑"相押"的机会=64 次(=0.8*0.8*100),白白独用机会=4 次(0.2*0.2*100),黑白同用=32 次(0.8*0.2*100+0.2*0.8*100)。

[6] 在乙袋里摸 100 次,那么红红相押机会=绿绿相押机会=25

次(＝0.5 * 0.5 * 100)。红绿混押的机会＝50 次(＝0.5 * 0.5 * 100＋0.5 * 0.5 * 100)。

上面[5、6]是理论预期值,[3、4]是实际统计值。两两分别相比,就可看到:

上面[3]里面的同用实测数(30 次)和[5]理论预期(32 次)差不多相等,离合指数 I＝94(＝30/32 * 100),统计推断是 A、B 两韵混然无别。

但是,[4]和[6]的情况很不一样,理论预期 C—D 相押应该有 50 次,而实测结果只有 30 次,大大低于预测,离合指数 I＝60(＝30/50 * 100)。意即,说 C、D 是否已经合韵并没什么把握。因此还需要进行一次:

t 分布假设检验 t-test(用作分韵判断第 2 步),来决定 C～D 是否合成一韵。有关公式和具体计算步骤可参看朱晓农(1989a,2006a)。

## 14.6  聚变—裂变论

"聚变—裂变"模型,或"间或打断的稳态聚合演变模型"( the punctuated equilibrium model),是鲍伯·迪克森在《语言兴衰论》( *The Rise and Fall of Languages*)(1997)一书中提出来的。这是他从生物学里借来的术语(最早见于 Eldredge & Gould 1972),生物学里"punctuation"采用意译、"equilibrium"采用直译,翻译为"间断(突变)平衡模型"。我对"punctuation"进行直译、"equilibrium"进行意译,给它起个意思更为显豁的语言学名称"聚变—裂变模型"。punctuation 是"中断中裂"的意思,我把它直译为"裂变"。equilibrium 是"平衡稳定"的意思,此处指多种语言/方言聚集在同一地区,互相接触,不同的语言特征聚合互动、互相影响,经过一段很长的时期,最后达到一种稳态平衡的状态,逐渐形成区域特征,并成为后世共同的原型。用迪克森自己的话说就是:"linguistic features diffused across the languages in a given area so that — over a very long period — they gradually converged on a common prototype."。对照"裂变",并参照他用以解释这模型的"converge"(汇聚、集中)一词,我把达至稳态平衡的语言特征在区域内传播意译为"聚变"——地理上多个语言/方言聚集在一起,语言特征上相互汇聚导致最终产生一个共同原型。迪克森的基本观点是:谱系树模型仅适用于裂变期,而不适用于聚变期。十多万年来的语言演变,大部分时间处于聚变期,裂变仅仅是偶尔发生。也就是说,语言变化总体上是以趋向区域平衡的聚变为主,只有当大规模的移民潮发生时,才涉及中断式的分化、裂变、疾变、激变。迪克森认为当前语言学家、考古学家、遗传学家所持观点有很多需要重新考虑。他还强调说:构拟方法能适用的范围很有限,而现有的关于祖语可以重建的猜想应该摒弃。我把他的观点稍事折中一下,"聚裂论"可以看成是一个更为普遍的语言演变模型,它把谱系树模型包容在内,让它作为一个说明特定时期变化的特定理论,而历史语言学家现在的任务是要更多地去关注过去忽视了的那种达至稳态平衡的聚合变化。

运用"聚变—裂变"理论来看汉语方言,一些过去难解的系属问题豁然开朗起来。像粤北土话、湘南土话、徽语、平话等在谱系树模型中找不到合适节点的小方言群,很可能就是区域聚变的结果。粤北土话是个典型,按照郭必之(2005)的研究,这个小方言群是由粤语、湘语、客家话,可能还有其他民族语的来源聚变而成。由于长期处于一个比较封闭的地区,说不同方言/语言的族群不可避免地互相影响。这些族群之中,没有任何一支在文化上或者政治上具有特别的优势。为了生活上的方便,当地居民多多少少都掌握一点周边的方言。因而造成各种语言特征在区域内扩散、磨合。粤北土话有以下几项共同的语音特征:

a) 缺乏塞音韵尾,而来源语都有塞音韵尾。

b) 鼻化韵丰富,而粤北地区的客语和粤语都没有鼻化韵。

c) 后元音相当丰富,如雄州话有 ɔ、ɤ、ʌ、u 的对立;长乐话则有 u、ʌu、ou 等韵母。

d) 普遍存在小称调,部分方言更有一种断裂张声或嘎裂声的小称调现象,如韶关城关一位老年发音人"篮"luə²¹,小称变为 luəʔ|"郎"lɔŋ²¹(原称)~"新郎公"中的"郎"lɔŋ²⁰⁴(小称);弯头村话:头 tʰɔ²¹(原称)~tʰɔʔ²⁰⁴(小称)|绳 ɕɜ²¹(原称)~ɕɜ²⁰³(小称),详见朱晓农、寸熙(2003)。

如果这些方言相处的时间更久一点,而社会环境又维持在 1950 年代以前的状况的话,各方言之间的借用可能会更加厉害,彼此会变得越来越像,最终发展出一个共同原型(common prototype),而这正是"聚变期"的一大标志。可是,几十年来,随着交通的发达、媒体的普及和普通话的推广,粤北土话呈现出急速没落之势。韶关市区的居民在 1950 年前还是以说土话为主,但今天的韶关话已经和广州话没什么两样了。这是新一轮的接触演变,目前还在进行中。照此以往,粤北土话在两三代内可能会消亡,只剩下某些音和词以底层形式遗留下来。

"聚变—裂变论"的出现,补充了历史语言学中谱系树演变模式的不足,使得汉语方言分区中的一些症结得到了理论上的阐述。一些处于大方言交界处的小方言群,过去在传统框架中无所适从、系属难明,其实都可能是区域聚变的结果。

## 14.7 历史音韵学的基本假设:代结语

在上述实验语音学、社会语言学、类型学、接触语言学、数学等方法引进历史音韵学之前,除非有足够密度的、详尽清晰的历代记载,否则构拟演变在很大程度上带有不确定性,至少不是必然的。我们之所以能在历史音韵学中引进这些普遍的方法,是基于一个对语言演变最基本的假设:时空的齐一性原则(uniformitarianism)。这条科学中的基本假设说的是:人的发音、听感的生理基础都是一样的,语音传播的物理性质更是毫无二致,所以,此时此地能出现的语言变化,彼时彼地也能出现;此时此地难以出现的情况,彼时彼地也难以出现。换句话说,对于语言自然演变的有利条件和限制条件,古今中外都是一样的。人同此口,音同此理。只有承认了这条齐一性原则,本章所介绍的实验语音学方法、类型学方法、数学方法才能施用,科学的历史语言学才有可能建立。

# 第 15 章　音法类型学

没有类型学，就无法认识自我，也无法追踪我从哪里来、到哪里去。

——竹子

## 15.1　类型学：系因和逻辑分类系统

音法类型学是语言语音学(狭义)或描写语音学的终点，演化音法学和音系学的起点。

有了类型学，才能对听到的音进行定位或逻辑定义，由此知道该音的"本质"特征，这才算理解了"我是谁"。从这意义上说，音法类型学相当于林奈的门纲目属生物分类系统，或门捷列夫的元素周期表。没有这种逻辑分类系统，看到什么物质都不知道是什么元素。要回答"我从哪里来"这个历史音变问题，先得弄明白"我是谁"。这就是为什么在谈演化学之前要先谈类型学。

谈到演化学，那么就离不开生物演化的遗传因子"基因"的概念。

音法类型学就是要确定一个相当于化学里的"元素"和生物学里的"基因"这么一个基本单位，以及相当于门捷列夫元素周期表和林奈门纲目属生物分类系统那样一个音法逻辑分类系统。音法分类系统见下 15.3 节和 15.4 节，下面介绍一个系因概念。

把语音演化类比为生物演化时要注意传递因子的复制精度是不同的。基因(gene [dʒiːn])是生物遗传的基本单位，模因(meme [miːm])是移植基因概念到社会生物学中、指观念文化以非遗传方式传递的基本单位(道金斯 1981①)。我提出一个语音传承的"系因"

---

① meme 是道金斯创造的概念和术语，所引译本译为"觅母"。现在通用的"模因"出自朱志方《社会决策论》(武汉大学出版社，1998：275)。

概念。用语言学比拟的话,模因相当于接触语言学中的传播单位,系因相当于谱系语言学中的传承单位。系因的性质介于基因和模因之间:

(1) 基因是生物遗传性的,模因和系因是非遗传文化性的。

(2) 模因是横向接触传播,系因和基因是纵向传承。

(3) 语言能力是遗传的,但具体语言是后天习得的。系因是具体语言中的传承单位;模因可以本语言、也可跨语言传播。

(4) 模因传播的主要是观念文化,涉及语言的,则主要是语言中的意义单位(词汇)。系因传承的是语思文化,包括语言的形式(结构、语法等),以及推理形式和认知模式。

界定了系因概念后,可以看到语音在本社团中学习、模仿、重复、传送过程跟基因的复制遗传有所不同,基因遗传出错率极低,而系因传承每次都有误差。也就是说发音的复制,即系因的传承每次都会出错,这就是随机误差或共时变异。由于语言存在社团标准,所以这些误差不会马上形成音变。同样,听音也有误差,但比发音误差少。这种发音和听音的误差一旦在社团中形成趋势,就会导致音变。

声调类型学中作为基本单位,并在演化音法学中传承的系因是调型。调型也可以作为跨语言传播的模因。调型概念见 15.4 节。

## 15.2 类型学在音法学中的位置

语音科学(phonetic sciences)有很多分支,其中一科与语言学交叉,是用实验手段来提出和解决语言学问题的。它在语音科学里叫语言语音学(linguistic phonetics),在语言学里叫音法学(见图 15 - 1)。两者所指为一,只是不同领域中的不同招牌,可以合称为"广义音法学"。共包括两大块六个分支。前三个分支,发音、声学、听感语音学合成一个(狭义)语言语音学;后三个方面,音法类型学、音系学、演化音法学合成(狭义)音法学则。

语言语音学所辖也是传统语音学的范围。不过现在既然研究语音的领域扩张为语音科学,所以语言语音学对这三个分支的研

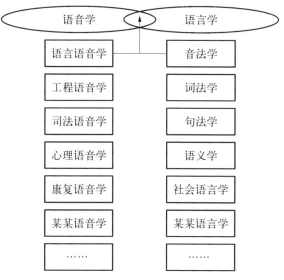

**图 15‑1 音法学和语言语音学**

究就要有所约束,因为它毕竟不是生理学、声学、空气动力学本身。它要研究的问题必须照应后三个分支的问题。也就是说,语言语音学研究生理学问题、物理问题等,但要与认识音法有关。它要找出一组生理物理参数,可以用来对音系格局、音节结构、自然类形成、音法派生过程、跨音系分布、共时变异和历时演化等作出充分描写和充分解释。总之,有了前三分支的研究,才使后三个分支的深入研究成为可能。而反过来,正是有了后三分支的目标,才使得前三分支的研究显得必要。也就是说,研究语音的性质,不能不关心音法。这不但是个"理论联系实际"的问题,也是研究是否能深入,甚至是否能成立的前提条件,否则就不是"语言学的语音学"了。

**表 15‑1 音法学分支**

| 广义音法学 | 1. 发音语音学 | 研究语音的生理属性 | 语言语音学 |
|---|---|---|---|
| | 2. 声学语音学 | 研究语音的声学属性 | |
| | 3. 听感语音学 | 研究语音的听感 | |

| 广义音法学 | 4. 音法类型学 | 研究世界语音分布和变异的共性 | 音法学 |
| | 5. 音系学 | 研究个别音系的内部构造 | |
| | 6. 演化音法学 | 研究语音的自然演化 | |

音法学的三个分支中,音系学是共时的、个别的。类型学主要是共时的,偶尔也会使用历时标准。演化学是打通共时历时的泛时音法学。以往我把音系学放在第四分支先谈,但现在发现逻辑上必须类型学在先,否则个别音系中的个体身份、属性根本无法确定,只能用相对的,仅属个别音系的区别特征赋值来表达,而背离了科研第一步"符合齐一性的假设"的工作步骤。而要符合齐一性,只能到类型学的基本框架"逻辑分类系统"中去找。所以,类型学不但如我过去所说是演化学的经验基础,也是音系学的经验基础。

类型学在音法学中发展不平衡。在国际语音学和音系学界,元音辅音研究和语音学一样古老,但至今仍未建立起元辅音音法类型学,其标志就是国际音标图表缺乏理论,实践盲目,是个争夺话语权的非学术结果,根本满足不了类型学作为逻辑分类系统的充要性要求。满足充要性的形式分类系统也满足了形式系统的三大要求:自洽性、完备性、简明性(见第 21 章"汉语的区别特征")。这就是我们至今无法进行跨语言元辅音比较①的原因所在。声调研究在国外要迟好多,而且始终不入门;至于发声态研究,更是还在音系学之外彷徨。

不过在国内,声调类型学和发声类型学最近几年来趋于成熟,其标志就是构建了类似于林奈生物分类系统和门捷列夫元素周期表的、满足充要性的普适调型库和普适声素库,可以开展常规音法类型学研究,并开展演化音法学和音节音系学的研究。

第五个分支,语音在具体语言中的组织结构一向是形式音系学(包括音位学和生成音系学)的研究对象。音法学中的音系学有三点与形式音系学不同:第一是音系学是个别的,它的普遍性体现于类型学中,即

---

① 这种比较是指如在元素周期表内比较两个元素的"绝对性质",而不是教外语时跟本族语两两比较的相对性质。

音系学中的基本概念须引自类型学或与类型学相容。第二是音系构造、音系学范畴以实验语音学为必要基础,用实验语音学来检验;以往一百年对此是完全忽略,甚至排斥的。第三是以音节作为基本单位;以往一百年先是以音位,后又以区别特征作为基本单位。由基本单位来命名,最早的音系学叫音位学,然后是特征音系学,现在是音节音系学。

语音学与音系学的关系,定义了两对范畴:语音学和音系学,共时音韵学和历时音系学。音法学把这四大范畴统一到一个领域中。

## 15.3　发声类型学

蓦然回耳,那音却在声带嘶厉断裂处。

——竹子

### 15.3.1　普适声素库

发声态指的是说话时声带活动的各种状态,通常所说的"清音浊音、送气不送气",如 p/ b/ pʰ,实际上不是音素不同,而是发声态的区别。

对发声态的生理和声学研究开始得很早(如 Catford 1964,1977; Laver 1980,1994)。二十几年前赖福吉(P. Ladefoged)等从语言中出现的发声态辨认出 8 种生理发声态(Ladefoged et al. 1996)。生理学上有 6 种单一发声态:振声、假声、嘎裂声、喉闭态、喉开态、耳语声。前 3 种发声态是振动声带的。发振声时声带正常振动,纵向、中部、内收三种紧张度都处于中性状态,不太紧也不太松。假声则性质完全相反,都处于高度紧张状态(Hollien 1971:329),声带抻得很长很宽,基频超高。发嘎裂声时声带往中央收缩得又短又厚,声带只有前部一小段振动,基频极低,而且往往不规则。后 3 种是不振动声带的。喉闭态即声带处于静止状态,包括由声带纵向拉紧而形成的喉塞音。耳语声跟喉开态的区别是后者声门全开,而耳语声只打开后面的软骨声门,韧带声门是关闭的。从音法学角度看,耳语声不跟喉开态对立。除了喉闭态,其他单一发声态可以组合起来构成 17 种复合发声态(卡福 1977),大多没有音法意义(朱晓农 2010a)。它们表示的是副语言学特征,比如不同的感情色彩(咆哮、尖叫、嗲声嗲气等),或个人的嗓音特征(沙哑、沉闷、声如洪钟等)。

音法发声态是生理发声态音法化了的范畴(就像生理上的元音音法化以后成为音节中的韵腹)。音法发声态现已发现六类十四种(朱晓农 2014)。它们在声调语和东南亚声域语中可起区别作用,或可定义演化阶段。用此十四种发声态,足以描写已知语言的发声区别。表 15－2 是与音素系统(IPA 辅音表、元音图)相对的声素系统,包括发声类、发声态、超发声态。

### 表 15－2　普适声素库

| 发声类<br>(Major Type) | | 发声态(Phonation Type) | 符号<br>(Notation) | 超发声(Supra-phonational) | |
|---|---|---|---|---|---|
| Ⅰ.假声(Falsetto) | 1. | 假声(Falsetto) | pá | 长度<br>(Length) | 长／L |
| Ⅱ.张声<br>(Fortis Voice) | 2. | 张裂声(Broken Fortis) | pä̰ | | 央／MS |
| | 3. | 喉塞尾／喷音 (Final Glottal Stop／Ejective) | paʔ／k'a | | 短／S |
| | 4. | 前喉塞／内爆音 (Pre-Glottal Stop／Implosive) | ʔpa, ʔm／ɓa | | 4／h |
| Ⅲ.常声Ⅰ<br>(Clear－Ⅰ Voice)<br>(清冽声) | 5. | 不送态(清声)(Voiceless Unaspirated) | pa, ma | 高度<br>(Pitch Height) | 3／m |
| | 6. | 送气态(Aspirated) | pʰa, m̥a | | 2／l |
| | 7. | 弱送态(Weak Aspiration) | p'a | | 1／xl |
| Ⅳ.常声Ⅱ<br>(Clear－Ⅱ) | 8. | 振声(Modal Voice) | ba, ma | 拱度<br>(Contour) | 纯低／Lo |
| Ⅴ.气声<br>(Breathy Voice)<br>(浊声) | 9. | 弱弛态(Weak Slack) | ṗa | | 平／E |
| | 10. | 弛声(Slack Voice) | p̤a, m̤a | | 降／F |
| | 11. | 浊气态(Voiced Aspiration) | b⁽ɦ⁾ | | 升／R |
| Ⅵ.僵声<br>(Stiff Voice) | 12. | 喉堵态(Checked Creak) | a̰ | | 凹／D |
| | 13. | 嘎裂声(Creaky Voice) | a̰ | | |
| | 14. | 弱僵态(Weak Stiff) | a̱ | | |

说明:关于发声态的英文名:向来的科学术语都是西名东渐,所以中文术语都可回溯至英文,但上表中的中文术语大多是用中文研究中文材料时发明的,所以没有现成的英文术语。为便于交流,我给这些发声态都起个英文名。Ø 为零声母。在不需要更多语音细节时,气、弛声可用ɦ表示,省去两点。响音如 m 在有常态振声如 b 的音系中跟 b 同态,无 b 的话跟清冽不送态 p 同态。

音法发声态和生理发声态不是直接一一对应的,两者有多处不同(详见朱晓农 2018a)。

### 15.3.2　几个要点

音法发声态是一个全新的概念系统,所以要摒弃以往的一些成见才能掌握。有几个要辨别清楚的概念列在下面,详情见朱晓农(2018a)。

第一,要分清生理发声态和音节发声态,就像要分清辅音和声母、元音和韵腹的不同一样。

第二,僵声和张声(均下辖三小类)的区别。两者很容易搞混,例如赖福吉就把它们混而为一(stiff voice)。两者的区别具体来说:

a)嘎裂声和中喉塞:共同点是声调中间都像折了一样,声门都要关一关。区别在于:1)发音生理相反:中喉塞的塞是往两端拉长声带来关住声门;嘎裂声的塞是朝中间收紧声带来关住大部分声门,从而止塞发声。2)声学和听感不同:喉塞引起昂调(至少不降),嘎裂声导致降调。3)音节学区别:所谓"中喉塞"实际上发生在一个音节末、两个音节中间,如普通话"西安"xi?an中间就有个中喉塞;凹调中的嘎裂或喉堵则和前后元音处于同一个音节中。4)中喉塞在一个音节末;凹调中的嘎裂声在一个音节中间,降调嘎裂声在一个音节末。

b)喉堵态和喉塞尾:喉堵是造成静波的强嘎裂,所以跟同样有静波的喉塞更容易混淆。生理区别在于喉塞拉长拉紧声带以止住发声;喉堵挤紧挤短声带止住发声,同时假声带还可能压上去。声学和听感上喉堵造成音高下降;喉塞不会,还常常提高音高。

c)嘎裂声和张裂声:张裂声极为少见,这是一个拉紧声带的断裂音,基频高于平均值。嘎裂声的基频则在频域的最低端。

第三,发声态中有两类是常态的清冽嗓音:常声Ⅰ和常声Ⅱ(即清冽声和振声),另四类(假张僵气)是非常态发声、非清冽嗓音。

第四,"清浊"。

a)吴、楚[①]、湘方言中的"浊音"不是不带声和带声的区别,而是常声和气声(主要是弛声)的区别,偶有带声出现,只是气声的语音变体

---

①　"楚语"是我新定义的一个大方言区,由原北赣大通和昌都片构成。

或伴随特征。

b) 中古汉语清浊性质与现代吴、楚、湘方言同。

c) 常声Ⅰ和常声Ⅱ都属于常规嗓音(modal voice)、清冽嗓音(clear voice)。英语、法语、日语中不论 voiceless[p,t,k](清冽声/常声Ⅰ),还是 voiced[b,d,g](常态振声/常声Ⅱ),都是常规嗓音。如果沿用浊音是带声义,则极为别扭,欧美和日本的"浊音"是"清冽声",不觉得这样的命名会阻碍个人深造、学科发展吗?

第五,弱送态和送气态:以往的清送气应分为两类,VOT 介于 30 毫秒至 60 毫秒的是弱送态,大于 60 毫秒的为送气态。

第六,假声、僵声和气声都属于非常规嗓音。张声中的前后喉塞是常规嗓音,其他是非常规嗓音。

第七,响音(鼻音、边音、近音、零声母)的音法地位随音系结构而定:当音系中清冽阻音与带声阻音(p～b)有对立时,它们与带声阻音归为一类;当没有这种对立时,它们与清冽音归为一类。所以表中 m 重出于两处。

第八,内爆音和喷音属于发声态。其他发声态都只考虑它们的声门的水平活动,内爆音是声门往下活动,喷音是往上活动。

第九,十四种发声态中有三种(清不送、清送、常态带声)是大家熟知的,有四种(嘎裂声、浊气声、弛声、喉塞音)是赖福吉等(Ladefoged & Maddieson 1996)认定的,还有一半是我们新近认定的。所用音标符号有八种是国际音标里有的,六种(假声、张声嘎裂、弱送、喉堵态、弱僵、弱弛)是自创的。

### 15.3.3 研究发声态的意义

首先,发声态是声调的一个组成成分,能起到区别作用,所以是语言不可或缺的成分。

研究发声态为语音学开辟了一个新领域,进而带动了连串突破:带领声调研究进入一个全新的天地,为辅音提供一个新的更合理的分类框架;同时打通了元音、辅音、声调中盲人摸象各自为政的状况,统一解决了很多语音学和音法学中的长期难题,构建起一个新的音节模型,并最终为语音学建立一个全局性理论作出贡献。

其实西方学者很早就注意到发声态在语言中的作用了。霍凯特在他那本经典语言学教材中指出(Hockett 1958：60 - 61)：

> 进一步的研究将会表明我们把声质调节[即发声态]排除出语言是错误的。但在能解决之前，本书中为便宜行事需把它排除在外。

发声态研究一直还浮在物理和生理学圈子里，以为发声态是单个音段的附加特征，而无法从音节层面上观察它的非线性、跨音段的属性，没能在语言学中把它音法化、概念化、范畴化、形式化。亨德森说(Henderson 1978)：

> 音系学理论显然有极大的兴趣想用一个单一的特征来说明这些个纷乱而相关联的现象，但依我看，现在就考虑"音法特征"为时尚早。

发声态和声调在西方语言学界长期被忽视的一个直接原因是欧洲、阿尔泰等非湿热大陆的语言是调音为主型，发声简单，一般只有常声Ⅰ/Ⅱ，所以历来便宜行事，处理为音段的附加特征便算了事。这是囿于材料而开展不起来(朱晓农 2018a)。

这个多年来困惑了很多语言学家的涉及语音学和音法学基本框架的系统性难题，在尝试了二十多年后总算拼出了个完整图案。最早是我在写作博士论文时(1990—1994)，为处理上海话的阴阳调(即清声和气声的对立)，提出以发声态定义的分域概念。之后就是原地踏步的十年。那时我以为我掌握了最新的语音知识和实验技术，把赖福吉的书和奥哈拉的文章读得滚瓜烂熟，加上原来的音韵、方言底子和初级数学训练，我想我可以横着走了。谁知道做了一个澳研院的南部吴语声调大项目，竟然铩羽而归。直到2006年写了篇《论分域四度标调制》(朱晓农 2006c)，尝试性地提出了一个发声态系统，那时还有"全紧声"这么个概念(后来分化为假声和张声)。这以后开展了大规模的田野调查，事情突然变得容易了——"一力降十会"，那是我当时的感觉：超分量的可靠新材料往那儿一压，什么理论都玩不转了。不过别误会了，以为这就材料称大王了。不是的，"一力降了十会"后就得有一套更"会"的理论去驾驭材料。这就是我在《语音答问》(朱晓农 2018a)序言里说的两个过程。先是在泰山压顶的材料碾压下，什么华山论剑都是花拳绣腿。然后是从连续的语音数据到离散的音法范畴念,在认知上要翻越一座比泰山更高更高的山。

# 15.4　声调类型学

声调类型学研究的是世界语言中有多少种实际存在的调型、可能以及不可能的调型。

### 15.4.1　普适调型库

普适调型库又叫通用调型库,见表 15-3。这张表用四个参数来定义声调,相当于元素周期表,所以也可以叫作调型周期表。表内的数字(除了最右栏中的变体调值)不是调值,而是调型的代码。在声调类型学中,调型是基本单位,代码是调型的代号或直观符号。调值在声调类型学中相当于各种语音变体。

**表 15-3　普适调型库**

| 拱度 | 拱型/调型狭 | 长 | | | 央短 | | | | 变体常域长调 |
|---|---|---|---|---|---|---|---|---|---|
| | | 上域 | 常域 | 下域 | 调型 | 上域 | 常域 | 下域 | |
| 非拱 | 纯低 | | 22 | **11** | 纯低 | | 22 | **11** | {22,32,323,23} |
| 平 | 高平 | *66* | 55 | | 高 | *66* | 55　55 | (**44**) | {45,55$_4$,54} |
| | 中平 | | 44 | **33** | 中 | | 44　44 | **33** | {44$_3$,43} |
| | 低平 | | 33 | **22** | 低 | | 33　33 | **22** | {33$^2$,32} |
| 降 | 高降 | *63* | 52 | **40** | 降 | *63* | 52　52 | | {53} |
| | 中降 | | 42 | **31** | | | | 31 | {43} |
| | 高微降 | | 54 | | | | | | |
| | 中微降 | | 43 | | | | | | |
| | 高弯降 | | $_5$52 | **341** | 弯降 | | | | {$_5$53,$_1$52} |
| | 中弯降 | | $_3$42 | **231** | | | | **231** | {42,$_3$32} |

| 拱度 | 拱型/调型<sub>狭</sub> | 长 | | | 央/短 | | | | 变体常域长调 |
|---|---|---|---|---|---|---|---|---|---|
| | | 上域 | 常域 | 下域 | 调型 | 上域 | 常域 | 下域 | |
| 升 | 高升 | *46* | 35 | **24′** | 升 | *46* | | | \|25\| |
| | 中升 | *35* | 24 | **13** | | | 24 | **13** | |
| | 微升 | | 45 | **23** | | | | | |
| | 凸升 | | 24₃ | | | | | | \|35₄\| |
| 凹 | 低凹 | *404* | 323 | **212** | 凹 | | 323 | **212** | \|303,223,324,323\| |
| | 高凹 | | 535 | | | | | | \|434\| |
| | 前凹 | | 324 | **203** | | | | | \|325\| |
| | 后凹 | | 523 | **412** | | | | | \|423\| |
| | 两折 | | 4242 | **3131** | | | | | \|5232,3242\| |
| 总 | 57＝38＋19 | *5* | 19 | **14** | | *3* | 11 | **5** | |

央/短同列，最右栏是变体例

最早提出"构成区别的调型"时只有 14 种(朱晓农、衣莉 2011)。回想起来这真是一个异常困难的开端,整个儿一个老虎吃天(无数的材料),无从下口(有几个维度啊?)。好在万事开头难,最困难的第一步跨出了！接下来几年沿着这方向努力,到朱晓农已发现 45 种调型(朱晓农 2014)。2016 年又增加 3 种短调和一种央调(朱晓农、韦明应、王俊芳 2016),然后又发现短中降型 \|42\| 和短中升型 /24/(张静芬、朱晓农 2018)等。最近又发现 4 种拐调(衣莉、朱晓农 2023)。现在共有 57 种。这看上去不少,但实际上基本调型,即常域长调(普通发声态的舒声调)只有 19 种,其中常见的不过十一二种——这真是意想不到的少！还有 38 种是带有特殊发声态的调型,或是央/短调。表中调型按"降平低升凹"五大拱类排列,次序按出现频率。迄今为止,在我们统计过的数百个调系中,降调最常见,其次是平调,凹调最少。需要注意的是,纯低调很多时候语音实现为低凹拱。下面介绍几个重要的调型概念。

### 15.4.2 调型的定义

调型(tonotype)是类型学、音节学中的声调新概念,具有如下三项性质:1) 每个调型有自己的声学/听感特征;2) 每个调型都与同拱度的另一个在至少一种语言中有对立;3) 普适调型库中的调型对于所有声调的类型定位以及自然演化来说是充分而必要的(至少冗余度是最小的)。

调型不同于调位(toneme)。调位是具体某个调系中的区别性单位,调型是跨语言的类型学概念。调位一没有具体的声学/听感特征,只是一个抽象的对立单位;二对立冗余度很大。

调型也不同于"调形",两者的关系相当于类和例。调型是类型,相当于生物学的物种(speices)。调形只是具体的表现形状,由于与调型同音近义,我不用"调形"一词,改用"拱形、调拱、拱度"等。

### 15.4.3 声调作为音节成分

音节结构显示:发声态是音节成分——声域——的语音实现,就像元音是韵母的实现,声母实现为辅音一样。而声域则是声合的下属成分。

声母韵母作为音合的下属成分是有时间先后的,所以叫线性成分。声合的下属成分声域、音高等是可以跨音段的,可以从声母蔓延到韵母,所以叫非线性成分。因此,生理发声态和音节发声态的最大区别在于:生理发声态是专属某个音段的,是从音素角度来研究的。音法发声态则是整个音节的属性,是跨音段的,会影响多个音素以及声调,尽管有时在某个音素上表现得更显豁点。例如音节学中的弛声,即所谓"清音浊流",我们不能说它是声母清声,而韵母是振声——这在音节学中就不知所云了。过去一直没明白这道理,以为从生理语音学到音法学就一条线直接对应,所以一直理不出个头绪。

东/南亚和中/西非等低纬度地区的语言是发声活跃型。因此一个完备的语音学理论应该发声和调音同时并重。这个完备的语音学理论的突破口在于声调和发声态。声调作为音高、音长和发声态的综合体(观点Ⅰ),可以定义为音节的非线性直接成分(观点Ⅱ),与音素组合对立——这样的认识也顺带解决了音系学半个世纪来困扰至今的声调承载单位(TBU: tone bearing unit)问题。所谓 TBU,其实就是辨认声调的上位概念,也就是要求音系学中的概念分类系统。过去把声调的上位概念当成了音高,那么种差就要去跟咳嗽、唱歌相区别了。这个 TBU 问题只有把音节看成音法学的初始单位才能解决。

上述两个观点——"Ⅰ.声调是个综合体"和"Ⅱ.声调是音节的直属成分",分开看都不是新的,都是咱们音韵学延续千年的前瞻观点。全新的是把它们组合为一个自洽理论,并有大量新事实和系列相关理论(音节理论、发声系统、普适调型库、分域四度制)支撑。观点Ⅰ在西方几十年前也注意到了,亨德森说(Henderson 1967:171):

A phonological tone is in Southeast Asia very frequently a complex of other features besides pitch — such as intensity, duration, voice quality, final glottal stop and so on.

东南亚的音系学中的声调经常是一个集音高、音强、音长、声质(按:即发声态)、喉塞尾(按:亦为发声态,即张声)等因素的综合体。

Thurgood(2002)对"声调即音高"这种标准定义批评得非常严厉:

Such configurations are found in tone systems throughout the world,not just Southeast Asia,making the standard definition of tone as the lexical phonemicization of pitch distinctions at best a misleading simplification,at worst a serious impediment to understanding.

声调的这种综合体结构其实不仅在东南亚,而是在全世界声调系统中都可看到。这就使得声调是音高区别在词汇上音位化这种标准理论,最多是个误导性简化,而最坏呢就严重阻碍到理解。

### 15.4.4　纯低调:启动类型学的功臣

纯低调这个概念的确立是建立类型学的关键一步。

调型有五种拱度——降、平、升、凹、低——前四种以拱度相区别,但"低"(纯低调)不是,它是一种不以调拱来做区别的纯粹的低调,语音实现为四种最低拱:最低平拱⌊22⌋、低降拱⌊32⌋、低凹拱⌊323⌋或低升拱⌊23⌋。像北京话上声[214/21]、天津话阴平[11/21]、广州话阳平

[11/21]都属纯低调(详朱晓农 2012a;朱晓农、章婷、衣莉 2012)。可以说,没有建立起纯低调这个概念之前,声调类型学就还在孕育中。

需要指出的是,纯低调一般可以由这四个最低拱自由交替,但有时它只实现为某一种低拱,常见的如低凹拱{323}或低降拱{32}。极少数情况下可能{323}与{32}同现,可把前者归入央凹型/32/,后者作为纯低型/22/。此时极可能是在争夺纯低型的演化途中。

### 15.4.5　平调的极限:确定度数的出发点

平调的极限,这个问题是设计一个标调系统的首要问题:一个调系中最多有几个平调,标调系统就需要设定几度。当年赵元任就假定最多只能有 5 个平调,由此设计了五度制。我们设计的分域四度制,最多可表达三域六度,而贵州凯里鱼粮村苗语正好有 6 个平调,见图 15 - 2。最高的 T2 是上域张声高平{66},最低的两条是下域气声低平和最低平{22,11},最低平{11}带极强气声,一半多例字没有完整基频曲线。中间三条是常域高中低平{55,44,33}。图 15 - 3 是高坝侗语

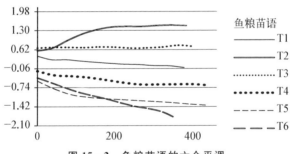

图 15 - 2　鱼粮苗语的六个平调

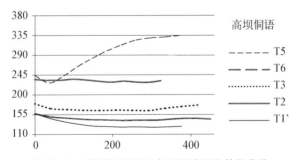

图 15 - 3　高坝侗语的五个平调的平均基频曲线

的五个平调,下面四个平调在常域,调型代码为⦃22,33,44,55⦄,基频在 120～220 Hz 之间,最高的 T5 是上域假声高平,代码为⦃⁵66⦄。

由鱼粮苗语可见标调系统至少需要六度,把这 6 个平调表达在分域四度制中,再加上高坝侗语 T1' 的常域⦃22⦄和温州阳去的下域气声⦃33⦄(温州还有 3 个平调,常域⦃44/33⦄,下域⦃11⦄),就有了如下平调极限图。平调最多到六度,一个语言中最多 6 个平调(理论上 12 个),上域只有一个(上域无中低平,无法控制、调试出两个上域假声平调),常域住满 4 个,下域 3 个(下域无高平,最高的⦃44⦄显然不适合气声平调)。一共最多 8 种平型调。

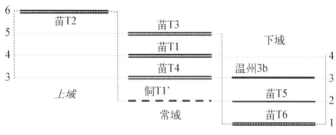

**图 15 - 4　平调的极限**

### 15.4.6　凸调不是调型

表 15 - 3 中五种拱度里没有凸型。不同的凸拱分别归入降型或升型:前凸拱为弯降调,后凸拱为后凸升调(朱晓农 2014)。前后凸拱以凸点在调长约 50% 前后处相区别。前凸拱前段升拱短,后段降拱长;而后凸拱前段升拱长,后段降拱短。

### 15.4.7　不可能调型

研究类型学,不但要找到有多少已出现和未出现但可能的调型,还要找出不可能的调型。形式句法学里后者更重要(制约条件指出了不可能的句式),这是因为控制句法的因素确定不了。声调类型学当然前者更重要,因为调型的四个参数已经限定了出现可能性。

用分域四度表达的代码大大多于调型,所以,有些代码只是表示调型变体。比如⦃53⦄是 /52/ 或 /54/ 的变体;上域平调只有一个,所以中平、低平、纯低调都是不可能调型；下域高平也是不可能调型。

# 15.5　类型学的功能

　　"音法类型学"这个名称比"语音类型学"好，因为这是在语言学和音法学范围内，而不是大语音科学范围内研究语音；音法类型是由音法功能来定义的。

### 15.5.1　音素/声素的辨认
　　研究音法类型学的首要作用是辨认个体音素。
　　研究语音最重要的基础是有一个语音分类框架，像国际音标图中的元音图和辅音表都是分类框架。但这样的框架不能令人完全满意，就是因为元音类型和辅音类型无法确定。需要多少个参数才能描写全世界语言的元音？高低分几度才算合适？前后呢？圆展度呢？另外还需要什么别的参数？一共需要多少个音标才能充分而必要地描写、表达全世界语言的元音？问要多少个音标才够，实际上就是问有多少种元音类型。辅音也一样，而且更复杂，尤其是齿龈到前腭部位的塞擦音，到底可以、应该分几类？简单地说，世界语言中到底要有多少元音和辅音符号才是充分而必要的。这些最基本的问题根本就答不上来。
　　要回答上面的问题，最好的办法是建立两张像化学元素周期表那样的元音周期表和辅音周期表。而要建立这样的周期表，需要先建立音法类型学，而不是只有生理物理参数的语音类型学。
　　类型学要确定一个分类系统，这相当于"门纲目属"生物分类树。没有这样一个分类系统或者越出了这个系统的范围，那么不要说类型学，连个体辨认都成了大问题。拿越南语来做个例子。越南语声调曾对声调起源、语言的发生和接触、声域和声调的音法类型等多方面研究提供过关键证据，因此一直深受国际上语音学家、历史音韵学家和共时音系学家的重视。从 17 世纪的罗历山（Rhodes 1651/1991）起，至今积累了海量的听感描述资料，音乐术语和生理描写都用到了。如锐声是"强锐音"（罗历山）；跌声是"提高的胸腔音"（罗历山），是"在音节中间有个喉部断裂的昂调"(Nguyen & Edmondson 1998),或"高升调常伴有喉塞音或'掐住嗓门'(strangulated)的音色"(Thompson 1987);重声是降调,调尾有强烈而持续的阻塞以截断声调(Nguyen & Edmondson),或"低降调带有紧喉化或紧音特征"(Thompson)〔按:这两个"紧"不一样,前者是 glottalization,后者是 tense。在我们的声素系统中(朱晓农 2014),glottalization 归入僵声,tense 归入张声〕。1980 年代以来又攒了很多声学数据,描绘得更为精密了。但由于缺乏一个类型学框架,导致我们无法进行理性认识和逻辑归类越南语声调的真实样貌,也无法与其他语言的声调进行比较研究(朱晓农、阮廷贤 2014)。

所谓理性认识,就是把认识对象归类到一个逻辑分类系统中,属加种差,本质全认识清楚了。如果缺乏理论认识框架和逻辑分类系统,那么,尽管一些具体描写可以很细致,但到底是个什么样的声调,怎么表达,怎么跟其他语言的声调相比较、相区别,仍属未定之天。打个比方,你在神农架看到一个生物,直立行走,两米高,身上有几厘米厚的长毛,棕黑色,脚有 65 号鞋码那么大,手有多长,等等等等,生理特征描写得很细致,但最终你得告诉我们它是熊,是猩猩,是人,还是人和猩猩之间的一种野人,你得在生物分类系统把它定位了,属加种差,才算对它有了认识。否则,尽管能把它描绘得活灵活现,对它的认识却还停留在科学范畴之外。

这几百年来的越南声调描写就处于前类型学/前科学阶段,其他语言的声调描写也差不多。

科学研究要解决两对永恒的矛盾:"事物的连续性对分类的离散性,事物的变动性对分类的静止性"(朱晓农 1987)。分类的"离散性"和"静止性"就体现为认知范畴。类型学就是用来解决第一个矛盾的,而演化学是解决第二对矛盾的。

### 15.5.2　跨语言比较

没有类型框架就无法进行跨语言比较,比如用五度制表达的降调[51,52…451…]多达五十种,既概括不出降调的区别点,又无法进行跨语言比较。不但无法比较,而且还具有误导性。一方面会把

[51,52,53]看作不同的声调,另一方面会把比如岳阳话的[35]和北京话的[35]看作是相同的声调,其实北京话的高升调是常域{35},而岳阳话是带假声的上域高升调{46}。又如香港粤语有四个平调,高坝侗语有五个平调,如果用五度制来比较,就会出现极大的错配,如图15-5。

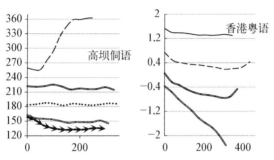

**图15-5　[左]高坝侗语五平调,[右]香港粤语四平调**

有了调型概念,就可进行跨语言比较了。相同的调型即使在不同的语言中,也具有类型同一性。图15-6中高坝侗语最高的假声平调在上域,其余四个在中域,与粤语的四个平调相比很协调。

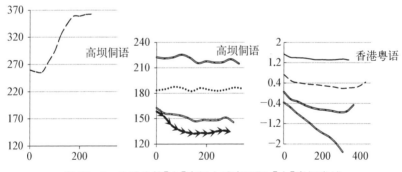

**图15-6　分域比较[左]高坝上域高平调,[中]高坝常域四平调,[右]香港常域四平调**

有了调型概念,用数字标调的五度制(Chao 1930)和分域四度/三域六度制(朱晓农2006)都无足轻重了。原先表示调值的数字或可作为调型代码,直观地代表调型。

### 15.5.3　作为演化学基础

类型学用于研究语言变化最早是雅各布森于 1958 年提出来的。上文 14.4 节介绍了我们用类型学的两个案例：证明古无轻唇音和群母的演化。下一章我们会看到一个完备的声调类型系统，如本章内的通用调型库，对于演化研究所具有的决定性作用。

音法类型学无论对于语音的共时理论分析，还是历史演化追踪，都是不可或缺的经验基础。这是一门开展很早，但进展很慢的学科，原因一方面在于缺乏合适的材料，另一方面没找到通用单位。这两个原因可能还互为因果——由于缺乏通用单位，所以材料都不够合适。

### 15.5.4　获取声调类型学材料的步骤

声调的实验研究从 Bradley（1911）、Jones（1912，1918）、刘复（1926）、赵元任（1922，1928）算起，已有一个世纪。这个期间所记录的声调系统不下三四千个，但这些听感记音仅满足五项材料要求的第一项（见下文），因而对于音系学理论、类型学、演化研究的作用有限（Zhu 2012；朱晓农 2014）。这一方面出于听感的不确定性，使得对同一个声调可以听记出多达九种调值（例见朱晓农、衣莉 2015）。另一方面缺乏一个符合实际的理论，此处是声调分类框架，这使得很多调拱难以归类。例如大连话、河南话、粤语、泰语中舒声降调分长短（朱晓农等 2008；林文芳、洪英、朱晓农 2013；朱晓农、林晴、趴差桠 2015；朱晓农、张瀛月 2016），而在过去的声调理论中没有舒声分长短之说。那么，什么样的材料才能帮助建立声调类型学，进而进行声调演化①研究？大体上需做到以下五个步骤：

1）研究者的听感记音。

2）发音人或其同乡的听辨测试以确定音位。

3）同时的录音和测量。

4）在一个充要的调型分类系统中得到归位。

5）进一步在实验室进行听感实验以确定共性。

---

① "演化"（evolution）和"演变"（change）有些不同。第一，演化主要指受音理控制的自然演变，演变包括的东西更多。第二，语音演化研究移植了生物演化的概念：变异与选择。这跟以往的演变研究也有所不同。

相比于第二条声学材料,第一条听感是应该放在第一位的。现在有了语音分析软件,很容易获取精准的声学材料,很容易让人本末倒置,以为声学数据最重要。

## 15.6　两方面的压力

音法学暨语言语音学是语言学和语音科学的交叉学科。由于处于这两者之间,就会受到两方面的压力。来自语音科学的压力是"科学化""数学化",来自语言学/音系学方面的压力是形式化、简约性(simplicity)。我就代音法学暨语言语音学来回答这两方面的压力。其实不是我回答,是我引物理学家爱因斯坦的话来回答。

对于来自语音科学"科学化""数学化"的要求,回答是:

> 任何事物都能加以科学的描述,比如你可以把贝多芬交响乐描述成波压变化,但这样做毫无意义。(爱因斯坦)

> Since the mathematicians have invaded the theory of relativity, I do not understand it myself anymore.(爱因斯坦)

对于来自音系学形式化、简约性的要求,回答是:

> 万事皆需处理得越简明越好,但别过分。(爱因斯坦)

形式音系学中的形式化、简约化要求还远未到家,其实犯不着去请爱因斯坦他老人家来回答。

简约性固然很重要,它是形式科学的终极目标(即满足充要性),但经验科学不同。经验科学和形式科学起点一样,是自洽性(内部无矛盾),但经验科学的最终目标是完备性(能说明所有相关事物),简约性只是经验科学的途中目标,即在前沿领域证据不足的情况下,如果其他情况都一样,多个竞争理论中简约者胜出。对照构成科学工作的三大成分——齐一性原理、逻辑构造型理论、实证检验——最终目标完备性等价于齐一性原理,起点自洽性等价于逻辑构造型理论,但这些理论对不对、好不好,都要经过实证的检验。

再者,简约性是全局性要求,而不是得到某个局部性简约化处理就可万事大吉了。比如理论音系学中把声调简约为 H/L,这种单单追求表达单位的简单,引出的后果是整个表达过程(如实现规则)的加倍繁复,而且还硬把有区别的调足塞进同一个尺码的鞋里,比如 17 种不同的降调都只能表达为[HL]。这种为简约而简约的做法不是经验科学里的常规工作方式。音法科学中选择声调表达单位的标准,需考虑描写充分性、理论充分性、类型共性和演化原理(Zhu & Wang 2015)。

这就是我要强调的:语言学不是形式科学,而是经验科学!我从没见过哪门经验科学胆大到自称或萎缩到自认和数学、逻辑学、电脑程序一样是形式科学。任何经验科学都可使用形式方法如数学、逻辑、电脑程序,但任何经验科学的研究对象本身都不是像数学、逻辑、电脑程序那样的一个自我定义、自我构造的形式系统。研究对象是否为形式系统这一内在性质,决定了研究本身形式性和经验性的分野。语言本身不是一个形式系统,而是一种人类行为或者是一种大脑机能的外化,自然语言内部充满重复拖沓,甚至矛盾、错误。插一句:形式逻辑是人类文化突变,希腊逻辑和印度因明都是两千三四百年前发明的,其他民族比如中国一向是没有逻辑概念的("逻辑"一词都只有 100年历史),孟子、墨子都不懂逻辑,没有形式系统概念,推理也不遵循逻辑之道,而是用的同构和对比推演法(18.4 节)。你能指望一个非形式系统的主体随机产生的结果,恰好构成或内在符合一个形式系统? 能期待历来无逻辑、非理性的中国传统文人思想家说出来的话,恰好构成或内在符合一个逻辑系统?

想都别想。

你可以从方法论上假定一个内部一致的理想语言状态,从而使用数学、逻辑等形式化方法,但千万不要把方法论上的形式手段误认为是语言本体论上的形式主义,误以为语言本身就是个形式系统,再进一步把语言学的学科属性(形式科学还是经验科学)也曲解了。

记得多年前有些争论科学性、人文性的话题,我说不能把语言的人文性混同于语言学的人文性,语言学作为科学,甚至作为文科,值得强调的只有科学性。

把上述两种观念合在一起,看看问题出在哪儿:

人文派坚持由对象决定方法的"人文精神":研究对象有人文性,那么研究方法也应该用人文方法(而非科学方法）；

形式派坚持由方法决定对象的"形式主义"：研究方法使用了形式化方法，那么研究对象也就成了形式系统。

看似两级震荡，实则内在性质相同，都认为对象和方法的性质是一致的。

这两种观念都对了一半：语言有人文属性，但不妨碍使用形式化的科学方法。

也都错了一半：研究对象不是形式系统，研究方法不能用人文方法〔其实人文方法从来没有定义过，用个类比，大体上像文学评论，参看朱晓农(2008a)〕。

总之，语言语音学是这样一门学科：它既要使用包括数学和逻辑的形式化方法，又要保留生理、物理、心理的属性，还要符合音系处理的简明性要求。最后也是最重要的，它要有语言学内涵，也就是说，某个数学公式、某个逻辑推导式、某一批统计数据，必须要音法化，即要在音法学中范畴化、概念化，否则就会言不及义(要么在谈贝多芬交响乐的声波压力，要么在玩输入输出的纸上游戏)。

# 第 16 章　演化音法学：演化比较法的运用

> 语音演化的第一动因是犯错。
>
> ——竹子

## 16.1　导言：从历史语言学到演化语言学

初版介绍了一些具体的新方法，如基于实验语音学、类型学、数学以及聚裂论的古音追踪(见本书第 14 章)。再版加了本章来介绍一种新的系统研究：演化音法学。它把那些新方法综合在一个演化论的框架中，重新审视语言变化的方方面面。可以说这是一个范式更替：从历史语言学到演化语言学。

### 16.1.1　背景介绍

与语言演化有关的思想的出现可以追溯到很久以前。一些理论问题也在几十年前就被提出来了(Wang 1978、1979、1982、1991)。但作为一门学科或一个流派在国外有众多人参与，不过 20 年左右的时间，而且讨论较多的是语言的起源问题。而国内只是最近几年才开始出现自觉的、有理论意识的探讨。第一届国际演化语言学研讨会由朱晓农、麦耘、林伦伦等筹办，2009 年于广州召开，王士元先生做了主题演讲。以后陆续在天津、上海、北京、香港、厦门等地召开，逐渐形成研究氛围。

演化本身不是一个新名词。达尔文的 evolution 理论，严复译为"天演论"，后来通用的译名是"进化论"。这似乎给 evolution 增加了些褒义。其实，evolution 并不判定先进与落后，也没有一个既定的目标。在语言学里,evolution 是否带有目的也是一个有争议的命题〔参看 Ohala(1989a)对 Lindblom 文章的评论以及 Bybee(1998)对两种功能主义的区分〕。语言的演化跟生物的演化一样是非目的论的(non-teleological),并不蕴含某些演变是进步、某些演变是退化之意。因此,evolutionary linguistics 要译成中性的"演化语言学"。

演化音法学(evolutionary phonology)是演化语言学中最为成熟的一个分支。由于语音相比于语法、词汇、语义来说,物理、生理因素更为显豁、更为直接,所以演化音法学就更接近于经验科学。从目前来看,音法演化的原理跟语言其他方面的演化有相当的不同。作为一门新兴学科,演化音法学尚未完全成型。不同学者对之有不同的表述,研究的侧重点、方法也有不同。不过,有一条最基本的原理是大家都接受的,那就是人类语言的演化有其内在的、普适性的规律。

演化的概念影响到整个语言学界是比较晚近的事,这是因为作为演化的关键因素——变异,在共时语言学的形式化研究范畴中(从结构主义到生成学派),都是被排除在语言描写之外的。结构形式派和生成形式派对语言的描写有一些共同的基本假定:

A. 变异是个人的、言语的,不属于抽象的语言系统。描写语言要从系统性出发,所以要排除变异。

B. 同一个语言社团有一致的语言知识(音位、形态、句法等)。如有不同的变异,应该以 NORM(Non-mobile Older Rural Male,世代老农)为标准(年轻人发音"不正宗"甚至"被污染")。

C. 一个语言社团内部是一致的,即所有人都有相同的"土人感"。因此,单个发音人可以成为代表整个社团的理想发音人,他拥有整个语言系统的全部、完整的知识。

D. 大部分变异属于同一音位中的语音变异,而音变是在音位层面发生的,所以共时变异不具有历史价值。

历史语言学是 19 世纪从印欧语研究中发展出来的。到了 20 世纪,研究重心从印欧语转移到了其他语系。欧美地区则转移到以共时的形式化研究为主。到 20 世纪六七十年代产生了一种从共时变异入手来研究历时演变的变异学派,即所谓"社会语言学",以及关注以变异为音变过程的"词汇扩散论"（Wang 1977）。"社会语言学"是外界对变异学派的称呼，照拉波夫的看法，不存在脱离社会的语言。生成派和变异派各自从一个方面来突破结构派的两个信条：一是语言之间差别很大，彼此不具有可比性，生成派则认为存在着人类语言的普遍语法；二是一个语言社团具有内部一致性，变异派则认为语言社团，尤其是大城市语言内部有很大的变异性，这是变化中的语言的标志，从中可以探索语言的变化。到 80 年代，又产生了实验音法学，从音理上去探索变异的原因。所以，今天的演化音法学，如果要溯源的话，也许可以从这三个方面来看：从历史语言学中升格而来的泛时观念、变异学派、实验音法学。下面就简单介绍几位代表人物。

### 16.1.2　泛时音法学

奥德利古讨论越南语声调起源的文章是历史语言学的经典之作（Haudricourt 1954）。在此之前，越南语跟泰语在声调之间的相似性被认为是它们之间有谱系关系的证据。但是，奥德利古通过把越南语跟其他孟高棉语比较，认为越南语声调是后起的，还进一步指出越南语、泰语、古汉语跟原始苗瑶语的声调都是平行演化而来的，不能证明它们之间的谱系关系。跟历史语言学侧重谱系关系的想法不同，奥德利古的结论中暗含了演化音法学的思路——共时的语音格局的相似性可以来源于基于相同自然音理的音变，而不一定是谱系树的反映。

因此，奥德利古在 1970 年提出"泛时音法学"（phonologie panchronique；panchronic phonology）的概念就是顺理成章的事情了，他认为"在过去的一个世纪，历史语言学的比较法已经有了改进：我们现在已经可以提出演化的泛时规则，用来评判各种变化的可能程度，并且用来把平行变异跟共享创新分开"（Haudricourt 1970：27，转引自 Michaud 2012：117）。不过，奥德利古的"泛时音法学"关注的重点是历史语言学中音变的不同类型，主要是为了对构拟的原始语言进行限制，判别哪条演化路径更有可能。至于音变类型的研究背后是怎样的语音机制在起作用，它跟跨语言重现的共时语音模式又有怎样的联系，奥德利古的泛时音法学还未涉及。

奥德利古的平行演化论在更早的萨丕尔的《语言论》（Sapir 1921/

1985,中译本)中已露端倪。萨丕尔提出过"沿流"(drift)这个概念,他认为:

> "语言的沿流是由说话人无意识地选择的那些向某一方向堆积起来的个人变异构成的。这个方向大体上可以从语言过去的历史推断出来"(138页)。"语音沿流往往是更具有一般性的。它不是趋向于某几个声音,而是趋向于发音的某几种类型……其实,上面两个表里列举的语音规律,差不多都是这样的更深远的沿流的特殊表现。例如,英语的长 o 高升为 u,长 e 高升为 i,是把长元音的位置提高这一般趋势的一部分,正像古高地德语的 t 变成 ss,是把古代的无声响的塞辅音变成无声响的摩擦辅音这一般趋势的一部分"(164页)。

萨丕尔已经看到拉波夫(Labov 1994)日后更为全面概括的长元音高化规律,对于这些早就断绝了关系的语言经历相同或极为相似的变化,他的"沿流"概念可以看作是类型演化的早期解释。

### 16.1.3　变异学派

41岁时就英年早逝的瓦恩莱赫(Weinreich)在跟他的学生拉波夫等人合写的《语言变化理论的经验基础》(Weinreich et al. 1968)一文中,从社会因素的角度提出了对语言演化的新认识,指出了语言的"有序异质性"(orderly heterogeneity),他们认为:以前认为的"自由变异"从社会因素来看其实是有规律的。

　　a) 这些"变异"是说话人语言知识不可或缺的一部分。语言演变中改变的是整个社团的语法。

　　b) 不同语言社团的"变异"是语言演变的动因,所以不应也不能排除在语言研究之外。

　　c) 充分利用实验语音学的量化手段来描写无法用国际音标表达的各种变异。

至此,语言中的变异现象开始得到描写与重视。拉波夫进一步拓展为一门社会语言学跟历史语言学结合的学科,提出"从变化中的语言研究语言变化"(study language change from language in change),并完善了研究方法,进而形成了一个"变异学派"(variationist)。他们主要从社会因素或音系结构等(Labov 1994)方面来解释音变,而非变异的语音原理,不过,通过这些研究,大家意识到变异是可以被观察到的,也由此开启了音变研究的新范式。

### 16.1.4 实验音法学

对于演化音法学的成熟起到直接催化作用的应该是实验音法学的出现。奥哈拉先是提出了"实验历史音法学"(experimental historical phonology)这个概念,提倡在实验室里研究常见音变的自然音理(Ohala 1974)。1986 年又跟杰瑞·耶格(Jeri Jaeger)一起编了一本名为《实验音法学》(*Experimental Phonology*)的论文集,在前言中提出了用实验方法来研究以下几个问题:(1)语言使用背后的心理结构是怎样的? (2)音变如何、为何发生? (3)形成音段库(segment inventories)的动因是什么? 这些问题既有共时的,也有历时的,更准确地说是研究泛时的音法问题。以前我们把历时的 historical phonology 翻译成"音韵学",把共时的形式 phonology 翻译成"音系学",而奥哈拉用实验的方法研究共时音系学,目的在于探讨历时音韵学,所以这个 phonology 是泛时(panchronic)的,既不能翻译成"(历时)音韵",又不能翻译成"(共时)音系",只能翻译成"(泛时)音法",所以 experimental phonology 就是"实验音法学"。

奥哈拉的实验音法学为演化音法学奠定了方法论基础,在他一系列的论文中,最重要的有两个概念:1981 年的"听者作为音变来源之一"和 1989 年的"音变从共时变异池中提取"。

先说"听者音变说"。在奥哈拉以前,虽然零星有学者提到过听者对音变的可能影响,但是从来没人系统提出听者在音变中的重要作用以及背后种种机制。奥哈拉认为,语言交流时存在着种种语境导致的变异,一般情况下听者会通过补偿(compensate)或规整(normalize)的机制进行复原,然而有时候这种复原会出错。如果在该复原处没有完全复原,就会造成"不足改正"(hypo-correction)的现象;而如果在不该复原处予以复原,那就是"过度改正"(hyper-correction)。在此基础上,奥哈拉对音变的原因做了总结,他指出音变的根本动因来自共时变异,而共时变异的来源主要有说者启动和听者启动两大类(Ohala 1989b)。

    (1)说者启动    空气动力学限制

                    弹惯性(elasto-inertial)

    (2)听者启动    相似语音的混听

                    不足改正

                    过度改正

说者启动主要指发音上的两类限制,一是空气动力学的限制(参看Ohala 1983,例见下赵元任发现的内爆音出现类型);二是弹惯性,主要指受时间影响而导致的不到位(undershoot),也就是时间错配(mistiming)。听者启动则包括相似语音的混听、不足改正、过度改正三种机制。

    有趣的是,奥哈拉在总结实验音法学对于类型共性和自然演化时说,最早的实例研究应归于赵元任对内爆音分布类型的解释(赵元任1935)。赵元任发现在汉语方言和少数民族语言中的内爆音,常常是有[ɓ,ɗ]而没有[ɠ]:

        这第九第十两类(引按:弱/强内爆音)的见法有一个很有意味的地方:就是在所有见处的方言里,都是只限于唇音跟舌尖音而从来不见于舌根音。

赵元任在作出上述发现后,又进一步追查原因:

        这里的理由不难找,从舌根与软腭相接的地方到声门那里一共就没有多大的空间可以像口腔较宽绰的[b]或[d]音那么弄出些特别的把戏;声带稍微一颤动,那一点的空间马上就充满了气成正压力了。所以也没有空间也没有时间可以造成第九类那种悬挂的印象或是第十类那种望里"爆发"的印象。本来舌根的爆发音不加上那些特别的把戏已经够难成浊音了。

    这段精彩的解释被奥哈拉认为是实验音法学的先驱性探索,它找到了内爆音的共时分布,然后又从发音生理和空气动力学角度做出了解释。赵元任从结构主义的角度出发,从共时的发音限制来解释共时的分布类型。奥哈拉进一步把赵元任的发现用历时的眼光去解读,认为正是这种空气动力学的限制造成了各种音变,才是造成这种共时蕴含共性背后的历时推手(Ohala 1983)。

奥哈拉尽管写过数十篇关于实验(历史)音法学方面的研究论文，但他本人并没有写一本完整的书来系统阐发他的理论。以《演化音法学》(*Evolutionary Phonology*)命名的书是直到 2004 年才由布莱文斯(Juliette Blevins)写成出版。布莱文斯是形式学派出身，不过此书的主要内容却是基于奥哈拉的研究，这从书末参考文献中有多达 40 篇奥哈拉的文章可见一斑。她用形式化的方法对奥哈拉的研究成果进行总结，提出了以下一些"演化音法学"的理论框架：

(1) 演化音法学把语言看作一个跟生物有机体类似演化过程的复杂自我调整系统(adaptive system)，它也是根基于我们对发音和感知的物理实质的一个动态的、有概率性的演化系统。

(2) 共时层面的相似是历时演化的结果，常见共时语音模式来源于常见的由语音驱动的音变。

(3) 语音模式的解释应该向基于发音的变异、语音变异的限制、误听的概率等方向去寻找答案。

(4) 音变是没有目的性的，主要是对变异进行筛选，并提出共时变异跟音变的三种关系，简称 CCC，即 Change(改变)、Chance(机会)、Choice(选择)。

(5) 演化音法学的两个中心目标是解释语音模式跟音变的相似性，并为这种相似性寻找形式音系学以外的解释。这两个目标使它跟传统历史语言学、早期类型学以及生成音系学等理论大不相同(Blevins 2006：131)。

奥哈拉认为形式学派的很多音系概念(比如特征、自主音段等)并不是说话人心理的直接反应，他主张用实验的方法，尤其是心理实验来判断说话人脑中的音系概念。他给判断音法概念的各种材料打分(Ohala 1986)，顺序是共时交替 1 分＜音变单位 2 分＜押韵 4 分＜言语错误 7 分＜语词游戏 8 分＜实验 9.5 分。《实验音法学》论文集中就有五篇是用心理学的实验方法来探讨音系概念的。2007 年索莱(Maria-Josep Solé)等人编了一本《音法学的实验方法》(*Experimental Approaches to Phonology*)，奥哈拉专门写了"音法学的研究",阐述实验思路及其方法论。奥哈拉自己也做了很多心理实验,其中比较有代表性的是奥哈拉等的实验(Ohala&Ohala 1987),证明了语词关系中例子的数量会影响对形态认知的真实性,因此语言学家归纳的形态语音规则并不等于语言使用者的知识。奥哈拉(Ohala 1992)认为从演化的角度看音段切分(segment)是后起的,来源于说听机制的物理生理跟形成词汇任务这两重限制的组合,并且对特征几何(feature geometry)以及自主音段(autosegmental)的解释提出质疑。这些论文里埋下了"实例理论"的种子。

最近十几年来,对音法概念的实验研究取得了长足的发展,但这些成果属于心理语言学(psycholinguistics)的领域,而较少受到研究语音学、音系学的语言学家的重视。直到 20 世纪 90 年代末,通过借鉴心理学界的实例理论(exemplar theory)而提出的基于实例的音法学(exemplar-based phonology)开始蓬勃发展,词汇的心理表达以及音法概念的认知基础重新引发了关注。

2006 年 *The Linguistic Review* 有一期关于基于实例模型(不仅包括音法,也包括句法)的专辑,在导言中,加尔和余梓麟指出了基于实例模型的主要理论构想(Gahl&Yu 2006):

(1) 跟形式学派发展出一套最简洁的、排除冗余的表达方式相反,实例理论认为心理表达包括了每个例子的记忆。

(2) 实例理论中的范畴不是抽象的表达,而是用包含说者跟听者所经历的语音细节的语言实例来表达的,对规则的归纳则是从具体的实例中涌现出来的。

(3) 语言的处理系统不是通过提取特征来比较,而是直接在相关类别中储存的各种实例记忆进行类推评估。

(4) 每个新经验的例子都会对整个范畴有影响,随着听感记忆的不断更新,这些形式的分布会逐渐改变。

(5) 因此,使用的频率跟新旧程度对这个模型是有很大效应的。

基于实例理论的有利证据来自多个方面。皮埃安贝尔(Pierrehumbert 2002)回顾了词汇表达必须包含丰富的、非音位性的(subphonemic)语音细节的各种证据。另外,听感的研究表明在语词识别的时候听者根据的是包裹好的语音细节,同时也包括了说话人的信息(Goldinger

1996;Johnson 2006)。实例理论也得到不少心理实验的支持〔见
Mitterer,Chen & Zhou(2011)的回顾〕。

基于实例的音法学为我们提供了一个框架——在这个框架中我
们既能对语音系统进行归纳,也能同时把历时的演化跟共时的语音变
体等等现象也都包含在一起(Johnson 2007:26)。从这个意义上说,
它既是共时的,也是历时的。因此,在演化音法学的研究中越来越多
地运用实例模型来解释音变的具体过程也就不足为奇了。比如,对于
拉波夫(Labov et al. 1972;Labov et al. 1991)早年提出的"近似合并"
(near merger)概念,在传统的音系框架中一直很难得到解释,因而备
受质疑。余梓麟用实例理论来解释粤语中词汇调跟派生调的近似合
并(Yu 2007)。图 16-1 是粤语中三种近似的昂调顶点基频值密度分
布图。虚线表示的 RS1 是跟"得"/tɛk⁵⁵/合音得到的昂调,淡实线
RS2 是跟"咗"/tsɔ³⁵/合音得到的昂调,深实线 R^morph 是小称后缀失落
而派生出的形态小称昂调。

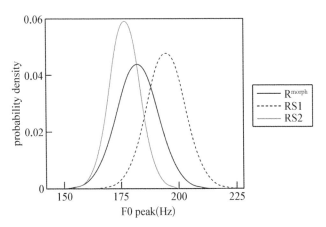

**图 16-1  粤语三种近似声调的峰点基频值密度分布**

从图中可以看到,三者的分布范围虽然有很大程度的交叉,但三者的
中心分布仍有不同,其中小称派生的昂调位于中间,跟"咗"/tsɔ³⁵/合
音得到的昂调比它略低,跟"得"/tɛk⁵⁵/合音得到的昂调则比它略高。
余梓麟解释说,这些形式的分布会逐渐迁移,随着连调形式失去能产
性,现在的 RS1 跟 RS2 会形成一个统一的调类,这个组合调类的均值

会落在两朵连调实例云(exemplar clouds)的中间,从而构成了一个单独的变音类别。因为 RS1 和 RS2 处于基频分布的两端,如果要组合成一个新的类别,它们会从扩散中的实例云中获取实例,从而使这个新类向中间聚拢。从基于实例的角度来理解变音,就没有必要为声调对立建立一个新的区别类 R^{morph}。

在这一例子中,我们看到用实例理论构建的模型对近似合并的解释力。更重要的是,过去我们对于变异只是举例性的说明,而现在要进一步加以量化。基于实例理论的演变模型还被用来解释音位合并(Pierrehumbert 2001)、保留音位对立(Wedel 2004)、链式音变(Ettlinger 2007)和新音位产生(Morley 2014)等音法现象。有关这方面的最新成果,可以参看 2012 年和 2013 年出版的两本论文集 *The Initiation of Sound Change: Perception*, *Production*, *and Social Factors* 和 *Origin of Sound Change: Approaches to Phonologization*。

本章就近年来我们对主要分布在东亚和东南亚仄型声调演化的研究提出一个系统的方法——演化比较法及其整套操作步骤。演化比较法包括内部变异比较法和外部格局比较法。重申一下,演化音法学的经验基础为音法类型学。

## 16.2　内部变异比较法

内部变异比较法是运用于某个语言系统内部的比较法,它比较的是某个发音的随机变异。在一个真实的语言系统内可以看到某个字有不计其数的人际、字际、场合、风格差异。这种共时变异奥哈拉(Ohala 1989)看作是"迷你音变",是历史音变的来源。这也是拉波夫(Labov 1975,1994)所说的从变化的语言探测语言的变化。如果共时变异在词汇和人群中没有扩散开去,那么它们就可能长期共存,如潮汕、漳泉闽南话中的内爆音一直作为音位变体存在(潮州例见朱晓农、洪英 2009;汕头例见朱晓农、刘泽民、徐馥琼 2009;漳泉材料大多未发表,但例子可见朱晓农 2012b: 12 - 13)。如果扩散开而最终被整个社团接受,音变就由此而完成(Wang 1967),例如海南闽南语的内爆音从变体升格为音位(可能由于外力推动,这一音位化过程变得更快,方向也更明确)。

再来看一个凹调例子。徐州话上声是个凹型调,有两个作为自由变体的调拱:两折拱和央凹拱,见图 16-2。这说明其中一个拱形会变为另一个。再使用下节要谈的"外部格局比较法",可以确定这两个变体在演化阶段中的先后顺序。由于周遭一大片区域(江苏北界和山东西部,稍远处还有安徽如寿县)上声普遍为低凹调,所以徐州上声央凹拱变体在先,两折拱在后。

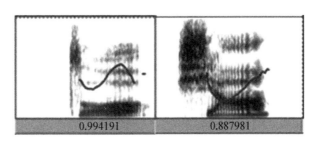

0.994191            0.887981

图 16-2　徐州话上声的两个变体:[左]两折调走
tsou³²⁴² ,[右]低凹调响 ɕiaŋ³²⁴

把这变异比较扩大到更多的调系中,我们可以借以构筑一个凹调的演化网如图 16-3(例见朱晓农、衣莉 2011;朱晓农、章婷、衣莉 2012;朱晓农、阮廷贤 2014;Zhu & Yi 2012;张瀛月、朱晓农 2014 等)。

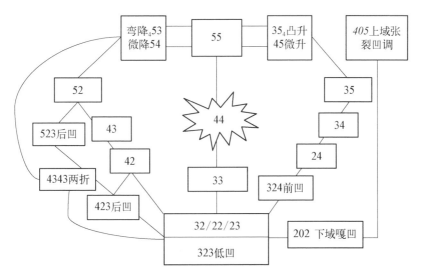

图 16-3　在演化钟外圈、以低凹型为轴心的凹调演化网

图 16-3 是凹调变异-演化图,连线表示可能的演化方向,比如低凹调往右可变成前凹调,往左可变为后凹调、两折调等。这些连线不是凭空想出来的,也不是构拟出来的,而是共时变异的总结。比如山西陵川礼仪镇官话和北京话都有个低凹调,常常和前凹调交替。徐州话有个低凹调,有些例字出现变异,发成了两折调。图中的低凹调往右(变成前凹)往左(变成两折调)两条连线就是这么画出来的。所以以往的音变构拟,现在就成了类型学的副产品,把内/外部的共时变异总结一下,画成地图,就成了可能的音变方向。内部演化比较法提升了过去历史比较语言学构拟古音的可靠度。

前凹调{324}可能变异为昂调{24>35}[①](山东聊城),而昂调{35}又被发现可以是张声嘎裂凹调{405}的变体(越南河内)。后高两折调{3242}与前高两折调{4232}可以交替,后者又可能变异出后凹调{523}(山西临县碛口宅子山,越南语),而后凹调会直接变异出降调{52}(福建蒲城石陂渡头村),或经过一个"降—平"拱的阶段{52$_2$}(江苏江阴)。

低凹调在整个地图中是个枢纽站,它常常有嘎裂凹调的变体(北方也很多,见朱晓农、杨建芬 2010)。嘎凹可以变为张声嘎凹(江苏东海驼峰乡、连云港)。其实,撇开凹调,就发声态而言,嘎裂声常常与张声嘎裂交替,如拉祜语(朱晓农、刘劲荣、洪英 2011)、潮汕闽语(朱晓农、洪英 2009)。

一个低凹拱{323}可以是其他低拱(低降{32}、最低平{22}、低升{23})的自由变体,这些变体都是纯低调的语音实现。低凹调可以通过最低平{22}变为{33}。

从前高两折调{4232}一路弱化,可以变为后凹调{423/523}(丢了降尾),再到降调(丢了升尾):{4232>423>42>32}。相反的变化也偶有所见,后凹调的拐点往前一点(山西介休三佳乡南两水村),听感上像两折调了。两折调和后凹调都可能弱化为"降—平"拱{522},然后变为降拱或平拱。

---

① 昂调即升调,为避免与声调同音而改用。

两折调可以与后凸拱交替(德庆粤语)。后凸拱既不稳定,也不常见,它实际上是昂调的一类——凸升调{35₄},与高升{35}可以交替。它的凸点往前一点,就成了前凸拱,这是降调的一种——低弯降{₃42}(朱晓农 2012a)。凸拱本身在调型库中不自成一类,两个主要变体(前凸和后凸)分别是降型和升型的亚类。因此,凸拱构成了升降互变的桥梁。

上述凹调演化网是一幅表示可能性的潜在演化图,要确认演化途径还需外部比较,如把徐州话的上声和周边方言的上声相比较以确定先后阶段。

# 16.3　外部格局比较法

### 16.3.1　区域共时变异:惠普案例

外部比较法比较的是局部区域内相邻方言变定的结果。它的基本出发点与历史比较法相同,不同处在于,历史比较法一般是一个音一个音的构拟,但外部格局比较法注重系统的、相关联的、成模式的变化,因此重建的是一个系统。以惠(来)普(宁)一带潮汕闽语为例,来看如何操作演化比较法中的外部法(张静芬、朱晓农2017)。

第一步,先是从小范围的同源语言(我们从相邻两个县中选取了十二个点)中选出同源词(同古调类字)。

第二步,测量基频:a)测量中发现的变异,用内部比较法。b)取主流变体进行归一化。惠普一带声调是六/五舒两入。舒声模式可以分为惠东、惠中、惠西、普宁四个主要类型。其基频走向见图16-4。前两张小图是作为声调链移起点的惠东老派的声调模式。惠东老派阴上为上域张声(第一图),三位发音人有些差异,其余五个相同的舒声在常域(第二图)。

第三步,辅以听感,在普适调型库中确定调型,表达在分域四度框架中。表16-1中的数字不是调值,而是调型代码,如斜体字{66}代表上域高平调。

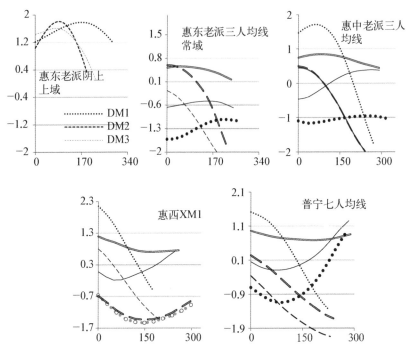

图 16−4　惠东老派、惠中老派、惠西、普宁舒声曲线走向图

表 16−1　惠普四种声调模式的调型代码①

|  | 阴上 2a | 阳去 3b | 阴去 3a | 阳上 2b | 阳平 1b | 阴平 1a | 模　式 |
|---|---|---|---|---|---|---|---|
| 惠东 | *64/ 66* | 52 | 42 | 23 | 55 | 44 | 降降平平低上 |
| 惠中 | 52 | 42＝3a | 42 | 22 | 44 | 34 | 降降平低升 |
| 惠西 | 52 | 323＝2b | 42 | 323 | 44 | 34 | |
| 普宁 | 52 | 42 | 32 | 24 | 55 | 35 | 降降平低升升 |

第四步,找出系统对应(同一声调的调型对应)并列成表16−1(表端调类排序按演化先后顺序)。比较横行惠东、惠中等四种调型格局可看到同多异少、异同参差的情况:阴上都是降调;阳上前三处是纯低调,普

---

① 代码/52、42、55、44、34、35/分别代表常域调型:高降、中降、高平、中平、微升、高升。斜体字表示上域高调。|32、22、23、323|是纯低调/22/的语音实现。

宁是中升等等。从惠东六舒模式到惠中、惠西五舒模式,主要是阳去消失:惠中是阳去并入阴去,惠西是阳去并入阳上。之所以这么说,而不是反过来说阴去/阳上并入阳去(尤其是惠西阳上和阳去合流,一般情况下都会说浊上变去),是建立了演化圈以后才容易判断的。

第五步,历史探源:a) 对每一项对应,在祖语中构拟一个能合理地发展成现在各子语中的音(由于年代不远并且调型有限,就在表16-1中选取现有的某个调型作为演化出发点)。b) 据此决定现代某个词的古形式(确定何种调型在先,如上域{64/66}分别选为降调和平调链移的出发点)。c) 再确定祖语音系、音韵组合规则(重建早期调型格局,把惠东格局看作早期格局)。

第六步,尽可能远地探索演化轨迹,凡自然演化,都会形成演化链/环。图16-5表明,六个舒声调之间有连动变化,将这连串变化加以抽象,即去掉具体调类,即可得出图16-6中的逆时针和平调低化两条链移路径,以及一条中平嵌入规则。

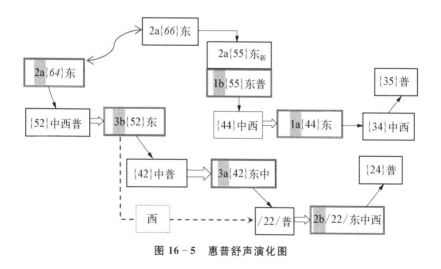

**图 16-5  惠普舒声演化图**

第七步,凡不在演化链上的突变,考虑各种选择因素。图16-5中有一条直接从{52}跳到/22/(纯低调,在惠西实现为最低降{32})的虚线暗示有可能是接触引起的突变。链移过程若打断,则会有几种结果:1) 原地合并。2) 绕道,这两种语音上连续的变化可看作自然演

化。3)跳跃,这种突变可能受到外力影响。惠西葵谭镇毗邻汕尾陆丰市,后者阳去与阳上合流(潘家懿、郑守治 2009;徐馥琼 2010)。葵谭方言采取了相同的调类归并方式:阳去|52|跃过阴去|42|,直接跳到|32/323|与阳上合并(图 16 - 5 中虚线)。这个例子说明外部影响作用于自然演化而产生合力:自然演化是低化,外部影响提供了更低的越级低化选择(朱晓农 2016)。

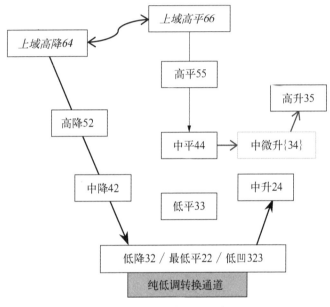

图 16 - 6　惠普声调链移路径

### 16.3.2　单点历史验证:泰语

上述惠普的链移路径是从区域内的共时材料中得出的,下面这个泰语例子既有共时记载,也有一百年来的历时材料。这些时间跨度不大的历时证据证实了上述从共时材料中得出的声调链移路径是广泛适用并可帮助构拟。泰语有五个舒声长调,两个短入,还有两个消失中的中短入(朱晓农、林晴、趴差桠 2015)。图 16 - 7 给出了国外对泰语舒声调的一些声学测量(Jones 是听感)。为便于比较,这些声学图用四度标调转写在表 16 - 2 中。

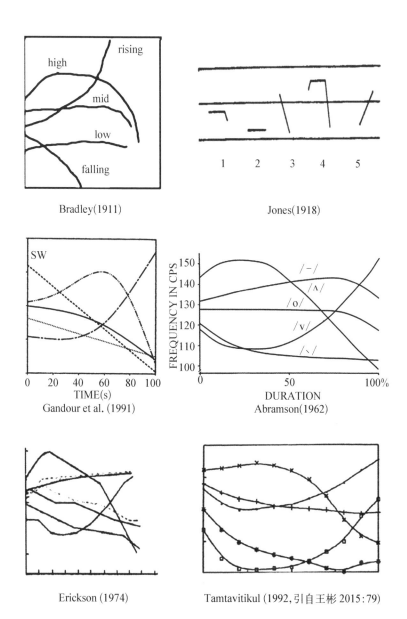

Bradley(1911)

Jones(1918)

SW

TIME(s)

Gandour et al. (1991)

FREQUENCY IN CPS

/ − /

/ ʌ /

/ o /

/ v /

/ ˎ /

DURATION

Abramson(1962)

Erickson (1974)

Tamtavitikul (1992, 引自王彬 2015:79)

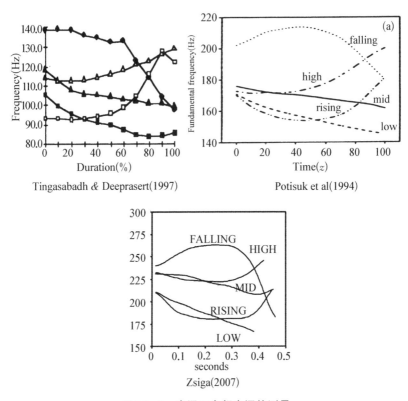

图 16 - 7　泰语五个舒声调的测量

表 16 - 2　文献中泰语声调描写的常域四度{2—5}表达

| | T1/A2<br>中 M | T2/B1<br>低 L | T3/C1<br>降 F | T4/C2<br>高 H | T5/A1<br>升 R |
|---|---|---|---|---|---|
| Bradley(1911) | 44 | 33 | 32 | 553 | 35 |
| Jones(1918) | 33 | 22 | 42 | 552 | 24 |
| Gandour et al.(1991 老派) | 442 | 32 | 52 | 452 | 25 |
| Tingsabadh & Deeprasert(1997) | 43 | 32 | 553 | 45 | 25 |
| Abramson(1962) | 44 | [3]22 | 552 | 45 | 325 |
| Erickson(1974) | 43 | 32 | 452 | 45 | 325 |
| Tamtavitikul(1992) | 44 | 32 | 553 | 45 | 324 |

|  | T1/ A2<br>中 M | T2/ B1<br>低 L | T3/ C1<br>降 F | T4/ C2<br>高 H | T5/ A1<br>升 R |
|---|---|---|---|---|---|
| Potisuk et al.(1994) | 33 | 32 | 553 | 35 | 324 |
| Zsiga(2007) | 43 | 32 | 553 | 44⁵ | 323 |
| 朱/林/趴(2015) | 中平 44 | 低降 32 | 高降 552 | 高升 35 | 央凹 324 |

由于泰语的材料历经了一百年,所以在一半多的情况下可以直接按时间顺序排列,看得出这是一条顺时针链。然后把余下二三十年来的材料用变异比较法排列开,按照语音上合理的顺序(顺链律!)连接起来,这中间我们构拟了一个 T4{*55}的阶段,然后过渡到{45},就可以看出调型演化的各阶段。图 16-8 显示了一个完整的(还多出一环)顺时针调型演化圈。这个{*55}的过渡阶段能够轻而易举地构拟出来,全有赖于顺链圈的建立。

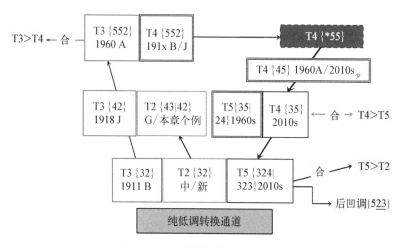

**图 16-8　链移的演化过程和结果**

(B＝Bradley,J＝Jones,A＝Abramson,G＝Gandour,2010s 代表本章及其他类似读音)

图 16-8 显示泰语一百年来老(1910s)、中(1960s)、新(2010s)三派四个舒声调(除去 T1 中调)正在经历一个顺时针的环形音变。方框中的调型代表某个声调在演化途中可能的阶段,注意有时年轻人发音

比老年人更保守。假定这连串音变全由推链造成,那么起点就是左下 Bradley(1911 B)的老派 T3 的低降 |32|,下一步的演化便是 Jones (1918 J)观察到的老派中降 |42|,然后是半个世纪后 Abramson (1960s)的中派高缓降 |552|。此时 T3 便跟老派 T4|553|(1910s)相冲突。结果之一可能是 T3 并入 T4(左上角灰色框)。另一种可能是推动老派 T4 变化,结果丢掉下降得不算太多的调尾,变为高平,或进一步提高调尾,变为高微升:|553>55|45|,这便是右上角中派的 T4 (1910s)。这是第一阶段的推链变化。当然,逻辑上也可能老派 T4 |553|先推链变为中派|55|45|,腾出高缓降的位置,把老派 T3|32> 42|52|拉链拉到中派|552|。

接下来第二阶段是从中派(1960s)向新派(2010s)演化,右上角中派 T4 从高平/高微升变为新派的高升:|55>45>35|。本项研究两位发音人的 T4/C2 读例基本上都是高升 |35|,少数高微升 |45|。这个变化压迫到中派的 T5/A1|35|24|,T5 因此而变到新派的央凹 |324|323|303|。T5 的这个变化影响到纯低调 T2|32|。低凹调如果调尾总是升得很高到 |4|,甚至 |5|,那么看成昂调较为合宜。但现在新派调尾固然很多是 |4|,但也出现不少 |323|,甚至低凹点上还出现了嘎裂声,说明这应该看作低凹拱,那是纯低调的一种表现形式,所以影响到原来的纯低调 T2。由此引出的变化可能包括:1) 合并为纯低调(右下角灰色框)。2) 本项研究男发音人 S 的 T5 的例子中有三分之一强的凹点在 50% 处。这是后凹调的特征之一,如果这个趋势发展下去,并且调头提高,T5 即可能变为后凹调,从而避免和 T2 在纯低调处发生冲突。3) 最看得到的趋势是推动 T2 向上,由低降变为中降或中微降:|32>42|43|。本章发现一些 |42| 读例,Gandour 等(1991)有 |43|。以上所论第一阶段的变化已经实现,第二阶段还在进行中,或者说还处于变异状态。

### 16.3.3 小结

演化比较法包括内部变异比较法和外部格局比较法。内部法是从音系内部可观察的共时变异着手,探索潜在的音变方向。外部法是根据区域内同多异少的音系格局来确定演化的先后次序,以建立一个从数十年到数百年的常观时间尺度的演化史。演化比较法综合了历史比较法、实验语音学、变异理论、音法类型学的方法。基本假设是一个区域内相似的方言具有共同的来源，它们演化到今天有各种变化结果或变定形态。变定的主要原因取决于自然音变原理，同时也可能有其他原因，如音系调整、接触、社会因素、强制因素。区域内的共时变定形态可看作演化的不同阶段，把这些重建的阶段用箭头连接起来就可以看出自然演化的趋势。如果区域内的演化结果能被所发现的演化大势所解释，那么其他因素可以忽略不计。如果有偏离逆转大势的情况出现，就值得发掘外部因素的影响。本章还提出外部法的七个步骤的重建程序。本章从三项研究中总结出三大声调链移律和一条辐射规则，用以解释语音上和地理上都是连续分布的共时声调差异情况，推测各方言声调变化所在的阶段，重建常观时间尺度的音法演化，并预测声调的演变趋势，还可为方言分片提供系统标准。

## 16.4　演化学的基本概念和方法

### 16.4.1　音变准则

使用演化比较法探讨语音演化是一项新事业，目前我们能认识到如下五条准则：

（1）语音演化有自然之理（语音原理）；

（2）有普遍之型（类型共性）；

（3）有共同的变异形式（潜在的音变之源）；

（4）有普遍之道（演变规律）；

（5）最重要的是：凡自然音变，都会形成演化链甚至环。

演化比较法综合了历史比较法、实验语音学、变异理论、音法类型学的方法。基本假设是先假定一个区域内相似的方言具有共同的来源，它们演化到今天有各种变化结果或变定形态。变定的主要原因取决于自然音变原理，同时也有其他原因（音系调整、接触、社会因素、强制因素）。自然演化的大势可以在区域内的共时变定形态中探求。这些共时形态可以看作是演化的不同阶段，把这些重建的阶段用箭头连接起来就可以看出自然演化的趋势。如果区域内的演化结果能被所发现的演化大势解释,那么其他因素可以忽略不计;若演化速率突出,可考察它们所起到的促进或阻碍作用。如果有偏离大势甚至反转的情况出现,这就值得发掘接触等其他因素的影响机制。

上述第3点谈的是"共同的变异形式":某个音的变异形式看似是音系内部的,其实因为有普遍音理控制,所以可以跨音系观察到。现有的技术可以帮助我们观察到变异,由此不但能看到"系统对应"的类别,还可看到变异造成的过渡状态,人际、字际的扩散过程等。更重要的是这些变异形式是音变之源,并显示各种可能的演化方向。然后我们可以从内部(生理、物理或音系结构原因)和外部(本社团因素/跨社团接触)因素推测选择的结果,即变定形式。这就是演化音法学的两个基本概念"变异"和"选择"所起的作用。

演化比较法现在所用到的时间深度大约是几十年到几百年,比起历史比较法动辄两三千年,时间深度大为缩减,不过可靠度则大为增加,而且有望以后在此基础上将时间深度加大。

### 16.4.2  方法原则和具体步骤

演化音法学现在尚在刚起步阶段,各种方法都有尝试。其中有两个最主要的取向:以实验室工作为主的方法和以实地实体观察为主的方法。实验室派会觉得,满世界去归纳,你归纳不尽;而实验室里可以设计各种语音情况。理论上这是对的:逻辑上可能的或真实的情况有几百上千种,还可能不在同一个时刻出现,当时当地的实体考察只能观察到一小部分。不过这也适用于实验室方法。语言现象之丰富、之怪异、之出乎意料,是坐在书房里或站在实验室里想象不到的。实地调查也许只能发现一部分真相(truth),坐在实验室里则只能设计出一部分中的一部分了。

前面第一节里介绍得较多的是实验室工作。其实研究语言演化与研究天体/生物演化和福尔摩斯探案一样,实地/实体观察是第一位的。实验室工作是实体观察的延伸、补充,而不是替代。即使如生物学积累了丰富的观察材料,实验室里可以研究细微的细胞甚至基因,能研究解剖学、分子生物学,但它取代不了需要实地观察的如动物行为学、社会生物学。语言是一种不完美也不完备的形式—意义系统,也是一个功能集合体。它的大多数意义是要在使用中才能了解,它的功能要在使用中才能呈现。至于天体演化研究的观察材料(不是实地调查材料,只是远距离眺望加以推测)跟天体相比,用沧海一粟一词不足以形容其亿万分之一。众多五彩缤纷的理论恰好衬托出实体观察材料的贫乏,这就是初版方法论语条儿第 11 条说的"语音比音法学丰富",也是福尔摩斯所说的"现实生活的奇特是人脑无法想象的"(Life is infinitely stranger than anything which the mind of man could invent.)。仿造一句可以说:语言之奇特,是书房里的理论家和实验室的实验家无法想象的。

就目前状态的演化音法学来看,对音法类型的认识尚未及格,所以想靠多做实验或设计精巧实验而建立一般性理论的努力恐怕要被福尔摩斯说中("To let the brain work without sufficient material is like racing an engine. It racks itself to pieces.")。只有在建立了广度、深度、精度都合格的音法类型学之后,实验工作才会有可靠的方向。再说最近几十年来的"全球化""标准化"浪潮,很多小语种、方言都在迅速消亡中,所以实地调查的迫切性已经到了关键时刻。下面是我们认为的演化音法学当前最紧要的任务:

第一步:以田野语音学概括出音法类型。

第二步:用实验室语音学解释类型形成的原因。

第三步:进一步用田野语音学发现自然变异。

第四步:用实验室语音学解释由变异揭示的演化过程。

这几个步骤只是分析而言,具体工作中完全可能交叉进行。实地调查为主的演化论者就像福尔摩斯探案那样("You know my method. It is founded upon the observance of trifles."),勘探现场、观察细节、评估几率、以逻辑推导得出最优结论。

探索声调演化的基本步骤如下(元辅音亦如是):

(1)从同源语言(如邻近各县的同区方言)中选出同源词(古同调类)。

(2)测量基频:a)取主流变体进行归一化;b)随机变异可看作潜在的演化方向。

(3)协同听辨,在普适调型库中确定调型,表达在分域四度框架中。

(4) 找出系统对应(同一声调的调型对应)并列成表——这是建立区域类型学的重要一步。

(5) 历史探源：a) 对每一项对应，在祖语中构拟一个能合理地发展成现在各子语中的音(由于年代不远并且调型有限，就选取现有的某个调型)；b) 据此决定现代某个词的古形式(何种调型在先)；c) 再确定祖语音系、音韵组合规则(早期调型格局)。

(6) 确定演化轨迹：自然演化都会形成演化链环。

(7) 凡不在演化链上的突变，考虑各种选择因素：音系调整、社会因素、语言接触、书面语影响的强制音变，等等。


### 16.4.3　与历史比较语言学的异同

常常有人问：演化音法学和历史比较语言学，即历史音韵学有什么区别？它们是一样的吗？

两者有相同之处，但不同之处可能更多、更重要。首先，两者都是研究语音的自身演变，是系因的纵向传承，认识途径都是从共时分布来探测历时演变，基本方法都使用历史比较法。区别在于：

(1) 历史音韵学使用的历史比较法，跟演化音法学用的外部格局比较法，都是外部比较。不同的是，历史比较法外部比较了以后构拟的是一个音，而外部格局比较法可以重建一个调系的整体链式演化。

(2) 演化音法学由于有新技术，还可使用小区域甚至一个方言点的内部的不同发音人的共时变异材料，因此发展出一种"内部变异比较法"。

(3) 两者都关注现实的读音和起点的构拟之音。不过，历史音韵学一般列出起点和终点的对应就算完成任务了，而演化音法学则要找出有例证并符合音理的中间阶段。

(4) 一个重大区别在于，历史音韵学的目标是重建某个语言的古音系统，而演化音法学的目标是理解语音的一般演变规律，至于具体某语言的古音重建则是副产品，是理解了一般规律后顺手重建的。

（5）演化音法学研究"演化"，历史音韵学研究"音变"。"音法演化"较窄，指特定的音变，有音理可循，类型学上普遍可见的自然演化。"音变"是上位概念，包括音法演化以及其他各种性质的语音变化。

（6）用长江做比喻（朱晓农 2010d），历史音韵学的谱系论关注的是崇明音是怎么从源头沱沱河变来的，（接触论关注的是支流），演化论主要关注长江干流，也不放过源头和支流。

## 16.5　语音的循环演化

上述音变准则第5条说：凡自然音变都会形成链环。这道理很简单，如果不循环变回来，那个音就早变没了。下面就来看声调元音辅音发声态的演化链环。

### 16.5.1　五大声调演化律

声调演变的研究一直停留在两句话上：调类稳定，调值多变。运用外部类型比较法，我们得出惠普闽语、梅州客语（朱晓农、李菲 2016）、泰语的演化路径，可总结出与升降平调相关的四大演化律，前两条是循环的，后两条的变化结果能加入前两个环。

R1：顺时针链移环{32＞42＞52＞55＞45＞35＞24＞23/323/32}
R2：逆时针链移环{64＞52＞42＞32/323＞24＞35＞45＞55}
R3：平调低化链{66＞55＞44＞33＞22/32/323}
R4：中平辐射网{44＞45/34/24/54/43/42}

上述四条演化律两条涉及升降调、两条涉及平调，加上凹调网（图16－3），声调主要有五大演化律。这些演化律可以用来解释语音上和地理上都是连续分布的共时声调差异情况，可以用来推测各方言声调变化所在的阶段，重建常观时间尺度的音法演化，并预测声调的演变趋势，还可以为方言分区分片提供系统标准。

### 16.5.2　元音的循环演化

元音链式演化主要有前环和后环两个环，及包括四种高顶出位在内的元辅通道（元音～近音～响音～振擦音）。这两个演化环的构建

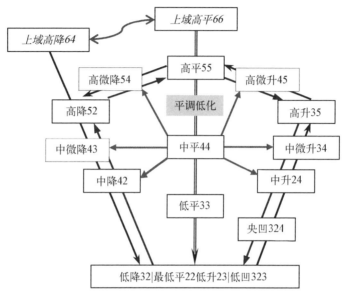

**图 16 - 9　演化钟是的四大声调链移律**

是根据朱晓农(2004,2005)中的四种汉语元音演变连接而成。前元音演化环(后元音演化环类似),约定一个假设起点 a,然后 1) 链移高化到 i,2) 出位裂化为 ij,3) 再一路复元音显化到 aj,4) 最后听者不足改正变为 a。另外还可以 a>aj,那是另一条演化途径。

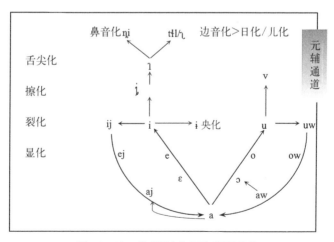

**图 16 - 10　前/后演化环和高顶出位**

元辅通道是个新概念,它打通了元辅音的演化,把四种元音高顶出位(朱晓农 2004)和擦化/舌尖化/边音化/日化过程连接了起来。高顶出位到边擦音 tɬ、边音 l,就跟日化/儿音演化连起来了,这涉及元音、响音和个别振声擦音(朱晓农、焦妮娜 2006)。

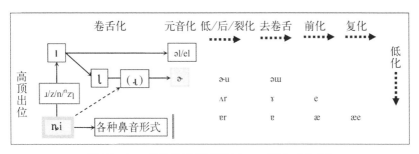

图 16 – 11　儿化及后续过程(/l ɭ ɻ/都自成音节)

### 16.5.3　清振环:第一种清浊音变

跟清浊相关的有清振环(清声振声内爆鼻音环)和气气链(送气气化来回链)两大链环音变。过去都认为"浊音清化""清音化浊"是辅音的变化,其实在这两条链环上都是以发声态为主、发生在音节层面的音变,当然也涉及辅音。

清振环见于吴语、闽语、侗台语(朱晓农、寸熙 2006),参与这串连环音变的辅音有清声(不送气)p/t、张声(前喉塞清声)ʔp/ʔt、内爆音 ɓ/ɗ、鼻冠音 ᵐb/ⁿd 和响音 m/n/l、后爆鼻音 mᵇ、振声 b/d、长振声 bb/dd。完整点说,是"振声—清声—张声—内爆—响音—振声—长振声—内爆"演化环。内爆音最早是赵元任(1928)在浦东、永康等吴方言中发现的,当时叫"阴调真浊音"。后来他(1935)又区分出侗台语和吴语中强弱两种内爆音。李方桂(Li 1943)在侗台语中发现了更多的内爆音并称之为"前喉塞"(pre-glottalized plosives)。后来在南方很多方言和民族语中发现有自发的内爆音及其与张声ʔp 或长振声 bb 的交替(朱晓农、寸熙 2006;朱晓农、刘泽民、徐馥琼 2009;朱晓农、洪英 2010;朱晓农、关英伟 2010;龙国怡 2009;Cun 2009),从而发现了图 16 – 12 中一圈半的演化环。从音理上来说,长振声 bb(Ohala 1997)或张声ʔp(Kagaya 1974)都有可能自发变为内爆音。

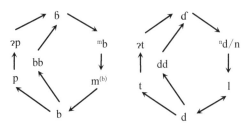

**图 16-12　清振环：清声—内爆—响音—振声演化环**

　　长期以来,国内外学者都把吴、闽语中的内爆音看作是侗台语的底层,是接触的产物。从演化音法学角度来看,固然有可能发生过接触,但这种解释不但不充分,反而会有误导的可能。第一,从演化角度看,接触并未解释内爆音的起源。汉语内爆音借自侗台语,那么侗台语内爆音又是向谁借的呢? 所以,我们要找到内爆音发生的语音原理,才算解决这个内爆音演化的关键问题。第二,过去我们从社会语言学角度出发,认为民族语向优势语汉语借各种语言成分,如声调。但为什么内爆音反过来,是民族语输出给汉语呢? 第三,气声在吴、楚①、湘以及闽北方言中很常见,而这也是苗瑶语中常见的,那么是不是汉语气声借自苗瑶语呢? 再进一步,瑶语中也发现有内爆音(龙国怡 2009)。现在问题复杂了。瑶语的内爆音也是向侗台语借的吗? 那为什么内爆音发源于侗台语,然后借给瑶语和汉语? 而气声发源于苗瑶语,然后借给汉语? 为什么内爆音汉语是向侗台语借而不是向瑶语借,但气声却是向苗瑶语借? 为什么汉语不直接向苗瑶语同时借气声和内爆音呢? 第四,更为复杂的是吴、楚、湘语中还有假声。而侗台语也有假声,这是谁借谁的呢? 如果也是侗台语借给南方汉语方言,那么,连云港的假声(章婷、朱晓农 2012)又是向谁借的呢? 第五,语音的借贷跟词汇、语法不同。词汇借用轻而易举,句法借用也相对容易,但语音借用很受限制——这在香港粤语和英语的长期深度接触中就可看到。只有谱系关系非常紧密的语言/方言之间的借用才比较容易,

---

　　①　楚语是我新近定义的一个方言区,是由原北部赣语昌都片和大通片构成。

不同语系的语言之间,借用语音,常常要先经过一个本地化的过程。第六,在讨论元音辅音如 e、p 的借用时,我们一般都要有很确凿的证据,但在谈到内爆音的借贷时证据都非常遥远(数千年前)、间接(通过移民等资料)。也许这后面的推理是:常见的音不用借,谁都可以有,而罕见的音一定要借才会有。现在我们知道非清洌嗓音(non-clear voices)如气声、假声、嘎裂声、内爆音(内爆音像振声、送气一样,是一种发声态)跟声调一样,在"热大陆"一带是常见的语音,用不着一定要借。第七,以上所论,是演化音法学的一种底伏状态(default)的论证或初始假设。这不排除在有些地方内爆音借用了。演化音法学并不跟接触论或谱系论相矛盾。用一个比喻,在长江口发现了某种物质,如果是黄河、珠江也能见到的,那么,底伏状态论证就是这是长江干流"自然演化"出来的。如果比较少见,那么有可能是源头(谱系论)或者哪条支流(接触论)带来的。

我曾经发现(朱晓农、关英伟 2010),声调和内爆音和地理分布有相关性:它们都出现在热带和亚热带大陆。其实,气声也分布在这一带,而假声也是出现在亚洲南部和东南亚。声调和内爆音和气声、假声一样,都属于"声素"(phonational),与"音素"(segmental)相对。音法学模式与地理有相关性:湿热地区的语言是声素优势语(或声调优势语),而干寒地区的语言是音素优势语(音素组合更为复杂)。一个明显的例子就是印度语支(Indic)从较为干冷的欧洲迁到更为湿热的南亚后获得了气声和内爆音。

声素共同出现在相同的地区,可能互有影响,但相互之间并不构成因果关系。后面的原因在于湿热气候和小体型(朱晓农 2009,2019),兹不赘。


### 16.5.4　气气链:第二种清浊音变

#### 16.5.4.1　浊音主要表现为气声

"清浊"是一对自有音韵探讨以来最古老的术语之一,历史上以及现代方言,还有南方民族语中很多语音变化都跟它有关。从现代语音学角度看,它们有两种不同的含义:(1) 自 20 世纪西方语音学传入后,清浊被解读为不带声/带声(voiceless/voiced);(2) 陆法言、颜之推最早使用的"清浊",其实际含义为"清冽/浑浊的嗓音或听感",对应于现代语音学的常态发声和气声(朱晓农 2010a)。这两种不同的清浊有着不同的音变路径,一个为清振环,一个为气气链。这两种清浊链环覆盖了汉语音韵史上几项极为重要的"声母"演化:大部分汉语方言中的浊音清化、赣语和吴语中的清音化浊或次清分调、东南方言中的内爆音来历,以及相关的声调演化等等。

朱晓农以一个发声态系统作为理论基础,从东亚、东南亚到南亚更大的范围内来看气声的分布(朱晓农 2010b),如今天的吴语、湘语、赣语、桂北土话、老湖广话、苗语、佤语、爪哇语、印地语中都有弛声(气声类中最常见的次类)的存在,认为最直接的假设就是中古汉语(以及早期南部亚洲语言)的浊音就是弛声如 *p_。反之,如果把中古全浊构拟为常态带声如 *b,那就要解释常态带声为什么在汉语中这么不容易保存,在绝大部分方言中消失得几乎无影无踪,而在吴、赣、湘语(以及苗语、南亚语)中都变成了弛声?

#### 16.5.4.2　术语问题

浊音、浊送气、气声、浊气流、清音浊流、浊音浊流不但在中文里是一团糨糊,英文世界照样混账一片——气声一向是歧义纷扰之处。早些年英语文献中有以下四个术语:

(1) 气浊声/浊送气(breathy voice/voiced aspiration);

(2) 耳浊声/哞声(whispery voice/murmur)。

这四个术语卡福(Catford 1977)和拉佛(Laver 1994)分成两组。拉佛的分类说清了两端的概念,气浊声是带声加韧带声门送气的复合发声态,耳浊声是带声加软骨声门耳语声的复合态。但由于韧带/软骨声门的开闭度、中央紧张度等都是连续统,具体操作时很难区分。

卡福、拉佛、赖福吉等人各有各的用语,也各有各的定义方式(见朱晓农 2010a): voiced aspiration、breathy voice、slack voice、murmur。后来赖福吉根据声门开合度分为 breathy voice 和 slack voice 两类。我当年为了减少阻力,就借用了赖福吉的这两个词语,译成"气声""弛声",但其含义反而跟赵元任的用法相近。弛声对应赵氏的"清音浊流",另用一个"浊气态"对应"浊音浊流"(浊送气),我的气声则是个上位概念,从强到弱分三小类:浊气态、弛声、弱弛态。弱弛态的共时定义是:介于弛声和弱送态(30 ms<VOT<60 ms)的过渡类,声学上没有严格的数据范围,听感上接近弱送态。这是送气态和气声互相转化过程中必然会经过的一个阶段,是一个历时演化的理论概念。因此,这不是一个虚构的概念,只是实测时性质类似光,有些例词有粒子表现(弛声),有些有波的表现(弱送态),有时两者都会呈现。

还有几点要说明一下。在普适声素库里,(1)只有清声分送气和不送气,所以只需说"送气态""不送态",不用加"清"。(2)浊音没有送气/不送气之分。浊不送气就是"常声Ⅱ"或"振声";浊送气就是气声下的第一小类浊气态。为了避免误导,浊送气改用"浊气态",因为用了"浊送气",怕会有两项误解:一是与清送气(送气态)配对;二是与浊不送气(振声)配对。其实送气态和振声都是常态发声,而浊气态(浊送气)属于非常态的气声类。(3)"浊音"这个古代流传至今的术语一般避免使用,要用的话是作为音韵学/音系学的总括术语,包括振声和气声。(4)弛声和浊气态的标准标法是同时在韵母和声母下/上加点(弱弛加一点),但为方便起见,可用上标 ɦ 代替,如:pʰ=p̤a,bʰ=b̤a。

### 16.5.4.3 气气演化链

明白了古浊音是气声,那就可以理解汉语史上的浊音清化其实就是气声消失或消气。这是一种清浊的连环音变:从送气到气声的来回演化链,参与者有以下五种发声态:送气态 pʰ ←→弱送态 p' ←→弱弛态 ṗ ←→弛声 pʰ ←→浊气态 bʰ。

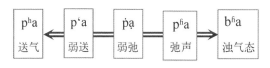

**图 16-13　送气弛声演化链**

上图表明,送气可以弱化为弱送气,然后与弱弛交替,然后变为弛声和浊气态,这就是太湖东南岸吴语中的气声分调、楚语中的清音化浊、侗语中的派调或气调。反过来从弛声或浊气态变为清送气更是常见的,那就是汉语历史上的"浊音清化"。

### 16.5.4.4 湘语例证

这种逐步演变的过程见湘语例子。湘语中的浊音一般是弛声〔少

数场合也有常态带声和浊气态,见朱晓农、邹晓玲(2017)〕。湘阴月山话中气化字以龈音 $t^ɦ$ 声母的明显居多,然后是唇音 $p^ɦ$ 声母的,软腭音 $k^ɦ$ 声母变为送气清声母的多。月山话有五个声调。阴去像其他湘方言如长沙、岳阳、湘阴一样,是个上域昂调①|46|。阴平高平|55|,上声中降|42|。另两个较低:阳平低凹调|324|,阳去低平调|33|,都有部分字带有弛声②。

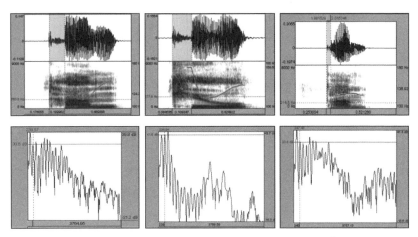

**图 16 - 14　湘乡月山话中古全浊在变为送气声母③**

月山话例子显示了古全浊弛声音节正在消失过程中,这可以从两方面来看。(1)韵母:部分韵母(主要是龈音声母音节中)上还保留程度不等的弛化,更多的已经变为常态清冽声。(2)声母:有的已经变为清送气,如"球"送气段 109 毫秒;有的是弛声如"同",清送气段也是 109 毫秒,但元音段有气化;有的如"洞",在弛声变为送气态的途中:弱弛到弱送。下表中是从 VOT 角度来看,从弱送态到送气态的连续分布的例子:

　　①　因为是男性发音人,所以大多用张声发的,基频 200 多 Hz,少数用假声,最高达 330 Hz。没发现次清去有明显不同。
　　②　因为只是部分字,所以弛声还只是一个随机的伴随特征,所以声域上未考虑建立一个下域。
　　③　[左]阳平同 $t^ɦ$ əŋ 是气声音节,而[中]阳平球 $k^h$ ju 是清送气,清声母引发高调头。[右]阳去洞 $t^{(ɦ)}$ əŋ,气声音节,声母送气段满打满算只有 34 毫秒,是消弛过程中变为弱弛和弱送。下面三幅能量频谱图取自上面相应图中元音起始后约 40 毫秒处。

表 16-3　从弱送到送气的 VOT

| | 弱弛～弱送 | | | | | 送　气 | | | |
|---|---|---|---|---|---|---|---|---|---|
| 例字 | 洞 | 第 | 渡 | 旧 | 大 | 平 | 爬 | 同 | 球 |
| 声韵母 | t'ɐŋ | t'i | t'u | kʰⁿju | tⁿʰa | pʰiŋ | pʰa | tʰɐŋ | kʰju |
| VOT | 34 | 45 | 50 | 60 | 65 | 71 | 77 | 109 | 109 |

一般而言,30 毫秒是不送气的上限,六七十毫秒是送气的下限。在这中间即为弱送态。弱送(清音)和弱弛(浊音)之间很容易转化,这也构成清浊转化,即气化和消气的枢纽。弱弛态可逐渐绷紧声带而变为弱送态(即逐渐消弛)。而弱送的送气段如继续增长,那么龈音 tʰ 和唇音 pʰ 音节也会像软腭音 kʰ 音节一样,变为清送气。

### 16.5.4.5　气气链机制

气气链是第二种清浊循环音变,其演化机制可以图解如下:

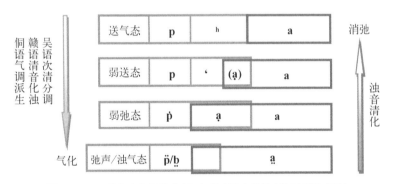

图 16-15　消气(浊音清化)和气化(清音化浊)的过程和机制

图 16-15 左面往下的箭头所表示的是较为少见的"清音化浊",即送气态清冽声变为气声的过程。最上面的框子写的是清送气 pʰa,然后到第二阶段,送气段开始侵入元音,结果造成一小段弱送气[ʻ]和一小段弱气化元音 a̡,再加清冽声元音段。然后第三阶段,弱送气全部侵入元音段,弱弛声元音段加长。到最后阶段,整段元音变为弛声元音 a̤。这就是发生在太湖东南岸(朱晓农、徐越 2009)和侗语(朱晓农、韦名应、王俊芳 2016)的"次清分调"以及鄱阳湖到幕阜山楚语的"清音化浊"(王彩

豫、朱晓农 2015），它们的"清音浊化"就是声母送气导致韵母气化。从吴江方言来看，送气（次清）跟不送气（全清）没有分离时调头较高，送气（次清）脱离不送气（全清）则是一个气化的过程，先是弱送，再是弱弛，同时基频也开始下降，最后如果完全气化，那就和浊音（阳调弛声音节）合流。这个过程和机制和"浊音清化"的演化正好反向。

图 16-15 右边往上的箭头表示名称上耳熟能详的"浊音清化"，但实质内容要加以解释。中古浊音是气化/弛化音节，即最下面框里的音，表示的是古音并母字：声母和韵母都气化的p̤a̤。在某种语音环境的诱导下，比如昂调，韵母后半开始消气，开始弱化为弱弛，此时开始清（冽）化。然后进一步消气，而原先气化的调头（韵母开端）如果是低调，那么可能变为弱送气的 p'a。这一步已经大体上消弛了；或者说"清化"（清冽化）了。最后完全消气，清冽化为送气 pʰa。如果调头较高，则可能清冽化为不送气。这个消弛过程可以湘语湘阴（月山）话中发生的消弛变异情况为例（朱晓农 2010b）。

有一种流行但错误的观点，认为清送气引发低调，导致"次清分调"。次清和低调在侗、吴、楚语中构成历时对应，这没问题；但送气态不是引发低调的直接原因。从音理上说送气不但不能降低基频，反而会使基频增加。跟不送气相比，送气态的喉下压力较高，如果其他条件一样，压力大的引发较高的基频。声调语泰语（Abramson 1964）和非声调语言朝鲜语（Silva 2006）的数据都证明如此。那么，在吴、赣、侗语中为什么出现送气声母字的调值低于不送气的？这可以从下图得到解答。

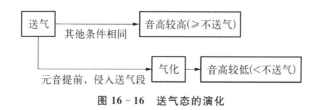

**图 16-16　送气态的演化**

从图 16-16 可以看到，清送气音如果没有什么变化的话，音高应等于/高于不送气音。但如果发生了时间错配，（从时间顺序和文字书写方向看可以说是送气段侵入后面的元音段，但实际上是）后接元音提前振动反向侵入送气段（可以看成一种逆同化），从而造成一个送气和元音的交叉段,气化元音就此诞生(即清音浊化);而气化元音会降低音高。吴、赣、侗语中的次清化浊都属于气化导致分调(而不是送气导致分调)。

### 16.5.4.6 低送高不送

*吴江案例*——进一步的考察发现,吴江方言的送气弛化分调,在低调中所有发音人都有分调即气化,在高调中则表现出人际差异,有些人分调,有些人则不分调。由此可以推测,次清气化首先发生在低调中。换句话说,清送气、弛声、低调之间有相关性。这就给我们解决浊音清化中的一个老难题提供了一个思路。

把中古浊音重建为弛声,还能更好地解释声母的演化。为什么中古全浊在东部官话里"平送仄不送"音理上一直是个老大难问题,现在了解了消弛原理后就迎刃而解了。有些湘方言正在消弛,有意思的是在不同的声调里有不同的变体:在高调里弛声减弱,声母仍然是不送气;而在低调里,弛声的声母出现了从30毫秒到六七十毫秒的各种变体,时长介于不送气跟送气之间,属于弱送气。如果按照这种模式发展下去,就会出现高送低不送的声调演变。东部官话中的"平送仄不送",其实就是阳平低平,消弛后送气,阳去(包括变去的浊上)是低域的高降,消弛后不送气。下面再来看一个活语言正在变的例子。

*老湖广话案例*——老湖广话的记音中有浊不送气如 b 和浊送气如 bh 之别(崔荣昌、李锡梅1986),如:

**表 16 - 4  老湖广话浊不送气和浊送气例字**

| | 不送气 | | | 送 气 |
|---|---|---|---|---|
| | 阳去[14] | 阳平[21] | | 阳平[21] |
| b | 部步簿捕 u,败稗 ai,倍 ei,抱 au,伴拌办 an,便 ian,笨 ən,病 in,棒 aŋ | 鼻脾皮避 i,白 e,薄婆 o,牌排 ai | bh | 葡 u,拔跋 a,培陪赔 ei,瓢嫖 iau,盘 an,便 ian,盆彭膨 ən,贫频瓶屏平萍坪评凭 in,旁 aŋ,朋棚蓬篷 oŋ |
| d | 弟递地第 i,大 a,堕惰舵 o,袋 i,道稻盗 au,豆逗 əu,淡蛋弹 an,佃电 ian,段缎断 uan,邓 ən,定 in,洞动 oŋ | 独读毒徒途涂图屠突 u | dh | 堤题提啼蹄 i,驼驮铎 o,台抬苔 ai,桃逃陶淘 au,条 iau,头投 əu,潭谈痰覃檀 an,田甜填 ian,团 uan,腾誊滕朦疼 ən,亭停廷庭 in,堂唐塘糖搪 aŋ,同桶铜桐童瞳 oŋ |
| g | 跪柜 uei | | gh | 葵逵 uei,狂 ua |

老湖广话有阴阳上去四个声调,五度制记为[55,21,53,14]。涉及的消弛对象和北方话一样,主要是阳平(浊入归阳平)和阳去(浊上归去)。阳平低调[21]而(阳)去昂调[14]。上表中被记为浊送气 bɦ、dɦ、gɦ 的全是低调[21];而昂调字[14]全部归入不送气 b、d、g。少量低调字[12]也归入不送气。这样的分布可表述为:低(大体)送,高(从)不送。这是因为发低调时声带松弛,容易漏气或漏气多,也就是气化较强,听上去像送气;发高调时声带较紧,不容易漏气或漏气少,也就是气化较弱或没有气化,听上去不送气。下面两张语图也说明这一点。

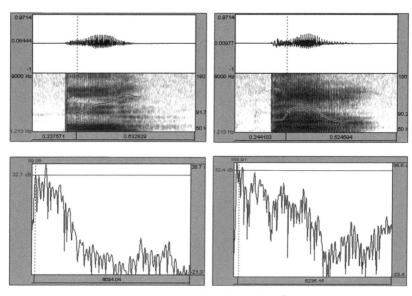

**图 16 - 17　老湖广话弛声例字**[①]

右上图"盘"pɦæn²¹,被记为浊送气 bɦ,下面瞬时频谱图中 H1 - H2 为正值,上面宽带图中脉冲之间较模糊。左上图"部"pɦu¹⁴,被记为不送气 b。相比之下,H1 - H2 差不多为零,脉冲之间较干净。这说明高调字"部"弛声很弱,所以被听作记作"不送气"的 b,而低调字"盘"有弛声,所以被听作记作"浊送气"bɦ。

---

①　[左]"部"pɦu¹⁴,崔荣昌、李锡梅记为"不送气"b。[右]"盘"pɦæn²¹,崔荣昌、李锡梅记为"浊送气"bɦ。

### 16.5.5　六类发声态是的互相演化

　　严格说起来,上面图16-12清振环中只有右侧涉及响音 m/n/l 的可以算是辅音演化,其余全是声素(发声态和超发声态时长)。清振环和图16-13的气气链之间有几条转换通道,即清冽声和气声可以交替,见图16-18。一条上通道或"清通道":p←→p'/ṗ,不送态和弱送/弱弛之间的转化,实例见湘语(朱晓农2010b)、闽北方言(田野材料,未发表)。另一条下通道或"浊通道":b←→bɦ/pɦ,振声和浊气态或弛声之间的共时变异,实例见湘语(朱晓农、邹晓玲2017)、楚语(王彩豫2016)。

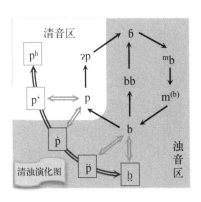

**图 16-18　辅音—发声演化图**
**(清振环＋气气链)**

　　图16-19是一张完整的六类发声态(假张清振气僵)的互通演化图。

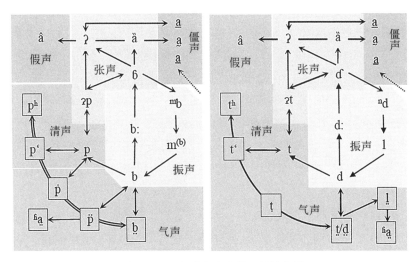

**图 16-19　六类发声态的互相演化图**

　　六类发声态之间的转化,上述两种清浊转化由清(送气/不送气)、振、气、张声参与,图中央清振六边形龟壳中内爆 ɓ 和前喉塞 ʔp 属于张声,与本类中的喉塞张声 ʔ 和张裂声 a̰ 之间的交替是很小的内部变化。张声和假声的互为变体在湘语中早就观察到了(彭建国、朱晓农 2010)。喉塞与喉堵、张裂声和嘎裂声之间的交替在闽南话(朱晓农、洪英 2010;张静芬、朱晓农 2017)、客家话(李菲、朱晓农,即出)、拉祜语(朱晓农、刘劲荣、洪英 2011)中也是很早就观察到的。内爆音、喉塞、张裂声的交替则是刚发现于海南回辉话(寸熙、朱晓农 2017)。僵声区右下有条虚线箭头,表示任何发声态如果音高足够低,都可能变为僵声。

# 16.6 自然音变的原因

### 16.6.1 什么是最大的驱动力

从大部分情况来看,自然音变源于犯错——说错说错再说错,最终积非成是。

所谓"说错",从演化角度看,就是产生各种变异。变异有条件变异和自由变异。前者不算"说错",它是一种协同发音。自由变异或随机变异是自然现象,所以这一现象本身不能说是"犯错"。但从结果来说,某些自由变异最终可能会偏离原先的标准发音,从而引发音变,就像基因的拷贝错误一样,这算是系因的传承错误。

导致说错的多种原因中,最常见的一种也许就是"时间错配"(mis-timing),16.5.4 节中的清音化浊即为其例,按说应该送气完了再发元音,但结果是声带提前振动,元音段反向侵入了送气段,造成了气化元音:pʰa>p̰aa。由时间错配引发的音变是说者启动的音变。

说错的另一个源头是听错:听错了,完了跟着说错。听错的原因当然很多,听力上的、理解上的、环境干扰等等,还有一个目前在大规模发生的就是接触,所以人口流动性大、交流多的地方很容易发生。

还有一种"改错"(过分改正、不足改正),主要跟听感启动的音变相关。

### 16.6.2　什么是说者启动

说者启动是由说者"说错"引发的音变。一种说错是随机变异,严格地说,不算说错。随机变异如果给选择机制选中,则可引发音变。还有一种是真的说错,是发音时神经、肌肉没有完美配合而造成(朱晓农 2004c),例如元音高顶出位中就有时间错配引起的情况,见下第三种后显裂化出于回归初始态。

说者启动大多出于交际目的,为了符合听者的感知要求而显化某个特征。下面三种显化驱动的音变都是高顶出位的表现(朱晓农 2004c)。

(1) 前高元音擦化 i>ʓ,是出于显化区别度。这种情况一般出现在同音系中还有一个前高圆唇元音 y。为了增大与 y 的距离,i 便增大了摩擦。

(2) 有一种裂化:i>ei|u>ou。过去都认为前面增生了一个相对较低的元音 e 做主元音,原来的高元音 i 变成了后滑音,裂化成前响的复元音。但其实并非如此,其演化过程是:i 高顶出位,不明显地初裂为 ij,再进一步显化为 ei。这是出于"最佳滑音倾向于扩大滑动距离这么一条感知原理"(Stockwell 1978:343)。一般都是到了显化这一步才意识到单元音裂化为复元音了。此处 ij>ej 的显化可以看成是短元音低化的驱动力。这个演变序列 ij>ei>ai 符合拉波夫(Labov 1994:116)链移三通则中的第二条,短元音低化。

(3) "后裂化"是指复元音化后如果显化,那就显化后一成分。后裂化不如前裂化常见,它有如下五种情况:ʅ>ʅᵊ|i>ie|y>yə|u>uɤ∕ui|ɯ>ɯᵊ。这五种单元音复化都是由"时间错配"(同时为了省力)造成的:维持高元音到后来稍一松劲而发声依然未停,就拖上一个向中央滑动的滑音,也就是回归发音的初始状态。其中似乎以第 1 种 ʅ>ʅᵊ、第 5 种 ɯ>ɯᵊ 更易产生。这些音变一开始时是前响式的,后面增生的是个滑音。但时间长了,后面的滑音有可能逐渐增强,最后变成后响式复元音也不是不可能。如徽语淳安话"子刺事"ɑʮ 的后滑音已经下降了,有的人反倒前面的 ʅ 比较轻弱了(曹志耘 1996:17)。

有关"前显裂化"和"后显裂化"的异同,有几点要说明。"前显裂化"和"后显裂化"最初都是增生一个后滑音,但后来显化的成分不一样:前显裂化后来显化的是前一成分,后显裂化后来显化(如果显化的话)的是后一成分。尽管两者显化的前后成分不同,但都是显化舌位较低的那部分。尽管两者最初都是增生一个后滑音,但起因很不一样。前裂化最初增生一个后滑音是由高化驱动的,而后裂化增生一个后滑音则可能与回归初始态有关。

### 16.6.3 什么是听者启动

语音信号的物理性质和听感并不总是一一对应的(Jakobson et al. 1952)。听者听到一个不专一对应的语音信号,归类时可能解读错误。例如发 ai 时,其中的 i 不是一个到位的 i,而只是表示一种舌位向上、向中央滑动的趋向。这段滑动是说者有意为之的,但听者有可能把它当作发长 a 时自然的回归初始态,因为语言中发长 a 时有发成 aə 或 a↑ 的自然倾向。听者把说者有意为之的发音 ai 当成长 a 的无意的、伴随的 a↑,于是他自作主张地错改成长 a。这是一种由听者发动的"不足改正"(Ohala 1981)。

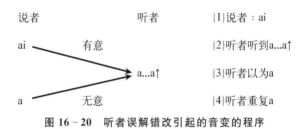

**图 16 - 20 听者误解错改引起的音变的程序**

从说者方面来看,他可能说 ai,也可能说 a。在听者这方面,可能两者都听得清清楚楚,也可能就听到一个 a...a↑{步骤2}。在一般情况下,他能根据自己的判断,把 a...a↑ 正确复原成 ai 或 a。但也可能错误解读,把说者原定的语言目标 ai 当成了 a{步骤3}。当听者重复时,他就会发成 a{步骤4}。这第{3}、第{4}步容易发生在人口混杂的语言社区。当非本地人学说本地话时,很容易错误解读,把非区别性的伴随特征当成语言目标,去刻意学习,结果就产生了音变的源泉(朱晓农 2005)。

### 16.6.4 声调三大链移的驱动力是什么

上面两小节谈的是比较大的原则。具体到某个调型或音素的演化，会有一些具体的原因。比如声调三大链移律、顺/逆时针圈和高平低化链，前两条跟顺低调通道转换有关，后一条的发生跟另两条规则有关。

纯低调通道转换和升降调显化规则：凡到达纯低调/22/处的都可能产生低降变体{32}，或低升变体{23}。由"升降调显化规则"（即一度升降显化为二度）向中降{42}或中升{24}变去。如果调系里原来有中降或中升，则可能引发顺/逆时针音变。

高平{55}最容易出现，也容易变动。其中最常发生的是高平低化链，这主要由下述两条规则引发。

最大区别度原则：高平{55}最容易出现是因为它的区别度最大。

费力原则：{55}容易变动是因为维持高平要花费较大精力，所以容易低化为{44}或自然下倾为{54/53}等。

### 16.6.5 辅音突变是怎么进行的

过去一直以为音变是一个音直接变为另一个音：A＞B。对一些连续分布的音，如元音、声调，这是对的，但对于一些不连续的辅音突变，一种情况是靠异读扩散，这就是著名的"词汇扩散论"（Wang 1977）。扩散论很大一部分说明的是接触传播或类推传播。

其实，大部分自然音变经历的是一个特征替换过程：

$$A_B > B_A > B$$

即有一个 A 音，带有一个伴随特征 B。后来这个 B 逐渐壮大，喧宾夺主，反倒成了主要特征，把 A 降为伴随特征。最后 A 逐渐失落。A 变为 B 就是这样很自然地替换过去了。这种喧宾夺主的过程就是一个自然变异中某个共现特征被加强、放大，被选择的过程。而结果就是一个犯错累积：应该 A 强 B 弱，却错误地发成和/或理解成 B 强 A 弱了。

声调的产生就是这样进行的：先是发声态作为主要特征，音高是伴随特征。后来音高成了主要特征，发声态降为次要特征——声调就此产生。然后发声态成为羡余特征而逐渐消失(朱晓农 2009)。例如早期中古阳调字是带气声(记为 B)的浊音字(带不带声是可选项),气声一般是低调(记为 L):$B_L > L_B > L$。

入声-p/-t/-k 尾的消失也是这样进行的。固然我们能看到入声类混淆的例子:-p/-t>-k,但像粤语这种入声韵尾-p/-t/-k 变为吴语那种喉塞韵尾-ʔ,整体上是经历了一个韵尾替换过程:先是-p/-t/-k 尾是主要特征,后来带上一个同时性喉塞 ʔ 作为伴随特征,如 pʔ。后来喉塞 ʔ 越来越强,成阻也早于-p/-t/-k 尾了:-ʔp。于是慢慢成为主要特征,而-p/-t/-k 尾降为次要特征:$ʔ_{p/t/k}$,最后完全失落(朱晓农、严至诚 2009)。

# 16.7  系因还是模因? 演化与接触

接触可以从两方面来讨论,一是作为自主理论,一是作为演化论基本概念之一"选择"中的一个触发因素或机制。

### 16.7.1   与接触论的异同

接触论远可上溯到 19 世纪的波动理论,近可追到 20 世纪六七十年代的克里奥尔语、皮钦语研究。最近二十年来由于语法接触研究而使得接触论蔚为大观。不同语言中的语音相似除了来源于普遍音理、同源存古、偶然相似(不同的形成机理或来源,碰巧相同了),还有语言接触。接触音变分为四种情况:(1)借词引起的音素新组合;(2)借词带来的借音导致音系重组;(3)语码转换引起的混搭;(4)区域聚变引发特征突变,成为该地区新的共同特征。第四点已经属于自然音变范畴。它还将成为下一轮谱系分化的源头。

接触论研究语言模因的横向传播,这个模因照我现在粗浅的想法应该是词汇。演化论研究语音自然演化的内因和机制,从语音原理上追踪语言系因的纵向传承,这个系因是音型(soundtype)。从已建立了的声调演化学角度看,系因就是调型(tonotype),即声调物种(species)。

演化论和接触论逻辑上不是矛盾关系(橙和非橙),而是对待关系

（橙和黄、橙和紫等）。研究语言变化有多种理论和方法，彼此之间大多是对立或对待关系。"对立"还有个常用义：对峙冲突，如"双方对立情绪严重"——演化音法学和接触语言学不是这种关系。它们是对待式互补的，各干各的。回到长江比喻，探讨崇明音的来源，到源头沱沱河里找根源，那是谱系遗传，到支流汉水、湘江、黄浦江里找来源，那是模因传播。大部分长江水当然在干流里，那是自然演化。而且，不管是源头水，还是支流水，流进了干流就跟着一起自然演化。

认识上一个基本区别是，接触在接触论中是演变的直接驱动力，是音变的底伏机制。说得明白点就是，看到什么首先想到的就是模因传播。演化论的变异/选择中，接触只是选择过程中的触发机制之一。

方法上接触论是比较两处有接触关系的语言，有某些特别的相同处（本该不同现在相同了，或某种少见的音），就断言借用或底层。而演化论从音理着手，用的是变异比较法和格局比较法。

目的上的基本区别是，接触研究大多是具体个案，两处语言都有个比较特别的音，找出移民或优势语的趋向，然后断言谁借给谁或谁遗存什么，任务基本上就算完成了（当然也有理论研究揭示不同类型的接触变化）。演化论是通过个案寻找通例，或从一般原理理解个案。用流感来打个比方，接触论发现甲今天患流感，乙前天患流感，两人昨天见过面，所以结论是乙传染给甲，接触研究就算完成。演化论会继续问，乙是不是从丙那儿传染来的，丙是不是从丁传染来的……最后追到原发病人，他是怎么得病的，是什么病毒在作怪，为什么有人接触了却没感染，等等。这才是演化音法学关心的问题。在追踪过程中，可能会发现，原发病人不止一个，而是好几个，他们得病的原因是一样的，还是不一样的？演化音法学的目的是找因果关系的因，系因的因，同时也关心在系因传承过程中可能有的媒介触发机缘，这个机缘包括音系内部的格局，本语言社团的社会因素、语言接触等等。而接触语言学一般关心的是最后那项机缘。


### 16.7.2 系因确定先，剩下归模因

#### 16.7.2.1 系因判断依据

历史语言学和接触语言学有个纠葛，那就是分不清同源词还是早期借词，无奈之下只好用"关系词"统括。同样，演化语言学和接触语

言学也有个纠葛,那就是如何分清自然演化音变和接触触发音变。

当我们构建了图 16-3 和图 16-9 的声调演化钟以后,上述问题就容易解决了:凡发生在演化链环上相邻阶段的音变,即可认作自然音变,接触可能起助推或阻碍作用,也可能不起作用。

由此看来,演化论是更为基础的研究,因为它的研究结果可以为接触研究提供导航:

> 这是演化链环上相邻阶段的自然演化,所以不必费力去找接触原因,找触发机缘即可;这个音变不在同一条链环上,或在同一条链环上但不是相邻阶段,所以它不是自然演化,值得深挖结构、接触或语言内部社会动因。

所以,音变研究首先要关注的是演化,因为只有知道了什么是自然演化,才能把剩下来的归入接触变化,否则就只能是你姑妄言之我姑妄听之了。

#### 16.7.2.2 接触引发演化跳跃

下面看一个例子,从研究程序看,是先从演化链上发现有跳跃,然后追查到接触因素。从音变本身的发生顺序看,是接触引发演化中断或跳跃。

链移在演化过程中有可能中途停止不再递换,那就是合并。在惠普闽语的降调低化过程中(16.3.1 节),本该阴上压低阳去再压低阴去再影响阳上:64>52→原 52>42→原 42>32,但如果阴去⟨42⟩保持不变的话,则产生几种结果:1) 原地合并:如惠中型阴去⟨42⟩不动,从而接受了低化的阳去来合并,见图 16-21 左边虚线框。2) 跳跃合并:阴去⟨42⟩不动,阳去⟨52⟩绕道,如惠西型阳去跳过阴去,直接与阳上纯低调⟨323⟩合并,见图 16-21 双线框。3) 阳去绕道,变为其他拱形如平调。

原地合并和语音上的连续变化都可以看作是自然演化,但跳跃合并则可能受到外力影响。惠西葵谭镇地理上毗邻汕尾陆丰市,而陆丰城区的阳上与阳去已合并(潘家懿、郑守治 2009;徐馥琼 2010)。惠西葵谭话采取了与陆丰相同的调类归并方式:阳去⟨52⟩跳过了无论在拱形还是在调值上都更为接近的阴去⟨42⟩,而直接与阳上⟨323⟩合并为纯低调。这个例子说明外部影响作用于自然演化而产生合力:自然演化是低化,外部影响提供了更低的越级低化选择。

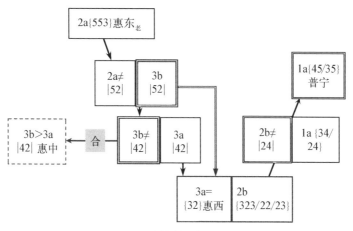

图 16–21　由接触引起的越级变化

### 16.7.3　接触模因误读，实为演化系因

有很多过去被认为是接触音变的现象，实际上是自然演化。

如汉语内爆音、苗瑶侗台语声调等大多是自然发生的，并不是以前所认为的汉语内爆音借自百越—侗台语，苗瑶侗台语声调借自汉语，接触只是提供了可有可无的助力〔其实，苗瑶侗台语的声调发生可能早于汉语(朱晓农 2009)〕。例如元音后环大转移(朱晓农 2005)，歌部字上古 $^{**}$aj＞中古 $^{*}$ɑ(＞ $^{*}$ɔ)，现在官话里读成 o／ɤ，粤语里读成 ɔ，用接触论也许可以说粤语受到官话的接触影响，但没法解释吴语中发成 u 的情况。你不能说吴语预支了下一步的官话影响。在温州一带我们可以看到这一条完整的高化链：ai(簸饿个)～a(破拖)～o(左朵)～u(多歌)(郑张尚芳 1983)。

我把内爆音例子说得详细点。过去国内外学界一致认为吴语(从上海郊区到浙南)内爆音是两三千年前百越语中遗存下来的底层(想没想过那时浦东还在海底)，海南闽语中的内爆音是侗台语的遗存或借用。我觉得这种接触论观点对于音变研究来说，不但没解决问题，反而阻碍了进一步的探索。就算是借用的(其实不是)，那么侗台语是向谁借的呢？可能是南亚语，因为南亚语中也有。那么问题又来了，南亚语是向谁借的呢？可能是印地语，因为印地语也有。你以为完了吗？没完啊，印地语是向谁借的呢？可能是中／西部非洲的语言,因为那儿也有。现在你自己就能发问了,中西非是向谁借的呢?(在这一点上,接触粉很像谱系粉,有什么相同的就追到同根同源,结果希腊语和檀香山语也扯上了同源关系。)总有一个第一发生吧。而这个第一发生,就是演化音法学的首要目标。接着的目标是探讨如何进一步演变。这就发现了该变没的音早在万年长河中变没了,现有的世界语音库中的成员,即使一时变没了,总有条回路可以变回来的。

语音是能自然产生的,不一定要借用才有。在同样条件下,这儿能自然产生,那儿也能。这就是后来在很多地方发现内爆音的原因,它其实很普通,必要的音理条件满足了,就有了自发产生的前提。潮汕漳泉闽南语中都有,而且变化的路线,既可以是张声硬清爆音(ʔp＞ɓ),也可以是长振爆音(bb＞ɓ)(16.5.3 节)。所以,对海南闽语中的内爆音可理解为,它是几百年前从潮汕漳泉带过去的,到那儿以后,周遭侗台语的内爆音特别强烈,就助推原来的自由变体固化为音位。当然,演化论并不否认在某些个案中存在着内爆音的借用或底层,因为说到底,语言就是用来交流或接触的。

### 16.7.4　演化论中的选择机制

演化的两个基本概念,变异和选择,变异较易理解,也容易观察到,但选择是个难题。我们本来预期特征相近的物种会有相近的变异方向,而实际的演化结果却千差万别。这要归因于选择。

音法演化跟生物演化有同有异。音法变异有随机的一面,但更多时候有普适性的变异理据。那么是不是各种语言或方言在同一条件下都会有同样的表现呢?这方面可以看到很多例子,但反例也不少。部分原因在于不同环境导致不同的选择。某种语言因环境而选择了某个变异系因,这个变异系因就成为该语言演变的结果。而在另一种语言中,可能缺乏该环境,这个变异系因就长期作为音位变体而共存,或者随着造成变异的条件消失而消失。例如内爆音的产生有其内因,实验语音学证明,张声清爆音(Kagaya 1974)和带声长爆音(Ohala 1997)转化为内爆音(ʔp/bb＞ɓ)是有语音学理据的。所以我们在潮汕漳泉闽南语的古帮端母和鼻音(现变为振爆音)字中发现很多内爆音读法。不过这些读音还没在词汇上和人群中被普遍接受,所以一直作为音位变体长期存在。而它们中的一支几百年前迁徙到了雷州半岛和海南岛,由于当地的侗台语有强烈的内爆音,这个环境就促使海南和雷州闽语的内爆音加速音位化。当然这也不排除有当地侗台语者学说闽南话而引起的音变准则第[3]点接触音变——语码转换引起的混搭(16.4.1 节)。

与演化生物学不同的是,演化音法学中的选择不仅可以来自外部环境,也可以是语音的自然倾向,以及语言内部的制约因素,如音节结构、语素结构、音系格局等。

迄今为止,接触在选择中的作用、选择在自然音变中的作用、接触对变异的作用,都不是很清楚。我们所了解的主要还是在宏观层面上。随着微观研究的进展,接触和选择在演化中的功能和机制会被揭示。如果能做到这一点,演化语言学就向成熟跨出了重要一步。

### 16.7.5 方言区片:系统演化的阶段

这是意外之得!研究系统演化回过头来帮助了方言区片划分。方言划分有三个依据:共同谱系、共同类型、共同地理。如果谱系确定,那么按共同类型划分即可,共同地理分布就不重要。如果谱系不确定或不重要,那么共同地理就直接起作用。演化研究的材料基础是类型学,而类型学又是方言划分的经验基础,使用系统演化模式作为标准同时照顾到了谱系和类型,所以,直接从共时类型分布来分区片,不如先排定类型演化顺序,再划分区片。让我们来看一个梅州客语的例子(见朱晓农、李菲 2016)。

梅州客家方言按《中国语言地图集》(1987)分两个小片:嘉应小片(梅县、蕉岭、平远)和兴华小片(兴宁、五华、大埔、丰顺)。刘涛(2003)根据声韵母特点分三片:梅县、蕉岭、平远一片;大埔、丰顺一片;五华、兴宁一片。谢留文、黄雪贞(2007)按阳平拱形分两小片:梅惠小片(梅江、梅县、兴宁、蕉岭、大埔、平远)是低平/低降调,龙华小片(五华、丰顺)为昂调。我们赞同把声调作为方言分区的首要标准,并进一步以系统演化替代单一调类变化作为标准:即以演化的阶段形成的类型分布作为分片的基础。图 16-22 是根据演化过程画成的,各式的音高模式(拱度$_{高度}$)是调类取值,如 A1 式的"平$_中$平$_低$降$_中$降$_高$"为阴阳上去四个调类的音高取值,各框中第二个音高(粗体加底线)对应阳平。

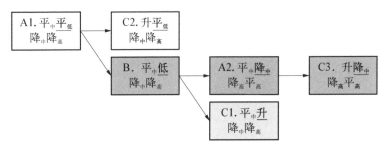

**图 16-22 梅州客语调型格局演化图**

第一,阳平在梅州各地变化最多,即在谱系树上创新最多,代表最多的演化阶段,也定义了最多的调型格局,所以据此分片可以看得更细。第一种分法是分两片:阳平为昂调的 C1 式为一片(五华和丰顺),其余为一片。这也是谢/黄分法。第二种分法是分三片:把"其余"那一片再分为阳平{33}未变的 A1/C2 式,另一片阳平为纯低调或降调的为 B/A2/C3。这两种分法出发点都是以演化造就类型作为标准,但第一种大致上和地理吻合,所以多了个"类型—地理"标准。在以往的方言分区分片工作中,这是条暗含的标准,能够符合是最好的。当然也有不符合的,如东部中原官话郑曹、洛徐、蔡鲁等片分割得七零八落。我们在这里提出来,是想把它明确化,再碰到地理和演化类型交叉的话,以谁为重? 这也就能决定上面第一和第二种哪一种分法好。

第二,完全抛开调类取值(在梅州案例中就是撇开阳平),纯以演化造就类型格局的标准来分。这样也分两片:一片为模式 A 降降平平和模式 B 降降平低,这些点处于梅州核心地带:梅县、梅江、蕉岭、大埔。另一片为模式 C,在梅州的西/南部。剩下在梅州东界的四点 D 式是例外,当然也可把这四点看作第三片。有趣的是,这四个例外中的大埔三点正好与古上去最特殊的演化结果 4B(清去清上为去声、浊上浊去为上声)相符,说明它们的声调例外也许另有来源。

我们可以假定四声取值为"平<sub>中</sub>平<sub>低</sub>降<sub>中</sub>降<sub>高</sub>"的 A1 式是早期格局。再运用链移律，可导出今天梅州各点的声调格局，见朱晓农、李菲（2016）表 2 演化栏。图 16 - 22 中以 A1 为原型，运用 R4 中平辐射规则，阴平{44}变为{45|35}，即可得到 C2 式升平<sub>低</sub>降<sub>中</sub>降<sub>高</sub>。如果运用 R3 平调低化律，阳平低平{33}就变为纯低调，A1 就变为 B 式。继续运用 R2，阳平纯低调{23}就变成中升{24}或高升{35}，B 式就变为 C1 式。B 式变为 A2 式是在顺链 R1 上走了三步：先纯低调顺高化{32＞42}，然后中降调顺高化{42＞52}，再高降调平化{52＞55}。A2 式再运用 R4{44＞34|35}，即得到 C3 式。

由阳平启动顺逆双向链移并推动上／去声，造成了今天共时平面上梅州各点同多异少的声调格局。这种平面分布模式显示了演化各阶段，用以作为分片标准，不但更为准确，更重要的是提供了"演化造就类型"的理据。

## 16.8　演化音法学向何处去

演化音法学在孕育了三四十年后终于在近年呈现井喷之势（早期论述见 Wang 1978、1979）。其基本的实践方向是，以实验语音学为工具来描写音系内部特征及其变异，比较跨语言分布特征，考察类型共性，并以此为出发点重建音法演化之道。早期的历史语言学家设想的音变一直苦于既少实证，又缺理解释，所以常显得反例重重。直到以拉波夫变异学派形成，对演化的关键因素——变异的考察才提上日程，而奥哈拉则进一步以实验语音学来探求变异的驱动力。这构成演化语言学理论和方法的两个信条，恰好体现出演化论的两个关键词：变异、实证：

1）共时内部变异："从变化中的语言研究语言的变化"（Labov 1975）；"音变源自共时变异"（Ohala 1989）。

2）实验和观察证据："实验室重现历史音变"（Ohala 1997）；"语音之奇，远非人脑所能想象"〔竹子（仿福尔摩斯之语 "Life is infinitely stranger than anything which the mind of man could invent")〕。

演化音法学是一门有独立目标、理论、方法的新兴学科,它以实验语音学为工具来描写音系内部特征及其变异,比较跨语言分布特征,考察类型共性,并以此为出发点重建,并预测音法演化之道。跟结构音位学强调个别语言的特点不同,演化音法学注重的是语言共性。跟生成音系学强调音系自主、语言共性来自共时形式化规则也不同,演化音法学为共时语音格局提供语音和历时解释。今天的音法类型是以往的演化造成的,而今天的音法变异是未来演化的源头。

演化音法学这门方兴未艾的新学科,总体来说在国内外都还在草创阶段,正等着生逢其时的年轻人来参与开发,别错失了低枝摘果的好时机。也正因为在起步期,各种方法、各种路向都有尝试。本章所讨论的演化音法学从认识论到方法论,相对而言都比较完整。本章中的演化比较法综合了多种现有方法,其中包括田野语音学(材料要求的前三点都跟田野语音学有关)。田野语音学对现阶段研究尤为重要,因为有很多很关键的活语言现象还没有被观察到或未被充分认识,而同时小语种/方言在迅速消亡。只有基于足够的微观活材料,才能把握语音演化的细节,进而在实验室中去测试检验各种理论。就汉语方言的研究而言,田野语音学的研究才刚刚展开,已有如此之多以往闻所未闻的语音现象蜂拥而出,为类型学的建立打下了坚实的经验基础,也为演化音法学提供了天然试验田,检验、推动这门新生学科蓬勃发展。

近年来演化音法学进展神速,发现了众多以奇特的语音现象和演化类型,验证并从音理上解释了很多已知的历时对应,揭示出以往被忽视的汉语方言及与其他语言之间的音法共性,包括类型分布和自然变异,从而大大丰富了一般语音学。可以说,像赖福吉那本原本世界通用的《语音学教程》,现在需要增加一倍篇幅才够用。演化音法学的成功,使得类型学有了更充分的存在理由,也使得语音学第一次敢于提出如下的终极问题:

语音是什么?

它从哪里来?

它往哪里去?

# 第四编

## 语言、逻辑和语思

# 第 17 章　语思文化学：语思的发现

> 人之为人，在于语言（LANGUAGE）。
>
> 人之异人，在于语言（languages）。
>
> ——竹子

## 17.1　引　　言

### 17.1.1　语思的定义

本章是语思文化学的宣言。语思文化学中最基本的概念是"语思"，最基本的理论是"语言前提论"。语思可定义为：

> **定义 1**：语思指语言和用语言进行的思维方式，及有语言性思维方式参与的认知。

语思中的第一概念是语言。这个"语言"指语言形式，不是语言内容。题记中说：

> 人之为人，在于语言（LANGUAGE）。人之异人，在于语言（languages）。

第一句是说，智人获得有声语言能力后，才彻底脱离动物界，真正成为了人。这个"语言"是个不可数的抽象名词 LANGUAGE，指人类说话的遗传特质。第二句是说各民族文化大相径庭，主要原因在于语思不同。语思基于语言，这个"语言"是具体的复数形式的可数名词 languages，指各种不同结构的语言，它们导致了各民族的思维方式和认知模式的不同。复数语言形塑不同思维方式（朱晓农 2018b,c），框定群体心理，承载民族文化，如影响到科学的产生（朱晓农 2015a）。

题记的两句话本身就显示出语言对思维的制约作用。抽象名词 LANGUAGE 和复数名词 languages 在说英语的人听来，是两个不同的概念。但中文就是同一个"语言"，怎么"人之为人"和"人之异人"这两种几乎对立的情况,原因都"在于语言"呢?这就是为什么很多中文警句格言,如"白马非马""好的就是坏的""民族的就是世界的",说起来像绕口令,听起来像禅悟,机锋睿智都隐藏在意义不同但形式相同的歧义表述中。这个"隐藏",不是说话人有意为之,而是下意识的、无心无奈屈从于语言之举,当然看起来还是睿智卓识。语言是人类的定义性特征。不同结构的语言是不同思维方式的前提——这是语言前提论的基本观点。

第四编前四章内容都是关于语思文化学的。本章内定义语思、语思文化,并以语思为人类大文化史分期。语思系统中包括思维分类,见 6.2 节。第 18 章介绍语言前提论,在此理论中定义科学。第 19 章解释李约瑟难题"为什么中国不产生科学"。

语思文化跟观念文化不同,后者是思维的内容,前者是思维的方式。注意不要混淆两者,思维的内容可以用真假、善恶、好坏、利弊、美丑等标准加以评判,但思维的方式是中性的、形式的、工具性的。语思中的语言、思维是指抽象的语言结构和思维程序,不是思维的对象和言语表达的内容如经验论、美学等等,后者属于观念文化。语思文化是前三类文化在创造和改进之前的先决存在。

### 17.1.2 语思文化学的主要观念和理论

语思文化学的首要贡献,是开拓了一个全新的语思文化领域。

我把最重要的全局性的语思观念突破,包括基本概念、观点以及理论背景提纲挈领于引言中,把语思理论运用到社会文化层面得到的重要发现放到后面的章节中去,尽管后者在社会文化层面影响大得多,例如为什么中国不产生科学,为什么攀比成为社会红眼病等,但前者无论在理论上,还是对于应用而言都更重要。没有前者的基础研究突破,就不会有后者的社会文化应用方面的认识突破。有关语思观念的主要发现可概括为"一总四分"。总发现是"六层制约论":

> 从语言类型往下经自然逻辑、语言认知模式、群体心理、民族文化,到社会体制共六层,每一个下层因素都是制约上一层形成的必要条件,每一个上层因素都蕴涵下一层的

存在。

这个总发现基于如下四个发现：

(1) 文化四分论：文化分为物质、制度、精神、语思四个亚文化类。

(2) 七思论：思维方式分为七类的逻辑分类系统和理性思维分类系统。

(3) 语言前提论。

(4) 中国逻辑的基本范畴和思维律。

语思文化学的主要观念和理论可以概括为：一个前提、两种逻辑、三种定义方式、四类文化、五次语思突破、六层论、七思论。一个前提(语言前提论)和两种逻辑(演绎逻辑和其他逻辑)，第 18 章再讨论。语思涉及语言—思维—认知三大概念。思维方式分七种，见 6.2 节。用不同的思维方式可以有三种不同的认知—定义方式，见 6.3 节。理性思维方式中可以分四小类，包括客判思维(critical thinking)，见 6.6 节。

文化一般分物质、制度、精神文化三类。我又定义了语思文化，所以是四类。语思在历史上发生过五次突变，据此可以把文化大历史分期。本章下文会加以讨论。六层论指从最深层的语言到最表层的制度之间的逻辑关系。

### 17.1.3　认知与思维方式

语思中的第三个概念"认知"(cognition)是个热词，近年来广泛用于多种学科如语言学、心理学、神经科学、大脑科学、人工智能、教育学、哲学、人类学、生物学、麻醉学、精神病学、系统学、逻辑学、电脑科学等，含义有所不同。"在心理学和认知科学中，认知常指个人心理功能的信息处理观"(Wikipedia)。对于认知的一般理解是：

认知是"通过思维、经验、感知来获取知识和理解的心智活动或心智过程"(Oxford Dictionary)。

它包括获知、关注、记忆和工作记忆、判断和评估、推理和"计算"、解决问题和作出决定、语言理解和发出这些个过程。人类认知可以是有意识的，也可以是无意识的；可以是具体的，也可以是抽象的；还可以是本能的(例如语言知识)，或概念性的(例如一个语言模型)。认知过程利用已有知识并生成新知识。(Wikipedia·"Cognition")

注意,认知指思维活动或思维过程,而不是认识或知识本身,也不是获取知识的技能。

对照七种思维方式可以把认知定义为:

定义2:认知是以七种思维方式中的一种或数种,对自然、社会或人本身进行认识的思维过程。

以一种思维方式进行的认知叫"单一认知";以组合多种思维方式进行的叫"复合认知"。认知模式指有固定配置的复合认知方式,固定的认知过程和固定的认知结果的固定的认知方式。

认知是一种思维过程或心智活动;而力学、炼金术、天人合一论、唯理论等都是认知的结果。定义2可用更详细的文字解读为:认知是为获得判断、知识、认识,通过理性的或非理性的语言思维方式,有或没有前语言思维方式参与,来进行的综合性思维过程。定义2是以表6-1中的特征组合来定义的,所以有什么样的思维方式就有什么样的认知方式:

推论1:理性认知是以第6或第7种理性语言思维方式进行的。

更直接点,理性认知就是建立在逻辑推理上的思维过程。

除了理性认知,还有非理性认知过程,即用第1种到第5种思维方式进行的认知。使用感性思维,就形成感性认知;使用利弊思维,就形成利弊即理智认知。由于第1种至第3种思维方式是先天性普适的,第6种和第7种理性思维方式是习得性普适的,所以:

推论2:用第1、2、3、6、7这五种思维方式进行的认知是跨语言跨民族普适的。

第5种前逻辑的自然语言思维方式即自然逻辑,是属于特定语言和文化的,所以以自然逻辑参与的认知模式因受制于不同的语言类型而呈现不同的认知方式。

推论3:中国式认知是以第5种自然逻辑中的汉语自然逻辑即中国逻辑进行的认知,有或没有其他思维方式参与。

## 17.2 文化大历史的分期

### 17.2.1 大历史

语言是构建文化的基础材质,是决定文化形态和文化走向的基本力量。

大历史是对人类历史的总体分期,如下引文就是对历史大判为二:野蛮期和文明期。

> 19 世纪的作家往往把历史看作是从野蛮走向文明的进程。这一转变的主要标志,包括农业的发展、冶金、复杂的技术、集中统一的征服和文字。(戴蒙德 2012:213)

分期需要标准,19 世纪的学者看来还没有系统理论,他们所取的标准五花八门。前三项农业、冶金、复杂技术是器物文化,"集中统一的征服"涉及国家、军事、经济,属制度文化,最后的文字是难以归类的特殊标准(文字实际上属于本章定义的语思文化)。如果这些标志都重要,都需要援用,那没问题,构建一棵逻辑分类树用的就是多重标准,问题是每次只能用一条标准。

这种多项标准混用的大历史分期直到现在还很流行于中国的文化学界。国外也一样,如古人类学家凯利(Robert L. Kelly)提出五个"突现"(beginning)的大历史分期(凯利 2018:6-7):(1)石器制造使直立人变为能人,(2)产生文化能力,(3)农业,(4)国家,(5)现在开始了第五次突现,国家联盟。其中第 1 项和第 3 项是器物文化突破,第 4 项和第 5 项是制度文化。第 2 项初看是精神文化,但凯利认为"使用符号的能力是人类文化的核心"(2018:77)。他这个符号大于语言,包括"视觉、听觉或者触觉上代表并不必然相关的事物"(2018:77),也是形式强于内容的东西,所以不属于精神文化,而应归入语思文化。

大部分人熟悉的大历史是人类社会发展的制度史,如唯物史观从生产方式决定社会形态的角度来划分人类社会的各个阶段:原始>奴隶>封建>资本主义>社会主义>共产主义社会。

20 世纪中叶,汤因比构建了"一个希腊—中国模式,作为各个文明形态的常态社会结构"(汤因比 1997:50)。他从类型学角度比较了 23

个文明。文明的含义众多,汤因比的文明相当于社会:"我们已经发现我们的西方社会(或称文明)同一个早期的社会有子体关系。"(汤因比 1986:15)我把它定义为有文字记载的文化。

本章讲的大历史不是物质/制度/观念文化史,而是语思文化史。语思文化是文化的最基本、最深层的形态,由语思的五次突变引发的认知革命,定义了大历史的六个演化阶段。

### 17.2.2 文化的第四类:语思

对文化的理解千差万别。学术意义上的文化一般按马林诺夫斯基分为三类:器物/物质文化、制度文化、精神/观念文化。由于语思观念的发现,可以加一类语思文化(马林诺夫斯基 1987)。下面是我对文化的定义:

> 定义 3A:文化的内涵定义:文化指人类所有创造物,与自然相对。

> 定义 3B:文化的外延定义:广义文化四类,即器物/物质文化、制度文化、观念/精神文化、语思文化。狭义文化单指观念文化。

我对马氏三分法有一点小补充:精神文化参与了制度文化建设和器物文化制造。还有一项大修改:增补一类新的文化形态:语思文化。语思包括语言但不局限于语言,还包括语言性思维方式(形式逻辑和自然逻辑)和基于其上的认知模式。

**图 17-1 文化从具体到抽象的四类形态**

前引 19 世纪的学者在为历史分期时,还用了个文字标准;我们也用。文字不属于马氏三类文化中的任何一类。它与观念文化互为表里,观念文化为内容,它为形式。语思是形塑观念文化(也是承载制度文化、传承器物文化)的工具,那些宗教信仰、哲学观点、科学理论都是用语言文字来创造的,但语言文字并不是这些观念本身,它是创造观念、用以思维、表达思想的工具,是更基本的中性的文化形态。思维方式不等于思维内容,后者属观念文化,思维方式和语言文字一样,是一种中性的形式工具。以语思为手段的认知过程也属于语思文化类。

马氏的三类文化分别处理的是人与自然、人与他人、人与自身内心三种关系。物质文化应付的是人和自然的关系。制度文化应付的是人与人的关系。精神文化则是人内心的思维活动创造的,应付人自身的内部关系。第四类语思文化应付的是人与前三类文化之间的关系,是人在处理(创造和传承)物质/制度/精神文化时的先决存在,是超然于前三类文化的超文化。这个看法对制度和精神文化没问题,它们是有了语言之后才发展出来的,也是靠语文才能传承的。但器物文化要解释一下。在一两百万年前,从直立人演化为能人就已学会打制简易石器,那时还没有有声语言,这是否意味着物质文化的创造先于语言?我的看法是:直到语言在十万年前出现,能人和早期智人能制造的石器几乎与一两百万年前没有实质性区别。动物学研究发现黑猩猩也能使用并改造性地制作简单工具。所以我把十万年以前的石器看成是生物性的物质改造,是自然演化轨道中的自然产物,而不是具有进化能力的文化性的物质创造。

语思是语言前提论(朱晓农 2015a)中的核心概念,其外延包括各种语言、以不同语言进行的不同的思维方式、不同的自然逻辑、不同的推理程序、不同的认知模式等。语思文化史不同于宏大的物质及制度文化史,也不同于璀璨的精神文化史,语思文化史是一道静静但浑厚的暗流,它的演化决定了前三类文化如何呈现,语思在演化中的突变是决定大文化史走向的里程碑。

### 17.2.3 以语思为标准的六阶文化形态

语思标准实际上就是大脑信息处理能力的标准。

在人类数百万年的演化进程中,并不总是一帆风顺一路向前的。在演化的节点上,有突变大跃进,也有误入歧途而被淘汰的。这样的节点主要有四个,都表现在语思演化上,每一个节点都构成一次语思突变,从人类认识角度看,就是四场认知革命。这四个节点把人类的演化分为五个阶段。第一项突变是有声语言的诞生,第二项突变是书面语即文字的诞生,第三项是逻辑思维的诞生,第四项是实证理性认知的诞生。有声语言诞生于十万年前,此前是语思第一阶段"前语言期"或"准文化期"。有了语言就进入了第二阶(语言)文化期。文字的诞生迎来了第三阶文明期或制度文化期。第三个节点逻辑思维和理性认知的诞生,定义了第四阶理性文化期。第四个节点是实证认知观的确立,对应的是科学和法治文化期。目前第五个节点已隐隐出现,正在酝酿第五场语思突变:人工语思思维革命。它会把文化导向第6阶 AI 文化期。由不同语思水平来划分的人类文化的六个阶段,实际上代表着逐渐增强的大脑信息处理能力。

这六阶语思跟人类物质文化进步的三个阶段大致对应,第1阶前语言期对应采狩社会,并延续到第2阶的尾声农业出现。在农业社会的半程出现了语思第3阶,两者一起延续到第4阶的结束。第5阶对应工业社会。初露端倪的第6阶 AI 文化期对应信息社会和球外文明。

观点1:语思演化律:人类大文化的演化以五个语思突变节点(语言、文字、逻辑思维、实证认知、人工智能)分为六个阶段(前语言期、语言文化期、文明期、理性文化期、科学文化期、人工智能期)。

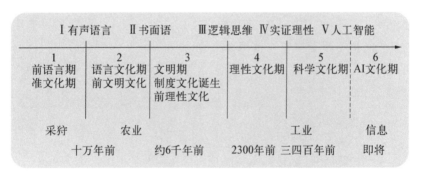

图 17-2　文化演化链上以语思定义的六阶文化形态

我不把语思看作是文化进步的直接原因即充分条件,而是把它看成是文化形态差异的必要条件,或者更弱一点,把语思形态与文化形态看成有相关性。

## 17.3 语思第一次突变：人的标志

> 语言的首要功能是创造人类。
>
> ——竹子

### 17.3.1 有声语言的诞生

#### 17.3.1.1 十万前的三项生理突变

人类脱离动物界为时不久。智人(homo sapien)获得有声语言只有十万年左右。在此前几万年中，智人的生理发生了三项突变，为有声语言的诞生创造了必要的生理条件。第一项是大脑突变，大约十七八万年前的早期智人大脑中出现了一个被认为是掌控语言能力的FOXP2区域。这是二三十年前的发现，近年来的研究认为FOXP2仅与语言的感知—运动系统相关。

另两项智人体质变异发生在十二三万年前。一是直立人变成了直颈人。直颈抬头的结果是喉头从小舌后掉下去，增生出咽腔，使得口腔长度增长了一倍。对于语言来说，这是个可遇不可求的机遇，元音三角空间由此形成。在此之前，舌位只能上下活动形成两个含混的高低元音，而现在可以发出前后元音来了——这是有声语言的先决生理条件。智力没问题的黑猩猩无法学会说话，就是因为没有咽腔，没有元音空间。直颈的另一个结果是视野开阔，这有利于观察和判断，也间接提升了认知能力。另一个重要变异是尾椎骨孔的扩大，使得能穿过的神经索多了几条，其中一条是控制横膈膜的神经。智人可用横膈膜控制呼吸，从而使分音节成为可能，为无数种语音组合方式创造了条件。黑猩猩没有这条神经，所以它只能每次呼吸发一串含混的声音，类似于句子。它只有本能性地发数十种连串语音的遗传能力，表示有限的含义。而智人则有能产到无限的有声表达手段。

#### 17.3.1.2 有声语言的三项特征

最近七万年来导致晚期智人登上食物链顶端的是人类演化史上的第一个节点——语言革命。晚期智人和其他人属动物(尼安德特人、佛罗伦斯人、早期智人、直立人等)的根本差别在于语言，可定义为：

> **观点2：语言发生的三项充要性特征：有声性、时空独立**
**性、能产性。**

这三项特征分开说各自是语言发生的必要条件，加在一起构成充要条件。这三点都是早期智人的混合性雏形语言所不具有的：

（1）有声性——即语音独立性，表意不必依靠手势、体态的辅助。

（2）时空独立性——指表意不必依赖环境提示。这是一条极为重要的属性，是抽象思维赖以进行和表达的前提。

（3）能产性——表达的方式和内容中只有极少量是属于先天固有的，绝大多数是后天习得性的，作为信号系统的语言以前是封闭的，现在是开放的。这个特征是建立在有声性和环境交互作用的基础上，到旧石器晚期才充分发展起来的。

具有这三项特征的语言使得晚期智人在创造物质文化之外，还能创造形而上文化，包括制度、精神和语思文化。晚期智人会讲前代或远方的故事、会忽悠情感、会创造概念，从而使得生物性的前语言性思维染上文化色彩：

➤ 利弊思维被赋予道德价值(如君子爱财，取之有道)；

➤ 感性思维中发展出形象思维用于文艺，巫术思维用于宗教、哲学、政治；

➤ 记忆思维中发展出类比，包括同构思维、归纳等。

使用不依靠肢体、实体、环境而能产的晚期智人语言，创造出了虚拟实体(神、国家、货币、有限公司)，以及虚拟世界(信仰世界、历史传统、互联网空间)，这些制度和精神文化的产物可以压倒生物性思维，例如宗教可以压制利弊思维(让人献身)、压抑感性思维(喜怒哀乐依教规而定)。

### 17.3.2 最强大的文化力量是语言

#### 17.3.2.1 智人登顶生物界不是靠体力

人与动物的不同处之一是，动物的演化是自然的、逐步的，慢到以百万年为单位。早期人类也是如此。大约从十万年前有声语言出现起，早期人类的进步突然以万年为单位了，进步速率提高了100倍！

人类的演化变成以文化性为主。到六千年前文字出现,进步速率又提高了一个数量级,以千年为单位了。到四百年前,又是一个数量级的跃进,以百年为单位了。进入21世纪,大有以十年为单位的进步速度。

人类与黑猩猩分化是六百万年前,此后人类祖先一直可怜兮兮地和其他灵长类动物一样,以采集野果、捕捉小动物为生,大型猛兽是他们的天敌。到了七万年前,智人的力量突然爆发,横扫全世界,灭绝了其他人属和大部分大型猛兽。这是人类力量的第一次大飞跃,这是由什么造成的? 可以肯定,不是靠体格或生理的力量,而是靠智慧和文化的力量。

### 17.3.2.2　不是靠器物/制度文化的力量

文化有四类,智人的文化力量来自哪一类呢? 古人类学讲的文化,常常指第一类的器物文化。如王道还在《第三种黑猩猩》(戴蒙德 2012:2)一书的译者序里说:

> 十几万年前,现代人的祖先刚在非洲出现时,并没有表现出什么新奇的文化创作……现代人的祖先与尼安德特人曾经生活在同一地区,共享同样的文化。直到4万年前尼安德特人灭绝的前夕,现代人似乎才发展出新奇的文化类型(旧石器晚期文化)。也许,因为现代人发展出了新奇的文化,所以有能力驱使尼安德特人走上灭绝之路。

从括号里"旧石器"字样来看,他说的新奇文化显然是指器物文化。这种眼中只见器物的观点从古到今都是错的。

旧石器晚期与晚期智人阶段大致相当(七万年前至一万年前),在这期间没有更有效率的新工具出现,因此不存在作者说的"新奇的(器物)文化类型"。智人征服世界靠的不是器物或制度文化。几万年前的智人仍停留在采狩社会制度时代。采集狩猎生活支持不了太大的社群,所以很难引起社会结构或体制的变化。一万多年前,新石器与农业同时出现,食物、财富和人口开始增长,终于在六千年后制度文化发生了实质性变化,见17.4节。

### 17.3.2.3　力量来自语言的思维—认知功能

智人征服世界靠的就是突现的有声语言和语思文化,以及没有它无从创造的精神文化和制度文化。七万年前走出非洲的那拨智人最大的对手不是大型猛兽,而是其他人属动物,其中最有名也最强悍的是尼安德特人。冷兵器时代膀大腰圆就是压倒性实力,除非智慧谋略技高一筹。语言就是(帮助)制定战术的主要手段。体格吃亏的智人能够在三万年前灭绝尼安德特人,靠的不是和尼安德特人分享的石斧树权或采狩制度,而是十万年前突现的有声语言和语思文化,及建立于其上的精神文化。

语言学以外的人对语言的重要性都认识不足,就像对空气的重要性不到缺氧是认识不到的一样。一般用的词是"认知革命",如畅销书《人类简史》中就是用这个词。作者赫拉利(2017a)认为想象和虚构是人类最根本的能力,人和动物的根本区别在于人会讲故事(不,动物和人的区别是有无语言能力,人跟人的不同才是运用不同语言讲述故事的能力),会创造虚拟的东西如上帝。其实想象和虚构是建立在语言上的,黑猩猩无法想象一个从前的故事,或虚构一个异地的场景。赫拉利的认知革命只是列举种种语言产物,如用讲故事的方式创造宗教、国家等。所以,他讲的认知革命实际上是精神文化革命,而这革命所依赖的工具,所赖以进行的形式包括语思文化,所以归根结底这是一场语思革命。

#### 17.3.2.4 力量来自语言的组织—凝聚功能

语言还有凝聚社群的功能。现代智人能够在动物界脱颖而出,靠的是语思能力和团结的力量。团结的黏合剂首先是血亲,由此形成家族团结。不过这样的团结群体不会很大,以前人寿有限,四世同堂很少见,大家庭不过几十口人。一个五服血亲的大家族或宗族,内部凝聚已经不能单靠血亲了,宗族要靠家法,即强力来维持团结。团结还有一种适用于更大社群的黏合剂,那就是传统,用语言把实际和想象编织为社群记忆,包括传说、神话、巫术、宗教等。这在现代的原初社会中都能见到。

有了文字,语言的凝聚力就愈加彰显。宗族重视续谱,国家重视编史,作用都是把宗族或民族的历史编写得跟真的血亲一样源远流长,并且凝聚得牢不可破。其实政治家、社会活动家、传媒人士、文学家,甚至商人,当然跑不了够格不够格的文化学者,都在这么有意无意地使用语言来编织传统,书写甚至很短的历史以团结族群。

### 17.3.3 有声语言定义了人

#### 17.3.3.1 早期智人和晚期智人的区别特征

古人类学家按照生理形态把智人分为古人和新人,分界期定在 3 万—5 万年前。古人从 25 万年前到近 3 万年前尼安德特人灭绝,新人从四五万年前到一万年前农业和新石器出现,最近一万年为现代人。新人形态上区别于古人主要在于前齿和面部减小,眉嵴不突出,颅高增大,脑容量增多等。这样分类有两方面问题:一是古人的一支印尼弗洛里斯人迟至 1.3 万年前才灭绝,不是原来说的 3 万年前;二是灭绝尼安德特人的是 7 万年前走出非洲装备了有声语言的新人,不是原来说的 4 万年前。所以定义需要修改。古人和新人共同生存的交叉期长达 10 万年。两者的区别特征在于有声语言。古人的语言是依赖语境非时空独立的、非能产的、有体态辅助非语音独立的混合语。大脑和语言的突变在先,体质形态的变异滞后,新人获得有声语言时,仍带有古人的体质特征。随着他们的扩张和征服,获得更充足更富营养的食物,体质形态随之发生很大的变化,人种如白人黑人等也是在这过程中随环境而形成。体质形态不是很好的标志,某些体质的改变是很快的,如日本人在战后只用了两代人,平均身高提高了十几厘米,这在古人类学家眼中就是两个人种了。

#### 17.3.3.2 语思革命而非认知革命

前文说用"认知革命"不如用"语思革命"。认知和语思是两个交叉义的概念:语思包括语言、语言性思维和以语言性思维进行的认知;而认知可以用语言性思维,也可用前四种非语言性思维方式。语思认知是全体认知模式中的一个子集。

造就智人和现代理性人的是语思革命或语思认知革命:认知革命是智人语文革命和现代人理性思维革命所带来的结果。总之,认知尽管可以通过七种思维方式进行,但智人认知进步只通过第 5 种语言思维方式获得,现代人认知进步只通过第 6、7 种理性语言思维方式获得。所以,称它为语思革命,要比泛泛地叫认知革命更为精确。只有认知中的一个子集——语思认知才能引发人类认知的突破。

语文和思维都可得到精确的定义,但认知脱离了语文和思维,就无法独立定义,最多用一些文化成就来作为描写定义,比如会讲故事、创造宗教、制定法律等。

#### 17.3.3.3 有声语言定义文化

有声语言定义了人类,也定义了一种新的语思文化,以及基于其上的精神文化、制度文化和创造型物质文化。创造型物质文化最早的显赫成就就是农业。精神文化最早阶段的典型例子是三万多年前法国和西班牙的岩洞画,以及现代原始部落中能见到的原始宗教。此前上百万年古人类的文化,最多是一种利用已有物质打磨的旧石器文化,一种初级而非能产的改造型物质文化。这可以称为"准文化期",或文化草创期。所以,语言性思维也可称为"文化性思维",前语言思维可称为"准文化性思维"。

# 17.4 语思第二次突变:语言的生命度

> 文明可定义为文字发明,
> 文字的首用是留驻语言。
>
> ——竹子

### 17.4.1 文字的创制

以物质文化的发展为人类大历史分期的学者喜欢称"农业革命""工业革命"等。其实,1.2万年前小麦的驯化标志着农业产生,但我们并没有看到由农业引爆的革命。农业出现的直接后果是人类开始定居,然后人口和财富逐渐增长,这是一个缓慢而漫长的渐变过程,长达6 000年,所以无法称之为"革命"。

革命性的事件是发生在5 700年前的文字创制!那就是出现于西亚两河流域的楔形文字以及稍后的古埃及圣书体。到五六千年前,西亚的人口和财富积累到一个要建立大社区——王国——的地步,而管理几万到十几万平方千米内的几十万人口,没有文字是不可能的,这是促使文字出现的外部社会因素。从内因来看,3万年前出现的欧洲岩洞壁画是艺术出现和智力进步的重要标志,从图画首饰到装饰性图案到陶纹刻划、结绳记事等,都是在智力上、形式上为象形文字的创制做准备。楔形文字和圣书体的最初形式都是象形字,其后独立创制的甲骨文和玛雅文字也都是象形字和会意字为主。

从文字出现至今,语思—认知演进的五六千年,是我们全部文明史的悠久岁月,但放到六百万年的人类演化史中来看,只是倏忽即逝的千分之一的瞬间。

### 17.4.2　文字的功能

按照普遍接受的看法(Coulmas 1989;Daniels & Bright 1996),文字有三大主要功能:记忆功能、时空超距功能和社会控制功能。还有一些次要功能,如互动功能、美学功能等。从最初和最基本的用途而言,可以确信结绳记事一类帮助人类记忆的方式是文字最早的功用。由此生发的功能便是克服时空限制、实现社会控制等。不过,我从语言本身最重要的交际功能角度出发,从口头语发展到书面语,克服了时空造成的交际上的距离障碍,把超距功能提到首要位置来讨论。有了书面语以后,可帮助人类记忆以往的经验、知识,历史由此开始,文明于是降生。也是有了书面语之后,社会控制能力才逐渐扩大,国家才有可能形成。这是逻辑上的前提,实际发展是个数百上千年的漫长过程,文字在尝试中草创并渐渐成熟。与此同步,逐渐实现越来越强大的社会控制功能,可统辖的社区越扩越大,国家就在此过程中逐渐成型。下面讨论这三大功能。

### 17.4.3　语言的永生:文字的超距功能

语言生命短暂,一说出口就消失。文字的创制弥补了这个缺陷。这是语思的第二次突变,它赋予语言以永恒的生命,可称为"语言的生命度革命"。

文字的创制留驻了语言,留驻了记忆,经验的记忆和历史的记忆,使知识得以快速积累和成长。三千五六百年前,文字传入希腊和印度。同时在中国也发明了甲骨文。经过一千年的积累和孕育,终于在两千五百年前引发了知识大爆炸,古希腊文明、先秦文明、古印度佛教文明、波斯文明几乎同时爆发。人类的认识水平突然再一次加速:把智人以万年为单位的演化速度提升到以千年为单位。现代的各种思想流派和文化模式,其根源几乎都可追踪到这个"轴心时代"。

文字的这项首要功能可以称之为时空超距功能。口语的应用有时空限制,文字的创制使得语言不但在表达上,而且在传递上具有了时空独立性,也赋予了语言无限的生命度。

### 17.4.4 文明的诞生:文字的记忆功能

文字的第二大功能是记忆功能。文明的诞生是这项功能的衍生品。当然从两者的蕴涵关系看,说文字有文明创造功能,亦无不可。

从黄帝算起的"中华五千年文明史",是个连传说都包括在内的虚指。易中天认为"有史可考的中华文明只有 3 700 年"(易中天 2013),即有文字可考的历史①。现知最早的甲骨文发现于殷墟(今安阳)。盘庚迁殷发生在 3 300 年前。甲骨文是成熟的文字体系,据此可推测此前三百多年的早期商朝是文字草创及成熟期,所以宽泛点算中华文明史从商朝开始有 3 700 年可以接受。但他接下去却自乱其例了:"文明包含三要素:哲学——人类思想的荟萃;宗教——人类心灵的寄托;艺术——人类对万物之美的诠释。哲学、宗教、艺术萌芽之前,没有文明史,只有莽荒史、原始部落史。"

不,文明就一个要素:文字。艺术和宗教的历史要远远早于文字的创制,早于文明史。在西班牙、法国发现的 3 万多年前的岩洞画,是已知艺术史的肇始。几千年前的丧葬中透露出早期宗教已经发端。文字是文明的定义性特征。文明社会(civilized)和原始社会(primitive)的差别在于有无文字。一般都把国家出现作为文明的主要特征(如 17.2.1 节戴蒙德语,17.4.6 节中华文明探源工程),但实际上,用音系学概念来说,文字是文明的区别特征,国家是伴随特征。

### 17.4.5 国家的诞生:文字社会功能的衍生品

文字的第三大功能是社会控制功能,文字有如列维-斯特劳斯所说的"规范社会组织的潜力"。国家的创建是社会功能的产品之一。

设想一下,如果没了法律条文、身份登记、税收记录、商业合同,社

---

① 插个俗词源,英文的"历史"history 是 his+story"他的故事"。你能读到他写下来的故事,历史就开始了。

会会乱成什么样,甚至能不能建立起一个大型社区都有疑问。文字的这项功能就是管理日益扩大的社群规模,为了应对贸易、记账、税收、法制、军事、邦交、宗教等需求。还有歌功颂德的需求,自古以来都这样,最早的一个圣书体图画借音字就是夹在一幅歌颂上埃及王征服下埃及的图画中的。这些社会需求是创制文字的外部原初动力。

文字是国家这个概念得以变现、得到数十万人认可的关键性一步。采集狩猎时代的族群最多不过一两百人。有了农业以后,群体规模增加了一个数量级。由于财富的剩余和增加,小型集市和城镇出现了,规模甚至达到上万人。文字就此应运而生。

有位明星学者(赫拉利 2017a:77)很智慧地说:"农业革命可说是史上最大的一桩骗局。"从生活舒适度来说的确如此。种地人几千年来苦哈哈,还常闹饥荒,而采狩游牧民族大多是唱歌跳舞乐天派。所以可以说,农业本身没有引发革命,但它为 6 000 年后的语思文化革命和社会转型革命(从原始部落社会到奴隶制国家产生)积累了物质条件:首先是定居,生产出更多的食物,导致人口和财富增长,引发贫富分化,社会阶层形成,产生了一小批脱离日常劳作的人。这些人中的一部分为文字创造或至少是图画文的系统整理,以及随后的知识创造和累积作出了贡献。由此我们可以有以下假说:

**观点 3:文字是国家诞生的必要条件。**

这是从逻辑角度设定的命题;在实际历史进程中,当然是一个数百上千年的漫长过程,其间文字的一批批创制与农业社区的逐渐扩大和国家的成型相辅相成。文字创制因大型社群组织需要而获得动力,国家随文字逐渐系统化而成型。

让我再解释得清楚点,观点 3 可以解读为如下四个命题:(1)如果没有文字,那就没有国家;(2)如果有国家,那就会有文字;(3)有文字,不一定有国家;(4)没有国家,不一定没有文字。

最早的楔形文字是 5 700 年前在两河流域由苏美尔人创制,稍后苏美尔人在 5 000 年前建立了 12 个城邦国,其中乌鲁克国国都有约 5 平方千米,人口 5 万多,并统辖周围大片农业区和更多的人口。文字与国家的耦联不是偶然的。文字在时空两方面放大强化了语言的凝聚作用,使得组织数万人的社区成为可能。同样,古希腊文字和古希腊邦国,古印度吠陀文字和古印度王国都是在三千五六百年前相继相随出现的。

以上是指几千年前最初的文字和最早的农业国家。在后来文字传播的过程中,它和国家之间的逻辑关系和时间顺序的表达就要宽松点。比如第 2 点运用到非农业民族如蒙古、契丹、党项羌、满洲,当他们把游牧部落统一为一个民族并建立起王国后,第一件文化大事就是创制本民族文字。他们的突兀式征服建国,与农业国家的逐渐成型有所不同。他们文字的借用改造,与最初的摸索创新也不一样。所以,观点 3 用到他们身上要有补充说明。

### 17.4.6　有夏部落但没夏王国

同理,甲骨文和商王朝的同现也不是偶然的。20 世纪末,考古和历史学界启动了一项追踪夏王朝的"夏商周断代工程"(1996—2000),结论依然模糊不清。于是又开展了一项更为宏伟的"中华文明探源工程"(2001—2016)。最后结论是,中华文化是五千年来以多元一体化方式逐渐形成的。在浙江余杭良渚、山西襄汾陶寺、陕西神木石峁村都发现了四千多年至五千多年前的大型城址。河南洛阳东偃师县(今偃师区)二里头发现的宫殿遗址规模最大,有 3 平方千米左右,被称为"华夏第一都"。二里头遗址年代被证实为公元前 1750 年至公元前1550 年,很多人猜想这是夏王朝后期的都城。

图 17 - 3　二里头遗址出土的陶器刻划
(百度百科二里头遗址条)

图 17-3 是二里头出土的陶器上的刻划,"百度百科"称之为"二里头陶文",称"陶文"似为时过早,除非这个"文"是"纹路"而不是"文字"的意思。如果能证明确是当时的文字,那么中华文明史可上推至四千年前。根据现有材料,能够说的公允结论是:有夏氏部落的存在没什么疑问,就像周边的有虞氏、有穷氏、有仍氏、有莘氏等,有夏氏可能更为强大,但一个有文字并能统辖管理十万,甚至二三十万平方千米(河南、山西都是十五六万平方千米)的夏王国的存在可能性极小。至于良渚、二里头文化就是史前史了。据"百度百科夏朝行政区划条","文献记载夏族首领先后定居大夏、夏墟、高密、阳城、阳翟、晋阳、平阳、冀、安邑、夏邑、斟鄩、帝丘、纶、原、老丘、西河、河南等十七处[有些可能是同邑别名]",正说明夏部落还不是定居,而是先后移居。正如同一词条里又说,"远古时期尚未有明确的都邑概念。社会处于半畜牧游猎、半农耕定居的阶段,夏部族民随同首领以及族中壮丁迁移。耗尽当地的资源后便迁移他地,不常驻一处"。国家是定居民族建立的,仍处于渔猎游牧期的只能是部落。

相比之下,商朝传承五六百年,前半期迁都五次,有说黄河为害,兄弟争位,更可信的理由是游牧需要。自盘庚迁殷,二百七十余年"更不徙都",而甲骨文也是在殷墟发现。从这角度看,商王朝前半期是华夏族从半游牧半农耕转向完全定居的过渡期,是中文和中华文明的草创期,是王国的定型期。中华文明探源工程认为国家或王权的出现标志着文明的起源。这个观点跟我们观点 3"文字是国家诞生的必要条件"相比,文明起源的时间在事实上差不多同时,但逻辑上少了文字作为必要条件这一层。文字作为文明的定义有"三确":标准明确、证据确凿、分期确定。而如果用国都规模、青铜器或玉器来定义国家形成,标准是模糊的,证据是存疑的,分期是不确定的。国家形成最确凿的证据还得回到文字上,就像商朝的信史是由 3 300 年前的甲骨文的出土而得到确证。严格地说,中华文明肇端于斯。考虑到文字系统成型不是一朝一夕之功,推断商初为文字草创期则无大碍,又考虑到甲骨文完整记载了商朝先王,所以宽泛点可以说,中华文明史始于 3 700 年前商王朝建立之时。

### 17.4.7　光宗耀祖还是啃老辱祖

最后谈几句学术外的题内话,说它是"题内话",因为它与方法论相关。三代工程五年两百多位专家,做的不单单是学术问题,还是政治问题、民族感情问题。有人说:

> 当我看到网民指控二里头考古队队长"没有夏的情怀","甚至可能销毁夏朝存在的证据",建议有关部门撤掉他的职务,我才意识到"伤民族之感情"真是一件天大的事。

民族感情很重要,我们都有。到底事实第一"求真",还是照顾民族感情"致用",这是历史学里的老矛盾。顾颉刚、陈寅恪、吕思勉是求真派,陈垣是致用派,他说:

> 史贵求真,然有时不必过泥。凡事足以伤民族感情,失国家之体统者,不载不失为真。

> 凡问题足以伤民族之感情者,不研究不以为陋。如氏族之辩、土客之争、汉回问题种种,研究出来,于民族无补而有损者,置之可也。

从人类整体和长期效应来看,当然是求真派对,但从短期社会效应看,致用派有它的道理,因为人文社科研究有实际效用。西方照样有类似民族感情倾向,比如澳洲从不研究19世纪塔斯曼尼亚土著灭绝的历史(最近有文章说没杀尽),英国人也曾造假古人类化石要把德国比下去。不过,陈垣和澳洲的不载不研究,跟英国的造假还是不同的,后者是严重的学术道德问题。

致用派有个大问题,因为它是短期逐利的利弊思维,所以常常颠三倒四,最后自己都不信自己。而且短期逐利思维和行为根本没有眼光看到真正的民族利益所在,常常在民族感情的旗帜下,发展出把民族带到沟里去的有害情绪,比如像上述"文明越古老越光荣"的情绪。要真这么想,五千年还不够,埃及金字塔六千多年了,不会再去造个七千年文明吧。面子光彩不光彩,是现实决定的,不是虚无缥缈的远祖决定的,所以阿Q说他祖上阔,反被嘲笑一通。与其花人力、物力、心力去争个名义古老,不如踏踏实实把祖国建设得更强大,这才是真正光宗耀祖的大面子,老祖宗在地下也光彩。所以,有志气的中华新儿女要做光宗耀祖的挣脸事,不做那不要脸的炫祖啃老族。

况且,根本不用去跟两河文化和埃及文化争古老,那都是夭折了的人类早期实验性文化。中华甲骨字文明和古希腊字母文明、古印度吠陀字文明同样古老,也同时在一千年后爆发为"轴心时代"的喷薄文化。不是什么都是老的好,也不是什么都是少的好,恰当最好!中正平和最好!

这个光宗耀祖还是啃老辱祖的选择不但对夏朝判断适用,也适用于我关于语言前提论和中国逻辑的论述,所以在此提出来有警示作用。

## 17.5 语思的第三次和第四次 突变:理性革命

> 文明的跃进在于理性的发明,
> 理性的定义就是逻辑和实证!
>
> ——竹子

### 17.5.1 第三次突变:语言的置信度

2 300 年前希腊逻辑和印度因明的产生,标志着语思的第三次突破:人类学会了如何理性地运用语言。逻辑的首要功能是程式性运用语言,赋予语言以可信度。以往人类运用语言凝聚社群,靠的是利弊、感性、记忆三种前语言思维方式,或利诱威胁之,或宗教巫术道德煽忽之,或以记忆类推之(古人曰……史载……)。但有了逻辑之后,说服力脱离了那三种先天性因素,而以纯粹理性作为评判标准。部分社群由此开创了以理性语言的程式来产生说服力,并以此建构新的认知世界的途径。

这是一场关于语言置信度的革命,它用特定的语言程式"三段论"为语言理清思路,使人类认知具备了可信的手段。第三次语思突变是理性革命的开始,标志着理性登上历史舞台。这使得个别社群进入到纯粹理性期。当时的逻辑还主要用于宗教界及其附属的哲学界。它的实际效用要等近两千年后的十六七世纪出现实证观,才使得西欧小部分社会进入实证理性期——科学期。

逻辑的重要性堪比语言的诞生和文字的创制这样的道级成就，但在中国却从未得到过关注，在我们的文明史上，有过玄奘和徐光启两次逻辑引进，但都一传而亡。如果说文字的产生区别开文明和前文明社会，那么逻辑的产生就开始引导前理性社会走向理性社会。

逻辑，作为人类智慧的产物和文化的突变，作为自然语言条理化的运用，同样是会演化的。最初的逻辑是从古希腊语中自然产生的、用自然语言表达的自然逻辑。但当它运用到数学、几何中去之后，马上进一步形式化，即用形式语言、数学几何语言来表达因果关系。这种形式化的进步一直没有停止过，包括近代产生的集合论、数理逻辑，直到电脑语言和人工智能——这标志着语言从自然演化状态向人工培育的理性方向的进步。

### 17.5.2　第四次突变：语言的可靠度

第四次语思突变是四百年前实证认知观的出现，代表人物是伽利略。实证认知观结合逻辑思维引发了科学革命。实证观念的贯彻引向逻辑命题的验证，使得纯粹理性演化到实证理性，这是一场奠定语言可靠度的革命，从此，世俗的科学语言有了堪比甚至超过宗教信条的权威性。这次突变是部分文明社会进入理性社会的分界点。

### 17.5.3　地平线上的新节点：第五次突变

近年来人工智能取得的成就可谓惊人，典型例子是 2016 年电脑围棋程序 Alpha-Go 摧枯拉朽般击垮人类冠军。由人工智能和生物算法引领的人工语言思维的突飞猛进，其进展速度把人类知识增长的指数曲线带到了拐点，它的方向和所能达到的高度无法预测，不过它对人脑延伸甚至突变的作用已露端倪——智人可能会向更高一级的生物类属进化。人类文化演化的第五个突破节点正在到来，马上要把像我这样的传统读书人甩到新文盲群中去了。而算法制订一族相对于其他人，将在演化上成为优势群体。

# 17.6 结　　语

## 17.6.1　两大四小道级文化成就

有声语言的出现是语思文化,也是人类文化最伟大的随机突变,它使人类思维可表达化。书面语的出现是人类文化的第二次大突破,它使得有声语言获得了无限的生命力和时空超越性。形式逻辑的产生是人类文化的第三次突破,逻辑是对自然语言的操控,甚至改造,以取得语言的置信度。顺着这条路产生的人工语言(符号逻辑、几何、数学等各种形式科学)是语思文化,也是人类文化最精彩的有意识的演进(此前的语文革命是集体无意识的随机产物),它使得思维条理化,甚至可算法化。第四次语思突破是约四百年前出现的实证认知观,它和逻辑思维一起引爆了科学革命。这是一场语言可靠度革命,从此科学的语言有了堪比甚至超过宗教信条的权威性。这四大语思突破是人类文化的四大道级成就,合为两项"大道级"成就:

(1) 语文革命

a. 有声语言诞生 ⎫
　　　　　　　　⎬ 文明的诞生
b. 文字的创制　 ⎭

(2) 思维革命

a. 逻辑的发明(逻辑理性) ⎫
　　　　　　　　　　　　⎬ 科学的产生
b. 实证认知观(实证理性) ⎭

前两项语思突破可合称为语文革命——这是人类历史数百万年来排位第一的大道级成就。后两项语思突破可合称思维革命——这是自有文字以后人类六千年文明史上最伟大的成就,也是继语文革命后人类历史上的第二项大道级成就。相比之下,进化论、相对论等只是"器级"成就。顺便说一句:

**教育的第一目标应该是引导个体重走群体这两步文化演进。**

人类有了语言之后,进步不再是自然演化,而是文化的演化。自然演化是盲目的、随机的、缓慢的。文化演进一开始也很盲目,但从两千年前理性的出现,人类学会了做预算、做预测。到四百年前,理性与实证观相结合创造了科学,从此,进步有了方向,文化的演化不再是盲目随机,它的演化速率呈指数增长。

### 17.6.2 语思文化与其他文化的演化对照

下面把语思和其他文化的演化过程总结在表 17-1 中加以对照,以便看清亚文化演化中的同步和不同步。语思演化共分六个阶段。

**表 17-1 语思文化六阶段**

| 语思进阶 | 语思文化 | 年代 | 物质文化 | 制度文化 | 精神文化 |
|---|---|---|---|---|---|
| 1. 混合语言 | 前(语言)文化 | 12 万—7 万年前 | 有天敌/旧石器 | 自然群体 | |
| 2. 有声语言 | (语言)文化 | 7 万—1.2 万年前 | 走向食物链顶端 | 采狩社会 | 原始艺术 |
| | | 1.2 万—5 700 年前 | 新石器/农牧/轮子 | 农业社会 | 原始宗教 |
| 3. 文字/书面语 | 文明 | 5 700—2 300 年前 | 青铜器 | 国家/奴隶制 | 法典/一神教 |
| 4. 逻辑思维/规范语言 | 理性文化 I/逻辑文化 | 2 300—400 年前 | 铁器 | 公民社会 封建制/集权制 | 轴心时代 |
| 5. 实证认知/可靠语言 | 理性文化 II/实证理性文化 | 400 年前至今 | 科学 工业化 | 资本主义制 工业社会/社会主义制 | 科学/理性 法治/全球化 |
| 6. 人工语言思维 | 理性文化 III | 不远的将来 | AI/信息革命 | 太空移民社会 | 球外化 |

人类力量的强大不是生理性的,而是文化性的。构建文化的基础材质、决定文化形态和文化趋向的基本力量都是语思。可以说,文化中最强大的力量就是语思。语思在以往的文化史中是个空白。本章把思维方式分为七类,把语思分成六阶,以此来为大历史分期。语思文化分期大致对应物质和制度文化的分期,主要区别在于:

(1)语思第 1 阶和第 2 阶之间有条分界线,指 12 万年前到 7 万年前之间产生的有声语言是大历史的第一个分节点;制度/精神文化分期对此不敏感。物质文化随语言出现而有一条相应的界线：在混合语时代人类有天敌；到有声语时代人类成为自然界之王。

（2）物质和制度文化在 1.2 万年前有个分节点，即新石器和农业社会几乎同时产生，语思文化对此不分期。农业很难说是革命，它没促成生活条件的显著改变，也没促使新制度和新观念①的诞生。这是一个为定居和财富人口增长的漫长过程，直到 6 000 年后才迎来语思第 3 阶。

（3）语思第 3 阶由文字定义，它是文明的区别特征，而属于制度文化的国家是伴随特征。物质文化方面青铜器和铁器的出现，精神文化方面一神教和轴心时代的出现，要比文字晚 1 000—3 000 年。物质和精神文化很难用来定义这一段时期。

（4）语思第 4 阶是以逻辑思维为标志的纯粹理性时代，从 2 300 年前到 400 年前。这个时期世界各地的制度文化各不相同，澳、非、美洲还处于原初社会，欧亚大陆从东到西文明形态大相径庭，各自内部还有小分期。

（5）同样，第 5 阶实证理性时代，从物质和制度文化来看，变化令人目不暇接。而从语思文化看是很清楚的一条脉络：实证理性认知观先是在科学界取得主导地位，然后逐渐蔓延到社会各界。

（6）第 6 阶 AI 时代才刚露头，前途难以预测。

虽然总体来看，三种文化分期有大致对应，但语思突破是物质或制度文化几个关键分期的必要条件，如文字出现为国家出现提供先决条件，逻辑理性和实证认知观的出现为科学／工业革命和资本主义出现提供必要前提等。所以，从语思文化角度来看历史进程，可以把因果缘由说得更清楚。

---

① 赫拉利认为一神教的出现与农业社会形成有关(赫拉利 2017b)。这个看法有问题。最早的一神教(三千年前的犹太教)离一万两三千年前的农业出现有近万年之遥。农业全世界都有，而一神教只发生在单一地点。农业不是一神教出现的充分或必要条件(详见朱晓农 2020b)。

# 第18章 语言前提论和中国逻辑

语言类型是逻辑类型的必要前提。

——竹子

## 18.1 语言前提论

### 18.1.1 语言前提论：改版的语言相对论

语言影响甚至决定思维,这是一个从洪堡、维特根斯坦、萨丕尔以来的语言决定论观点。沃尔夫(Whorf 1956)进一步发展了"语言相对论",他从词语(意义和形态)对概念形成的制约作用,来看不同语言的民族由此发展出来的对外部世界的总体观念。这个观点历来争论很大,赞同者称它可以与爱因斯坦的相对论媲美(Chase 1956),而学术反对者认为沃尔夫从未揭示某种语言现象与某种心智现象之间的关联(Lenneberg 1953;Lenneberg & Brown 1956),他们认为沃尔夫假说并未提出一个正式的可供检验的假说。还有政治反对者更是扣他一顶种族主义的大帽子。近三十年来的研究,有支持者〔如 Bloom 1981;Pütz & Verspoor(eds)2000;Boroditsky et al. 2002;博洛迪茨基 2011〕,也有质疑声(如 Lackoff 1987;Pinker 1994)。

我最早看到语言相对论时,一方面觉得有一定道理,另一方面又不满意其仅从语词的意义和形态着眼看概念的形成及其对认知、科学,甚至世界观的影响。语词对认知的影响肯定存在,但不至于大到决定语言世界观。一个相对论者多次举到的例子就是中国人的亲属称谓(最近如博洛迪斯基 2016)。汉语尽管把英语 uncle 一词分解得细致入微:伯伯、大伯二伯、叔叔、三叔小叔、舅舅、大舅小舅、姨夫、大姨夫小姨夫、姑夫、大姑夫小姑夫,但汉语里的这些概念对于说英语的人来说,一解释就明白,或者说用一个英语短语就能解决问题。所谓成词,无非是词组的凝固,就像3＝1＋2这样的转换,这对认知的本质来说并无太大影响。最近二三十年来,由于独生子女的关系,我们看到太多的"小姨—侄儿""叔叔—外甥"的配对,城里的孩子叫长一辈也就"叔叔/阿姨"两个词,恐怕语言相对论者不会说:城里汉语的亲属称谓跟英语一样,所以城里汉人的语言世界观跟英美人一样,而跟乡村汉人的语言世界观不同。这样的语言相对论太儿戏。倒过来恐怕更符合事实:家庭结构的改变(简化)导致绝大多数亲属称谓无用武之地,所以亲属称谓也简化了。这是外在世界的改变投影在语词的概括度上,从而形成的新的家庭观/亲属观。这离"世界观"差得还很远。这样的"世界观"很容易受外来影响而改变,但对于本民族根深蒂固的、内在的、真正的语言世界观影响甚微。

总的来说,语言相对论所讨论的对象主要是语词及其表达的概念、形态学所表达的语法范畴如性、数、格对于思想形成认知概念的作用,以及这些概念与文化现象的匹配性。这些都只涉及认知的表层现象,涉及语词的概括程度高低,语词适应社会文化需要的运用,还未深入到认知过程和认知模式,跟语言前提论所讲的蕴含在语言结构和语法原理中的推理形式可说是相距甚远。词汇集反映了概念集(有的成了系统,有的像杂货铺),而概念集通过思维方式,间接地受控于语法。所以,从词汇上溯概念再逆向探索思维是逆流而上,从语法入手看思维是顺风满帆地顺流而下。语言前提论切入语法和音法原理对思维形式规约的深层,由此发掘出普通人顺着语法音法说出的自然语句中蕴涵的自然逻辑。

**语言前提论**:特定的语言类型是相应的逻辑的必要前提。

逻辑命题以语言结构作为前提条件,语言结构不同,逻辑命题的结构也会不同,即推理的路径和程式会不同。这说明逻辑不能超出语言之外,理性认知不能超越语言之外。理性认知模式不同表示推理程式、逻辑命题构成方式以及语言结构不同。这意味着没有某种形式的语言,就没有某种类型的逻辑;即一个民族有什么样的推理/说理方式,就有相应的语法形式。不同的认知模式会得到对世界不同的认知结果,也就是不同的"科学"成果。这么看来,认知模式就是科学研究的认识论和方法论,认知的结果就是科学的成果。所以不同民族的不同的思维方式会产生不同的科学,而科研方法不同,科研成果也不同。

我们就是从以上认识出发,证明语言类型是产生相应逻辑类型的必要条件,主谓结构语言是主谓结构演绎逻辑的必要前提。演绎逻辑是科学的必要前提;主谓结构语言是科学的必要前提。由此从否面即缺乏必要条件的角度,解释了为什么中国不产生科学的原因。

### 18.1.2 与语言相对论进一步的异同

上文总体比较了语言前提论和语言相对论,语言前提论涉及更抽象的语法层面和更深的思维层次。具体来说,两者对于一般认知和科学(科学是一种特定的认知方式)的关系,有以下六方面的不同:

(1) 语言相对论把语言(或其范畴化功能)看成(直接的)充分条件以决定看待世界的方式(科学);而语言前提论认为 a) 语言和科学的关系是间接的,中间还隔着逻辑一层,b) 语言起到的是必要前提作用而非充分条件作用。

(2) 相对论没有明确论证语言对逻辑的制约作用,前提论认为语言是形成逻辑的必要条件。

(3) 相对论没有明确提到逻辑对认知世界或科学的作用,前提论认为逻辑对理性认知和科学又是必要条件。

(4) 由于必要条件的传递性,所以,语言对于理性认知和科学也是必要条件(这是解释李谜的根本原因)。

(5) 相对论注重的是具体的语义及其概括程度,语词及其语法化情况,形态如时态、性、数、格等语言范畴对思维范畴的影响,词语及其形成的概念(语义如颜色和空间认知,以及语法范畴如时态、性、数、格)在认识世界时的重要性。前提论注重的是更为抽象的范畴、最核心的语法原理对推理形式(即不同形式的逻辑)的"决定"作用(这是加强版语言相对论,弱化版用"影响"),以及强化这些原理的语音原理。

(6) 认知世界靠科学,而科学建立在逻辑(和实证、一元本体论)上,逻辑又来自语法,所以语言限定了我们认知世界的方式和范围。

科学的进步是跟语言的精密化、人工化同步的。

语义、构词等都是表层现象,很容易看到它们的踪影,所以会觉得它们在起作用。其实容易来的也容易去,那些由构词形成概念而影响思维是很容易的,下一代人另外形成一些概念,思维就变了。实际上这里讲的"思维"是思维的内容,而不是思维的形式。思维形式是抽象的,难以一眼看到的,表面上觉察不到其存在和功能,但却深深扎根在大脑深处,控制着我们的言语行为,以及其他行为,我们只是间或看到它的效应,如常有人说中国人怎么这么会攀比,怎么这么圆滑等。

顺着汉语语法的自然表达而表达出来的自然讲理方式,就是汉语自然逻辑,解决了这个问题,其背后有个更大的假设在等着,那就是"语言前提论"。以往在语言相对论指导下进行的种种研究,主要是围绕着词汇语义和构词形态两方面来进行的。语言前提论由语法着手,探讨的是更深层、更抽象、更精致的语言相对性问题。

### 18.1.3 语言前提论在六层论中的解释

语言前提论可以在六层制约论中得到解释。六层论可表示为:

从语言→逻辑→认知→群体心理→民族文化→社会结构的六层人文因素制约论。

从语言类型往上经自然逻辑、语言认知模式、群体心理、民族文化,到社会体制共六层,每一个下层因素都是制约上一层形成的必要条件。

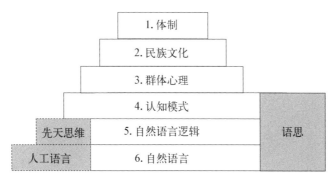

**图 18-1 六层论:从语言到体制的六层因素**

图 18-1 中最底下两层四个框中的"语言""逻辑""思维"都可到第 6 章中去找到对应的思维方式。第 5 层"自然语言逻辑"对应图 6-1 中的第 5 种"前逻辑自然语言思维方式"。自然逻辑属于特定的语言和文化，所以，以第 5 种思维方式参与的认知模式，因受制于不同的语言类型而呈现不同的认知方式(这就是基本理论语言前提论的认识来历)。

推论 4：中国式认知是第 5 种自然语言思维方式(即图 18-1 第 5 层自然语言逻辑)进行的认知，有或没有其他思维的方式参与。

由于第 5 种思维是属于特定语言和特定民族的，第 6 种思维在扩散传播之前也是特定语言和特定民族的，所以由这两种思维方式，也就是自然语言思维方式参与的认知方式，是定义民族认知模式和群体心理的区别特征。

定义 4：群体心理，指特定群体的集体无意识心理，是由自然语言思维方式(第 5 种和第 6 种)参与的、具象化了的认知模式。

群体心理，即所谓"国民性""民族精神"，是自然语言参与的认知模式的具体化、外显化，比如社会红眼病、要面子又不知廉耻、顺而不从、差不多先生、阿 Q 精神、机会主义等等，都是中国式认知模式在不同领域不同场合下，集体无意识的全民一致的表现形式。在群体心理之上便是"观念文化"(见 17.1.2 节中的定义)。

认知过程固然涉及各种思维方式，但最重要的模式还是经由语言思维，所以在认知模式的更深层是第五层自然语言逻辑。人类各民族在大部分认知模式上是相同的，但在由非理性的自然语言思维方式(第 5 种思维方式)参与的认知模式上各不相同，甚至大相径庭。这就到了第六层原因，特定的语言思维方式的形成需有一个必要前提，那就是建立在一个特定的自然语言类型上——这就是我们解读社会文化现象的"六层人文因素关系论"。当然，在人文因素更深处还有演化因素，这留待下一项源滤论研究。

## 18.2　中　国　逻　辑

按照语言前提论，中国话的结构是汉语自然逻辑即中国逻辑的必要前提。这个语言基础由三条语法原理和一条语音原理组成。语法原理中的头两条(同构和对比原理),构成汉语自然逻辑中两大思维范畴(同构观和对立观)的语言基础。

### 18.2.1　赵元任的先驱之功

有关汉语语法和中国逻辑或汉语逻辑(Chinese logic)之间关系的研究,赵元任在半个多世纪前进行了最初的尝试,发表了一系列开创性的文章(Chao 1976c/1959,1976b/1954,1976a/1945)。他(Chao 1976c:250)认为,"汉语逻辑运作的工具和形式就是汉语",因而受制于汉语本身可操作范围内允许的"自由度"。这种自然逻辑在中国人的日常语言中天然内在地存在,不知不觉地运作,赵元任认为,在中国,连受过教育的知识分子都不太懂形式逻辑,更不用说当时占人口90%的文盲了。但是,就是这些文盲,也都能用日常大白话来论证和推理:

> 像否定、命题、前提、推论这些术语哪怕是受过教育的中国人都不太明了。不过,所有中国人,不管认不认字,都能用日常说话来论证和推理,只不过没意识到他们终生都在这么做。(Chao 1976b:237)

几十年前,90%的中国人不识字,当然更不知道逻辑是怎么回事,但他们照样能论证和推理。那是怎么进行的呢?原来会说话就会讲道理,中国文盲会说中国话,顺着话语之法,顺带着就把道理给说出来了,也就是顺着语法就进行了论证和推理。不过,这种论证和推理不是形式逻辑论证和形式逻辑推理,它们是依据汉语的自然语言逻辑,即中国逻辑来推演的。

赵元任的工作目标是找到全体中国人用日常白话来论证和推理的汉语自然逻辑。他在《中国逻辑如何运作》(Chao 1976c:250)开头就说,最早制定的"目标是要找出中国逻辑的运作方式",但遗憾的是,最后找到的只是"形式逻辑在汉语里的运作表达方式"。他在文末又承认了这一结局:

> 这就是汉语逻辑如何运作的一般情况,或者如最后所表明的,逻辑在非逻辑学家们说的汉语中是如何运作的。不过,专业性的汉语逻辑那就是另外一回事了,对此进行探讨

超出了本文范围。(Chao 1976c：259)

### 18.2.2　重新踏上赵元任的未竟之路

以赵元任的天才和博学,想寻找"中国逻辑",竟无功而返,最终找到的仅是用汉语表达形式逻辑的方式。我们凭什么可以重拾赵元任的目标,去探索蕴含于汉语语法中的有异于希腊逻辑的中国逻辑的形态呢?

逻辑受制于语言,这个观点很早以前就有人提到了。马克斯·缪勒说:"逻辑是从文法中抽绎出来的,而不是文法是从逻辑中抽象出来的。"文法按逻辑原理来编写,这是结构派以前的唯理语法的通则。但反过来逻辑如何按语法来解释呢? 要知道,汉语的语法书才刚出现一百年,而汉语的逻辑是在孟子、墨子时代就流行了。所以,像缪勒、赵元任那种天才的猜想有点像天,再有勇气的老虎也难以下口。我们有多大的嘴才敢去、才能去吃天呢?

80 年代中期初涉此域,真是初生牛犊井底蛙,不知天高地厚。幸好那时未读到赵元任那三篇文章,否则可能早已打退堂鼓了。当时写了些想法,散见各篇,后集中发表于《秦人逻辑论纲》(1991)和《秦人逻辑的两种推理形式》(1997)两文中。感觉好像触摸着点天涯海角,但又难以继续推进。那时攒了不少卡片和笔记,有家出版社已经约稿定了出版计划。但 80 年代末外在情况变了,我本人也出国去读实验语音学。这一搁就是四分之一个世纪。直到前几年发表了《语言限制逻辑再限制科学:为什么中国产生不了科学?》和《科学思维和法治、教育》(2015a,b),一时之间,诘难与好评纷至沓来,我才拾起往日的头绪,重走赵元任的未竟之路。

有一点需加说明。赵元任和我的目标跟以往所有对中国(古代)逻辑的研究是完全不同的。以往的工作有两个方向。一是非专业性驰笔,数量庞大,对大众有极大吸引力,主要是对国民性的通俗性解读,夹杂些有关无关的逻辑内容。二是从逻辑、哲学、语言学或更广的角度对名辩尤其是《公孙龙子》的分析,其中有些偏向于逻辑分析,如 Harbsmeier(1998)、Kennedy(1952)、Lau(1952)、Graham(1962)、Uno(1965)、Cheng(1983,1987)、Cikoski(1975)、Reding(1986)等,另一些偏向于哲学分析,如 Hansen(1983)、Egerod(1967)、Hughes (1942)、Graham(1978)。这些著述,比如最为著名的《中国科学技术史卷七上:语言与逻辑》(Harbsmeier 1998)和《古代中国的语言和逻辑》(Hansen 1983),尽管都用"语言和逻辑"来做书名,但跟赵元任和我所探寻的遵循汉语语法的中国逻辑都不搭界。

### 18.2.3　三条语法原理

建立中国逻辑的前提是发现支撑它的汉语语法原理。我对语法和逻辑的看法是:句法词法是词义的抽象,成词是用法的凝固。抽象有程度不同,凝固有松紧不同,因此,从语用到语义再到句词法,语法内部是一条连续统。语法形塑了思维方式,并决定了推理路径和语言认知模式,这是因为推理和认知是用语言进行的。语法规定了语言表达方式的范围或自由度,而表达方式的范围容纳了可接受的推理路径和认知模式的变异度;还决定了群体心理,因为由语法决定的思维方式决定了全民族下意识的心理状态,并规定了下意识的行事方式。

汉语的结构不同于印欧语、阿拉伯语和阿尔泰语。其主要特征,零句是基本句式,由零句组合而成的话题议叙句在古白话文和现代口语中是常态句式,主谓结构只是其中一个特例。当然,由于一个世纪来汉语书面语的全面欧化,主谓句在现代汉语公文体中成了标准句式。朱晓农提出三条决定中国逻辑和中国人语思认知的基本语法原理(朱晓农 2018b):

　　　*同构原理:汉语中构词—词组—造句—句群是按照相同的形式建构的。*

　　　*对比原理:句子成分内在地含有对比义。*

　　　*适境原理:句子的产生和理解有赖于语义上意合、语用上适境理解和/或背景知识的补充。*

同构原理是汉语结构的基本原理,对比原理通常看作语用原理,适境原理则跨越了语义语用句法,但按照连续统原理,可归结为语法原理。

### 18.2.4　从语法原理到逻辑和群体心理

这三条语法原理对中国人的推理、认知、心理、行事起到关键作用。同构和对比原理是中国逻辑的语法基础。中国逻辑有两大范畴：同构观和本末对立观，及由此组合而成的基本认知框架"本末同构观"。同构观指的是世间万物构造是有层级的，而每一个层级中的事物都按照相同的方式构成。本末观指的是万物都是成对构成的，而这成对的两方是有主次的。所以中国是一种"对立服从"本末同构观，对立是在双方之间解决的，即末服从本。这跟西方辩证法不同，后者认为矛盾统一，正、反命题统一于高一层的合命题。两者区别见下图解：

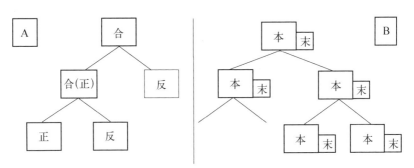

图 18-2　辩证法(A)与对立同构观(B)图解

由两大中国逻辑范畴导出两大基本推理程式：同构推演法和对比推演法，对于中国人如何推理论证辩论，起到了决定性作用(朱晓农2015a,2018b,c)。适境原理适用度很广，影响到中国人的集体下意识的认知模式，由此决定很多项群体心理和集体下意识行为模式(朱晓农 2018b)。

## 18.3　汉语语法和中国逻辑

### 18.3.1　汉语基本句式

#### 18.3.1.1　主谓结构不是常见句式

话题议叙句——赵元任说："汉语句子中主语和谓语的语法意义，是话题和议叙而不是动作者与动作。动作者和动作可以作为话题和议叙的特例。"(Chao 1968：96；1955：805)例如"这瓜吃着很甜"，"这瓜"是话题，"吃着很甜"是对话题的夹议夹叙。话题和议叙之间的关系可以很松散,如"垃圾分类,从我做起!"(上海浦东某街头标语),如果关系密切,"我"应该是"垃圾"的一部分。如果主谓有语法呼应,像"女生如果没有了男生就恐慌了"中的主语就不会有歧义,现在可以是女生恐慌,也可以是男生恐慌。如果有被动标记,"鸡吃过了",主宾或施受就不会产生歧义。还有一种长话题句或句群(流水句),指一连串小句连贯而下,构成一个意群,如下《水浒传》例子:

a) 李逵听得溪涧里水响闻声寻路去盘过了两三处山脚来到溪边捧起水来自吃了几口寻思道怎生能彀得这水去把与娘吃立起身来东观西望远远地山顶见一座庙……

b) 店家切一盘熟牛肉荡一壶热酒请林冲吃又自买了些牛肉又吃了数杯就又买了一葫芦酒包了那两块牛肉留下碎银子把花枪挑了酒葫芦怀内揣了牛肉叫声相扰便出篱笆门依旧迎着朔风回来……

c) 那先生两口剑砍将入来被武行者转过身来看得亲切只一戒刀那先生的头滚落在一边尸首倒在石上……

例 a 长长的一串小句中,其间很难用上句号。好像一个段落、一个意群就是一个句子。这可以看作是一个话题多个议叙。例 b 的一连串小句中,施事或作事从店家偷换到林冲,可以看作是话题的变换。例 c 与其看成话题的变换,不如说整个意群的话题是那先生和武松打架,至于打斗中哪一剑哪一刀的动作发出者,则需根据上下文意会。至于句子或命题及其关系,梁山好汉可不管。

汉语中最基本的句式是"零句"(Chao 1968),如"星期五了""着火了""坚决打击流产女婴!(反非法流产的标语)"。由零句及其搭配而成的话议句包括流水句是汉语的主要句式。

### 18.3.1.2　主语不是独立的句法单位

中国人和西方人对于句子的概念是很不相同的。英语中句法已经从语用中独立出来,相应地,主语也从话题中分离出来,所以句子可以用 S - P 结构来定义。但汉语的句法还未从语用中独立出来,主语只是话题的特例,所以 S - P 句式在汉语中只占一小部分,大部分情况下是零句或用零句装配的话议句。这一点用沈家煊(2014)的图解可以看得更清楚:

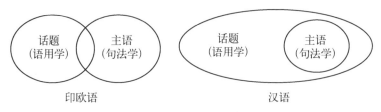

图 18 - 3　主语和话题的关系

汉语中要表达秦人逻辑的命题,可以但并不一定要用欧洲平均标准语
S－P式句子来表达。相应地,秦人逻辑命题不一定要用S－P句式来
构建。因此,建构在S－P句式上的演绎逻辑就难以在汉语里以唯一
合理身份产生。

### 18.3.2　同构语法和同构推演

汉语语法和汉语逻辑(即中国逻辑)之间关系的研究,赵元任是先
驱。他认为"汉语逻辑运作的工具和形式就是汉语",因此受制于汉语
自身允许的"自由度"。赵元任原先的工作"目标是要找出汉语逻辑运
作的方式,实际最后找到的是形式逻辑在汉语里的运作表达方式"
(Chao 1959/76:250)。本章重拾赵元任的目标,讨论的是秦人逻辑,
探索用汉语所自然表达的、有异于形式逻辑的推理方式是什么样的。

#### 18.3.2.1　三级同构的语法

同构推演是建立在同构观范畴基础上的常用推理、说理方式。它
包括旁推法、内推法和外推法三种。汉语语法的一个显著特点是从
词-短语-句子的同构性(吕叔湘1979),构词用什么方式,短语和句子
也用什么方式,例如:

表 18 - 1　语法同构例

|  | 词 | 短 语 | 句　　子 |
|---|---|---|---|
| 主谓 | 心疼/夏至 | 头疼 | 他在吃饭 |
| 述宾 | 炒饭 | 炒饭 | 就是他 |
| 偏正 | 白菜 | 白马 | 好一朵美丽的茉莉花 |

|  | 词 | 短　语 | 句　子 |
|---|---|---|---|
| 述补 | 提高 | 看清楚 | 累得他气喘吁吁 |
| 联合 | 道路 | 刘关张 | [并列复句] |
| 连动 | 进击 | 叫他游过去 | 有人敲门 |
| 前附 | 老三 | 至于天气 | 何况你也用不着 |
| 后附 | 棍子 | 修路的 | 该来了吧 |
| 重叠 | 清清楚楚 | 一下一下 | 来吧来吧 |

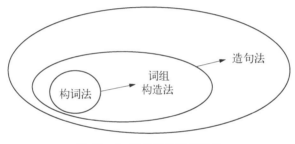

图 18－4　语法单位的同构性

### 18.3.2.2　种-属同构和外/内推法

同构性Ⅰ：小类具有的性质,大类也具有。因此,大类不但具有所含各小类的共同性,而且还具有所含各小类的所有独特性。这是第一种同构性,又称种-类同构性。

外推法：从小类所具有的任何性质作为前提外推,可得出大类也具有同样性质的结论。

同构性Ⅱ：大类具有的性质,小类也具有。这是第二种同构性,类-种同构性。

内推法：从大类所具有的任何性质作为前提内推,可得出小类也具有同样性质的结论。

曾晳嗜羊枣,而曾子不忍食羊枣。公孙丑问："脍炙与羊枣孰美?"孟子曰："脍炙哉!?"公孙丑曰："然则曾子何为食脍

炙而不食羊枣?"曰:"脍炙所同也,羊枣所独也。违名不违
姓。姓,所同也,名,所独也。"(《孟子·尽心下》)

这是一则建立在同构律上的内推加外推。孟子是这样构建推演路线的:
曾子不吃羊枣但吃炒肉丝,合违名不违姓之理。本来这是两件无关之
事,但孟子用一个更大的类,忌独不忌同,把它们概括起来,于是便能从
"违名不违姓"外推倒"忌独不忌同",再内推倒"忌吃羊枣不忌吃脍炙"。

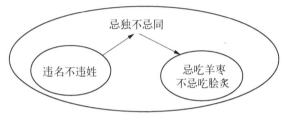

图 18 - 5  忌独不忌同

### 18.3.2.3  旁推法和异种同构性

同构性Ⅲ:甲类具有的任何性质,与之相交的乙类也具有。这是
第三种同构性,又称异类同构性。

旁推法:从甲类的性质可以旁推到与之相交的乙类。

杨振宁(2004)认为,中国传统文化中没有演绎法或推演法,招致
很多国学老先生批驳:

> 易学专家刘教授认为,杨先生的演讲"有很多常识性错
> 误"。比如,杨先生说《周易》只有归纳,而没有推演。可是众
> 所周知,《周易》是最早的一部算卦的书,算卦的方法就是靠
> 推演,举一反三,怎么能说没有推演呢?(杨猛 2004)

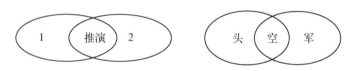

易学专家把算卦推演(推演 1)等同了演绎法或其另一名称"推演法"
(推演 2),两个同名异实的概念能拉到一起,是因为名称上有相交点。
又如一篇股评说"大批空军轰炸四板块":以"空军"喻"空头"。这是
比喻,可见旁推法和比喻相似,都是通过联想来进行的。

同构推演在古代比现在更为流行,举凡政治、伦理论辩中可谓司空见惯。到魏晋之时发展成格式化的"演连珠",也就是秦人的形式逻辑。下面是陆机《演连珠》中一例:

> 臣闻:目无尝音之察,耳无照景之神。(前提)
>
> 故在乎我者,不诛之于己;存乎物者,不求备于人。(结论)

沈剑英(1982)分析道:"这是一则二段的连珠推论。……它是归纳,又兼有演绎,并寓模拟于不言之中。从前提来看,通过对耳目各有职守的归纳,可以得出事物各有其功用而不能苛求其互易的普遍性命题,只是这普遍命题被省略了。结论就是从这一省略的普遍性命题中演绎出来的。"沈氏用西方逻辑概念把秦人逻辑的一个推式解读为合归纳、模拟(异类相比类推)和演绎于一身的"整体思维"。要说陆机在归纳,一方面只有两个例子,只能算是加强版的类推;另一方面是归纳过头,推到其他类中去了。其实,陆机既没归纳也没演绎,他的连珠推演路径和孟子相同:外推—外推—再内推(见图18-6)。

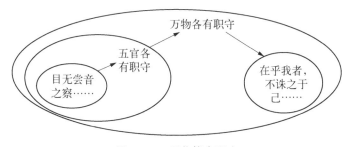

图 18-6　万物皆有职守

### 18.3.3　对比语法和对比推演

秦人逻辑的另一个主要推理方式是基于本末观的对比推演,而这种推理方式是由汉语的对比语法原理引发、引导、控制的。

#### 18.3.3.1　两条对比语法规则

赵元任(Chao 1968:88-91)认为,汉语句子的谓语可以是动词(包括形容词)式的,也可以是名词式的,功能上有三种:对比式(他事对比)、肯定式(反义对比)、叙述式〔沈家煊(2014)又发现有指称功能〕,例如"我现在说话"这句话里的谓语,主要在表示与他事和反义两种的对比上：

    (1) "我现在说话"，这句话里的动词"说话"，跟我可能做的别的事情如"睡觉""吃东西""玩儿"等，或其他不在做的事情相对比。

    (2) 动词谓语有肯定功能时，它不跟其他动词谓语对比，而是跟它的反义对比，如"我现在"说话，我现在"是说话"（不是不说话）。

    (3) 如果是叙述式，那就加一个起始式（inchoactive）助词"了"，如"我现在说话了"（刚才没说话）。（还是对比）

他事对比和反义对比是两条重要的汉语语法规则，不但动词谓语如此，形容词和名词谓语也同样如此。其实，不但赵元任说的谓语动词如此，其他句子成分如主语和状语也一样，如"我现在说话（不是他说话）"或"我现在说话（一会儿不说了）"。

### 18.3.3.2　对比推演三例

我们都知道中国人说话写文章喜欢用对仗、对联、排比、骈体，做人做事喜欢攀比、较劲、红眼，辩论时喜欢同构、对比推演——其实这不是我们大家有意地喜欢这样做，而是群体言语/行为无意识地遵循着母语中的语法原理。来看几个例子。

    古人说："女子无才便是德"，难道说女子一定要没有才能才算是有德性吗？或者是说男人一定要有才能才能算是有德性吗？当然不是！那么这一句话难道是在暗示说一个有才能的女子就表示她是一个"没有德性"的妇女吗？当然也不是。（网文）

作者设想了三种反驳（逻辑上都有问题）：(1)"女子一定要无才才是德"——这是把"无才"和"德"看作互为充要条件。原句"女子无才便是德"语出明代的陈继儒，其间逻辑关系不明，也可解作充分或必要条件。反驳 1 没考虑后两种逻辑关系。(2)"男人一定要有才才是德"——说女子怎么样，跟男子没逻辑关系。这是以女子的反义（男人）来对比推演。(3)"女子有才便无德"——如果原句是充分或必要条件，就不涉及有才是不是有德。只有解作充要条件时，才隐含有才便无德之意。反驳 3 并非据其立论，它是以无才的反义来进行对比推演的。可以说,表达对比的对偶句起的就是中国逻辑的反驳作用。这句话的意思就是：中国逻辑就蕴涵在汉语语法中；反过来,合乎汉语语法的语句就能起到中国逻辑的驳异(及证同)的作用。这一段话表达的就是前面赵元任所说：普通老百姓用日常对话,终生都在这么做推理和论证。

> 一个易学界泰斗级的人物认为……杨[振宁]先生说《易经》没有演绎法,所以导致科学裹足不前。但是一个很好的例子是,古希腊时期就有一大堆演绎法,比如演绎逻辑和形式逻辑。但是为什么也没有产生牛顿呢?（杨猛 2004）

这个例子分不清充分和必要条件,它提供了一个国学论辩不懂演绎法的生动实例。泰斗是用"没有演绎法"的反义(有演绎法)来进行对比推演反驳的。

有个常见现象,老师表扬了甲同学,乙同学不高兴了。他觉得老师没表扬他,就是暗中批评他。从逻辑上看,表扬甲,并没批评乙。但汉语语法原理的确在暗中进行反义对比,而运用汉语的人自然心领神会,所以不怪乙同学在攀比,兴许老师是在委婉提醒乙同学要加油。

言语是我们最频繁的行为,它能类化其他行为。我们社会中司空见惯的攀比行为,可能就受到大脑深处语言—思维规则的控制。汉语语法造成了我们语言的习惯表达法,以及这些表达中的说理方式和逻辑/语义语用关系。英语里固然也可靠重音来确定对比项,但不像汉语那样不用强调、每时每刻都在进行的对比。

### 18.3.4　同同异对论辩法则

这是语思文化学中最重大的应用性发现之一。长期以来,中国式论辩被人诟病为不符合逻辑,但广大人民群众为什么如此屡说不听屡教不改呢? 我们发现,中国式论辩之所以不教自会,无师自通地风行全社会,是因为它符合中国逻辑的同构/对比推演法,服从以下同同异对法则：

> 观点 4 同同异对法则：
>
> > 证明用同构推演法;反驳用对比推演法。
> >
> > 求同用同构推演法;显异用对比推演法。

这条同同异对准则最简单的表达就是：

> 证同同构推、驳异对比演。

这种两大推演法深植于汉语语法,是一开口就自然而来的语言逻辑,想避免都不可能,除非改造成现代汉语那样以主谓结构为主并遵循逻辑。

世间万物本来就是要么有相同点(尤其通过比喻来找相同点就更容易了),要么有相异点(同卵双胞胎都有不同之处),或者两者都有,所以,以"同同异对"的论辩方式可以无往而不利。这就是为什么中国人说起理来,不管正方,还是反方,都那么振振有词,而且从不认错。例如剑桥历史学查良镛博士的推理:

[1a] 过去的历史家都说蛮夷戎狄、五胡乱华、蒙古人、满洲人侵略我中华,大好山河沦亡于异族等等,这个观念要改一改。我想写几篇历史文章,说少数民族也是中华民族的一分子,北魏、元朝、清朝只是少数派执政,谈不上中华亡于异族,只是"轮流坐庄"。

[1b] 英国历史学家汤因比……认为西方文明的优点在于不断地发明、创造、追求、向外扩张,是"动"的文化。中国文明的优点在于和平,就好像长城,处于守势,平稳、调和,是"静"的文化。

提出"大一统"观点时[1a],他用同构推演来论证,蛮夷戎狄等都是中华民族的一分子。但谈到东西差异时,就引汤因比的"动静"说来证明[1b],这时他忘了长城外的蛮夷戎狄等的文化性质也是"动"的。那他们还属于中华民族的一分子吗?从逻辑看这是自相矛盾,但从中国逻辑来说,证同用同构,驳异用对比。

说实话,当我首次意识到同同异对法这一中国式论辩法则时,那是 2017 年 1 月 10 日,我突然有一种豁然开朗的感觉。多少年来的矛盾费解之处,一夜之间迎刃而破。

### 18.3.5 红眼病病因:本末同构律以及背后的同构—对比语法原理

攀比、红眼病,是中国社会的普遍现象,读者对于"别人家的孩子"可能比我还心领神会。一攀比,中国人就来了劲,动力十足。来看一个攀登的动力来自攀比的例子——2014 年 2 月上海中心大厦在建(高632 米),有两个俄罗斯青年偷偷爬到楼顶,露了把脸。随后两名来自郑州的小伙子也悄悄攀上这座全球第三高楼的楼顶塔吊。他们的目的是什么呢？用他们自己的话说就是：只是为了证明"中国年轻人的冒险精神不比老外差！"

红眼病是一种集体无意识的社会病，这种集体无意识也就是国民性或群体心理。其病因在于民族认知模式。民族特有的认知模式建立在中国逻辑上。中国逻辑本末同构律是一种自然语言逻辑，基础是同构和对比语法原理。

当我们报纸上报道"俄国小伙子攀上上海中心大厦"时，一个强烈的对比暗示就是：中国小伙子攀登不上去吗？这种暗示用不着去刻意表达，我们的语言本身有这功能，是对比语法原理在起作用(18.3.3节)。妈妈对女儿说："你看人家孩子，钢琴都考上六级了。"她的言下之意女儿清清楚楚："你怎么考不上？"不但女儿清清楚楚，但凡是个中国人都不会会错意。

外国人对此的理解就有隔阂，这是因为他只学到了汉语的表面含义，还未深入到汉语的"言下之意"。这种言下之意，不是某个中国人的刻意所为，也不是某个场景或上下文的蕴含义，它就是汉语的本身含义。所以，我们常说的中国人说话委婉、屈折，有"言下之意""言外之意"，现在我们可以明白，这"言下之意""言外之意"的说法没有达意，它就是"言中之意"，就是我们心中所想，用汉语语法所包含的自然逻辑，一句话就自然表达出来了，而用不着解释。反而解释说"我不是这意思"，倒显得"欲盖弥彰"了。

汉语的语言结构和语法原理，决定了说汉语的中国人天生就会根据对方表述来对比、来攀比，天生就患有红眼病。这里的关系几乎是透明得直截了当，直接从对比语法出发的自然逻辑思维。

常常有人问：中国人做事的原动力在哪儿？有人认为中国缺乏宗教、没有信仰，因此大部分人的目标就是世俗世界的"富贵"：财富和权贵。其实，攀比就是我们的动力。甚至不单单是动力，它本身就是目的——异化了，为攀比而攀比了，而不是背后一定要有什么实际的利益目的。

攀比红眼病不是中国人特有的，甚至不是人类独有的。**Youtube**上有段视频，非常有趣。讲的是动物学家拿两只卷尾猴做行为实验。两只猴子分别放在笼子里，彼此能看见。动物学家给它们一些石块当货币。猴子给实验者一块石头，实验者就给它们一片黄瓜。两只猴子吃到黄瓜都很高兴。然后第二轮实验,实验者给甲猴一颗葡萄,这可比黄瓜好吃多了。但给乙猴仍旧是黄瓜。乙猴非常愤怒,把黄瓜扔向实验者(赫拉利 2017b:125)。乙猴的反应非常有趣。按说有黄瓜吃总比什么也没有好。但是有了葡萄的对比,或者说攀比,乙猴宁可不要黄瓜,也要争取"公平"。西方文化中有一项品质特别强调一下,那就是公平。争取公平,本质上就是攀比。

中国善攀比,西方人也求公平,甚至连猴子都会攀比,但为什么到最后中国人攀比成了社会病?西方社会中的普遍性(或一元论的同一性观念)思维把个人问题引向社会,最后以统一的社会问题来解决。中国人的攀比,在本末同构观下,只是横向比较,不会上升到普遍性统一公平观上。所以,尽管有汉相陈平这样的公平先例,也有乡里父老那样的群众基础,但始终无法上升到社会的普遍性层面。这是一个比本能更强大的群体心理及其认知模式基础,它是由对比语法原理规定的。

# 18.4　希腊逻辑、印度因明、先秦名辩

### 18.4.1　逻辑与因明

亚氏逻辑的三段论大家都很熟悉:大前提、小前提以及从这两个前提得出的结论。佛教逻辑就是中国传统所说的"因明学"或"尼耶夜"(Nyāyapraveś),是佛寂之后各派争辩佛经教义过程中发展出来的说理规则,跟希腊逻辑的来源相似、产生时间也接近。因明的早期形式是"五支法"或"五分法",比三段论多两个命题。后来陈那①(Dignāga)(约 440—520)把五分简化为三分:宗相当于结论,因是小前提,喻是大前提。

因明三分法:

第一分：声是无常(宗)；

第二分：所作性故(因)；

第三分：诸是所作,见彼无常；如瓶等(喻)。

跟亚氏逻辑相比,陈那因明也是三个命题,只是表达顺序相反。

---

①　又译大域龙、童授,古印度哲学家。

另外还有一个区别：因明的喻是带有例证的大前提，而逻辑的大前提不必有例证。这一差别的蕴含后果很大：逻辑的大前提可以是纯粹的假设，但因明的喻必须是得到实例支持的全称命题。对于科学来说，当然逻辑更有利，因为可以用虚拟命题做大前提，但因明不允许提出没有例证的大前提。

因明与逻辑尽管各自发源地相距遥远，但性质基本相同。齐思贻(Chi 1969：xxv)说："这两个系统完全相同，只是陈那系统用途更广。"谢尔巴茨柯伊："印度推理法的形式很易于转成亚里士多德的三段论法。"注意：因明与逻辑尽管性质相同，但都是独立发展出来的。

### 18.4.2　白马非马

最早的逻辑问题就是语言问题；逻辑分析和语法分析在早期文明中难以区分。自然语言存在模糊和歧义，促使逻辑和语言分析的产生，逻辑和语法一样首先是为了让自然语言更为精准明晰。那就是语法学、逻辑学(还有修辞学)产生的源头。由于自然语言差别很大，模糊性和歧义性也各不相同，因此，不同语言中的逻辑一开始就面对不同的问题要解决。不同的逻辑学就是从分析不同语言的句法、语用、语义而产生的。像公孙龙的"白马非马"、墨子的"二马或白"，看似逻辑分析，实为语法澄清。

白马非马争论的实质在哪里呢？让我们来看这个命题在语义上有多少种可能的解释。"马"(白马也是)有 5 种意思：一匹马(a horse)，这匹马(the horse)，复数马(horses)，马类(the horse)，马性(horsehood)。"非"有 4 种意思：不是，不等于，不属于(个体与集合的关系)，不包含于(小类和大类的关系)。白马非马于是就有 100 种(＝5×4×5)形式上可能的组合。

图 18 - 1　白马非马 100 种可能的含义

例如：

　　1—5) 一匹白马不是一匹马(\*这匹马/复数马/马类/马性)。

　　6) 一匹白马不等于一匹马。

　　……

　　96—100) 白马性不包含于\*一匹马(\*这匹马/\*复数马/\*马类/\*马性)。

由于语义语法限制,100 个命题中有很多不成立(加星号者),如:"\*一匹白马不是这匹马""\*一匹白马不包含于一匹马"等。也有很多能成立,如"一匹白马不是复数马""一匹白马不等于一匹马"等。既然有那么多意思,而公孙龙和反驳他的客方没说,可能也没想清楚是什么意思,所以双方各说各话。例如公孙龙可能想说:"一匹白马不是马类。"而客方反驳说:"难道一匹白马不属于马类吗?"双方虽然争得不亦乐乎,但没有实质上的交锋。

### 18.4.3　杀盗非杀人

墨子被认为是中国历史上最伟大的逻辑学家,《小取》篇被认为是古代中国逻辑学的典范之作。但实际上,墨子并不遵循也不懂逻辑。《小取》篇分析了五种形式:是而然、是而不然、不是而然、一周一不周、一是而一非。这些都不是逻辑推导式,而是语言表达式,墨子期望澄清这些句式中句法和语义不匹配处。所以,与其把《小取》看作逻辑学论文,不如说是一篇澄清古汉语语法、语用、语义的文章,顺带着涉及逻辑问题。让我们来看几个例子:

爱臧(男奴)：是而然

　　白马,马也;乘白马,乘马也……

　　臧,人也;爱臧,爱人也。——此乃是而然者也。

"是而然"并不是逻辑推式,而是一种句式:前句肯定,后句亦肯定。相比之下,下面的是而不然就是前句肯定,后句否定——由此而得出"杀盗非杀人"这一命题。

杀盗：是而不然

　　船,木也;入船,非入木也……

盗人,人也;爱盗,非爱人也。

不爱盗,非不爱人也。杀盗人,非杀人也……——此乃
是而不然者也。

历来论者向以为"杀盗非杀人"这观点惊世骇俗,其实不然。民间天然
流行类似的以煽情代推理。第1节中说不是《易经》影响中国人思维,
而是在中国人思维氛围中集体创作的。这儿又是一个例子:并不是
墨子影响了中国人的思维,普通老百姓都会这么论辩。《墨经》只是中
国式思维方式的一个代表作。照此推广开去,并不是孔子对中国人的
观念和行为有多大影响力,而是《论语》说到了中国人心底里没能说出
来的话,从而被广泛引用。

一周一不周

爱人,待周爱人,而后为爱人……

乘马,不待周乘马,然后为乘马也。——此一周而一不
周者也。

你得爱了全人类才算爱人,但上文例句中说爱一个人就算爱人,两者
不是矛盾了吗?更有甚者,说"盗人人也;爱盗非爱人也",那么,周爱
人包不包括爱盗呢?盗是人,所以爱人要包括爱盗;但一旦爱盗,就不
是爱人了——爱人中包括非爱人。此处与其认为墨子是在玩一个隐
蔽的逻辑悖论,还不如说是他根据具体语用环境临时随文释义——这
是训诂学常例。所以,要是把《小取》看作逻辑学论文,那墨子就不是
个合格的逻辑学家。但其实墨子只是想澄清,古汉语中有"一周一不
周"的情况,爱人是周延的,而爱臧跟乘马一样,是不周延。又如"一是
而一非"(一马马四足/二马马或白),也是语用语法对语义的影响问题
(胡适 1921)。

### 18.4.4　逻辑推理与名辩推演

亚氏逻辑如"所有的人都是有死的;苏格拉底是人;苏格拉底亦是
有死的",在秦人逻辑家眼中太显而易见。下面三例中的大前提都是
"所有的人都是有死的"之意,在有理智的秦人听来,纯是废话。小前
提更是废话,所以司马迁和文天祥都干脆省了。至于按亚氏逻辑得出
的结论,简直是拿腔拿调的加倍废话。

|  | 甲：司马迁 | 乙：文天祥 | 丙：自拟 |
|---|---|---|---|
| 大前提 | 人固有一死 | 人生自古谁无死 | 凡人皆有死 |
| 小前提 | （你我，人也） | （文天祥，人也） | 圣人，人也 |
| 亚氏逻辑结论 | （你我皆有一死） | （文天祥能无死乎？） | （圣人亦有死） |
| 秦人对比推演 | 或重于泰山，或轻于鸿毛 | 留取丹心照汗青 | 然则圣人不朽 |

秦人要在废话大前提下话锋一转，对比推演出"泰山鸿毛"的意思才觉得有意思，才感到说"人固有一死"有了着落。同样，只有表达出"留取丹心照汗青"这种对文化上的不朽性的渴望，才觉得"人生自古谁无死"这么个生物学常识没白说。丙例"圣人不朽"也是文化性的。照此，前面讲的"盗，人也"，是生物性的，而"杀盗非杀人"所指社会文化含义不同、法理结果也不同。这样的推理犯了"四名词／歧义谬误"。但古人并不在乎逻辑错误，说不定还故意违反逻辑以博"语不惊人死不休"之效。像这种不循逻辑、自然贴切机智的对比式说话方式是汉语常例，而汉语之所以以对比为常例，是因为汉语的语法就以这样的对比为主要规则。

# 第 19 章　为什么中国不产生科学

> 不产生科学是因为没有逻辑；不产生逻辑是因为主谓结构不是主要句式。
>
> ——竹子

## 19.1　背景介绍

### 19.1.1　问题的由来："李约瑟难题"

本章讨论的"李约瑟难题"，中国学者在李约瑟之前就关注了（如任鸿隽 1915，蒋方震 1921，王玶 1922，冯友兰 1923，梁启超 1924）。英国科学家李约瑟从 20 世纪 40 年代起开始系统研究中国古代的技术发明。由于他材料收集得深入广泛，所以此问题一经他提出，立刻凸显出来。在 1944 年的一次演讲中他推崇"古代之中国哲学颇合科学之理解，而后世继续发扬之技术上发明与创获亦予举世文化以深切有力之影响"，但"问题之症结乃为现代实验科学与科学之理论体系，何以发生于西方而不于中国也"。后来他将之凝练成如下"李约瑟之谜/难题"（Needham Puzzle/Question）：

> 科学发生问题——为什么在公元前一世纪到公元十五世纪期间，在应用人类的自然知识于人类的实际需要方面，中国文明远比西方更有成效得多……[但]近代科学却在欧洲，而没有在中国文明（或印度文明）中产生？

更早的其他西方学者其实很早就注意到了这个问题，如伏尔泰（F. Voltaire）、狄德罗（D. Diderot）、休谟（David Hume）等。国外对此问题主要是一种学术兴趣，但在国内这是关乎国家前途、民族兴旺的大事。一个世纪来，参与讨论者除了文理各科学者，还有社会活动家、政治家、新闻工作者、工商人士，以至一般公众、青年学子等。提出的解答多种多样，可归结为外因论、内因论、外因为主论，下面择要回顾一下。

### 19.1.2　文献回顾

#### 19.1.2.1　外因论

外因论认为社会、政治、经济、地理等外在因素压制了科学产生（方括号中是我的简评）。

(1) 政治制度：专制皇权（欧洲中世纪宗教专制比中国封建社会尤甚）。

(2) 社会结构：宗法社会（陈立 1946）（这跟农业经济相关（竺可桢 1946））。

(3) 科举制度（梁启超 1924，戴念祖 1983）（西方很多早期科学家还是神学家或修道士）。

(4) 经济因素，包括：

a) 小农经济缺乏刺激力（陈亚兰 1983）（按照维特福格尔，"半封建主义的欧洲，在经营规模并不大于中华帝国，甚至往往小于中华工业生产的基础上，完成了许多的科学发明和贡献"（转引自竺可桢 1946）。工业化不是产生科学的动力，而是科技的产物，欧洲在科学—工业革命前也是农业和畜牧业社会）。

b) 重农抑商（林文照 1983）（其实商人改变的是思维内容，不是推理方式。可能有一种经商方式还真有关，那就是与科学革命、新教改革同时而稍早的复式簿记制度（此三者都与理性主义的兴起相关）。不过前提是做真账不做假账，否则簿记制度本身的作用都有限，更遑论影响科学了）。

c) 人口太多而资源太少（Elvin 1971）（其实 16—17 世纪英国人口增长也很快。人口理由可能更适用于工业革命而不是科学革命，不过并非支持性证据。工业革命初期，工人砸机器，因为机器取代了人工。换句话说，人多并不阻碍工业革命兴起。再者，宋代人口一亿，清末四亿，现在十四亿，所谓人口问题，弹性很大）。

(5) 宗教因素。默顿（Merton 1938）认为新教伦理精神的潜功能促进了科学的兴起，而儒教、道教一般认为对科学有斥力（不过李约瑟（1990：489）却认为"朱熹使用一种无异于现代科学的观念来思考"。

此论很有影响,国内亦有响应者,如吴国盛(2018)把"基督教(案:应为新教)作为现代科学的必要条件"。这种观点错把相关性当作因果性。新教和科学革命相关,但不是科学的原因(充分条件),连必要条件都不是。新教和科学同为理性主义运动的结果。从时间上看,新教的出现和早期的挣扎[①],与科学革命的先驱天主教徒达·芬奇、哥白尼、伽利略同时——影响力不能倒填日期,也不能跨宗派)。

(6)文化观念问题,包括:

a)入世文化观(钱宝琮 1945;Needham 1969:14)(其实,哪个社会都一样,绝大多数人都是重实际实用的,而重理论的人都是一小撮。问题是有没有那么一些人弄出些纯粹科学的萌芽来)。

b)士大夫优越观——认为技术不重要,不过是"奇技淫巧"(这主要是技术而不是科学问题)。

c)天人合一自然观、阴阳五行说等〔但李约瑟(1944)说:"古代之中国哲学颇合科学之理解。"他认为阴阳五行学说对科学思想的发展有益无害〕。

d)价值观和哲学(冯友兰 1923)(宋以后大体如此,但先秦体现各种价值观的哲学可与古希腊相比,但仍不见像欧几里得、阿基米德那样的科学早期形态)。

(7)地理因素:欧洲是大平原,容易形成统一的共性观念。中国是沟沟坎坎,地形地貌各不相同,所以容易形成具体情况具体处理的想法(我过去不以为然,现在想想有相关性,但不是原因)。

(8)多重因素,包括:

a)地理与政治制度(川上叶 2004);

b)地理与经济因素(文贯中 2012);

c)地理、气候、经济、社会(李约瑟 1944);

d)地理、社会、经济、文化(钱宝琮 1945);

e)财经、行政、人口、文化意识(Sivin 1980)。(以上多重因素,分开来都不成其为理由,合力的作用有待进一步证明)。

--------

① 新教发布宣言是 1517 年,但其成势要在两百年后。1620 年"五月花号"就是英国新教徒为避难而出走美洲,此时新教是弱势宗派,自身生存都有问题,更别说去促使科学产生了。

### 19.1.2.2　内因论

(1) 民族性："科学之大障"可归结到"民族富于调和性"和"族尚谈玄"(蒋方震 1921)或"理智的不诚实"(陈立 1946)。

(2) 思维模式,包括:

a) 八卦模式——一位著名科学家认为,"《易经》影响了中华文化中的思维方式,而这个影响是近代科学没有在中国萌芽的重要原因之一"。(这可能说反了,应该是在中国人思维方式氛围中产生了多作者跨年代的《易经》,而不是《易经》写好了来影响中国人的思维方式)。

b) 整体或笼统思维——一位著名学者说:"东方综合思维模式的特点是,整体概念,普遍联系;而西方分析思维模式正相反。"(有学者反驳道:"某些'《易经》思维'的鼓吹者,还喜欢批评'西方'科学缺少了整体思维……[这]是厚诬了当代的西方科学! ……当代的西方科学已经建立起尺度大到 $4 \times 10^{20}$ 厘米之大的科学的宇宙论,还能说西方科学缺少了整体思维?!""美其名曰整体思维,其实是笼统思维。没有进行具体分析,就要去'辩证'地综合")。

c) 直观方法——陈立(1946)罗列了六条并非并列的原因,前五条为:拟人思想的泛生论,没有工具思想的直观方法,没有逻辑,没有分工,客观与主观的混淆(第一条与本体论有关,其余几条大致上与思维模式和方法论有关)。

d) 无归纳法(任鸿隽 1915;王岶 1922)(一位著名科学家说:"中华文化有归纳法,可没有演绎法。"其实,归纳是哪个民族都会的)。

e) 认识论——所追求的知识只是"其所当然"的现象,而不问因果原理的"其所以然"。早在清中期,阮元《续畴人传序》就对当时磅礴的天文学理论一变再变大惑不解:"地谷至今才百余年,而其法屡变。"他不明白理论嬗变的科学意义,反认为"天道渊微,非人力所能窥测,故但言其所当然,而不复强求其所以然。此古人立言之慎也"(阮元此论可谓传统学问中的认识论标准)。

### 19.1.2.3　外因为主、内因为辅

外因为主论,包括:

a) 思维模式和经济因素——何祚庥认为(何祚庥 2006),"一切从客观实际出发,这是现代科学的基本思维模式",但又视外界需求为根

本原因。

b）认识论和社会结构——金观涛等（1983）提出了一个"科学技术发展中的内在认识论规律以及它们与社会结构的相互作用"的观点。他们认为，"代科学技术不是属于哪一个民族，哪一种文明的。它是全人类文化精华的产儿。但是，适合科学结构成长的条件却是随着文化不同而不同的"。16世纪的西欧各项外部条件都好，使得"当时全人类所创造的科学精华在那里汇聚"，从而产生了科学。

### 19.1.3　进一步评论

外因论站不住脚，这有一般方法论原因，也有具体原因。

一般性理由：任何事物的发生都有内因和外因，内因是因果（cause-effect）关系的因，外因是指时机、环境、媒介等促发或抑制因素，是"缘"（opportunity）。内因未确定之前，侈谈外因太早了。反过来，即使没有外因，内因仍可促发科学萌芽，有几件书斋里类似亚氏逻辑、欧氏几何、阿基米德"尤里卡"的创新。如果古书里能找到些自发的、内在的萌芽，就说明有内因存在。例如和声，明嘉靖朱载堉发明复音，说明产生交响乐的内因是存在的，还早于巴赫。如果恰有配套乐器及宫廷欢迎等外因，交响乐就有可能在中国自发诞生。但在明代三本技术发明集大成著作（《天工开物》《本草纲目》《农政全书》），甚至《墨经》中，找不到类似古希腊的科学早期形态。有了内因的科学火种，那么这时候，各种外因就可以分析它们的作用了：或火上加油、或釜底抽薪、或隔岸观火。席文（Nathan Sivin）说（Sivin 1982/2005），你不能说《易经》抑制了本来不存在的东西；这话也适用于其他外因。

外因论还有一大弱点：无法检验，这是因为"李约瑟难题"是个有时空限制的历史学问题。我们需要把历史学的弱问题转化为一般性的、无时空限制的强问题，才能够加以检验，见2.1节。

几乎所有外因理据，都有反驳意见。在排除澄清之前，那些外因显得既不充分，也不必要。下面再就主要点说几句。(1)专制和科举——相比欧洲中世纪宗教专制和神学教育导向，专制社会、八股取士的教育导向等观点显得无力。(2)经济——无社会需要，无经济刺激，人口多劳动力价格低廉和农业/宗法社会小生产规模对科技无需求——这些恐怕不但不成其为理由,反而应该刺激科技发展。农业社会生产力低下,人口压力大——要吃饭!这是天大的社会需求(民以食为天),但它所刺激出来的解决办法不一定是科技,也可以是溺婴或战争。其实这里引发的问题主要是技术的发展,而不是科学的产生。(3) 重农抑商。(4) 地理和气候——中国为大陆国,周边交往少。问题是:为什么经商比种地容易产生科学?为什么与邻居多交往(其实中国历来邻居不少,只是不像欧洲那样都保留下来,而是被同化了)比待在修道院或书房里更容易产生科学?为什么海洋气候比大陆气候容易产生科学?中国海岸线不短啊;哥白尼住的地方不也是大陆性气候吗?凡此种种,好像不是在科学地寻找因果,而是在对比中国和欧洲互相有无。

解决"李约瑟难题",应该去找内因。有几位学者提到了无演绎法,确是问题的症结所在。其他内因,不管是本体论、认识论,还是方法论上的原因(如混沌整个儿思维/八卦象征思维/直观思维/主客不分,甚至自然观、价值观等),大多可以从无演绎法导出:有了演绎法,就能一条一条析分清理,不再混沌八卦直观了(如果再加以实证,主观臆想也能解决)。

还有两个概念要厘清。第一是科学和技术的差别。尽管"科技"常常连用,但两者性质不同:科学是对自然万物运行原理的探讨,技术则是科学原理的应用或长期摸索的经验总结。技术为用,而科学求真。求真的探索,尤其是基础研究,大多一开始看不到有什么用处,有的甚至对当时的主流意识形态、社会制度起反作用,如日心说、进化论。因此,技术进步总是受欢迎的,而科学突破却不一定即刻受到欢迎。不过问题在于,科学为技术之本,持续的技术进步有赖于科学的发展。本章讨论的是科学,而不是技术。第二是发生和成长的不同。发生是指科学在人类社会中的诞生。成长则指其后在本社会内的发展以及传入其他社会。本章讨论的是科学的发生,不是科学的成长、传播。

## 19.2 语言前提论:逻辑和科学产生的基础

### 19.2.1 建立科学的三个必要条件

科学是一种以理性思维方式主导的认知活动,以及遵从同样认知方式的社团行为方式。作为理性思维方式,科学由三个内在的必要部分组成,第一个属本体论条件,第二条逻辑属方法论兼认识论,第三个是方法论条件。三者共同构成产生科学单干形态的充要条件:

> 科学构成论:科学的内部结构有且仅有三个成分:一元本体论、系统陈述的逻辑命题、用以检验的实验或观察。

> 科研步骤论:科学研究活动有三个步骤:符合一元观的随机探索、逻辑论证、实验/观察检验,即假设—演绎—检验。

科学研究的三个步骤中,关键是第二步,因为逻辑习得是一种复杂的能力训练过程,而一元观和实证观可以即刻获得。第一步提出假说,好的假说固然很难,但一般假说却很容易,它可以通过联想,甚至猜来取得。不过,要成为科学猜想,必须相信共性规律,相信这个宇宙遵循"齐一性"(uniformitarianism)原理(有关一元观和齐一性的关系,见 19.2.3 节)。第二步是文明的一个突变。第三步历史上也很常见,如明代万户进行过未受控的、人类历史上第一次火箭发射实验。有了第二步和第三步才建立起科学的因果概念,其重要性爱因斯坦在 1953 年致友人信中已经指出了:

> 西方科学的发展是建立在两项伟大成就上的,一是由古希腊哲学家们创立的形式化的逻辑系统(如欧几里得几何),另一则是在文艺复兴时代发现的通过系统实验而有可能找到事物的因果关系。据我看,不用为中国古代圣贤们没作出这些成就而感到惊讶。反倒是能作出这两项发现倒是令人惊奇。

### 19.2.2 产生逻辑的语言前提

#### 19.2.2.1 产生逻辑的语法条件

产生演绎逻辑的语言学条件是:

[H1] 主谓结构语言是产生演绎逻辑的必要条件。

具体来说:

[L1] 句子是个语法上充分定义的单位。

[L2] 主谓才能并且就能成句(陈述句)。

[L3] (陈述)句子与逻辑命题同构。

再细一点：

[L4] 一个简单句有且仅有一个主语。

[L5] 一个简单句有且仅有一个定动词（即谓语不以一个主谓结构构成）。

[L6] 书面语中一个句子用一个句号标志。

德语的"句子"和"命题"，用的是同一个词 Satz，清楚地说明了上面的道理。对于讲德语的人来说，语法上的"句子"和逻辑上的"命题"本来就是一回事。一个句子就代表一个命题，而一个命题就是用一个句子来表达。在西方的逻辑学和语法学里用的是同一套基本概念和术语：subject-predicate-object。只是到了中文里，逻辑学里用"主词—谓词—宾词"，语法学里用"主语—谓语—宾语"。

根据马丁·哈斯普马特（Martin Haspelmath），标准平均欧洲语（Standard Average European）具有十多项语法特征（Haspelmath 2001），如：

[L7] 有定冠词和不定冠词，如英语 the／a。

[L8] 被动结构有明确标识，如英语 I am known。

[L9] 主语和谓语动词之间有语法呼应。

这些主谓型语言条件创造了一个适合产生主谓型逻辑的环境，这是由于命题是由主谓句表达这么一个简单事实。对照 L1 至 L6，印欧语都符合，L7 至 L9 更不用说了。而汉语都不符合。所以印欧语更适宜产生主谓型逻辑；而中国逻辑产生于同构和对比语法原理的基础上。

#### 19.2.2.2　等价于逻辑的印度因明不是偶然的

希腊逻辑的产生不是偶然的，它有语言前提。一个直接证据就是梵语里也产生了与希腊逻辑等价的印度逻辑——因明。这就更不是巧合了。

全世界古往今来不知出现过多少种民族和语言，但出现演绎逻辑的语言只有两种。世界上现有七千种语言，其中印欧语四百多种。希腊语和梵语同属印欧语系，它们是从共同的原始印欧语发展而来的姐妹语言，有着相似的语言结构。如果历史上出现过的语言也按此比例算（400：7 000，其实这比例要小得多，因为印欧语在繁殖而无数小语种已在历史上消失了),那么碰巧在两个印欧语中产生相同的演绎逻辑的概率只有约千分之三,这是一个小概率,即碰巧的可能性很小,而事出有因的可能性很大。这个因除了逻辑载体语言之外,实难想到其他。梵语与希腊语分享主谓语法结构,希腊逻辑和印度因明分享主谓结构的演绎推理方式。在两个同源同结构的语言中产生同样的逻辑,是对语言前提论最强有力的支持。

### 19.2.2.3　中国古代没有逻辑

古代中国一直未能产生演绎逻辑,18.4 节中已就墨子和公孙龙的案例加以阐述。演绎逻辑最典型的例子是几何学(上文爱因斯坦举的就是这个例子),但"中国的几何学完全不能与希腊相比,因为中国的几何计算中连一点演绎系统的观念都没有。在他们的数学古籍中所能看到的只是些关于面积和立体图形的实际几何问题"(Libbrecht 1973:96)。这一点即使是称颂中国科技的李约瑟也看得很清楚,他主编的《中国科技史》第三卷认为,中国"从来没有发展出一种独立于数量维度并完全依靠公理和假设来进行证明的理论几何学"(Wang 1959:91)。

现在我们的认识已经提高了一大截,我们可以推进一步来问科学所必需的逻辑和一元本体观产生的问题:

**为什么中国产生不了逻辑?**

**为什么中国产生不了一元观?**

逻辑命题是用语句来表达的,主谓结构的逻辑命题需要用主谓结构的句式来表达,这是再简单不过的道理。汉语主要是话题—结构句式,这就妨碍了逻辑命题的表达。直到 20 世纪书面汉语发生了巨大变化,容纳了主谓句式在正式公文体中成为主要句式,才让逻辑顺畅发展起来(见 19.3.3 节)。

### 19.2.3　一元论与语言结构

科学得以成立的第一个前提是本体论上的齐一性原理。对于我们来说,可分解为两个问题:为什么没产生齐一性观念? 更一般地,为什么中国产生不了本体论? 让我从齐一性和一元论的关系说起。

### 19.2.3.1　齐一性蕴涵一元论

齐一性原理相信在这个宇宙中存在普遍规律,遵循统一原理,"齐一性原理是一切科学学科中的基本假设。一条定律如果在黄河适用，那么在银河也适用；如果今日适用，那么在宇宙大爆炸之初也适用"（朱晓农 2006），这一点与普世论（universalism）相同。齐一性还包含一个信条：万物有个最终来源（本原）或最终原因（本因），这一点与一元论相同（monism）。

　　一元论在西方文明之初便已出现：体现在宗教上便是一神教，体现在社会政治法律上是普适性原则，体现在哲学上是一元本体观，体现在科学中便是齐一性原理。因此可以说，齐一性蕴涵一元论。没有一元论，就更不会有齐一性。

　　从人类史上看，原初的也是最普遍的宗教是多神教和泛灵论。最早记载的一神教是犹太教，从摩西算起有 3 300 年，《旧约》是在 3 000 年前写成的。对一神教的绝对信仰是"犹太人真正的文化精神"（亚伯拉 2007）。2 500 年前诞生的佛教没有超自然神，崇拜的是创教的觉悟者佛陀。就信仰唯一至高无上者而言，佛教是准一神教。准一神教可与一神教合称一元教。

　　一元论观念应产生于一元教之前，因为一元教是较为具体的观念产物，在构建这个一元系统之前应该已经有最初的一元观。

　　佛教尊奉的教义是一元论的普世真理（让所有人类解脱痛苦）。与此相应的是，2 500 年前的居鲁士波斯帝国提出"普世的政治秩序"（为全人类的福祉而努力）（赫拉利 2017a：398）。这种一元论的普遍性法制的观念，可以追溯到 3 700 年前的巴比伦汉谟拉比法典，不管是谁什么原因犯了什么罪（比如伤人眼睛），就怎么判罚（被伤眼睛）。

　　一元观可以仅仅是个人的问题，这在任何文化中都有可能自发随机产生。但在科学产生的过程中，齐一性必须是在整个社会大环境中存在并突出的，很难想象整个社会不具备一元观，而科学社团能单独具备，因为科学不是处于真空中的纯思维活动，它除了思维属性，还有社会属性。

　　全社会的一元观主要来源于信奉一个至高无上者的一元教。有些学者如欧内斯特·勒南（Ernest Renan）、爱德华·威尔逊（Edward Wilson），把宗教起源跟人类演化关联起来，认为宗教信仰是先天具有的本能（韦德 2017：6 - 7）。我认为仪式感可以说是先天的，因为那在黑猩猩的行为特征中都可发现;对大自然狂暴力量的恐惧和膜拜也是从动物开始就有的。但宗教内容主要是由想象、传说故事构成,所以它的起源如果跟语言联系起来,则更为有形更为可信。宗教的传说教义规训都是在语言产生以后,用语言来讲神迹故事、宣讲神理教义的产物。至于一元教,那就更是文化和语言的产物了。人类的原始宗教都是自然神教和多神教。一元教是一个相对而言更为精致的语言产物,建立在一个内部一致、有结构的故事上。

### 19.2.3.2 齐一性与一致性语法的相关性

单一神的犹太教,及其后的基督教三大宗和伊斯兰教,以及一元教的佛教的创立和最初信奉者,以及信奉齐一性创造科学的民族,在体质人类学上同属高加索人种,即所谓白人,包括欧洲人、印度人和伊朗人、犹太人和阿拉伯人。自源的一神教信仰如果能在最初形成后自发传播成功,即为社会各阶层非直接功利性地接受,总有一个区域普遍性因素。赫拉利认为一神教的出现可能与农业社会形成有关(赫拉利 2017b)。这个看法有问题,因为最早的一神教离一万两三千年前的农业革命有近万年之遥,很难设想农业影响因素潜伏了一万年后才爆发。再说农业全世界都有,而一神教只发生在个别地方。印度和中国种植稻米都有七八千年的历史,印度在 2 500 年前形成一元教佛教,但在中国连真正意义上的宗教都未产生。所以农业社会不是一神教出现的充分条件。农业社会也不是一元教出现、存在和传播的必要条件,如阿尔泰语族群都信伊斯兰教或佛教。此外也很难用地理气候因素去解释,世界各地农业区的地理情况各异,难以找出一个排他性的地理气候因素。

生产和生活方式与一元观无关,难道高加索人种基因里自带齐一性? 生理上还没看到证据。但文化上可以辨认出一种对此负责的亚文化:语思文化,语言是唯一能够想到的排他性条件。从欧洲经西亚中亚一直到南亚,在这一大片地域上使用的语言,分享着相似的以动词为聚焦中心、具有主谓形态呼应的一致性语法,以此语言结构作为思维和认知出发点,容易形成齐一性、普遍性这样的认识,我们因而提出如下相关性假说:

观点5:一致性语法与齐一性观念的相关性假设:使用
动词中心聚焦式、有名动形语法一致性、句子结构完整的语言的社团,易于形成聚焦式的齐一性观念。

动词聚焦式也就是陆丙甫所说的动词中心式(陆丙甫 2010)。以动词中心说构建的语法具有内部一致性,它能把一连串的词按规则、按层级组装起来,由此造就一个个独立成立的句子。这种内部有层级结构的具有统一性的句子为认知创造一个构建思维产物的框架,用这种句式来表达的认知与句式本身同构,或者说日常的此种言语行为给认知行为提供了一个类化的源头。由这种内部一致的语言构造的认知系统,天然就是一个追求一元的、内部一致的系统。另一个相关现象是,极强的凝聚力和极富侵略性的民族精神。

对于中国文化而言,齐一性和一元论是很陌生的概念。这跟汉语语法相关。汉语句子以话题议叙结构为主,主谓结构是特例。话题和议叙之间关系松散,各语法成分之间没有语法一致性关系,所以语法成分之间的关系是松散的,句子界限是不明朗的。用这种松散的语句建构的篇章,其间关系也是松散的。用这种篇章表达的认知,只能是一大堆有关无关、有矛盾无矛盾的东西的堆砌——所谓集大成,而难以成为内部一致、具有统一性认知系统的。当然不排除偶然随机出现的极个别疑似一元论影子,如朱熹的理气论和老子的道生一论,但都不是明确表达、逻辑论证的。

从经验上看,一致性语法与齐一性观念之间高度相关,但我们还无法严格地证明它们之间的逻辑关系。齐一性蕴涵一元观,是一元观在科学中的体现。所以,一致性语法也跟一元观有相关性。这种相关性主要是指跟一元观在本社会中自生自发的传播高度相关,而跟一元观在哲学家群里的产生相关度相对较低。换句话说,非一致性语法的语言社团中也能在哲学界随机产生一元观,但是想要在此社会中自发、自愿、自动传播,几乎是不可能的。所谓自发、自愿、自动传播,最恰当的正面例子就是自觉思维的禅宗无脚走天下,负面例子是有严格逻辑的法相宗再传而亡。

### 19.2.3.3 本体论缺失与主语缺失的相关性

以上所论乃是说中国缺乏齐一性与语言结构有关,更基本的是,我们从根本上就缺乏本体论,这仍与语言结构相关。具体来说,是由缺乏主语引起的。此说为张东荪所创(张东荪 2011):

> 中国言语上没有语尾变化,以致主语与谓语不能十分分别,这件事在思想上产生了很大的影响。现在以我所见可举出四点。第一点是因为主语不分明,遂致中国人没有"主体"(subject)的观念;第二点是因为主语不分明,遂致谓语亦不成立……二者是一件事的两个方面。

> 中国文字没有语尾变化,便没有正式的动词……因为没有分明的动词,所以谓语不分明,而因为谓语不分明,遂致主语不分明。主语不分明,乃致思想上的"主体"(subject)与"本体"(substance)的概念不发达。

综上,汉语的非一致性语法与齐一性不匹配,所以很难自发产生齐一性观念。汉语话题议叙结构(即常常缺乏主语或句群中偷换主语)与本体论缺失相关。这两方面的语言因素,使得齐一性本体论的出现难上加难。

## 19.3  问 题 的 解 答

不用为用,众用所基。

——徐光启

### 19.3.1  科学产生的阶段性

科学是一种(1) 以假设—演绎—检验方法来进行的思维—工作方式,(2) 按此方式工作的社团活动。属性(1)是科学的内在属性,科学这种建立在演绎逻辑上的理性思维活动,其根源与凭借在于语言。思维复杂了而自然语言不敷用,那就得创造人工语言,包括数学、符号逻辑、计算机语言、改造过的具有特定功效的书面语。迄今为止,科学的成功全依赖于有了演绎逻辑(以及实证检验和齐一性)。而产生、运用演绎逻辑,要求的是语言句子和逻辑命题同构。我们提出的"语言是逻辑的必要前提"得到印度因明的验证。上文论证的"逻辑是科学的必要前提"也是可以检验的。设想一个科学家(团体),让他(们)停用演绎法,看他(们)是否还能继续研究下去。属性(2)指出了科学的外在社会性。早期的科学形态是个体活动,当这些孕育于家中的个体活动社会化了,科学也由此在社会中诞生。

科学产生的过程可分为三期—六阶:

| | 1. 语言期 | | 2. 逻辑期/形式科学期 | | 3. 经验科学期 | |
|---|---|---|---|---|---|---|
| A. 前逻辑 | B. 筑基 | A. 演绎逻辑 | B. 其他形式化系统 | A. 个体形态 | B. 社会化 |
| E 语言 | 旁遮普语 | 印度因明 | 欧氏/非欧几何学 | 阿基米德 | 科学革命 |
| | 波斯语 | 亚氏逻辑 | 数学 | 伽利略 | |
| | | | 电脑语言 | 牛顿 | |
| 古汉语　　玄奘　　徐光启 | | | 现代汉语　书面语(科技法律　商业新闻文体) | | |

第1期——语言期。

1A阶——S-P不是主导结构,前逻辑阶段。古汉语或古白话中不是没有主谓句,而是主谓句不是唯一合格的,甚至不是占优势的句法结构,它只是话题句的一个特例,所以不会促使产生主谓句作为唯一的逻辑命题的结构。汉语因而停留在此阶段。

1B阶——S-P为主导结构,逻辑筑基阶段。从中有可能产生S-P结构的命题。与梵语同语系的波斯语、旁遮普语处于这一逻辑筑基阶段。理论上它们有可能发展出系统的逻辑。

第2期——逻辑/形式科学期。

2A阶——在S-P语句基础上进行的推理有可能系统发展成为演绎逻辑。印度和希腊系统发展出了演绎逻辑,这是形式科学的开端。

2B阶——把形式逻辑的方法扩展到其他领域进行研究,产生各种形式化/公理化系统,如欧几里得几何和各种非欧几何、数学、电脑语言等。

第3期——经验科学期:形式化的命题系统,再配以实验/观察作为检验。

3A阶——经验科学的个体状态,分前期和后期。前期如阿基米德一直到伽利略,用实验检验理论。后期即为牛顿发展出新的数学方法、数学语言(微积分),将物理学领域形式化、系统化了,建立起假设一演绎一检验的科学研究的程式。作为理性思维活动,形式科学即2B阶和经验科学的3A阶是由内因,即某种特定的思维方式决定的。

3B阶——牛顿的工作程式范式化了,即为大多数研究者接受并扩展为一项社会活动,科学就作为社会形态而诞生。不同的外因在此阶段能起不同的作用。而外部也正好有有利于此范式扩散的社会条件,如新教改革、簿记制度、资本主义萌芽等理性主义的社会运动。科学革命就此爆发。

汉语中引进逻辑和科学大致上也是这么几个阶段。汉语的句子以零句作为基本单位,由此构筑的整句主要是话题句和流水句(科学发生的第1期)。主谓句是作为话题句的一种特例,这表明汉语(的某种文体)有发展或引进演绎逻辑的内在句法条件(第2期)。这种引进在历史上有过玄奘和徐光启两次小群体行为的尝试(2A阶)。到20世纪,由于外部广泛而极度的需求,汉语书面语改造成为以主谓式为唯一合语法的句式(第2期),从而容纳了逻辑(2A阶),也满足了科学、哲学、政治、法学、商业、新闻等多方面的社会需求(2B阶,第3期)。

科学发生的六阶中,前五阶算内因,涉及的是思维方式,最后一个3B阶是这种思维—工作方式的社会化,外因便要起抑制或促进作用。

### 19.3.2　古汉语容纳、表达逻辑的两次尝试

古汉语和古白话中固然主谓句不是占优势的句法结构,在中国历史上有过两次在古文句法内进行演绎推理的尝试。第一次是唐初玄奘建立了因明推理法则、严明的法相宗以及其弟子窥基著《因明大疏》。玄奘游学印度十九年,佛学辩论几无对手,说明他对作为辩论规则的因明理解掌握无与伦比。他所创立的法相宗是东传佛教中最讲究逻辑的,但却是一传而亡,根本不能跟反逻辑而行天下的禅宗相比。第二次是明末徐光启助利玛窦翻译欧几里得的《几何原本》,徐光启对演绎逻辑的作用的认识远远超越了时代:“《几何原本》者,度数之宗……不用为用,众用所基。”(《刻几何原本序》)这两次尝试都没能扩散为大社团活动。

徐光启还进一步“度数旁通十事”,包括天文、历法、水利等。也就是说,他还要以古汉语为工具来引进科技研究。此后从清初到清末皇

室贵族都一直对科技产品感兴趣,并同时引出一个体用问题。中国人重实用,把科学和技术都看成是用,体是圣贤之言,是内容。其实,科学是技术之本,逻辑又是科学所本。这个道理徐光启说得很清楚:"不用为用,众用所基"——演绎逻辑看似不实用,但一旦用起来,就成了所有实用技术与各种管理的坚实基础。按我看,逻辑这种说理的形式和方法,应该比圣贤之言的内容更为基本,说不定这也是"众用"的意思。

### 19.3.3　现代汉语的改造以适应逻辑表达

那么,为什么现在的中国能够容纳逻辑和科学呢?这实际上是一百年来我们把唐玄奘、徐光启的个体单干社会化了。现代汉语书面语的语法结构在 20 世纪发生了巨大的欧化变化。在法律、新闻、商业、科技、哲学等需要严格表述的场合,S－P 已经成了主要的句式,例如:"中国是世界上历史最悠久的国家之一。中国各族人民共同创造了光辉灿烂的文化具有光荣的革命传统。"这是 20 世纪新形成的汉语书面语,它更像主谓明确的印欧语法,而不像《水浒》作文法。

逻辑与科学的关系是:特定的逻辑形式规定了特定的探究外在世界的思维方式。各民族特定的科学的产生不是偶然的。怎么样推理,就导致什么样的自然探索之道,也就是不同的科学。汉语中没能发展出演绎逻辑,因而也无法进行科学研究所需的逻辑推理和无矛盾的理论构造。汉语中发展出来的同构推演和对比推演,则很容易滋生出"天人合一"(同构)、"阴阳造物"(对比)这些的观念和理论,学理上很容易造就无视内部矛盾的"集大成"学问。

总而言之,(1) 汉语的同构和对比两项语法原理,成为秦人逻辑的两个基本范畴以及同构推演和对比推演的语言基础。而这两种推演程式造就了孟子、墨子以来一直到当代的辩论的方式和内容。(2) S－P 不是汉语的主要结构,日常汉语是水浒式的,所以想要提升S－P 为主要结构的努力,单靠徐光启他们几个人几本书,势单力薄,马上淹没在浩瀚的古籍中。(3) 但是,可以容纳演绎法的 S－P 结构毕竟存在于汉语内,是汉语的内部因素。(4) 人类具有相同的认知和学习能力,尽管我们没能自发产生,但我们是能够引发的。一旦社会需要起到促进作用,就能把汉语书面语改造成为以 S－P 为主的、适应演绎逻辑并进行科学研究的语言,并有可能影响日常语言。

### 19.3.4　余论

为回答李谜这个超大且敏感的问题,我惕虑惕心酝酿三十年。其间写过文章,更经过无数次私下、网上、会议的拷问的历练。我的本意是想让全社会更清楚地认识到科学和逻辑问题的症结所在,以利于民族和文化更自觉地把握下一步的迸发方向。如今履薄临深般定稿,恐要面对很多质疑。首先是方法上的,赵元任(1955:7－8)说:"对语言和科学之间关系的最好概括,就是不要去做任何概括"——幸亏他在此发现了无限恶循环:"'不要去做任何概括'这一概括本身,也是一个站不住脚的概括。"希望我没概括过头。二是"贬低国粹文化"——好在有杨振宁、何祚庥抵挡。再说国粹主张"吾日三省吾身","知错能改,善莫大焉"。三是"贬低汉语"——汉语不是哪个人能贬低的,赵元任(1959)说,汉语语法所表达的逻辑在很多方面跟现代逻辑学的表达形式一致,"作为一个以汉语为母语的人,我很想说:瞧,这就是汉语在科学上优于西方语言的例证"。古汉语句法齐全,功用具备,只是在推理说理时没把与逻辑命题同构的主谓结构作为唯一合法的句式。四是"贬低归纳法",归纳法也是贬低不了的,它可用于科学研究的第一步骤。而作为现代归纳法的数理统计则更是用途广泛,本书作者硕士和博士论文都用此法。五是"民族虚无主义"——不但是汉民族没能发展出科学,其他无数民族都没能,所以不是民族虚无,也不是民族沙文,而是民族平权。六是"历史虚无主义"——能不能诞生科学,最初与某种语言类型有关,哪个民族说这样的语言这多少有偶然性。不过,能不能调整书面语以利于逻辑命题的表达,从而引进、掌握科学,进而成为发展科学的生力军,在这方面我们成绩优秀,无须有民族虚无的自卑感。七还是回到方法论——最近几十年,逻辑、数学、物理学、科学哲学诸多学科的飞速发展,让我们对因果关系有了更深的认识。不过,这不否定最初形式逻辑是从相应的主谓结构语言中发展出来的事实,也不妨碍使用形式逻辑作为科学研究最基本的手段。

最后重申一遍:科学产生需要逻辑和一元本体观。一元观与动词聚焦的句式相关。而演绎逻辑命题的表达需要以主谓句来构建,因而逻辑最初的产生跟主谓结构作为主导句式的语言有关,可以表达为如下三个假设组成的"语言前提论":

H1)主谓结构语言是产生演绎逻辑的必要条件;

H2)演绎逻辑是产生科学的必要条件;因此,

H3)S－P结构语言是科学得以成立的必要前提。

中国没有产生演绎逻辑的原因,从反面讲,在于汉语不把主谓句式作为唯一合法的语法结构,因而缺乏以同一律为基础的演绎逻辑来建立科学理论。从正面讲,我们使用的说理方式是同构/对比推演法。

主谓结构普遍存在于全世界受格语(accusative)中①,但把主谓结构作为语法的主导句式,并在说理过程中作为唯一合法的句式,这有一定的随机性。也就是说,逻辑的出现在发生学上多少具有偶然性。不过,意识到这一点的重要性并全社会行动起来,把自然语言中非主流的主谓结构提升为推理中唯一合法的句式,从而促进科学发展,这有一定的必然性。这方面过去一百年我们在世界上做得名列前茅。如果我们能有意识地在教育中加以重视,例如在中学增设必修的逻辑推理技能训练课(朱晓农 2015b),必将在新世纪中取得更辉煌的成就。

---

① 世界上大部分语言都是受格语,但也有少数施格语(ergative)。施格语有施格和通格(absolutive),但没主宾格。因此在施格语中,如果产生逻辑命题,形式上不可能是"主词—谓词—宾词"的结构。事实上,我调查过一种施格语莫图纳语,它没有表示因果关系的复句形式(朱晓农 2003b;朱晓农 2021b)。

# 第 20 章　修辞的公理化

Everything should be made as simple as possible，but not simpler.（万事均需做得越简越好，但别过简。）

——爱因斯坦

## 20.1　引　　言

### 20.1.1　宗旨

修辞学研究的是表达形式和思想内容之间的关系。不过，以前即使一些较多注意形式的研究，在分类、描述中仍以意义为主线。修辞学的根本弱点在于缺乏"形式化"，比如"辞格"，就没进行过逻辑分类。现有的分类方式带有太多的主观成分。由于根据的标准不一致，交叉纠缠现象时有出现，即系统中存在很多内部矛盾。人们对修辞学的看法，似乎它不是一门科学，而是一种艺术，在大部分语言学家心中没有它的位置。

本章不打算全面讨论修辞学问题，而想提出一种形式化的研究方法。我们希望这一方法能在修辞学中开辟一片新领地，在那儿，以往关于明喻暗喻的区别、借喻借代的划分等的争论将会显得是无谓的。

### 20.1.2　例句

先看下面几个例句：

例 1　匪徒像豺狼一样。

例 2　匪徒张牙舞爪。

例 3　匪徒像豺狼一样凶狠。

例 4　匪徒像豺狼一样张牙舞爪。

例 1 是比喻，例 2 是比拟，这都没问题。例 3 也是"比喻"，但我们注意到"凶狠"是"匪徒"和"豺狼"的共有的性质。至于例4,有些麻烦,说它是比拟,却比例2多了点什么。说它是比喻,又比例1多了点什么。跟例3相比也有不同,"张牙舞爪"是豺狼专用的,匪徒能有"张牙舞爪"这一形象,需要通过豺狼作中介;例2中"豺狼"即使不出现,它仍在暗中摆渡。因而,说例4是比喻或比拟,都有些不妥。

### 20.1.3 成分

再来看一下例3和例4。我们直观地把句中的成分划出,并不加定义地标上记号。

例3 匪徒 像 豺狼 一样 凶狠
    $M_1$ $X_a$ $M_2$ $X_b$ $W_1$

例4 匪徒 像 豺狼 一样 张牙舞爪
    $M_1$ $X_a$ $M_2$ $X_b$ $W_1$

字母下标说明:M 下标"1"或"2"表示第一个或第二个 M。X 下标"a"表示"前面的 X","b"表示"后面的 X"。W 下标"2"表示 $M_2$ 专有的 W,"1"表示 $M_1$ 也具有这 W 或其他的性质。

严格的定义下一节中给出,这儿只是举例性质。

## 20.2 公 理 化 系 统

### 20.2.1 一般含义

本节中简单谈一下"公理化"及有关概念。

公理化(axiomatization)是极致化的"形式化"(formalization)。把一个系统形式化是显示该系统内在关系的一种简明方法。如果不同的事物具有相似的结构,它们的公理化形式将会相似。科学和数学中的事实表明,在抽象中研究形式系统极富成果。早先认为公理化方法是把真相本身加以系统化,但是到了波尔约(Janos Bolyai)、罗巴切夫斯基(Lobachevsky)和黎曼(Hugo Riemann),才开始明白定理是公理的有效而必然的结果,而公理本身仅仅是前提,是假设,是公设。公理(axiom)和公设(postulate)的界限近来已模糊。非欧几何出现以前,公理是"自明真理",公设是普遍接受的作为前提的假设。这样,我们就不再问一个给定的公理集合是否是真的,而是问它如何为真、真得如何,即等于问能否为这公理集合提供一个模型,若能提供,这模型又是什么样的。

一般来说,一个形式系统包括:

1) 初始实体(元素)集合;

2) 关于这些元素的陈述的集合,也就是"公理";

3) 能从公理逻辑地推导出来的任何进一步的命题,即"定理"和"推论"。

一个形式系统必须具有内部无矛盾的"一致性",即从其公理中同时推出某一命题及其否命题是不可能的。一个内部不一致的系统不可能有模型,因为不存在同时既为真又为假的实际命题。因而要表明某系统是一致的有个办法,那就是为它展出一个模型。

形式系统还可以有其他两种性质:完备性和简明性,但不是必不可少的。完备性是最终目标,简明性是途中目标,具有美学竞争性。

### 20.2.2 元素和定义

现在可以着手进行把一些具有相似结构的修辞格形式化的工作了。

我们把上述例 3 和例 4 中的四个成分作为本形式系统中的初始实体。从这四个元素中任取若干,进行排列,就可得到许多不同的"格式"(用字母 G 表示)。这些 G 既可独立成句,也可成为句子的一部分,当然也可能在实际语言中不成立。它们的全体组成一个集合 {G}。许多修辞格,如明喻、暗喻、借喻、比较、比拟、拈连等都包括在 {G} 中,而借代、夸张则不属于此集合。

我们先来定义 X。由于 X 是一个小小的封闭系统,确定它的范围比较容易。

定义 1:X 是介绍者,它把某一事物的形象或/和某种性质、状态、动作介绍给另一事物并使后者分享之。

这是内涵定义。下面列出 X 中的大部分词,可看成外延定义:

像、若、如、比、似、是⋯⋯以及以此作为构词成分的其他词;

一样、那样、似的、般地等。

定义 1a:一个词是 $X_a$,当且仅当它的意义、功能跟"像"相似。

定义 1b:一个词是 $X_b$,当且仅当它的意义、功能跟"一样"相似。

注意：$X_a$、$X_b$ 本身都是集合。

$X$ 和 $X_a$、$X_b$ 的关系由下式给出：

$$X = \{X_a, X_b, \{\{X_a\}, \{X_a, X_b\}\}\} \tag{1}$$

式中 $\{\{X_a\}, \{X_a, X_b\}\}$ 等于有序对 $(X_a, X_b)$。所谓有序对 $(X_a, X_b)$ 表示，例如，"像…一样"，但不能有"一样…像"。式(1)的意思是，举例来说，"像"属于 $X$，"一样"属于 $X$，"像…一样"也属于 $X$。

定义 2：$M_1$ 表示某一事物，它(可能)被赋予另一事物的某种形象或/和某种性质、状态、动作、行为。

定义 3：$M_2$ 表示某一事物，它把自己的某种形象或/和性质、状态、行为、动作通过 $X$ 的介绍(假如 $X$ 出现于 $G$ 之中)赋予 $M_1$。

定义 4：$W$ 是词和词组，它表述某种形象、性质、状态、行为或动作。

定义 4a：$W_1$ 式词或词组，它表示 $M_1$ 专有的，或 $M_1$ 和 $M_2$ 共有的形象、性质等。

定义 4b：$W_2$ 表示 $M_2$ 专有的 $W$，它(将)通过 $W_2$ 的形象赋予 $M_1$。

定义中"专有"和"共有"是相对于同一个 $G$ 而言的。例如在"匪徒像豺狼一样张牙舞爪"中，"张牙舞爪"是豺狼($X_2$)专有的，所以是 $W_2$；但在"小猫像老虎那样张牙舞爪"中，"张牙舞爪"就是老虎($M_2$)和小猫($M_1$)共有的，所以是 $W_1$。

显然，我们有：

$$W_1 = \sim W_2 \tag{2}$$

$$W = W_1 \cup W_2 = \{W_1, W_2\} \tag{3}$$

上面曾提到 $G$(格式)，但未加定义。现在定义了 4 个(更细点说是 6 个)元素，就可以来定义 $G$ 了。

定义 5：一个 $G$ 可以构成当且仅当它至少包含一个元素。

这就是说，一个 $G$ 至少包含一个元素，至少一个元素可以构成一个 $G$，至于它是否合格，可以由公理或定理来判别，详见后文。

以上 5 个定义是本形式系统的基础，以下全部推导全以它们为前提。它们是本系统的公理。我们还可把定义 1 表示成如下公理形式：

像 $\in$ X,

一样 $\in$ X,

$\forall a(a \in X \leftrightarrow a \in V \wedge(|a|=|$像$| \vee|a|=|$一样$|))$。（V 是词汇，"$|\ \ |$"表示按意义和功能在词汇中划分的等价类）。

### 20.2.3  定理

上节中给出了元素及其定义。对于一个形式系统来说,已经有了元素集合和公理集合。下面再给出从公理逻辑地导出的命题(定理)。这些命题只是定理集合中的一小部分,但已足以在下节中给出的一个模型中起作用。

定理 1：任何一个意义句至少包含一个 G。

在证明之前,先给出"意义句"的定义。我们把全部句子分为互不交叉的"情感句"(由单个感叹词构成,如:"啊!""哦?""唔?"等,以及由单个表示情态的副词构成的句子,如"也许""可能"等)和"意义句"(除此之外的全部其他句子)。

证：由于任何一个意义句至少包含一个实词,它就不能同时没有名词或动词或形容词。任何一个名词都可表示某一事物,即可成为 $M_1$ 或 $M_2$；任何一个动词或形容词都可表示某一形象或性质、状态、行为、动作,即可成为 W。$\therefore$ 一个意义句至少包含一个元素,而至少一个元素就满足构成 G 的条件。$\therefore$ 一个意义句至少包含一个 G。

根据定义 1a、1b("像""一样"本身是不定义的),我们有如下推理：

定理 2：$M_2$ 总是在 $X_a$ 的后面(如果 $X_a$ 出现于 G 中)。

定理 3：$M_2$ 总是在 $X_b$ 的前面(如果 $X_b$ 出现于 G 中)。

由上可直接推得：

推论 1：$X_a$ 如出现于 G 中,它后面至少要有一个元素。

推论 2：$X_b$ 如出现于 G 中,它前面至少要有一个元素。

上面两个推论分别与下面两个命题等价；

推论 $1'$：$X_a$ 不能出现 G 末。

推论 $2'$：$X_b$ 不能出现于 G 首。

于是有：

推论 3：出现于 G 首的 X 只能是 $X_a$。

推论 4：出现于 G 末的 X 只能是 $X_b$。

根据定义 3 和 4b，我们有：

定理 4：在与 X 结合时，$M_2$ 有优先权，$W_2$ 次之。

当 $M_1$ 和 $M_2$ 在 X 同侧时，考虑到定理 4 和汉语语序的重要性，我们有：

定理 5：当 $M_1$ 和 $M_2$ 在 X 同侧时，$M_2$ 必须比 $M_1$ 更靠近 X。

我们约定，可比较"距离"；不同侧时无法比较。引进符号"｜ ｜"来表示距离，定理 5 可表示为：

$$|M_2X| < |M_1X| \qquad\qquad (4)$$

$$|XM_2| < |XM_1| \qquad\qquad (5)$$

定理 5 的逆命题也成立：当 $M_1$ 和 $M_2$ 在 X 同侧时，靠近 X 的必定是 $M_2$。

从定义 1a、1b 和定理 5，可得出：

定理 6：$M_1$ 和 $M_2$ 不在 X 的同侧（包括异侧或不同时出现于 G 中两种情况）或虽同侧而满足式(4)或式(5)时，X 在 $M_2$ 前只能是 $X_a$。

定理 7：条件同上，X 在 $M_2$ 后只能是 $X_b$。

定理 8：当 $M_1$ 和 $M_2$ 不在 X 同侧时，X 在 $M_1$ 后只能是 $X_a$。

定理 9：条件同上，X 在 $M_1$ 前只能是 $X_b$。

如 $M_1$ 和 $M_2$ 在 X 同侧，且满足式(4)或式(5)，定理 8、9 不生效。因为根据定理 4，$M_2$ 有优先结合权，当 $M_2$ 与 X 结合后，就不再存在独立的 X，因而不再跟 $M_1$ 互相制约了。

根据定义 4b 和定理 4，可得到下述补充定理：

定理 10：若 $M_2$ 不出现，在 $W_2$ 定理 5—9 中代 $M_2$ 起作用。


### 20.2.4　系统

现在有了元素、公理，也就能组成一个公理系统了。此系统能否成立，取决于它是否具有一致性。上面说过，最好的办法就是它展出一个模型。

下面来看一个较为简单的模型。从 $M_1$、X、$M_2$、W 四个元素中任取若干(不重复),所能构成的 G 的总数为：$A_4^1 + A_4^2 + A_4^3 + A_4^4 = 4 + 4 \times 3 + 4 \times 3 \times 2 + 4! = 4 + 12 + 24 + 24 = 64$。

下面列出这 64 种 G：

(1) $M_1 X M_2 W$　(2) $M_1 X W M_2$　(3) $M_1 M_2 X W$　(4) $M_1 M_2 W X$

(5) $M_1 W X M_2$　(6) $M_1 W M_2 X$　(7) $X M_1 M_2 W$　(8) $X M_1 W M_2$

(9) $X M_2 M_1 W$　(10) $X M_2 W M_1$　(11) $X W M_1 M_2$　(12) $X W M_2 M_1$

(13) $M_2 M_1 X W$　(14) $M_2 M_1 W X$　(15) $M_2 X M_1 W$　(16) $M_2 X W M_1$

(17) $M_2 W M_1 X$　(18) $M_2 W X M_1$　(19) $W M_1 X M_2$　(20) $W M_1 M_2 X$

(21) $W X M_1 M_2$　(22) $W X M_2 M_1$　(23) $W M_2 M_1 X$　(24) $W M_2 X M_1$

---

(25) $M_1 X M_2$　(26) $M_1 M_2 X$　(27) $X M_1 M_2$　(28) $X M_2 M_1$

(29) $M_2 M_1 X$　(30) $M_2 X M_1$　(31) $M_1 X W$　(32) $M_1 W X$

(33) $X M_1 W$　(34) $X W M_1$　(35) $W M_1 X$　(36) $W X M_1$

(37) $M_1 M_2 W$　(38) $M_1 W M_2$　(39) $M_2 M_1 W$　(40) $M_2 W M_1$

(41) $W M_1 M_2$　(42) $W M_2 M_1$　(43) $X M_2 W$　(44) $X W M_2$

(45) $M_2 X W$　(46) $M_2 W X$　(47) $W X M_2$　(48) $W M_2 X$

---

(49) $M_1 X$　(50) $X M_1$　(51) $M_1 M_2$　(52) $M_2 M_1$

(53) $M_1 W$　(54) $W M_1$　(55) $X M_2$　(56) $M_2 X$

(57) $X W$　(58) $W X$　(59) $M_2 W$　(60) $W M_2$

---

(61) $M_1$　(62) $X$　(63) $M_2$　(64) $W$

## 20.3　推　导　过　程

### 20.3.1　判断

分析这个模型最直观、最经验性的方法是给每一个 G 造一个句子，例如，按 $G_5$ 造句：

例 5　这孩子劲儿　　大得　　像　　牛

　　　　　　$M_1$　　　　　$W$　　　$X$　　$M_2$

看看哪些句子能成立,哪些不能成立,再用它们去验证前面的定理,看是否一致。如果不矛盾,就可认为这个形式系统的构造是成功的。

但是我们不想这么做,我们想把演绎的方法贯彻到底。我们将从定理出发,去判断哪些 G 成立,哪些 G 由于与某定理相悖而不成立,并推断 G 中的 X 哪些是 $X_a$,哪些是 $X_b$,辨出哪些 W 是 $W_2$。

从 $G_1$、$G_2$ 看下去,到 $G_7$ 时发现 $M_1$ 和 $M_2$ 在 X 同侧,并且 $|XM_1| < |XM_2|$,即 $M_1$ 比 $M_2$ 更靠近 X。这违背定理5,∴ $G_7$ 不成立。因违背定理5而不成立的 G 共有 10 个:

7  8  11  13  14  17  21  23  27  29

在 $G_{33}$ 和 $G_{50}$ 中,X 处于 G 首,根据推论3,只能是 $X_a$;但 X 又在 $M_1$ 前,根据定理9,只能是 $X_b$。互相矛盾,∴ $G_{33}$ 和 $G_{50}$ 不成立。

在 $G_{35}$ 和 $G_{49}$ 中,X 处于 G 末的只能是 $X_b$(推论4);但 X 又在 $M_1$ 后只能是 $X_a$(定理8)。互相矛盾。∴ 不成立。

$G_{62}$ 中,X 既处于 G 首只能是 $X_a$,又处于 G 末的只能是 $X_b$,矛盾,∴ 不成立。

综上所述,共有 15 个 G 不成立。

现在来推断 X 的性质。

$G_1$、$M_1$ 和 $M_2$ 不在 X 同侧,根据定理6(X 在 $M_2$ 前只能是 $X_a$)和定理8(X 在 $M_1$ 前只能是 $X_a$),可确定 $G_1$ 中的 X 是 $X_a$。同理能推出下列 14 个 G 中的 X 是 $X_a$:

1  2  5  *9  *10  *12  *19

22  25  *28  *43  *44  47  *55

其中带星号的 8 个 G 且不违背推理3。

$G_3$"$M_1 M_2 XW$",$M_1$ 和 $M_2$ 在 X 同侧且符合式(4),根据定理7(X 在 $M_2$ 前只能是 $X_b$),可推出 X 是 $X_b$。$G_{15}$"$M_2 X M_1 W$",$M_1$ 和 $M_2$ 不在 X 同侧,根据定理7 和定理9(X 在 $M_1$ 前只能是 $X_b$),可推出 X 是 $X_b$。根据定理7 和定理9,能推出下列 14 个 G 中的 X 是 $X_b$:

3  *4  *6  15  16  18  *20

24  *26  30  45  *46  *48  *56

带星号的 7 个 G 中,X 处于 G 末,X 是 $X_b$,不违背推论4。

$G_{31}$ "$M_1XW$"中，$X$ 在 $M_1$ 后只能是 $X_a$（定理 8），$X_a$ 总是要跟后面的元素相结合，而后面没有出现 $M_2$，故 $W$ 是 $W_2$（定理 4 和 10）。于是 $G_{31}$ 为"$M_1X_aW_2$"，例：

例 6　匪徒　　像是在　　张牙舞爪
　　　　$M_1$　　　$X_a$　　　$W_2$

有个例子好像是反例：

例 7　匪徒　　好像　　很凶狠
　　　　$M_1$　　　$X_a$　　　$W_1$

但例 7 的"好像$_1$"没有起介绍者的作用。"好像$_2$"有歧义。"好像$_1$"是起比喻作用的（即本系统内的 $X$），"好像$_2$"表示揣度、不确定的口气。从本系统出发有了个额外收获——帮助区别了歧义。凡与 $W_2$ 结合的是"好像$_1$"，凡与 $W_1$ 结合的是"好像$_2$"。

$G_{32}$ "$M_1WX$"中 $X$ 在 $M_1$ 后只能是 $X_a$（定理 8），但 $X$ 又在 $G$ 末，只能是 $X_b$（推论 4），似乎 $G_{32}$ 不能成立。但因中间有 $W$，如果 $W$ 是 $W_2$，就不矛盾了。∴ $G_{32}$ 为"$M_1W_2X_b$"，例：

例 8　土匪　　张牙舞爪　　似的　　扑进村来
　　　　$M_1$　　　$W_2$　　　$X_b$

$G_{34}$ "$XWM_1$"能确定为"$X_aW_2M_1$"，推理过程与 $G_{32}$ 相似，只是 $X_b$ 换成了 $X_a$。例：

例 9　像是　　搁陈了的窝窝头，　　他这媳妇
　　　　$X_a$　　　$W_2$　　　　　　　　$M_1$

$G_{36}$ 能确定为"$W_2X_bM_1$"，$G_{57}$ 能确定为"$X_aW_2$"，$G_{58}$ 能确定为"$W_2X_b$"，论证略。

下面 15 个 $G$ 中 $X$ 都不出现：

37　38　39　40　41　42　51　52　53　54　59　60　61　63　64
可把它们组成的集合记为 $\{G_4\}\backslash X$。$\{G_4\}$ 表示由 4 个元素不重复任取若干构成的 $G$ 的集合，"$\backslash$"是集合论中的差运算符号。$\{G_4\}\backslash X=\{G_3\}$（3 指 $M_1$、$M_2$、$W$ 三元素）。


### 20.3.2　验证

科学具有可验证性，它是理论可以证实或证伪，它的实验可重复，

提供同一组条件,同一个结论可以反复兑现。语言学如果是科学,我们的形式系统如果是语言学中的一个理论,那它必定是可检验的。下面再举些例子来检验前面的模型。

例 10　小王娶了<u>媳妇</u>　长得<u>像</u>　<u>搁陈了的窝窝头</u>

　　　　　　　　$M_1$　　　　　$X_a$　　　　　$M_2$

例 11　<u>傻子</u>　<u>似的</u>　<u>他自己</u>　<u>笑了</u>

　　　　$M_2$　　$X_b$　　$M_1$　　$W_1$

例 12　他深信<u>自己与车</u>　<u>都是</u>　<u>铁做的</u>

　　　　　　　　$M_1$　　　　$X_a$　　$M_2$

例 13　头一挨地<u>他</u>　<u>便像</u>　<u>死了过去</u>

　　　　　　　$M_1$　　$X_a$　　$W_2$

例 14　把<u>七年贞节,一旦</u><u>付之东流</u>

　　　　　　$M_1$　　　　　　$W_2$

例 15　更服<u>烹鲜</u>　<u>手段高</u>　(《老子》:"治大国若烹
　　　　小鲜。")

　　　　　$M_2$　　　　$W_1$

例 16　<u>富者</u>　<u>乘云分</u>　<u>贫者</u>　<u>堕泥</u>

　　　　$M_1$　　$W_2$　　$M_1$　　$W_2$

例 17　<u>滚出去</u>

　　　　$W_2$

例 18　＊<u>似的</u>　<u>匪徒</u>　<u>豺狼</u>($G_{27}$)

　　　　　$X_b$　　$M_1$　　$M_2$

读者若有兴趣,可以找些例子来检验。


### 20.3.3　推广

上面给出的模型是本形式系统发中最简单的一种。当然也可给出远为复杂的模型,例如把元素集合定为$\{M_1,M_2,X_a,X_b,W_1,W_2\}$,它们的全部不重复排列的种数为:

$$A_6^1+A_6^2+A_6^3+A_6^4+A_6^5+A_6^6$$

$$=6+30+120+360+720+720$$

$$=1\,956$$

如果把元素定为 5 个,则全部不重复排列数为 350。对于这些不同元素的排列所构成的 G 的集合,显然有:

{G1}⊂{G2}⊂{G3}⊂{G4}⊂{G5}⊂{G6}更一般的,我们有:

{G(n−1)}⊂{Gn}

{Gm}⊂{Gn}(m<n,m、n∈N,N 是自然数)

对于{G₆}(=1 956),可给出一全新命题,但它必须包括前面给出的{G₄}中的 10 个定理,大模型中的新命题必须和小模型中的旧命题保持一致性。因而前面研究的{G₄}模型具有典型性。使用同样方法,使可生成新的模型。

上面讲的是不重复排列。如果元素可以重复出现,便可构成无穷多个 G,但能确定这是一个实无穷。根据集合论,{G}很容易证明为一可数集。

∵六个元素各自分别无限重复构成如下六个系列:

$$M_1, M_1M_1, M_1M_1M_1, (\underbrace{M_1M_1 \cdots M_1}_{n个}), \cdots 记为 \{M_1\}$$

$$M_2, M_2M_2, M_2M_2M_2, (\underbrace{M_2M_2 \cdots M_2}_{n个}), \cdots 记为 \{M_2\}$$

$$W_2, W_2W_2, W_2W_2W_2, (\underbrace{W_2W_2 \cdots W_2}_{n个}), \cdots 记为 \{W_2\}$$

每个系列都是一个可数集,即与自然数集 N 对等。两个可数集相乘并加以组合,得到一个新的集合仍是可数集。继续这个过程,便能把上述六个可数集全部相乘并加以组合,得到的最终集合便是可数集{G},即:

{G}=S0

任何一个意义句中都包含一个 G,加上一个成分即可组成一个新的 G。新 G 上再加一个成分可构成更新的 G。从理论上说,这个过程可以无限继续下去,这种包含各种 G 的意义句组成的全部话语的集合也是一个可数集。这样,我们就在理论上允许存在的话语集合和本形式或系统中的全部格式组成的集合{G}之间建立了一一对应关系。这就是说,任何话语包含的任何一种 G 都可在本系统中找到它所对应的像,而本系统中任何一个 G 都可在话语兑现。

上述论证只是出于理论上完美的需要。实际话语当然不可能无限长。因此,我们就用不着分析全部 G,事实上也做不到。在{G₄}模型的基础上,很容易进行类推,以分析更为复杂的 G。

## 20.4　应　　用

从本节开始,我们通过一些辞格分析来说明传统分类的缺陷,以及我们的公理系统在分类时的实用意义。

### 20.4.1　辨析明喻和暗喻

先来看三个例句:

例 19　长虹　像　彩桥

例 20　长虹　是　彩桥

例 21　长虹　　彩桥

这三个例句传统上分为两类,例 19 属明喻,后两个属暗喻。这样划分有三点不妥。首先,例 20 中的"是"并不起通常的判断作用,它只是加重了语气的"像"。其次,如果区别明喻和暗喻的标志是一个用"像",一个用"是",那么,

例 22　长虹　像是　彩桥

是什么喻? 明喻、暗喻、明暗喻? 还有:

例 23　道是无情却有情

例 24　疑是银河落九天

例 25　恰似一江春水向东流

这些 X 都是"介绍者",语气有别而功能相同。还有,把例 21 归入暗喻不妥。有时因语气、形式、表达上的原因,比喻词不出现,无法肯定不出现的是"是"不是"像",例如:

例 26　甲:"瞧,那块石头像罗汉。"

乙(心不在焉地):"那石头……大罗汉……"

乙只是重复了甲的明喻,一点没有更含蓄、更引人想象的地方。

传统比喻格中的分类同时使用心理标准和形式标准,这种分类中的矛盾在科学中首先应该避免。在{G}系统内,例 19、例 20、例 22 属

于同一个 G"$M_1 X_a M_2$",例 21 属于另一个 G"$M_1 M_2$"。下表给出{G}系统的分类跟传统分类的不同处:

| {G} | 例　　句 | 传统辞格 |
|---|---|---|
| $M_1 X_a M_2$ | 长虹像是彩桥 | 可能是明喻 |
| | 长虹像彩桥 | 明喻 |
| | 长虹是彩桥 | 暗喻 |
| $M_1 M_2$ | 长虹,彩桥 | |
| $M_2 W_2$ | 彩桥通向理想之地 | 借喻 |

### 20.4.2　辨析借喻和借代

在修辞书和修辞课上,对下述例句的归类有严重对立:

例 27　（杨二嫂像圆规……）圆规站在门口

"圆规"是借喻还是借代,争论至今未休。两者是用意义含糊的"相似点"和"相关点"来区别的,本来标准就模糊,结论当然很难把握,众说纷纭是意料中的。再看两个例句:

例 28　（张三的鼻子像酒糟……）大酒糟走出门去

例 29　（张三的鼻子像酒糟……）大酒糟上有个苍蝇

在{G}系统内,"圆规""大酒糟"都是 $M_2$,我们能补出 $M_1$。下图显示出各个名词间的关系:

| | | | | |
|---|---|---|---|---|
| | 杨二嫂<br>$M_1$ | 长相姿势 | 像 | 圆规<br>$M_2$ |
| 张三　的 | 鼻子<br>$M_1$ | 外形颜色 | 像 | 大酒糟<br>$M_2$ |

圆规把自己的形象赋予杨二嫂,站在门口的是杨二嫂(例 27);酒糟把自己的形象赋予鼻子而不是张三,走出门的是张三而不是鼻子(例 28),苍蝇停在鼻子上(例 29)。因此,区别借喻和借代的步骤是:找出 $M_1$,检查 $M_1$ 能否跟谓语发生逻辑搭配,能的是借喻(例 27、例

29),不能的是借代(例 28)。

借代种类很多,这儿仅讨论那种跟借喻易生混淆的"借喻式借代"。用上图来分析例 28,先借酒糟喻鼻子,再借(酒糟)鼻子代张三。

### 20.4.3  辨析比喻和夸张

传统修辞学在处理这两种辞格时暴露出来的混乱是很典型的。请看张弓《现代汉语修辞学》(1963)中的归类:

> 例 30   燕山雪花大如席   (夸张)
>
> 例 31   她矮小的身材,结实得像小钢炮   (比喻)

两者的区别是任意的,无标准可言。按照原书的定义以及实际归类例,"雪花大如席"也可以是比喻,"身材像小钢炮"也可以是夸张。这种分类的非逻辑性是传统修辞学的致命缺陷。

既然比喻格和夸张格有交叉,那么,我们最终将被迫去区分:比喻中的夸张味有多大时才算"夸张式比喻",夸张中的比喻味有多浓时才算"比喻式夸张",哪些算是"纯比喻",哪些才是"纯夸张"。但是,我们马上发现,由于每个人的语感各不相同,要做到这种区别几乎是不可能的,除非你把一种人为的分类强加于它们。

事实上,任何事物一旦被赋予另一事物的形象(所谓比喻),必须在某一点或某一部分上有了某种程度的夸张。而任何事物一经夸张,必然可被想象为另一种形象,即使是"纯夸张"也不例外:

> 例 32   白发三千丈

为什么不能想象"白发"像某种很长很长的东西,比如飞瀑、条状云那样有"三千丈"长呢?

从传统的比喻和夸张的含义出发,能看到每一个比喻都有某种程度的夸张,而每一个夸张都有某种意味的比喻。从集合论的立场,可把比喻格看成是所有比喻的集合,记作 **B**,夸张格是所有夸张的集合,记作 **K**,于是有:

$$\forall b(b \in K, b \in B) \land \forall k(k \in B,$$
$$k \in K) \Leftrightarrow B \subset K \land K \subset B \Leftrightarrow B = K$$

我们竟推得了比喻格等于夸张格。也就是说,两者不仅仅是交叉,而是重合。这就从数学上证明了前述直观的经验性判断:"要区分它们是不可能的。"传统修辞学从含糊的定义出发来分类,结果等于没分。

上面三个例句在 $\{G\}$ 系统内有相应的位置:

例 30 和例 31 对应于 $\quad M_1 W_1 X_b M_2$

例 32 对应于 $\quad M_1 W_1$

"夸张"在本系统内的严格定义见后文,这儿先给出"夸张"在本系统内成立的一个必要条件:

$$K \subset \{G_6\} \backslash W_2$$

即,凡是夸张 G 必定没有 $W_2$,反之不一定。

### 20.4.4　辨析比拟和夸张

类似上一节中的分类混乱也存在于比拟和夸张之间。

例 33　河水见了回头跑

例 34　午忙三时刻,砖头瓦碴跳三跳

张弓(1963)把(33)归入"拟人"(比拟的一种),把(34)归入"夸张"。这种划分显得随意。

从第 1 节的四个例句可以看到,标准的比喻和比拟,其区别仅在于是否有 $M_2$ 出现。假如 $M_2$ 和 $W_2$ 都出现,那就说不清是比喻还是比拟了。因此,比喻和比拟之间的纠葛蔓延到比拟和夸张之间也就不奇怪了。在本系统内这两个例句对应同一个 G:"$M_1 W_2$"。我们可用这来定义"纯比拟"。

# 20.5　分　　类

前四节讨论了传统修辞学在辞格分类中存在的问题。这一节起我们开始在本系统内对"描绘类"辞格加以分类,并在本系统内定义比喻、比拟、比较、夸张等。细心的读者也许已经注意到,前面没有出现过否定形式的例句。在我们的分类工作中,否定形式起着重要作用。

事实上,我们是从研究"原-逆-否-逆否"四个命题的关系出发来为 G 分类的。


### 20.5.1　不矛盾转换

首先,根据 X 的出现与否把 G 分成两类。有 X 出现的 G,可进行某种"不矛盾转换",例:

例 35　　　　我像你

例 35[逆]　　你像我

例 36　　　　共产党像太阳

例 36[逆]　　太阳(在使人温暖方面)像共产党

"我像你",当然"你也像我"这是一类"可逆不矛盾转换"。但 X 不出现的 G 就无所谓转换了,如:

例 37　他出去了

例 38　北京,　　祖国的心脏
　　　　　$M_1$　　　$M_2$

例 37 无所谓转换。例 38 如说成:

例 39　祖国的心脏——北京
　　　　$M_1$　　　　　　$M_2$

$M_1$ 和 $M_2$ 还是没有换成,换的只是另一种 G。


### 20.5.2　非形象化 G

X 不出现的、不可进行不矛盾转换的 G,比较容易分析,我们把 $M_2$ 和 $W_2$ 都不出现的 G 称为非形象化 G。其中包括一般的陈述句、判断句、描写句等,它们的修辞色彩即陈望道先生所谓的"消极修辞"。

$M_2$ 和 $W_2$ 中至少有一个出现,就构成形象化 G。根据它们的出现情况分三种。

1) $M_2$ 和 $W_2$ 都出现,这种情况较少见,而且一定要有上下文。

例 40　满地爬着　小甲虫(比如在飞机上往下看成群的拖拉机)
　　　　　$W_2$　　　　$M_2$

2) $M_2$ 出现而 $W_2$ 不出现:

例 41 　北京,祖国的心脏 　（同位喻）
　　　　$M_1$ 　　$M_2$

例 42 　圆规 　站在门口 　（借喻）
　　　　$M_2$ 　　$W_1$

3）$W_2$ 出现而 $M_2$ 不出现：

例 43 　滚出去
　　　　$W_2$

例 44 　河水 　见了回头跑
　　　　$M_1$ 　　$W_2$

例 45 　他 　种下了 　果树,也种下了 　　希望
　　　　$W_2$ 　$M_2$ 　　$W_2$ 　　　　　$M_1$

例 46 　线儿 　缝在军衣上,情意 　缝进我心里
　　　　$M_2$ 　$W_2$ 　　　　$M_1$ 　$W_2$

后两句即"拈连",跟比拟格相比,拈连格多了个"$M_1 W_2$"。而如果把"种下了果树""线儿缝在军衣上"单独抽出来看,又只是一个普通陈述句"$M_1 W_2$"。拈连总是显得很生动,从本系统内它的形式来看,拈连由两部分组成,一部分是个比拟,另一部分则是一个从普通的"$W_1 M_1$"变来的"$W_2 M_2$"。拈连是较复杂的、合成的 G。即：

拈连＝比拟＋非形象化的一般式

比拟可定义为{$M_1 W_2$},把它跟借喻{$M_2 W_1$}相比较,可看到两者字母相同而下标互换,我们把借喻和比拟称为{M,W}上的互补分布。

### 20.5.3 转换

现在讨论有 X 的、可进行不矛盾转换的 G。画一个直角坐标,四个象限中分别写上四个 G：

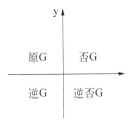

411

可以看出有两种不同的矛盾转换。一种是"原↔逆""否↔逆否"之间不矛盾,这像关于 X 轴对称的偶函数,可称为平行关系或偶关系。如:

($A_1$)

另一种是"原↔逆否""否↔逆"之间不矛盾,这像关于中心对称的奇函数,可称为对角关系或奇关系,如:

($A_2$)

我们约定:

($A_1$ -原)及其转换式($A_1$ -逆)所对应的 G 是:$M_1X_aM_2X_bW_1$。($A_1$ -否)及其转换式(16.1 -逆否)所对应的 G 是:$M_1FX_aM_2X_bW_1$。

($A_2$ -原)对应:$M_1X_aM_2W_1$,其转换式($A_2$ -逆否)则对应:$M_1F-X_aM_2X_bW_1$。($A_2$ -逆)对应:$M_1X_aM_2W_1$(与原 G 同),其转换式($A_2$ -否)对应:$M_1F-X_aM_2X_bW_1$(与逆否 G 同)。

这里出现了一个有趣的转换现象:($A_2$ -原)进行对角转换为($A_2$ -逆否)后,M 与 X 的位置不再遵守前述定理 6~9,在"$X_a\cdots X_b$"之间竟然不是 $M_2$ 而是 $M_1$。当然,这仅仅是我们约定的结果。我们也完全可以约定($A_2$ -逆否)跟($A_1$ -逆)一样遵守定理 6~9。但现在既然能指出定理不适用的条件,也就不破坏系统的一致性;而为了醒目起见,作了如上约定。

再看几个例子。

($A_3$ -原)桃花潭水深千尺,不及汪伦送我情

($A_3$ -逆否)汪伦送我之情比千尺桃花潭水还深

($A_3$ -逆)汪伦送我之情不及千尺桃花潭水深

原↔逆否(恒等),原 G 与逆 G 反义,所以($A_3$)是对角关系。是"较物式"G:$M_2W_2F-X_aM_1$。

反问句相当于否定句,如(A₃-原)等义于:

(A₄-原)桃花潭水深千尺,哪及汪伦送我情?

它的转换关系也是对角式。下面三组例句前两组是对角关系,后一组是平行关系(假如有人那么说)。

| (A₅-逆否) | 穷人过得 | 不如 | 牛马 | |
|---|---|---|---|---|
| | $M_2$ | $N-X_a$ | $M_1$ | |
| (A₅-原) | 牛马 | 都比 | 穷人 | 强 |
| | $M_1$ | $X_a$ | $M_2$ | $W_1$ |
| (A₆-逆否) | 东海 | 哪有 | 你的心胸 | 那样宏阔 |
| | $M_2$ | $N-X_a$ | $M_1$ | $W_1$ |
| (A₆-原) | 你的心胸 | 比 | 东海 | 宏阔 |
| | $M_1$ | $X_a$ | $M_2$ | $W_1$ |
| (A₇-原) | 燕山雪花 | 大 | 如 | 席 |
| | $M_1$ | $W_1$ | $X_a$ | $M_2$ |
| (A₇-逆) | 席子 | 大 | 如 | 燕山雪花 |
| | $M_1$ | $W_1$ | $X_a$ | $M_2$ |

需要说明的是,像(A₁)中具有平行关系的一对句子中,其意义只是并行而无矛盾,而不是说在实际话语中总是可用逆句来代替原句。事实上,像(A₁-逆)和(A₁-逆否)那种句子,除非有修辞需要,一般很难见到。另外,像(A₂-否)和(A₂-逆)那一对有对角关系的句子也很难见到。

按照等价类的划分,$X$ 可分为两类:

一类出现于平行式中,有以下三种性质,相当于数学中的等号($=$)。

1)自反性:$aX_1a$

2)对称性:$aX_1b \Leftrightarrow bX_1a$

3)传递性:$aX_1b \wedge bX_1c \rightarrow aX_1c$

另一类只有传递性,相当于数学中的大于($>$)或小于($<$)符合,它出现于对角式中。

## 20.5.4 进一步分类

本节中给可进行对角奇转换的 $G$ 进一步分类。

例 47　眼睛瞪得比牛眼还　　大
　　　　$W_1$

例 48　这山比那山　　　　高
　　　　$W_1$

例 49　热情比山　　　　　高
　　　　$W_2$

例 47 和例 48 中的 $M_1$ 和 $M_2$ 使用同一量纲,即 W 为 $W_1$。例 49 中的 $M_1$ 和 $M_2$ 使用的不是同一量纲,即 W 是 $M_2$ 专有的 $W_2$。

例 47 和例 48 的区别在于:例 48 中的"这山"确实(有)可能比"那山"高,例 47 中的"眼睛瞪得"再大也不可能比"牛眼"大。

这样,我们就可以在本系统内定义"奇夸张""比较""教物";凡可进行奇转换,并使用同一量纲进行虚比较的 G 叫作奇夸张,或叫"大夸张",如例 47;凡可进行奇转换,并使用不同量纲进行比较的 G 叫作"较物",如例 49。还有一个问题需要交代一下。例 49 中的"高"为什么是 $W_2$ 而不是 $W_1$?这里牵扯到语义问题。的确,对于"热情"的描述跟"天"一样,是用"高""低"的。但"高"有多个义项。抽象的"$高_2$"是从具体的"$高_1$"派生出来的。一词多义可以分解成多词单义,这在理论上说得过去。

### 20.5.5　平行转换

下面的例子都是平行转换式。

例 50 为一组平行转换例句。

(50.1) 这孩子哭起来　　像　　　　狼嚎　　　一样
　　　　$M_1$　　　　　　$X_a$　　　$M_2$　　　$X_b$

(50.2) 书声　　　朗朗　　　像　　　锣鼓
　　　　$M_1$　　　$W_1$　　　$X_a$　　$M_2$

(50.3) 燕山雪花　　大　　　如　　　席
　　　　$M_1$　　　$W_1$　　$X_a$　　$M_2$

(50.4) 恩情　　　似　　　海　　　深
　　　　$M_1$　　　$X_a$　　$M_2$　　$W_2$

(50.5) 她　　　　纯洁得　　　像　　　白云
　　　　$M_1$　　　$W_1$　　　$X_a$　　$M_2$

（50.6）我看见妇女们怎样　像　绣花　一样　精细地
　　　　　　　　　　　　$X_a$　$M_2$　$X_b$　　$W_2$

　　一颗一颗地选着谷种
　　$M_1$

（50.7）北京——祖国的心脏
　　$M_1$　　　　$M_2$

（50.8）他　种下了　树，也种下了　希望
　　　　$W_2$　　　　$M_2$　$W_2$　　　$M_1$

（50.9）歌声　　　点亮　　　心中火
　　$M_1$　　　　$W_2$　　　$M_2$

（50.10）匪徒　　　像是在　　张牙舞爪
　　$M_1$　　　$X_a$　　　$M_2$

（50.11）圆规　　　站在门口
　　$W_1$　　　$W_1$

（50.12）他　　　走了
　　$M_1$　　　$W_1$

（50.13）小桥　　流水　　　人家
　　$M_1$　　$M_1$　　　$M_1$

（50.14）出去！
　　$W_1$

（50.15）滚出去！
　　$W_2$

（50.16）魔鬼！
　　$M_2$

（50.17）满地爬着　小甲虫（比喻推土机）
　　$W_2$　　　　$M_2$

$M_2$ 和 $W_2$ 都不出现的称为"非形象化 G"，如例 50(12—14)。一般来说，$M_2$ 和 $W_2$ 同时不出现时，X 也不出现，除非后接省略号。另有一种狭义的处理方法，干脆把"非形象化 G 排除出描绘辞格群"（G 系统），使得"描绘类"更名副其实。

　　$M_2$ 和 $W_2$ 中至少有一个出现的，称为"形象化 G"，或者干脆就是

狭义的"描绘类辞格群"。

例50(2、3)外形都是 $M_1 W_1 X_a M_2$。前面关于 $W_1$ 的定义还嫌太宽。进一步区分可把 $M_1$ 专有的 $W_1$ 记为 $W_{11}$，$M_1$ 和 $M_2$ 专有的 $W_1$ 记为 $W_{12}$。于是，例50(2)中的 $W_1$(朗朗)是 $M_1$(书声)专有的 $W_{12}$，例50(3)中的 $W_1$(大)是 $M_1$(雪花)和 $M_2$(席)共有的 $W_{12}$。所谓"共有"指可用同一量纲。

定义：可平行转换并使用同一量纲进行虚比较的 G 叫"偶夸张"，或"小夸张"〔如例50(3)〕。

大夸张和小夸张的表面区别，一个是超过(差比)，一个是相等(等比)；底层区别是有不同的转换关系。

定义：可进行偶转换并使用不同量纲相比较的叫作"比喻"(比如有 $W_{11}$ 的句$_2$ 和有 $W_2$ 的句$_4$)。

"核心比喻"加上 $W_{11}$ 或 $W_2$ 构成"完整比喻"。加上 $W_{12}$ 构成小夸张。

# 20.6　相　关　现　象

### 20.6.1　中和化

前面推论1′(见20.2.3节)说"$X_a$ 不能出现在 G 末"，但是在四种情况下这一推论失效，这便是本节所要谈的中和化。

第一，$X_a$ 后接省略号可处于 G 末，如：

例51　他呀，就像……

第二，$M_2$ 被介词"跟、与、和"等提前后，$X_a$(前面往往可以加上"相")可处于 G 末，即在"$M_1$(W)prep$M_2$(相)$X_a$"中 $X_a$ 中和化了。如：

例 52　海边的青松　哪能　和你　相比

例 53　甲　长得　与乙　相似(很像)

第三，$M_1$ 和 $M_2$ 合一后 $X_a$ 可处于 G 末，即在"$M_{1+2}$(W)$X_a$"中和化了。如：

例 54　他们俩　长得　很像
　　　　$M_{1+2}$　　　　　　X

第四，$M_2$ 被介词"连"提前，前加"不"(N)的 $X_a$ 可处于 G 末，即在"$M_1$ 连 $M_2$ N - $X_a$"中 $X_a$ 中和化了，比如：

例 55　至于那些又臭又长的文章,恐怕连牛粪也不如

例 56　这傻大个连小孩都不如

在以上四种情况下,我们说 $X_a$ 发生了中和,"a"失去了"前"的性质。


### 20.6.2　与结构有关的现象

再谈两个有趣的现象,都跟结构有关。

第一个现象与上节第四种中和化有关。有一种能进行偶转换的 G：

　　甲　　　不如　　　　乙
　　$M_1$　　　N - $X_a$　　　$M_2$

如果在 $M_1$ 后补上个 W,必是个贬义词语;如果在 $M_1$ 后补上个 W,必是个褒义词语。这两个意义相反的 W 不同时出现。比如：

例 57 为一组与偶转换相关的例句。

　　(57.1a) 穷人　　苦得(贬)不如　　牛马

　　(57.1b) 穷人　　　　　　　　不如　　牛马　过得好(褒)

　　(57.2a) 这文章　又臭又长　还不如　牛粪

　　(57.2b) 这文章　　　　　　还不如　牛粪　好闻

　　(57.3a) 这家伙　笨得　　　不如　　狗

　　(57.3b) 这家伙　　　　　　不如　　狗　　聪明

如果两个 W 同时出现,则意义是同向的。如：

　　(57.4) 你生活　再好,　也不如　天堂里　好

　　(57.5) 猩猩　　再聪明,　也不如　人　　(聪明)

　　(57.6) 桃花潭水　深千尺,　也不及　王伦情　深

即"$M_2$ 比 $M_1$ 更 W"。

(57.1)~(57.3)中的 G"$M_1$(W 贬)F - $X_a M_2$(W 褒)"是一种特殊的 G，它褒贬分明，W 常省却。$X_a$ 发生中和化的就是这种 G 变化来的。

第二个现象是，精彩的"比喻"往往含有双重 G。如：

例 58　飞流直下三千尺，　疑是　银河落九天
　　　　$M_1$　　　　　　　　$X_a$　　$M_2$
　　　　$W_2 M_1$　　　　　　　　$M_1 W_2$

例 59　那女子生得　凤髻　铺云，　蛾眉　扫月
　　　　　　　　　$M_1$　　$M_2$　　$M_1$　　$M_2$
　　　　　　　　　$M_2 M_1$　　$W_2 M_1$　　$M_2 M_1$　　$W_2 M_1$

使用结构分析方法，哪怕有点人为勉强，也比使用"神韵气势"一类空灵缥缈的言词来称赞、解释要好。

如果进一步开掘{G}系统，预料会发现更多的有趣现象，不但跟修辞有关，而且跟语法有关。

## 20.7　总　　结

最后，我们把前几节中定义的辞格安排到下列分类表中。

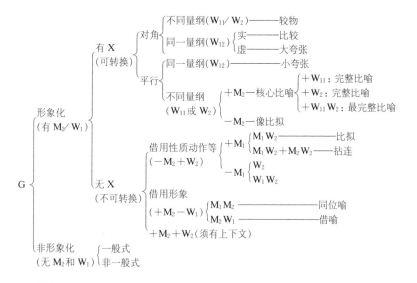

对此表还需作两点说明：

（1）分类的非唯一性。这是一个逻辑分类表，但此分类不是唯一的，比如也可先分"同一／不同量纲"，再分"对角／平行"。

（2）本表的非穷尽性。此表中未列出所有的 G，根据需要，可以把新 G 安排进适当的位置，也可能会作某些局部调整。当然，如果新 G 不断构成反例而使｛G｝系统矛盾重重的话，我们就会宣布放弃｛G｝系统。

# 第 21 章 汉语的区别特征

> 理想的形式系统的特征应该是充分而必要的，少一个不足以区别，多一个便成赘冗。
>
> ——竹子

## 21.1 引　　言

本文通过评论吴宗济先生的一篇文章(以下简称"吴文"[①])来探讨汉语普通话的区别特征。

吴文是境内第一篇运用"区别特征"(distinctive feature,简作DF)理论来讨论汉语语音的文章。作者把现代西方的音系学理论和传统的中国音韵学概念(如洪细、开合)相结合,用来说明普通话的语音现象。吴文还提出了"N-偶"(或"多偶")特征的概念,以解决"二元特征"(binary features)和"多元特征"(multi-valued or N-nary features)之间的矛盾。细读全文,获益不浅。但也有几个小问题,提出来向吴先生请益。

## 21.2 吴文的元、辅音特征评论

吴文第二节"汉语普通话区别特征矩阵"中有三张表,分别列出普通话的元音、辅音和声调的 DF 矩阵。以后的汉语音系学研究可以以此作为起点。我们希望下面提出的几个问题有助于改进这些表。

---

① 吴宗济,《试论普通话语音ɿ的"区别特征"及其相互关系》,载《中国语文》1980 年第5 期。

第一,雅各布森等在 20 世纪 50 年代初提出的 DF 理论,其中一个重要的方面是想用同一套特征来处理元音和辅音。雅各布森不满意以前的语音学用不同的标准和术语分别描写元音和辅音,它要用一种理论把元、辅音统一起来。在研究了世界上很多种语言之后,雅各布森得出结论:最多只须用 12 对声学特征就可描写各种语言中的各种因素(以后别人有修改,例如乔姆斯基和哈莱就增加了一些生理特征)。他本人使用 9 对特征统一处理了"公认英语"(Received English)中的 28 个音位(6 个元音音位和 22 个辅音音位),把它们安排在同一张表内(Jakobson et al. 1952)。这种做法不仅仅使形式更为简明,更重要的是它在新的高度上把元音和辅音统一了起来,从而表明 DF 理论是更为普通,信息量更大的语音学理论。科学进步本来就表现在:看到差异—在深层找到一致—在更深处再发现差异,就这样螺旋式不断进步。从这一点上来看,吴文把普通话的元音和辅音的区别特征分别列两个矩阵,是不能令人满意的。

第二,即使把元、辅音的区别特征分列两张表,又有众多特征(元音 7 对,辅音 11 对),吴文仍未能显示所有音位之间的对立,例如 ɿ 和 ʅ 有且仅有如下共同的特征:[+开,-洪,-集,+高],而/t/ 和/ ts/ 的 10 个特征也全都相同:[-元,-鼻,-集,+暂,-糙,-浊,-紧,-洪,+戛,-降],这就无以区别了。

还有两对音位 p∶tʂ 和 f∶ʂ,也没有区别开。如果我们列举[-元,-鼻,-集,+暂,-糙,-浊,-紧,+洪,+戛]这 9 个特征,刻画的并不是 p,而是 p 和 tʂ 这个自然类(natrual class)。如果再加一个[-降]特征,刻画的是否就是 tʂ 了呢? 也难说,因为 p 在[-降]这个特征行中是个空格。一定要填的话,也是一个负号([-降]特征是由圆唇化作用产生的)。这儿需要指出,DF 矩阵中的空格并不是说对该行特征不予理睬,也不是意味既不正也不负。空格表示这儿的特征为其他一个或数个特征所蕴涵。因而是个羡余特征,写不写都不影响对同列中的音位的刻画。另一对 f∶ʂ 的情况与之相同(这一对音位的区别见21.4 节)。

此外,e∶ɿ 和 l∶j 也有类似情况。在它们共有的特征行里正负号的赋值都相同,而在其他特征行里,则是一个有赋值,另一个没有,这都没有形成最小对立。还有些音位,如 a∶ə 之间的对立,刻画得也比较模糊。

第三,一方面是缺乏足够的特征以造成最小对立,另一方面又有好多对特征传达的信息为零,是完全多余的。这可以分两种情况。

第一种,在同一对特征下,所有赋值都是相同的,如吴文表一的第六对特征[升/平],表二的第十一对特征[升/平]。就是说,它们没有起到区别作用。

第二种,在同一对特征下的符号虽然不同,但是这种区别仍是多余的,因为这儿形成的区别只是重复其他特征下早已有了的区别。例如吴文表一[齐/撮]这对特征唯一起到的区别作用是 i 正而 y 负,但是 i∶y 的区别在[开/合]行中已经有了,所以[齐/撮]这对特征是冗余的。吴文表二的第十对特征[降/平]也是多余的。还有两例类似的情况。吴文表一[高/低]行中的符号虽然有正有负,还有[±],似乎造成了区别。但是把它跟[集/散]这一行对照起来看,便可以发现:凡是有[+集]这一特征的,必有[-高];凡有[-集]的,必有[+高]。这就是说,[高/低]这对特征与[集/散]负相关,前者可从后者导出,所以也是冗余的。其实这两对特征只是同一对对立面的不同表现,[集/散]是这个对立面的声学表征,而表现在生理上,即为低元音和高元音之别。同样,吴文表二的[戛/透]也是冗余的,它可以从[紧/松]导出:凡[紧]必[透],凡[松]必[戛]。"送气(透)和不送气(戛)表现为紧塞音和松塞音的对立"(Jakobson et al. 1952)。

## 21.3 音段特征矩阵

讨论了吴文特征的问题后,我们提出一个统一元辅音的特征矩阵。

从理论上来说,理想的矩阵所含有的特征对,应该是不多不少的,少一对不足以区分,多一对便成赘冗,即所需要的特征对于描写一个音系来说是充分而必要的。这条充要性条件实际上满足了形式系统所需的所有三个标准:自洽性、完备性、简明性(见 20.2.1 节)。

表 21-1　汉语元辅音的区别特征矩阵

| | | t | tʰ | ts | tsʰ | n | s | p | pʰ | tʂ | tʂʰ | m | f | ʂ | ɕ | tɕʰ | tɕ | k | kʰ | ŋ | x | l | r | w | j | i | y | ə | u | e | a | o | ʅ | ɿ | ɚ |
|---|---|---|---|---|---|---|---|---|---|---|---|---|---|---|---|---|---|---|---|---|---|---|---|---|---|---|---|---|---|---|---|---|---|---|---|
| 1 | Vocalic/non | − | − | − | − | − | − | − | − | − | − | − | − | − | − | − | − | − | − | − | − | + | + | + | + | + | + | + | + | + | + | + | + | + | + |
| 2 | Consonantal/non | + | + | + | + | + | + | + | + | + | + | + | + | + | + | + | + | + | + | + | + | + | + | − | − | − | − | − | − | − | − | − | − | − | − |
| 3 | 舌尖/非 | | | | | | | | | | | | − | + | | | | | | | | + | | | | − | | | | | − | | + | + | + | + |
| 4 | Compact/diffuse | − | − | − | − | − | − | − | − | − | − | − | − | − | + | + | + | + | + | + | + | − | − | − | − | − | − | − | − | − | + | + | − | − | + |
| 5 | Grave/acute | − | − | − | − | − | − | + | + | + | + | + | + | + | − | − | − | + | + | + | + | − | + | + | − | − | − | − | + | − | + | + | + | − | + |
| 6 | Flat/plain | | | | | | | | | | | | | | | | | | | | | − | + | | | | − | + | | + | − | − | + | | | |
| 7 | Continuant/abrupt | − | − | − | − | + | + | − | − | − | − | + | | + | + | − | − | − | − | + | + | | | | | | | | | | | | | | |
| 8 | Strident/mellon | | | + | + | − | + | | | + | + | | | + | | + | + | | | − | + | | | | | | | | | | | | | | |
| 9 | Tense/lax | − | + | − | + | | | − | + | − | + | | | | | + | | − | + | | | | | | | | | | | | | | | | |
| | (nasal/oral) | − | − | − | − | + | − | − | − | − | − | + | − | − | − | − | − | − | − | + | − | | | | | | | | | | | | | | |

按上述充要标准来看,表 21 - 1 中[nasal/oral]这对特征可以省去,因为[－stri]这一特征足以使鼻音区别于非元音性的久音(详见后文)。其所以附上这对特征,是为了实用上的方便,它比较醒目,同时表达上比较简洁。

表 21 - 1 中用来刻画普通话音系的 9 对特征(不计[nasal/oral]),有 8 对是声学上的,只有[舌尖/非](anterio/non-)是生理特征。这对特征好像很有用,能区别 f：ş 和 ɿ：ə(这些在吴文矩阵中都未能区别)。还有两对吴文没区别开的音位 ts：t 和 tʂ：p,我们是用[stri/mell]来区别的,理由见后文。

## 21.4  f：ş 的区别

上文谈到吴文没能区别 f：ş,吴文矩阵中与两者有关的八对特征,赋值全都相同。两者构成一个自然类。两者的特征的确很相似,在我们表 21－1 的矩阵中,8 对特征中有 7 对赋值相同,只有 1 对生理特征不同:ş 是[＋舌尖],f 是[－舌尖]。由于它们在声学频谱上很相似,因此必定会有容易相混之处。我就从这点出发去查阅方言资料①,比如温县话中"水树叔书说"等字读作 f-(徐承俊《温县土话与普通话简说》,载《方言与普通话集刊》第五本)。又如西安、兰州、太原话把"水书署舒鼠梳疏"等也读成 f-(高本汉《中国音韵学研究》中的"方言字汇")。这种变化以前要么不加解释,要么说它是例外。而现在用我的 DF 矩阵来解释就非常简单明了:

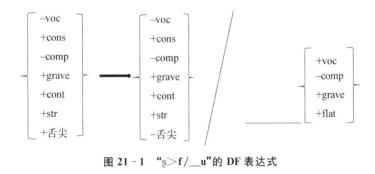

**图 21－1  "ş＞f/__u"的 DF 表达式**

①  此稿写成于 1980 年,当时全国范围的专业性方言调查才刚刚开始。

这可以表述为："ʂ 在 u 前有变为 f 的倾向"（ʂ＞f/＿u）。元音 u 又高
［－comp］，又后［＋grave］，又圆唇［＋flat］，ʂ 受 u 的逆同化，具备了
向非舌尖、唇化的方向变为 f 的可能条件。举此一例，以说明 DF 理论
对于汉语语音学、音韵学、音系学研究的巨大潜力。它不但能解释，而
且能预见以往难以解释的音变现象。当然这种预见指的不是唯一的、
必然的结果，而是逻辑上可能大概率结果。

## 21.5　特征的相关性 1

　　吴文第三节是"汉语普通话区别特征的相互关系模型"。在说
明辅音 DF 相关模型时，吴先生有这么一句话："这个图［图三］的横
行代表发音部位的前后关系，左前右后，用两对特征［洪／细、集／散］
来区别。"可是 tʂ、tʂʰ、ʂ 的调音部位处于 ts、tsʰ、s 之后，而在图中却排
在左面，这不是相矛盾吗？ 吴先生自己也看到了这问题，他在后文
补充说："在由左到右的横行中，tʂ、tʂʰ、ʂ 列在 ts、tsʰ、s 部位之前，这
似乎与生理舌位图的习惯相反。但这是按照我们多次实验所得的
声学数据来定的。它们的前后顺序同它们的特征量变关系是符
合的。"

　　那么，毛病到底在哪儿呢？ 原来［洪／细、集／散］这两对声学特征
都不是"调音舌位前后"这对生理特征的充分条件，反之亦然，双方互
补蕴含。既然图中左右次序是按照［集／散］的声学数据而定的。那
么，只要舍弃"发音部位的前后关系"，换一个跟［集／散］相对应的生理
特征"前后腔比值大小"就可以了。于是便有"图三的横行代表前后腔
比值大小的关系，左小而右大"。／k、kʰ、x／成阻在软腭，后腔很小，前后
腔之比最大，故排在最右。唇音若从成阻部位来看，前腔为零（唇齿音
接近于零），比值为零或接近于零；若从舌头分隔来看，则口腔内无明
显的前后分隔，故排在最左。

　　tʂ、tʂʰ、ʂ 成阻部位虽在 ts、tsʰ、s 之后，但由于前者舌尖上翘，舌体
下降，造成后腔宽大，故前后腔之比小于后者，因此图中前者在左，后
者在右。

## 21.6　特征的相关性2

吴文图二中还有一个问题不是那么容易解决。图中第三行至第五行分别是不送气塞擦音、送气塞音、送气塞擦音。这样的排列对于[暂/久]一维来说是合适的,正如吴先生所说:"纵列中各辅音的音长由上而下,依次是由短而渐长。如果以 t 为例,它们的长度比是 t＜ts＜tʰ＜tsʰ＜s。"可是对于左边[柔/糙]一维来说,tʰ 在 ts 下恐怕就有问题了。

根据吴文矩阵的特征赋值来看,吴先生把[柔/糙]界限定在四五行之间,即塞音和不送气塞擦音都是[－糙],只有送气塞擦音是[＋糙]。这样做的结果便是上文谈过的 t 与 ts 无别,p 与 tʂ 无别。

按照雅各布森等的看法(Jakobson et al. 1952),塞音与擦音除了[暂/久]对立之外,还附带着[柔/糙]对立。比如法语中所有擦音都是久且糙,而所有塞音都是暂且柔。但是也有好多语言中还存在着介乎柔塞音(雅氏等又称之为"最合格塞音")与糙擦音("最合格擦音")之间的音,比如英语的 θ 是柔擦音(与 s 糙擦音相对),德语中的 ŝ(＝ts,雅氏等在序言中已说明用单个字母加"＾"表示同部位塞擦音)是糙塞音(与柔塞音 t 相对)。雅氏等明白无误地指出:"糙塞音被称为塞擦音。"可见 ts 和 tʂ 应该是[＋糙],而不是吴文的[－糙]。在我们的矩阵中,正是用[str/mel]来区别 ts∶t 和 tʂ∶p 的。

综上所述,吴文图二的两个纵维很难协调起来,tʰ 在 ts 下违背了[柔/糙]顺序,而 tʰ 若在 ts 上又违背了[暂/久]次序。

再补充一下,前面提到,汉语中的[鼻/口]特征对可以省去,因为汉语中虽有糙塞音与柔塞音的对立(ts∶t),但没有像英语那种糙擦音与柔擦音(s∶θ)的对立,因此我们可以只用[str/mel][cont/abrupt]两对特征,就能区分汉语的塞音(柔暂音如 t)、塞擦音(糙暂音如 ts)、擦音(糙久音如 s)以及鼻音(柔久音如 n)。[＋cons,＋cont,－str]三项特征就蕴涵[＋nasal]这个特征了。

# 21.7 声调矩阵

吴文第二节中给出一个声调 DF 矩阵。最早用 DF 理论来处理声调问题的是王士元先生(Wang 1967)。不过,王先生的研究对象并不限于汉语声调。他用 7 对特征刻画了 13 种不同的调形。吴先生运用 3 对特征来描写普通话的四声。我们发现在他的声调矩阵中有着类似元辅音矩阵的不足之处。下面我们选用王士元 7 对特征中的两对来构建普通话四声的 DF 矩阵。

表 21-2 汉语声调的区别特征矩阵 1

|  | 阴[55] | 阳[35] | 上[214] | 去[51] |
|---|---|---|---|---|
| 降/不降 | − | − | + | + |
| 升/不升 | − | + | + | − |

如果把阳平、上声和去声的变调,以及轻声都包括在内,那么就需要增加两对特征,见下表:

表 21-3 汉语声调的区别特征矩阵 2

|  | 上[214] | 去[51] | 去'[53] | 上'[211] | 阳[35] | 阳'[34] | 阴[55] | 轻声 |
|---|---|---|---|---|---|---|---|---|
| 降/不 | + | + | + | + | − | − | − | − |
| 升/不 | + | − | − | − | + | + | − | − |
| 高/不 |  | + | + |  | + | − | + | − |
| 低/不 |  | + | − |  |  |  |  |  |

以上陋见,不一定得当,冒昧提出,就正于吴先生,并请同好不吝赐教。

# 第 22 章　句法研究中的假设—演绎—检验法

> 惊奇的结果在不经意间出现。
>
> ——竹子

## 22.1　引　　言

语言学中向来以归纳为方法，以描写为目的。本章旨在提倡一种新的"假设—演绎—检验"的方法，想要达到一个新目的：对语言结构进行解释。

本章通过对一个实例(主语的有定无定问题)的分析，发现了许多以往被忽略的新材料，发现了名词无法用有定无定等概念来区分的情况，提出了几个假设来解释使用归纳法无法解决的句法现象，并作出一项关于未知现象的预言。并以此说明归纳法强弩不及之处，正是假设—演绎法显身手的地方。这句比喻说法希望读者不要误解了，以为假设—演绎—检验法只是科学研究中辅助归纳的方法。恰恰相反，对于任何一门科学学科来说，假说—演绎—检验法都是更为基本、更为重要的方法，是可以用以证明的方法，而归纳法在证明方面与类比法、联想法、人文方法、国学方法等一样，不具备任何资格。有关这方面的方法论问题，可以参看本书第一编和第二编中的有关章节。

## 22.2　从两套语法看有定无定

首先谈一下口语和书面语的区别。这个问题近年来在汉语句法研究中已逐渐引起重视。我们认为：

(1) 由于汉语书面语有其独特的生命力，有必要进行专门的"文法"研究,以区别于"语法"研究①。

（2）由于文法研究抽掉了实际语言因素,主要研究文字间的关系,因此应更多地考虑跟语义、心理、修辞、逻辑等因素结合起来考察。

（3）汉语语法应分为两个概念。一个是核心语法,它是各方言语法和各文体语法的最大公约数。另一个是极限语法,它是汉语（包括口语到书面语整个连续统）语法的"弹性框架"中一切可理解形式。

（4）口语和书面语是适用于不同交际场合的语体。它们各自的语法规则在某些方面是互补的,不能据此驳彼,也不能据彼驳此。就像在家穿拖鞋,出门穿皮鞋,不能说哪双鞋穿错了。

一般认为,在汉语中主语是指确定的事物,不确定的事物由宾语来表达（吕叔湘 1955,丁声树等 1961,赵元任 1979,朱德熙 1982,李英哲 1983,范继淹 1985,刘月华等 2014 等）,如:

**客人来了。（主语"客人"有定,是预期中的客人）**

**来了一个客人｜有客人来了。（宾语"客人"无定）**

这种通行的看法可称为"主语有定"观点。从已观察到的那部分材料来说,"主语有定"是一种"概括",如果要推广到所有类似句式中去,"主语有定观"就是带有假说性的归纳法。这里的方法论要点是:1）分清概括和归纳,概括是对已有材料的简明到一句话表述;2）真正的归纳是以概括为起点进行预测,这个预测就是假说;3）因此,归纳可用于"假设—演绎—检验"的第一步"假设",但后两步没它什么事儿,那是逻辑理性和实证理性的天地。

范继淹的《无定 NP 主语句》（以下简称范文）是一篇向"主语有定"的通行看法挑战的文章。范继淹认为:"无定 NP 主语是汉语的一种句式,并不罕见,也不特殊。"例如:

**一个女青年笑得直不起腰来。**

---

① 我现在主张的分清两套语法体系源自这篇文章中说的"文法"和"语法"的区别。"文法"指一百年来逐渐形成的现代汉语书面语主谓结构的语法,"语法"指体现在古今小说和口语中的话题—议叙句式的话议语法。所以这句话反过来说才更合理,因为一百年来的现代汉语语法研究是以主谓语法为主要对象的,话议语法研究始于赵元任(1968),但后继乏人,直到最近才有沈家煊(2012,2014)的系列研究弥补缺憾。

上述两种观点看似针锋相对,实际上并不矛盾,因为范文所举的 79 个编号例句中有 76 个引自书面,而且基本上都是主谓结构的"新闻文体"。新闻文体是表现欧化句式最充分的文体之一。因此,可以认为"主语有定"观点解释的是口语现象,范文指的是书面语,尤其是欧化新闻报道体中的常见句式。

对这种口语、书面语平行互补的句法现象应该怎么解释呢? 可以认为两种不同在于习惯使然,如此而已。这实际上是拒绝解释。世上有不止一种可以成为习惯的行为方式,为什么现在偏偏习惯这个而不习惯那个?"习惯"不是解释而是待解释的对象。

也可以认为两者互不相容,原因在于下面的:

假设Ⅰ:口语一发即逝,无定的"数量名"主语句听起来有突兀之感,不利于交际。书面语因可来回看,且可有较多的修饰语,语法框架弹性很大,容易接纳各种句式。

假设Ⅰ是就汉语情况来说的,它说明不了西方语言,比如英语口语中的数词—名词主语句,如"A bird is flying",为什么不使英国人有突兀感而避免使用。因此如果只有光秃秃一个假设Ⅰ,它便是一个"特设性假设"。如果特设性假设充斥,那便成了到处自成一家言的"国学"事理,它比不作解释好不到哪儿去。"事件派"(从前所谓的京派)和"事理派"(从前所谓的海派)只是国学领域的两大对头,它们跟科学都没有什么关系(见第 2 章)。偶然出现的特设性假设只是一个临时应急的过渡性措施。为了避免假设Ⅰ成为特设性假设,可有两个办法:

(1) 考虑一个更一般的理论,能统一解释中西不同的语言心理。

(2) 考虑中西不同的逻辑思维形式,并各自用来解释中西不同的语言表达方式。

这两个方向都是科学的、可行的。在特定时期选择特定的探索方向跟科学的"寻异—寻同"交替律有关。由于过去一直强调中西逻辑—思维形式相同,因此,下一步进行寻异的努力便是一项极有意义的工作(见第 17—19 章)。于是,对于假设Ⅰ的解释,我们有如下:

假设Ⅱ:跟西方人遵循"同一律"不一样,汉人思维遵循的是"同构律"。汉人最习惯的思维形式是"类推"①。

传统思维中的类推方式是一种最广义的类推;从大类推小类,从小类推大类,可以在共性上互推,也可在特性上互推;从已知推未知,从熟悉推陌生,以今律古看未来,从眼前推远方,用形象比抽象,以好恶定是非,从身推家推国推到天下,以己度人,将心比心,不管是小人之心还是君子之腹,传统的思维方式无不如此。因此,从句式上来看,从有定的主语说到无定的宾语便是汉人容易接受的顺序。

假设Ⅱ并不是在本章中为解释假设Ⅰ临时想出来的,而是我们考察了先秦人(主要是从儒学中透露出来的)推理形式后得出来的结论(参看朱晓农1991)。顺便说一下,我们这项探讨先秦人逻辑形式的工作,将从另一端向汉语语法逼近。弄得巧的话,能在最高层次的"语义范畴"处跟"语义层次"假说合榫②。

范文79个编号例句中有3个属于"非书证",我们先来看其中的2个(例句编号是范文原有的,下同):

(26)突然,一阵雷声把我惊醒。

(55C)一个女青年笑得直不起腰来。

这两个例句文绉绉的,不是一般口语用例,它们是书面体,或是"说出来像是念书"的语体。各种语体,从口语到最正式的公文之间是个逐渐变化的系列。这当中有两个概念可以分解出来,一个是上述"说出来像是念书"体,还有一个是剧本台词等"写出来为了说的"语体。

要想有效地反驳主语有定观点,必须举出口语中的无定主语句例子。范继淹发现口语中有时也可以听到这样的例子。他举了两个没编号的例句:

(甲)嘿! 一小孩爬上去了。

(乙)推门进去,一老头躺在床上。

① 这个假设实际上引自当时已交稿但还未正式出版的《秦人逻辑论纲》一文,此文交稿记得是1986年,所载论文集《文化的语言视界》出版是在1991年。同构律假设开了"语言前提论""中国逻辑"研究的先河。

② "语义层次"是朱德熙先生为解决结构的下位分类而提出的假说,见本书8.1节和2.2节。遗憾的是此项研究由于朱先生溘然长逝而未能推进。不过,很幸运,三十年后沈家煊先生一系列导向"对言语法"的研究倒是跟我的中国逻辑研究合榫了。

接着指出（第 325 页）："口语里出现的无定 NP 句,似乎以后续成分多。"

我们还可以加两个类似的例子:

（丙）快来看,俩猫打架了。

（丁）嘀,我当怎么了,一铲子掉下来了。

这类后续成分中的无定 NP 句可作为主语有定观点的限制。它们的特点是:

(1) 句子很短;

(2) 表示出乎意料的新发现;

(3) 最重要的是,总是依赖于现场环境或已有知识背景,比如"俩猫"可以指野猫,也可以是家里仅有的两只猫。因此,NP 是语境 2 或语境 3 或语境 4 中的定指,关于"语境等级",下一节有详细讨论。

有个语音现象很有趣,这儿顺便谈一下。例甲、乙、丁的"一"字后省略了量词"个",但说话人还感觉得到这个"个"的存在,因为"一"都发成阳平,而不是去声。最明显的是例丁,阳平的"一"不是根据上声"铲"变调,也不是根据可能被省略的量词"把"(上声)变调的,而是根据省略了的量词"个"(去声)变调的。"个"的省略是个完全省略,它的声母[k-]没给"一"留下唯闭的[-k]尾。

范文还有一个"非书证"的自拟或听来的例句:

(27)扑通,一只青蛙掉进水里。

如果这个例句是范继淹自拟的,那他一定受到他后来说到的"后续成分"看法(本章有提及)的影响,自拟了一个作为后续成分的无定 NP 主语句。我们从这个例句生发出下面一节的内容。

## 22.3　从不同语境看有定无定

范文例(27)是个极有启发性的句子。"扑通,一只青蛙掉进水里"出现在什么场合? ——它像是在给孩子讲童话故事。顺着这条思路去幼儿读物中寻找,很容易发现类似的例子:

(1) 两只小蓝鸟听了……

(2) 两只小白鸟从树枝上飞下来。

这两个句子都是从儿童画报《两只小白鸟》(北京出版社)上摘来的。就句论句,主语是无定的;但配合画面来看,也即考虑语境的话,又是有定的。按我们的看法,"语境"从窄到宽至少可分下面六个等级:

0) 与语句上下文和官语环境无关的单独一个句子本身。

1) 言语上下文,即对话中听到的话语上下文或阅读中看到的文句上下文。

2) 现场环境,即对话中听到的其他声音和看、嗅、触等现场感觉,或阅读中配合文字的画面、录音等。

3) 发话人和受话人共有的背景知识。

4) 发话人独有的背景知识。

5) 整个客观世界。

照上面的语境分,再来检查《两只小白鸟》,例(1)"两只小蓝鸟"在言语上下文中没交代过,但在同页画面上有交代。例(2)"两只小白鸟"在言语上下文和画面中都有交代。因此单从句子本身来看,即在语境0中,"两只小蓝鸟"和"两只小白鸟"都是无定主语,结合语境1来看,"两只小蓝鸟"无定,"两只小白鸟"有定。结合语境2来看,两者都是有定的。这么看来,有定无定都是相对于不同等级的语境而言,不能一概而论。

我们再举两个童话故事里的例子,这次是录音口授句子,还配有画报。

(3)"芦花冠军,你好。"一只狐狸笑嘻嘻地说。(《穿靴子的小公鸡》)

(4) 这时,一只小麻雀飞来。(《小猴沙沙》)

这两个例句都出自辽宁少年儿童出版社出版的《录音童话故事画集》。"一只狐狸"和"一只麻雀"在语境0和语境1中都是无定的;如果同时看画报,则都有画面交代,他们在语境2中是有定的。

现在我们的材料已经从幼儿读物扩大到录音故事,即从"写一看"例句扩大到"说一听"例句,那么,进一步推想到儿歌中去找类似的句子便是很自然的了。

(5)一只小黄狗　　　　(6)你拍一,我拍一

| 坐在大门口 | 一个小孩开飞机 |
|---|---|
| 眼睛黑油油 | 你拍二，我拍二 |
| 要吃肉骨头 | 两个小孩扔炸弹 |

如果说例3和例4还可根据语境等级来区分有定无定，例5和例6就很难说是无定还是有定了。因为在我们的知识背景中并不知道有"两个小孩扔炸弹"那么回事，甚至在客观世界（语境5）都不存在这样的事。那会，是否可以说是无定了呢？那也不见得。

问题的关键在于现在的有定无定区别，或别的什么区别，根据的都是"理性标准"。这种很"实"的语言观认为语言仅仅是用来表达思想、反映客观，即言有所为、名有所指。在此前提指导下所收集的供研究、分析用的语言材料都是具有理性功能的句子，但实际上在很多场合，言并无所为，名并无所指。关于这个问题，见22.6节。

上面我们谈了口语中主语有定和书面语中无定主语句平行互补，并从语法—逻辑角度对此作了解释。也谈了口语中作为后续成分的无定主语句，并用语境等级来加以解释。而现在，对于童话儿歌中常见常闻的无定主语句，我们必须另作解释：

*假设Ⅲ：在儿童语言或模仿儿童的语言中，数量名主语句主要不是用来表示有定无定的，而是通过画面配合或语言游戏，帮助儿童辨认事物，增强语感，增加（语言）知识的。*

的确，当我们给孩子讲"一只狐狸笑嘻嘻地说"的时候，并不是指客观世界中的某时某处有一只狐狸会说会笑，也不是说我们是在指可能有一只狐狸会说会笑。我们是在教孩子辨认狐狸是什么样的，"一只"有多少，并把我们对狐狸本性的认识传授给孩子，把我们的某种价值观念教给孩子，并使孩子学会用狐狸来象征某种道德观念。还用这个实例来教会孩子使用"好坏"两分的标准来判断事物，教会孩子使用象征的方法来思考问题。

在22.2节中我们看到，对假设Ⅰ作进一步解释便引出了目前语言学以外的假设Ⅱ，并使语言学和逻辑学沟通了起来。同样，我们也可以追问假设Ⅱ，为什么要帮助孩子辨认事物，增加知识？因为要让他学会做一个"社会人"。为什么要学会做社会人？因为人类生活是一种社会生活……这一长串因果链又把语言学跟生物学、社会学等沟通起来。

任何一门科学学科都不是封闭系统,任何一个形式系统(包括语法系统)都不具有完备性,有进有出方是清水一塘,否则便成了"成均图"式的死水潭。有关这个问题,我们在《虚实谈》《古音学始末》(朱晓农1986a,1987—1988)中有详细讨论。

## 22.4　从归纳到演绎:范继淹的
##　　　　认识转变

范文(第324页)在举了50个例句后开始讨论"无定NP句可能的语法特点"。第一个特点是:

> 谓语都是动词,没有发现形容词谓语句。凭语感,形容
> 词作谓语似乎不可能,但材料有限,不能断言。

这是一种典型的归纳主义态度,一有困难就想到材料不够。其实,要解决这个问题,跟材料多少无关。材料具有非决定性、适用性、相对性、时效性、经济性:

> 语言是个无穷集合,要证明什么有,增加材料也许办得
> 到,但也可能办不到,因为它本来就没有;至于想证明什么
> 无,材料随你增加到多多,还是没法证明。(8.1节"材料和
> 理论")

如何使用假说—演绎的方法来解决为什么没有形容词谓语句的问题,我们放到下一节去谈。本小节内谈一下范继淹对语言研究方法的认识转变是很有意义的。范继淹是一位卓有成就的语言学家,他的论文基本上都是遵循归纳法写成的。在他不幸病逝前的最后几年中,他转向人机对话工作。跟计算机、数学、自然科学打交道是否影响了他的方法论基础,我们不敢断言。不过,从他那篇署名"巴言"的短文中透露的信息来看,他已经意识到归纳法的局限性,并表示出对吕叔湘使用的假设—演绎法的钦佩和向往。对此我们有把握说,如果天假以年,范继淹会使用假设—演绎法在语言研究中取得更大成就。

范继淹署名"巴言"的文章题目是《重庆方言既说"啥人"又说"哪个"》(1984)。该文为吕叔湘的一个假设提供了例证。吕叔湘(1984)

假定存在一种方言，又说"啥人"又说"哪个"，两者用法有分工。"啥人"用来描述说明一个人，"哪个"用来指认一个人。这个假设可用来解释为什么"谁是张老三?"不一定等于"张老三是谁?"

重庆方言里的"啥人"和"哪个"的分工恰好证实了吕叔湘的假设。范继淹说：

> 从吕先生提出的假设中，我们得到两点启示：第一，普通话语法和方言语法的对比分析很重要，应该加强这方面的研究。第二，研究语法，不仅要收集大量材料，归纳事实，而且要善于提出假设，演绎推理。吕先生并不知道重庆话里的上述语法现象，却提出了符合方言事实的假说。

从范继淹得到的第二点启发可看到归纳主义方法论基础的动摇。更为符合现代科学观念的方法论表述应该是：(1) 对于中国的科学(而不是国学)来说，重要的不仅是观察和收集，更重要的是要带着问题去观察和收集，要能提出假设，能进行演绎推理。(2) 科学绝对需要假设并不是因为假设总能"符合方言事实"。相反，一百个假设中往往有九十九个是假的。正确性并不是假设的必要条件，齐一性和逻辑性才是。我们的学术史和研究现状是材料太多，逻辑太少；玄想太多，理性太少(参看第8章、第19章)。(3) 材料收集"大量"还是"不大量"并没有决定性意义，事实上，根本就无法确定什么是大量，什么是少量。7个例子、79个例子、七千七万个例子，无论多少，它们在语言集合中所占的比例都趋向于零。只要能提出假设或解决问题或认识事物，一份材料也是充分的，反之，哪怕有一亿份材料也跟理性和进步无关。

## 22.5　假设和预言

现在我们来解释为什么无定数量名主语后只有动词谓语而没有形容词谓语，并由此作出一项预言。

**假设Ⅳ：动词谓语句是用来描写事件的。**

前文22.2节中的例子很能说明问题，后续句"一铲子掉下来了"当然是补充"怎么了"的，也就是回答什么事的。既然它是一个事件叙述，因此，语义的重心在整个事件上，施事主语具体是谁，发话人认为不重要或暂时没必要说,如需要点明,下文可以追述。

范文(第 324 页)也发现"动词谓语句又以及物动词构成的主动叙事句居多"。事实上,汉语中多的是描写事件的无主句,如"敲锣开会了""下雨了"等,谁敲锣,什么下雨并不重要。把口语中这种无施事主语句和"来了一个客人"这种有施事宾语的无主句同书面语中的无定主语句联系起来考虑,可以引出这样一种想法:汉语(而不是汉文)中无主句往往表示施事无定,而施事无定往往用无主句式。

形容词谓语句的描写功能就跟动词谓语句不一样了。对此我们有下面的:

**假设 V:形容词谓语是用来描写某个对象的。**

对象不定,无从描写起,因此,"无定主语+形容词谓语"的句式在一般场合(包括口语和书面语)不成立。事实上,如果我们靠形容词谓语的描写来确定作为描写对象的主语是什么,那就是让人来猜谜。因此,形容词谓语句若能成立,那就是谜语。一旦我们从假设 V 演绎推理到这一步,便能毫不迟疑地作出如下演绎预言:

**预言Ⅰ:在谜语中能发现"无定数量名主语+形容词谓语"的句式。**

我没查过谜语大全一类书,也不是见到什么例子后倒填日期,文章的顺序正是我的思考过程。前提并非虚妄之言,推理也没不合逻辑之处,顺理成章推出来的预言是能被验证、证实或证伪的。

## 22.6 言语功能表

写完初稿后读到陈平新发表的《释汉语中与名词性成分相关的四组概念》,本节便是读后增写的。陈文把名词分为通指和单指、无指和有指,大概是集合与个体、身份与实体的区别。对于单个实体(即单指兼有指)又分定指和不定指,即有定和无定。定指就是实指,不定指则有实指和虚指之分。

陈文大概是同类文章中讨论最细致的。这些文章中的材料都是基于言语名词是用来表达思想、反映客观这一假设收集来的。我对这问题也有所考虑,下表给出了我们的结论:

**表 22 - 1　言语功能表**

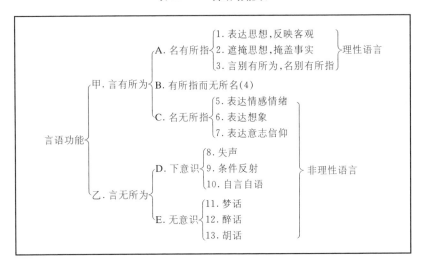

关于举例详细说明这张"言语功能表",我们另文讨论。我们想指出的是,区分名词的有定无定等是一项值得进行的工作,但要注意这样一个前提:言语中有"名有所指"现象,也有"非名有所指"的现象,这跟语句的表达功能有关。名有所指的句子总是想把语言中的名词跟现实中的客体建立起某种关系的对应来;非名有所指的句子并不想作这种对应,它们往往意在言外或者根本就无意。可以把前者看成表达理性意义的句子,后者是表达非理性意义的句子。至于言无所为的语句,还是心理学的对象,语言学目前对此无能为力。理性句是语言研究的重要对象,但不是唯一对象。至于名有所指和名无所指的区别,除了套话,在大部分场合直接依赖于语境和心理。

## 22.7　余　　论

从上一节可看到,讨论有定无定一类问题的材料是理性句,至于为什么只收集这样的材料,那是基于"言有所为、名有所指"的假设前提,而"言有所为、名有所指"这一结构主义语言学的基本假设又是直接从行为主义心理学的基本假设"一切行为都是有动机的"中演绎出来的。问题再明显不过了,若无基本假设,没有演绎系统,一种研究是不成为科学的。可以说这是科学知识和经验知识的根本区别之一。如果我们认为只凭列举具体事件,甚至只凭归纳就能成就一门科学,那就把结构主义的出身经历都忘了。

不仅如此,甚至已经进入科学的学科,也不能自动得到保证永远成为科学(参看第 11 章)。科学是一种思维方式,以及在这种思维方式指导下的行为方式,科学发生和发展的内因在于思维方式,外缘只能起火上加油或釜底抽薪的作用(参看第 19 章)。适合科学的思维方式便是假设—演绎思想。"求实集大成"是成不了科学的,它不是走上索隐派的百家言道路,就是成为无视矛盾的大一统(参看第一第二编)。

此外,现代科学和科学哲学的巨大进步,也证明了培根意义上的归纳主义的局限性和虚幻性。科学始于问题,而非始于观察,没有问题,像王阳明那样格竹子,观察些什么他都不知道。许多原先被认为是归纳结论的东西(比如万有引力),实际上并不是归纳的产物。新概念新理论的发明跟新工具的发明一样,是创造的成果而非归纳的结果。有的人因为看到理论的易谬性(实际上是科学知识的易谬性),因而排斥假说、演绎,甚至所有理论,这实际上是不明科学为何物。科学是一个用理性理论串联起来的概念系统。事实只有进入某个概念系统或认识框架才获得或显出它的特定意义。孤立的事实即"事件"是无用的,它可以反复记录而反复忘却,反复失传而反复重新发明科学是一个成长的机体发现。理论的嬗变便是成长的标志。本章的假说和预言等待着证伪。我们希望在新的材料基础上能不断发展出更好的理论解释,而语言学的活力就体现于此。

其实,许多学者已经在不事声张或不自觉地零星使用假设—演绎法,原因也许是慑于归纳主义的威名。但现代科学和科学哲学已经辨清了这个问题,牛顿力学中最基本的概念和最基本的理论都跟培根早先制定的唯一科学方法——归纳法没什么关系(参看第一第二编)。因此,我们应该理直气壮地举起假说—演绎大旗。本章便是在明确后系统地使用假设—演绎—检验法研究语言这个充满挑战而又前景光明的领域中所作的初步尝试。本章的目的有四:

(1) 指出语法研究还有新的材料来源,比如童话、儿歌、谜语,等等。

（2）指出语法研究还有新的领域(以及新的材料)，除了理性功能句外，非理性功能的语句也是研究对象。

（3）当然，最重要的是指出，语法研究以及一切科学研究中，在描写—归纳法之上还有假设—演绎—检验法。使用这种方法，将使一切模棱两可、含糊其词无藏身之处，从而使语言学走上科学而非史学的精密化、数学化道路。使用这种方法将迫使我们作出预言，并接受进一步材料的检验，从而使语言研究向科学的更高阶段解释期发展。

（4）证明语法结构不是自主的，语法学不是自足的。语言表达形式受到各种非结构因素的制约，首先是心理因素(包括语义)，还有生理、社会、文化、感知、情绪、方便、身份、美学等多种因素。而研究这些制约因素跟语言结构之间的关系则构成一门与"描写语言学"完全不同的"解释语言学"的主要内容。

# 余论　学习的方法论

新千年初,好友麦耘君把《虚实谈》《科学主义》等文贴到网上,结果,跟二十年前一样,两种极端的反应同时出现。一方面,有些教授把这些文章介绍给自己的学生作为"必读";另一方面,也时不时传来拷问声。有位来自西北的年轻网友大惑不解:朱晓农怎么说得跟他过去学的、跟他老师教的不一样?还有位西南的后辈学子用粗体红字批判"假大空"。还未出道以前,批评之声就已不绝于耳,不过这么可劲儿扯开嗓门的还是第一次,也只有来自"假大空"学术氛围的才对"假大空"那么纯熟运用而又那么"假大空"地理解。不管是哪方面的意见,都让我觉得有必要把这些文章重印出来。爱读的自不在话下,而不理解的可能更有必要好好读一读,哪怕要把拙文当靶子,也得了解一下敌情。

我的这些跟他们所学不一样的看法,前文已经说得够多的了,这最后一章就转而谈谈与教书有关的方法论问题,讲讲我的老师菲尔、安娜、鲍勃是怎么教我的,以及我是怎么看样学样的。教学的方法论实际上跟科研的方法论相似,因为说到底,"科学是人类的自学"(见本书第1章)。教书,根据不同的目的,有多种教法。本书中主要是谈如何教研究生。顾名思义,教研究生就是教学生如何研究。因此,首先要问的就是:老师教什么、研究生学什么最重要?这背后的问题其实是:做科学研究的要求是什么?

这好像回到了一个古老的两难问题:知识和能力哪个重要?很多人认为知识更重要,也有些会说能力更重要,当然还有不少游移于两者之间:"都很重要""密不可分""能力以知识为基础""两者无法比较""不能说哪个更重要""两者是互相联系、互相促进""分则两败,合则两利"。这些话大抵都对,但不是文不对题,就是信息量太少,说了跟没说一样。两者当然都重要,当然最好相辅相成。但现在的问题是：要是选一样，你选什么？

　　的确，真要比较起来是不容易，知识和能力这两个概念并不是那么容易分割开的。这里面的下位概念还有很多需进一步澄清的，好些个概念互相交叉。尽管如此，还是得分，而且从两端来看，界线是很清楚的，知识是知识，能力是能力。知识凭背诵记取，能力以练习提高。古人形象地把两者分为"鱼"和"渔"（"授人以鱼，不如授人以渔"），或"鸳鸯"和"金针"（"鸳鸯绣出从教看，莫把金针度与人"）。举个例子，南方人说普通话说得好，是一种能力，靠对话练习获得。但有些音韵学家说普通话是通过中古音折合来说的，那是一种知识。他可以很清楚地知道，"音"中古影母侵韵平声，折合为普通话，y声母，īn韵母，但念出来还是蓝青官话。最极端的区分在于，学富五车的并不一定能力强，除了背诵的能力。

　　原则上我赞成能力比知识重要，道理很简单，如果具备自学能力（得先限制一下，是自学知识的能力，而不是自学所有本事的能力，包括自学各种能力的能力），就能自己获取知识。能力是个外延很大的概念，如果指很具体的技能，那么跟知识的价值大约相等。大体上，知识是关于科学"事实"（共性）和历史"事件"的记载，所以狭义的"学习知识"就是"背诵"这些共性事实和具体事件。能力则是可以通过反复操练获得的。有的能力可谓包罗万象，如解决问题的能力，简直是"全能力"。还有的能力，如创造能力，可能还包含能力以外的东西。

　　在所有能力中，最重要的一种就是演绎逻辑推理的能力。说它"最重要"有两点原因。第一，其他重要的能力，例如创造能力，是可以自学的，可以悟的，而演绎推理能力是无法天然获得的，至少在迄今为止的中国文明史上没有自发天然获得演绎推理能力的人出现过。第二，因而教学上最大的重点也就是培养学生运用演绎逻辑来论证的能力。我们已经知道，科学研究包括两个步骤：第一步是提假设、想点子的随机探索过程；第二步是逻辑评价的递归过程（包括推理和实证）。第一步迄今我们还不知道该如何理性地设计课程来教学生，最多只能是"熏陶"。因此，所谓科学训练，就是指的第二步的训练，即学习证明的方法，熟悉证明的途径，学会用演绎逻辑来推理来论证。（这让我想起关于中文系的培养目标的争论。有一种看法认为中文系应该培养作家,其实是不对的,因为写小说、写诗是一种很个性化的创造活动,是没法设计统一的课程来教的,所以中文系要教的还是知识、评论、赏析。)让我引几位同行朋友的见解来为我的观点张目。

十多年前,有一次跟张洪明谈起那时正"甚嚣尘上"的"文化语言学"。他说了句话我印象很深。他说:"在国外读书,学的就是拿一堆材料 argue 来 argue 去(用演绎逻辑推理来推理去)。要是让搞那种特色论的来写篇学期论文,保管他得 F,不及格还不得补考。"

张宁对"2003 年全国中国语言学暑期高级讲习班"提了条意见:"下次应该加一门 Analysis and Argumentation(分析和论证)的课。这在加拿大所有语言学系都是必修课。I feel sad when I read papers and dissertations and see some linguists do not know how to make an argument(ignore the informal chat in the net). It's true that the course is very difficult to teach and to learn. But it is necessary."(东方网/讨论区/语法学)。她说的意思跟洪明一样,就是要学怎样进行演绎推理,怎样进行论证。尽管难教难学,却非教非学不可。

石定栩把他学写论文也就是学习论证的经历写得生动有趣(石定栩 2002:371 - 373)。他的第一篇学期论文自己改了十一稿交上去,发还时红笔批语比原来的黑字还多。除了基本语料之外,"整篇论文从理论假设、立论、论证到结论,都让导师批评得体无完肤⋯⋯推理过程有缺陷,关键的步骤没有说出来;得出的结论缺乏客观基础,也没有立论根据,成了纯粹的主观臆测。一句话,该说的都没有说清楚,不该说的却罗列了一大堆"。后来读文献时,就不但注意人家说什么,"而且注意琢磨是怎么说的⋯⋯学习其中的论证方法",终于有了"领悟"。

我自己当年写学位论文时也是如此。我的导师菲尔·罗斯(费国华先生)是位大语音学家,在司法语音学领域数一数二,他还是吴语专家。记得当初论文初稿发还给我时,上面镶满菲尔的批语,有一页上他竟然两处写下"vague!"(虚),还加了大大的惊叹号。一开始我不但不以为然,还真有抵触情绪。那时我已经发表各类文章很多很多篇,别的不会,写文章、做学问总不会不会吧。等慢慢明白"做学问"不等于"科学研究","写文章"不等于"写论文",也就渐渐学会了 argue 来 argue 去(逻辑地论证),也就看出了那些个 vague 处大多是材料和观点之间的逻辑关系一塌糊涂，想当然地以为把材料（还是最过硬的语音实验材料）一摆就可以当证据了。材料（观察的或实验的）能不能作为某个观点的证据要靠你去 argue，去建立逻辑通道，不是往那儿一堆就不证自明、其义自现的。

　　教育的主要责任就是教学科学研究的第二步"逻辑论证"，而我们的教育缺的就是这种推理训练。这个误区其实有着更深刻的因素，那就是错误的"虚实观"。科学依靠逻辑的效力，逻辑是"实"，是可靠。与此相对的是感觉、经验，以及从经验得到的结论，管他归纳也好，类推也好，联想也好，这些都是"虚"的，建立在不可靠的知识基础上。而前科学时期的看法正好相反，眼见为实，手摸为真，认为经验知识最可靠，而逻辑推导能力太虚。我在复旦大学读书时接受的是古典训练，后来在澳大利亚国立大学学习工作十年，历尽煎熬，操练的主要就是这种 argue 来 argue 去的逻辑论证。这方面最让我开眼界的是安娜·维茨毕卡的故事。安娜老太太，波兰人，认知语义学中形式派的代表人物，被认为是十大语义学家之一。当年我选修她的句法课，一上来两张 handouts，都是《圣经》里的同一段话，一张是中古以来十多个不同的版本，另一张是她都懂的英、法、俄、德、古希腊、古拉丁文的不同译本，还有日语（她还懂日语，不过后来有一次跟我说应该学中文的）。第一个星期她就给我们来了个下马威——破解巴斯克语（Basque）的密码。我把题目抄在下面，有兴趣的读者可以试试看。题目中写的是一种未知语言，巴斯克语是后来才知道的。

**Basque quiz**

I. You are given 15 sentences in an unknown language. One of these sentences contains a mistake：one of the words appears in an incorrect form. Study these sentences, find the regularities in their structure, and on this basis try to identify the incorrect sentence. Correct it by modifying or replacing the incorrect word. State the reasons which have led you to your conclusion.

II. What is in your view the most probable grammatical structure of these fifteen sentences？Can you identify（tentatively）any parts of speech？Can you guess anything about the role of（what look

444

like) the grammatical morphemes? State briefly the reasons behind your conjectures.

1. Haurra joaten da.

2. Neskak joaten dira.

3. Haurrak neskak ikusten ditu.

4. Gizona joaten da.

5. Gizonak zaldia ikusten du.

6. Astoa atzo joaten zan.

7. Zaldiak gizonak atzo ikusten zituen.

8. Zakurra atzo joaten zan.

9. Gizonak astoak atzo ikusten zituen.

10. Gizonak atzo joaten ziran.

11. Astoak zaldiak atzo ikusten zuen.

12. Zaldiak gizona ikusten du.

13. Zakurrak joaten dira.

14. Gizonak zakurra atzo ikusten zuen.

15. Zakurrak astoak ikusten ditu.

这道题前半题考的是逻辑推理,会演绎法的大抵能做个八九不离十。后半题除了逻辑推理,还考语法知识。卷子发回来,我得了个最高分"high distinction",不过,给我的第二部分的评语是:"事实上全错,逻辑上都可能。"巴斯克语是施格语,施格语里只有施格和通格。可那时我哪知道,还主语宾语的认真推敲一番。结果是以受格语观念分析得越周全细致,背离施格事实就越远。这真是给我上了震撼的一课:逻辑能力的训练和个性-共性的认识还在其次,最重要的是价值观念的碰撞所造成的震荡——这事关素质了。今天我反复强调"过程重于结果",就因为事实上结果全错而推导过程中逻辑无误,是可以得high distinction 的。

在我们传统的错误的"虚实观"以及相关的知识重于能力的教育侧重点的环境中,事实或知识出了错叫作"硬伤",而我那种"事实全错"(即使逻辑全对),怕是硬伤到了致命。这样的答案想得最高分,只能是天方夜谭。我们的教育传统认为知识传授比能力培训更重要、更基础,所以应该先打好知识基础,然后再训练研究的能力。学生要是在学基础知识时提出点自己的想法,这种独立思考的产物(独立思考是研究能力的构成部分)不但得不到鼓励,还往往被斥为"花花点子""不踏实""还没学会走就想跑"。这种学知识和练能力分两步走的策略对研究生而言实际上是错的(当然,制定这种策略一般是从本科生、从大部分人的角度出发考虑的,可以理解)。研究能力是要从一开始就加以培训的,要跟知识传授同步进行。就好像人的说话能力一样,要跟说话的器官、神经、脑同步发展,而不能说等我的生理基础发育好了再来训练说话能力。要等到这些生理器官都发育成熟了,也就错过了最佳学话年龄,成年后的言语技能就会有欠缺。

上面主要谈的是知识与能力,对于科学研究来说,在能力和知识之上还有一种更重要的东西要获得,尤其是对于好学生,这也是能作出科学创见的先决条件——科学鉴赏力。这种鉴赏力既不是靠知识积累,也不是靠技能训练就能得到的。它靠的是一种目前科学方法论仍然说不清道不明的"熏陶"。本书第10章(又见朱晓农2003)记述跟随鲍勃·迪克森做田野调查的学艺过程。鲍勃是一位世界级大师,罕见的语言学天才。亦步亦趋跟他学习如何探索、描写一种陌生语言简直是一种学术享受。而一旦把压力重重的功课、枯燥无味的操作当作了享受,"熏陶"就开花结果了。

这些年来我一直思考的就是这种教学方式,好像把现代化的、大工业流水线的教育方式拉回到旧时私塾般的、作坊式的学习——跟着师傅手把手、亦步亦趋、干中学—学中干。我给研究生开第一堂课,写在黑板上的第一句话就是:"反驳我!说对了加分,说错了不扣分。"鼓励学生插话、挑刺,算是素质熏陶的一部分。我对他们说:"如果你不想说不敢说,想等以后学多点了再发言,那么我可以告诉你,如果你今天不发言,那么,就永远也不会发言了。"所谓研究素质,包括创造的冲动、逻辑推导的条理、解决问题的技巧,而在这之上,还必须有科学的精神、理性的精神,包括批判的胆识、独立思考的自信等。这些都是难以把握却必须进行的"素质熏陶"。而素质熏陶是要在熏陶得到的距离内进行的。几年来我跟学生合作写过几篇文章,都是他们起草我来改。一稿两稿,改到九稿十稿,比我自己写加倍麻烦。但学生学了写论文,学了逻辑论证,其收获是实实在在可以感受到的。我开的一门研究生课"中国历史音韵学",每年学生少的时候只有六个,多的时候也不过十三四个。但三四年间,已有六篇学期论文发表了,有几篇发表在很不错的刊物上,另有四篇在修改中。这是"鉴赏力第一、逻辑论证能力第二、知识第三"的教学原则实践的结果。学得得意让我觉得教得得法。在课上,教科书上的知识很少讲,只是提纲挈领列几条。而哪些重要,哪些次要,哪些瞎掰,事关鉴赏的,教书的有责任告诉学生。课外还有个网上讨论组(参加的还有外校年轻人)也一样,有案可查的(那是知识)难得讨论。开学第一节课讲的听似漫无边际的"方法论语条儿"和"课堂语条儿"。第一条是"反驳我!说对了加分,说错了不扣分。"(所以后来有几个学生像是被宠坏了,专提刁难的问题,还比谁的问题刁。)第二条"演绎,只有演绎,才是推动科学的动力",等等。学生听完第一堂课后,说脑震荡血沸腾那是修辞,惊讶甚至抵触那是一定会有的,类似前面那位西北小伙子。不过,学期结束时大多交出了够发表水平的学期论文。反过来,学生也让我学到很多——"教学相长"。本章所论相当一部分来自和我的学生们、青年朋友们的讨论,谢谢参与讨论的至诚、得森、德超、文峰、陈卉、伟蓉、建芬、英伟、先明、焦磊、轶之、茂林、洪英、福鑫、259 等等。

谁都知道方法的重要,但不是谁都认为方法论有什么重要的。教方法可能还能教,但教方法论恐怕谁都不知道该怎么教。教方法的书不少,教某个领域某种方法的具体步骤,相当不错,也很重要,但只是在知识和技能之间,还没到抽象点的能力,更谈不上鉴赏力。而现有的讨论方法论的书,其中虽有可称道者,但更有难以卒读的,尤其是那些没有发现经历的人侈谈发现的逻辑,有点"为赋新词强说愁"的味道。那些以"一二三四""甲乙丙丁""ABCD"的方式来写"方法论"的,一定是连篇套话废话。本书读者应该很清楚,科学发现的方法论是目前仍然说不清道不明的。发现无一定之规,谈不上受逻辑控制或限制!证明才有、才需、才不可少逻辑。所以,一本正经地论说发现的逻辑、发现的方法论,所论说之道越遵循逻辑,离发现之道则越远。这也是我的《虚实谈》等文不想做的。所以,我的写法是舍弃论证、舍弃讲解,而以熏陶、激发学生内在动力为旨。于是引来了丹青那句入木刻骨的评论:"用最人文的笔法鼓吹最科学的主义。"

那么,鉴赏力是什么呢? 沿用并延伸"金针"的比喻。知识是绣罢的鸳鸯,能力是会运用金针的巧手。鉴赏力就是感觉这鸳鸯漂亮不漂亮,判断那运针的手势对不对劲儿,想象是否还有仙鹤可绣,等等,也就是"眼高手低"中的那个"眼高"。"眼高手低"是历来的反面教材,我的看法有点不同。"眼—手""高—低"两两相配,可以有四种组合:眼高手高,眼高手低,眼低手高,眼低手低。这四种情况在不同的领域场合有不同的重要性。要是当公务员,那么最好是眼低手高,其次眼低手低也凑合用,眼高手高就要另请高就了,至于眼高手低,那是败事有余的。但是对于科学研究来说,眼高手高则是最佳人选,眼低手低当然最差,至于剩下来的那两种情况,相比于眼低手高,宁可眼高手低。这也是我在那个网上讨论组中的留言,且作为研究生教学方法论的结束:

别担心眼高手低、好高骛远,那是取法乎上,大不了把眼光收回来。

# 参 考 文 献

**中文(按拼音倒序)**

朱晓农.对比推演法：基于汉语对比语法原理的中国逻辑反驳之道[M]//高山仰
　　止：王士元教授九十寿岁贺寿文集.香港：香港城市大学出版社,2023.

朱晓农.从语言文化学角度答钱学森之问：产生大师的群体演化原因[M]//胡方,
　　杨蓓.汉语方言研究的多维视角：游汝杰教授八秩寿庆论文集.上海：上海教
　　育出版社,2022b：207－218.

朱晓农.莫图纳语的并列句[J].孙晓雪,邓舒文,译.南方语言学,2021b(1)：1－12.

朱晓农.钱学森之问：大师的个人内在要求及其社会条件[M]//李尧,等.随园文
　　心：李葆嘉先生七十寿庆文集.南京：南京师范大学出版社,2021a：295－
　　304.

朱晓农.基于汉语语法的中国逻辑：语言前提论解析[M]//现代中国语研究(第
　　22期).日本：朝日出版社,2020.

朱晓农.语言作为文化史分期标准：语思文化学宣言[J].华东师范大学学报(哲学
　　社会科学版),2020a.

朱晓农.声调发生的五项前提[J].语言科学,2019(5).

朱晓农.演化比较法：如何研究声调演化？[J].语言科学,2018d,17(2)：
　　113－132.

朱晓农.同构推演法：中国逻辑如何论证[J].华东师范大学学报(哲学社会科学
　　版),2018c(3)：102－120.

朱晓农.汉语中三条与中国逻辑相关的基本语法原理[M].中国语文法研究(第7
　　期).日本：朋友书店,2018b：1－46.

朱晓农.语音答问[M].上海：学林出版社,2018a.

朱晓农.科学思维和法治、教育[M]//冯胜利.语言学中的科学.北京：人民出版社,
　　2015b：245－268.

朱晓农.语言限制逻辑再限制科学：为什么中国产生不了科学？[J].华东师范大
　　学学报(哲学社会科学版),2015a(6)：10－28.[又收于《汉语言学新视界》(第
　　1期).上海：学林出版社,2016：183－201.]

朱晓农.声调类型学大要[J].方言,2014(3)：193－205.

朱晓农.音法演化——发声活动[M].北京:商务印书馆,2012b.

朱晓农.降调的种类[J].语言研究,2012a(2):1-19.

朱晓农.全浊弛声论:兼论全浊清化(消弛)低送高不送[J].语言研究,2010b(3):
　　1-19.(收于:朱晓农.音法演化[M].北京:商务印书馆,2012:273-318.)

朱晓农.语音学[M].北京:商务印书馆,2010a.

朱晓农.声调起因于发声[M]//语言研究集刊(第六辑).上海:上海辞书出版社,
　　2009:1-29.(收于:朱晓农.音法演化[M].北京:商务印书馆,2012:377-425.)

朱晓农.术语命名的原则、方法、标准——辨析一些中文语音学术语[M]//语言研
　　究集刊(第五辑).上海:上海辞书出版社,2008b,5:1-17.(收于:朱晓农.音
　　法演化[M].北京:商务印书馆,2012:94-116.)

朱晓农.方法:语言学的灵魂[M].北京:北京大学出版社,2008a.

朱晓农.证早期上声带假声[J].中国语文,2007(2):160-168.

朱晓农.概括是必要的,归纳是无效的[M]//语言研究集刊(第三辑).上海:上海
　　辞书出版社,2006g:261-266.

朱晓农.历史语言学的新视野[J].语言研究,2006f(4):31-42.

朱晓农.我看流派:语言学的三大潮流[J].语言科学,2006e(1):36-45.

朱晓农.历史语言学在中国[M]//戴昭铭.语言学问题论丛(第1辑).北京:生活·
　　读书·新知三联书店,2006d:23-33.

朱晓农.论分域四度标调制[M]//音韵研究.北京:商务印书馆,2006c.〔原为提交
　　"中国东南部方言比较研究第九届国际研讨会"(杭州,2002)的论文〕

朱晓农.历史语言学的五项基本[M]//东方语言学(创刊号).上海:上海教育出版
　　社,2006b:121-130.

朱晓农.音韵研究[M].北京:商务印书馆,2006a.

朱晓农.实验语音学和汉语语音研究[J].南开语言学刊,2005e(5):1-17.〔又收入
　　刘丹青主编《语言学前沿与汉语研究》(上海教育出版社,第225—257页);收
　　入朱晓农(2006)〕

朱晓农.说有无[M]//语言研究集刊(第二辑).上海:上海辞书出版社,
　　2005d:308-316.

朱晓农.上海声调右扩展的语音实质[M]//语言学论丛(第三十一辑).北京:商务
　　印书馆,2005c:176-194.

朱晓农.元音大转移和元音高化链移[J].民族语文,2005b(1):1-6.〔收入朱晓农
　　(2006a)〕

朱晓农.上海声调实验录[M].上海:上海教育出版社,2005a.

朱晓农.基频归一化:如何处理声调的随机差异?[J].语言科学,2004f(3):1,3-

19.〔收入朱晓农(2008):278-300〕

朱晓农.亲密与高调:对小称调、女国音、美眉等语言现象的生物学解释[J].当
　　代语言学,2004e(3):193-222.〔收入朱晓农(2006a)〕

朱晓农.浙江台州方言中的嘎裂声中折调[J].方言,2004d(3):226-230.〔收入朱
　　晓农(2006a)〕

朱晓农.汉语元音的高顶出位[J].中国语文,2004c(5):440-451.〔收入朱晓农
　　(2006a)〕

朱晓农.群母入匣探因[M]//中国音韵学研究会/石家庄师范专科学校.音韵论丛.
　　济南:齐鲁书社,2004b:197-203.

朱晓农.唇音齿龈化和重纽四等[J].语言研究,2004a(3):11-17.〔收入朱晓农
　　(2006a)〕

朱晓农.谈谈调查太平洋岛施格语的学习体会[M]//戴昭铭.汉语方言语法研究和
　　探索:首届国际汉语方言语法学术研讨会论文集.哈尔滨:黑龙江人民出版
　　社,2003b:37-42.

朱晓农.从群母论浊声和摩擦:实验音韵学在汉语音韵学中的实验[J].语言研究,
　　2003a(2):5-18.〔收入朱晓农(2006a)〕

朱晓农.双音节声调右蔓延的种类[C]//Proceedings of The Second International
　　Conference on Chinese Phonology(高雄),1992.

朱晓农.秦人逻辑论纲[M]//申小龙,张汝伦.文化的语言视界:中国文化语言学
　　论集.上海:三联书店,1991:301-322.

朱晓农.陆法言[M]//白冰.十大语文学家.上海:上海古籍出版社,1990b:
　　85-112.

朱晓农.一个公理化的修辞格系统[M]//余志红.现代语言学:全方位的探索.延
　　吉:延边大学出版社,1990a:349-379.

朱晓农.复句重分类:意义形式化的一项尝试[J].汉语学习,1989b(6):15-19.

朱晓农.北宋中原韵辙考:一项数理统计研究[M].北京:语文出版社,1989a.〔收
　　入朱晓农(2006a)〕

朱晓农.语言分类两原则[J].语文论集,1988e(3):133-136.

朱晓农.音韵学:认识论和方法论[J].语言学通讯,1988d(3):16-20.

朱晓农.反训正解[J].汉语学习,1988c(5):31-35.

朱晓农.差异、统一性、科学主义[J].北方论丛,1988b(4):5-10.(中国人民大学
　　《复印数据语言文字卷》,1988,8:45-51.)

朱晓农.语法研究中的假设演绎法:从主语的有定无定说起[J].华东师范大学学
　　报,1988a(4):59-66.(中国人民大学《复印数据语言文字卷》,1988,10:

115 - 122.)

朱晓农.虚实谈：现代语言学的工作旨趣(一)[M]//袁晓园.文字与文化：丛书2.
　　北京：光明日报出版社,1987：1 - 27.

朱晓农.虚实谈：现代语言学的工作旨趣(二)[M]//袁晓园.文字与文化：丛书4.
　　北京：光明日报出版社,1988：339 - 366.

朱晓农.音标选用和术语定义的变通性[J].语文导报,1987d(3)：55 - 58.〔收入朱
　　晓农(2006)〕

朱晓农.声调笔记五则[M]//语言与文化(第二辑).北京：光明日报出版社,
　　1987c：117 - 124.〔收入朱晓农(2006a)〕

朱晓农.顾炎武的"四声一贯说"[J].温州师范学院学报,1987b(1)：32 - 38.〔收入
　　朱晓农(2006a)〕

朱晓农.科学主义：中国语言学的必由之路[J].语文导报,1987a(11)：56 - 58.

朱晓农.普通话的语法在哪里？[M]//现代语言学.油印本.上海,1986b：53 - 57.

朱晓农.古音学始末[J].探索与争鸣,1986a.(又载《中国语言学发展方向》,北京：
　　光明日报出版社,1989：58 - 90.)

朱晓农.现代语言学的地位[J].读书,1984(9)：85 - 86.

朱晓农.读《论汉语普通话的区别特征及其相互关系》[J].语言研究,1983(5)：
　　249 - 254.〔收入朱晓农(2006a)〕

朱晓农.关于普通话日母的音值[J].中国语文通讯,1982(3)：19 - 22.〔收入朱晓
　　(2006a)〕

朱晓农,邹晓玲.清浊同调还是气声分调？——在音节学和类型学普适理论中安
　　排湘语白仓话的声调事实[J].南方语言学,2017b(12)：1 - 11.

朱晓农,章婷,衣莉.凹调的种类[J].中国语文,2012(5)：420 - 436.

朱晓农,张瀛月.东部中原官话的声调类型[J].语言研究,2016(3)：1 - 15.

朱晓农,衣莉.西北地区官话声调的类型[J].语文研究,2015(3)：1 - 11.

朱晓农,衣莉.两折调的故事[M]//语言研究集刊(第八辑).上海：上海辞书出版
　　社,2011：129 - 141.

朱晓农,杨建芬.嘎裂声作为低调特征：河北省方言的声调考察[M]//语言研究集
　　刊(第七辑).上海：上海辞书出版社,2010：134 - 147.〔收于《音法演化》(第
　　256—272页)〕

朱晓农,韦名应,王俊芳.十五调和气调：侗语榕江县口寨村方言案例[J].民族语
　　文,2016(5)：12 - 24.

朱晓农,阮廷贤.越南语三域八调：语音性质和音法类型[J].民族语文,2014(6)：
　　3 - 17.

朱晓农,刘泽民,徐馥琼.自发新生内爆音:来自赣语、闽语、哈尼语、吴语的一手材料[J].方言,2009a(1):10-17.[收于《音法演化》(第543—554页)]

朱晓农,刘劲荣,洪英.拉祜语紧元音:从嘎裂声到喉塞尾[J],民族语文,2011b(3):1-9.

朱晓农,林晴,趴差桠.泰语声调的类型和顺时针链移[J].民族语文,2015(4):3-18.

朱晓农,李菲.梅州客方言的双向声调大链移:以演化比较法重建常观演化史一例[J].语文研究,2016(4):1-8.

朱晓农,焦磊,严至诚,洪英.入声演化三途[J].中国语文,2008d,4(325):24-338.〔收于《音法演化》(第445—473页)〕

朱晓农,洪英.潮州话中来自清爆音的内爆音[J].中国语音学报,2010(2):103-107.

朱晓农,洪英.潮州话入声的"阴低阳高"[J].中国语言学集刊,2009(4):115-128.〔收于《音法演化》(第363—376页)〕

朱晓农,关英伟.全州土话音节的四分发声活动:兼论自发内爆音[J].方言,2010(4):289-300.[收于《音法演化》(第555—576页)]

朱晓农,寸熙.清浊音变圈[J].民族语文,2006(3):3-13.

朱晓农,寸熙.韶关话的小称调和嘎裂声[M]//戴昭铭.汉语方言语法研究和探索:首届国际汉语方言语法学术研讨会论文集.哈尔滨:黑龙江人民出版社,2003:346-354.

朱德熙.语法讲义[M].北京:商务印书馆,1982.

竺可桢.为什么中国古代没有产生自然科学?[J].科学,1946,28(3).

周祖谟.吴棫的古音学[M]//问学集.北京:中华书局,1966.

周法高.说平仄[J].历史语言研究所集刊,1948(13):153-162.

郑张尚芳.温州方言儿尾词的语音变化(二)[J].方言,1981(1):40-50.

赵元任.语言问题[M]//赵元任全集:第一卷.北京:商务印书馆,2002.

赵元任.新诗歌集·序[M].上海:商务印书馆,1928.(收入《赵元任音乐论文集》.北京:中国文联出版公司,1994.)

赵元任.汉语口语语法[M].吕叔湘,译.北京:商务印书馆,1979.

赵元任.中国方言当中爆发音的种类[J].历史语言研究所集刊,1935(4):515-520.

赵元任.韶州和湾头村的调查手稿,1929.〔转引自:余霭芹《韶关方言的变音初探》(中国东南部方言比较研究第九届国际研讨会论文,杭州,2002年3月)〕

赵元任.现代吴语的研究[M].北京:清华大学研究院,1928.

赵元任.中国言语字调底实验研究法[J].科学,1922,7(9).(收于《赵元任语言学论文集》)

章　婷,朱晓农.苏北连云港方言的三域声调系统——普通发声态、张声和嘎裂声[J].方言,2012(3):193-199.

张瀛月,朱晓农.滕州地方普通话声调变异的实验研究[J].中国社会语言学,2014(2):37-49.

张世禄.中国音韵学史[M].上海:商务印书馆,1938.

张世禄.中国古音学[M].上海:商务印书馆,1930.

张　敏.汉语话题化结构限制的认知解释[C]∥The Second Kent Ridge International Round Table Conference on Chinese Linguistics(Singapore),2002.

张　敏.认知语言学与汉语名词短语[M].北京:中国社会科学出版社,1998.

张静芬,朱晓农.潮汕入声:从阴高阳低到阴低阳高[J].语言研究,2018(4):15-27.

张静芬,朱晓农.声调大链移:从惠来普宁一带的共时调系和变异看声调的系统演化[J].中国语文,2017(5):522-535.

张洪明.汉语近体诗声律模式的物质基础[J].中国社会科学,1987(4):185-196.

张弓.现代汉语修辞学[M].天津:天津人民出版社,1963.

张东荪.知识与文化[M].上海:商务印书馆,1946.

扎　德,L.A.模糊集合、语言变数及模糊逻辑[M].陈国权,译.北京:科学出版社,1984.

衣莉,朱晓农.演化观中的声调类型:西南吴语案例[J].语言科学,2023(4):364-385.

余英时.近代红学的发展与红学革命:一个学术史的分析[J].香港中文大学学报,1979:2.

易中天.中华5000年文明史是吹牛其实只有3700年[EB/OL].天涯社区,2013-06-25.

叶蜚声,徐通锵.普通语言学纲要[M].北京:北京大学出版社,1981.

杨振宁.《易经》对中华文化的影响[R]."中国传统文化对中国科技发展的影响论坛"演讲.北京,2004-10-23.

杨　猛.杨振宁指《易经》阻碍科学启蒙 众学者质疑[N].北京科技报,2004-09-22.

许宝华.音韵学研究通讯,1987(10).

徐馥琼.粤东闽语语音研究[D].广州:中山大学,2010.

谢留文,黄雪贞.客家方言的分区(稿)[J].方言,2007(3):238-249.

谢尔巴茨柯伊,转引自:丁彦博.略论因明正理的现代意义[M]//刘培育,等.因明论文集.兰州:甘肃人民出版社,1982:100—106.

吴宗济,林茂灿.实验语音学概要[M].北京:高等教育出版社,1989.

吴宗济.试论普通话语音的"区别特征"及其相互关系[J].中国语文,1980:5.

吴　忠.科学传统与科学革命[J].自然辩证法通讯,1987(4):30-35.

文贯中.李约瑟之谜的解释:中国自陷于农本社会怪圈的经济地理学析解[EB/OL].http://www.tecn.cn,2012.

王　显.清代的古音学创始人顾炎武[J].中国语文,1957(6).

王　力.汉语语音史[M].北京:中国社会科学出版社,1985.

王　力.再论日母的音值,兼论普通话声母表[J].中国语文,1983(3):20-23.

王　力.诗经韵读[M].上海:上海古籍出版社,1980b.

王　力.汉语史稿(新1版)[M].北京:中华书局,1980a.

王　力.中国音韵学史[J].中国语文,1963(3-6),1964(1-2).

王　力.汉语音韵[M].北京:中华书局,1962.

王　力.上古韵母系统研究[M]//王力.龙虫并雕斋文集(第1册).北京:中华书局,1980:80-154.(原载《清华学报》12卷3期,1937年)

王　力.中国音韵学[M].上海:商务印书馆,1935.

王理嘉.音系学基础[M].北京:语文出版社,1991.

王福堂.古全浊声母清化后塞音塞擦音送气不送气问题[R].第一届湘语国际学术研讨会,长沙,2006.

王　岉.中国之科学思想[J].科学,1922(7).

王彩豫,朱晓农.监利张先村赣语的三域十声系统[J].方言,2015(2):111-121.

王　彬.泰语共同语、泰语伊森方言以及泰国人汉语普通话的声调调查[D].北京:北京师范大学,2016.

汪荣宝.歌戈鱼虞模古读考[J].国学季刊,1926,1(2).

梯　利.西方哲学史[M].葛力,译.北京:商务印书馆,1979.

汤因比.历史研究(插图单卷本)[M].上海:上海世纪出版集团,1997.

汤因比.历史研究(索麦维尔节录三卷本):上册[M].上海:上海人民出版社,1986.

坦普尔.中国:发现与发明的国度[M].陈养正,陈小慧,李耕耕,等,译.北京:二十一世纪出版社,1995.

石定栩.乔姆斯基的形式句法:历史进程与最新理论[M].北京:北京语言大学出版社,2002.

沈钟伟.音变的有向无序性[M]//潘悟云.东方语言与文化.上海:东方出版中心,
　　2002:31-58.

沈　炯.北京话合口呼零声母的语音分歧[J].中国语文,1987(5):352-362.

沈剑英.论连珠体[M]//中国逻辑史研究.北京:中国社会科学出版社,1982:
　　250-267.

沈家煊.汉语的逻辑这个样,汉语是这样的[J].语言教学与研究,2014(2).

沈家煊."零句"和"流水句"[J].中国语文,2012(5).

任鸿隽.说中国无科学之原因[J].科学,1915,1(1).

钱乃荣.现代汉语[M].北京:高等教育出版社,1990.

钱乃荣.论普通话语音的音位和区别性特征[J].汉语学习,1988(1).

钱　军.结构功能语言学——布拉格学派[M].长春:吉林教育出版社,1998.

钱宝琮.吾国自然科学不发达的原因[R].浙江大学夏令讲习会演说,1945.

潘家懿,郑守治.粤东闽语的内部差异与方言片划分的再认识[J].语文研究,2009
　　(3):55-59.

潘光旦.中国伶人血缘之研究[M].北京:商务印书馆,1935/1980.

莫里斯,戴斯蒙德.裸男[M].李家真,译.北京:新星出版社,2011.

麦　耘.关于语文学和语言学[EB/OL].(2002-02-11).http://www.eastling.
　　org("东方语言学"网页的"学术论坛"区)

麦　耘.隋代押韵材料的数理研究[J].语言研究,1999(37):112-128.

马林诺夫斯基.文化论[M].北京:中国民间文艺出版社,1987.

马　赫.感觉的分析[M].北京:商务印书馆,1985.

罗常培,王均.普通语言学纲要(修订本)[M].北京:商务印书馆,2002.

罗　素.西方哲学史(上下卷)[M].何兆武,李约瑟,译.北京:商务印书馆,1986.

罗　素.人类的知识:其范围与限度[M].张金言,译.北京:商务印书馆,1983.

路　威.文明与野蛮[M].吕叔湘,译.北京:生活·读书·新知三联书店,1984.

吕叔湘."谁是张老三?"="张老三是谁?"? [J].中国语文,1984:4.

吕叔湘.汉语语法分析问题[M].北京:商务印书馆,1979.

吕叔湘.从主语宾语的分别谈国语句子的分析[M]//汉语语法论文集.北京:科学
　　出版社,1955.

陆致极.试论普通话音位的区别特征[J].语文研究,1987:4.

陆志韦.陆志韦语言学著作集(一)[M].北京:中华书局,1985.

陆志韦.古反切是怎样构造的[J].中国语文,1963:5.

陆丙甫.汉语的认知心理研究[M].北京:商务印书馆,2010.

陆丙甫.形式描写、功能解释和理论起点[R].上海师大语言研究所,2002-11-15.

陆丙甫.核心推导语法[M].上海：上海教育出版社,1993.

刘月华,等.实用现代汉语语法(增订版)[M],北京：商务印书馆,2014.

刘天一.漫谈指南车[J].科学月刊,1981：1.

刘　涛.梅州客话音韵比较研究[D].广州：暨南大学,2003.

刘　复.四声实验录[M].上海：亚东书局,1926.

刘丹青.汉语双及物结构的类型学考察[J].中国语文,2001：5.

林语堂.生活的艺术[M].上海：西风社,1941.

林文照.近代科学为什么没有在中国产生[M]//自然辩证法通讯.科学传统与文
　　化——中国近代科学落后的原因.西安：陕西科学技术出版社,1983.

林文芳,洪　英,朱晓农.短降也分高低——降调种类的补充[M].东方语言学(第
　　十三辑).上海：上海教育出版社,2013e：1－10.

林　焘,王理嘉.语音学教程[M].北京：北京大学出版社,1992.

林　焘,沈炯.北京话儿化韵的语音分歧[J].中国语文,1995：3.

林　焘.日元音值考[M]//林焘集.林焘语言学论文集.北京：商务印书馆,2001：
　　317－336.(原载《燕京学报》新1期,1996年)

林　焘.北京话去声连读变调新探[J].中国语文,1985：2.

梁漱溟.人心与人生[M].上海：上海世纪出版集团,2006.

梁漱溟.东西文化及其哲学[M].北京：商务印书馆,1987/1922.

梁启超.中国近三百年学术史[M].北京：中国书店,1985/1936.

梁启超.中国近三百年来学术史[M].上海：商务印书馆,1924.

傅斯年.历史语言研究所工作之旨趣[J].历史语言研究所集刊(一本一分),1928.

李约瑟.中国科学技术史(卷二)[M],上海：上海古籍出版社,1990.

李约瑟.东西方的科学与社会[J].徐汝庄,译.自然杂志,1990(12).

李约瑟.中国之科学与文化[R]."中国科学社成立三十周年纪念会"演讲(贵州湄
　　潭),1944.〔转引自竺可桢(1946),及百度文库"中国近代科学落后的原因"〕

李幼蒸.克劳德·列维-斯特劳斯[M]//杜任之.现代西方著名哲学家述评.北京：
　　生活·读书·新知三联书店,1980.

李英哲.汉语语义的排列次序[J].国外语言学,1983：3.

李方桂.上古音研究[M].北京：商务印书馆,1980.

赖欣巴哈.科学哲学的兴起[M].伯尼,译.北京：商务印书馆,1991.

拉卡托斯.科学研究纲领方法论[M].上海：上海译文出版社,1999.

库　恩.必要的张力[M].福州：福建人民出版社,1981.

库　恩.科学革命的结构[M].上海：上海科技出版社,1980.

科　恩,J.培根传统·真理近似度·自然规律近似度[J].自然科学哲学问题,

1983(4).

克拉夫特.维也纳学派[M].李步楼,陈维杭,译.北京:商务印书馆,1999.

凯　利,罗伯特.第五次开始:600万年的人类历史如何预示我们的未来[M].北京:中信出版集团,2018.

金岳霖.知识论[M].北京:商务印书馆,1983.

金观涛.在历史的表象背后[M].成都:四川人民版,1983.

金观涛,华国凡.控制论和科学方法论[M].北京:科学普及出版社,1983.

金观涛,樊洪业,刘青峰.文化背景与科学技术结构的演变[M]//自然辩证法通讯.科学传统与文化——中国近代科学落后的原因.西安:陕西科学技术出版社,1983.

蒋方震.序言[M]//梁启超.清代学术概论.上海:商务印书馆,1921.

季羡林.谈国学[M].北京:华艺出版社,2008.

霍夫曼.量子史话[M].马元德,译.北京:科学出版社,1979.

黄笑山.试论唐五代全浊声母的"清化"[J].古汉语研究,1994(24).

胡文耕.发现DNA双螺旋结构的方法论问题[J].自然辩证法通讯,1981,2.

胡　适.胡适的自传[M]//葛懋春,李兴芝.胡适哲学思想资料选(下).上海:华东师范大学出版社,1981.

胡　适.清代学者的治学方法[M]//胡适文存:卷二.上海:亚东图书馆,1924:241-242.

胡　适.胡适文存[M].上海:亚东图书馆,1921.

胡　杰,尉迟治平.诗文用韵的计算机处理[J].语言研究,1998.

胡　弗 T.近代科学为什么诞生在西方[M].周程,于霞,译.北京:北京大学出版社,2010.

赫里姆 T.塔木德[M].邹文豪,译.北京:中国画报出版社,2009.

赫拉利 Y.未来简史:从智人到神人[M].林俊宏,译.北京:中信出版集团,2017b.

赫拉利 Y.人类简史:从动物到上帝[M].林俊宏,译.北京:中信出版集团,2017a.

何祚庥.对易经文化的反思[R].在"全国第二届智慧学学术研讨会"上的讲话,张家港,2006-6-8.

海森伯.严密自然科学基础近年来的变化[M].上海:上海译文出版社,1978.

郭必之.语言接触与规律改变:论中古全浊声母在粤北土话中的表现[J].语言暨语言学,2005,6(1):43-73.

顾炎武.音学五书[M].北京:中华书局,1982.

古道尔 J.黑猩猩在召唤[M].北京:科学出版社,1981.

葛里高利 M.,卡洛尔 S.语言和情景[M].徐家祯,译.北京:语文出版社,1988.

高本汉.中上古汉语音韵纲要[M].聂鸿音,译.济南：齐鲁出版社,1987.

高本汉.中译本赠序[M]//高本汉.中国音韵学研究.赵元任,罗常培,李方桂,译.
北京：商务印书馆,1940.

傅斯年.译本序[M]//高本汉.中国音韵学研究.赵元任,罗常培,李方桂,译.北京：
商务印书馆,1941.

冯友兰.为什么中国没有科学——对中国哲学的历史及其后果的一种解释[J].国
际伦理学杂志,1923,32(3).(转引自百度文库"中国近代科学落后的原因")

冯胜利.汉语韵律句法学[M].上海：上海教育出版社,2000.

费耶尔本德 P.反对方法：无政府主义知识论纲要[M].周昌忠,译.上海：上海译
文出版社,1992.

费孝通.江村经济[M].南京：江苏人民出版社,1986.

费孝通.代序[M]//潘光旦.寻求中国人位育之道——潘光旦文选(上).北京：国
际文化出版公司,1997.

范继淹.无定 NP 主语句[J].中国语文,1985(5)：321－328.

范继淹(署名巴言).重庆方言又说啥人又说哪个[J].中国语文,1984(6).

杜　威.人的问题[M].傅统先,邱椿,译.上海：上海人民出版社,1986.

丁声树,吕叔湘,李荣,等.现代汉语语法讲话[M].北京：商务印书馆,1961.

迪克森 R.M.W.语言兴衰论[M].朱晓农,严至诚,焦磊,等,译.北京：北京大学出
版社,2010.

丹齐克 T.数：科学的语言[M].北京：商务印书馆,1985.

戴念祖.中国近代科学技术落后的三大原因[M]//自然辩证法通讯.科学传统与
文化——中国近代科学落后的原因.西安：陕西科学技术出版社,1983：
106－128.

戴蒙德 J.第三种黑猩猩：人类的身世与未来[M].王道还,译.上海：上海译文出版
社,2012.

道金斯 R.自私的基因[M].卢允中,张岱云,译.北京：科学出版社,1980.

崔荣昌,李锡梅.四川境内的"老湖广话"[J].方言,1986(3)：188－197.

川上叶.近代科学为什么没有在中国产生[EB/OL].(2004).http：//bbs.tianya.cn/
post-free-176584-1.shtml.

陈遵妫.中国天文学史(第3册)[M].上海：上海人民出版社,1984.

陈亚兰.试论清前期封建社会需要与科学技术发展的关系[M]//自然辩证法通
讯.科学传统与文化——中国近代科学落后的原因.西安：陕西科学技术出版
社,1983.

陈　平.释汉语中与名词性成分相关的四组概念[J]中国语文,1987(2).

陈　立.我国科学不发达之心理分析.〔转引自:竺可桢:为什么中国古代没有产生自然科学? [J].科学,1946,28(3)〕

查尔默斯.科学究竟是什么? [M].查尔强,江枫,邱仁宗,等,译.北京:商务印书馆,1982.

曹剑芬.现代语音基础知识[M].北京:人民教育出版社,1990.

布莱克威尔 R,傅季重.结构主义对科学理论的说明[J].世界科学译刊,1980(1):43-50.

波普尔,卡尔.科学发现的逻辑[M].查汝强,邱仁宗,万木,译.北京:中国美术学院出版社,2008.

波普尔,卡尔.无穷的探索——思想自传[M].邱仁宗,段娟,译.福州:福建人民出版社,1987b.

波普尔,卡尔.猜想与反驳[M].周煦良,周昌忠,译.上海:上海译文出版社,1987a.

博洛迪茨基,蕾拉.语言如何形塑思考? [J].谢伯让,译.科学人,2011(110).

贝尔纳.科学的社会功能[M].陈体芳,译.北京:商务印书馆,1986.

奥德利古.越南语声调的起源[J].冯蒸,译.中国社会科学院民族研究所语言室.民族语文研究:情报资料集,1986/1954.

艾耶尔,A.J.语言、逻辑和真理[M].尹大贻,译.上海:上海译文出版社,2006.

## 英文(倒序)

Zsiga, Elizabeth. Modeling Diachronic Change in the Thai Tonal Space[J]. University of Pennsylvania Working Papers in Linguistics, 2008, 14(1): 395-408.

Zhu, Xiaonong. Multi Registers and Four Levels: A New Tonal Model[J]. Journal of Chinese Linguistics, 2012, 40(1): 1-17.

Zhu, Xiaonong. Shanghai Tonetics[M]. Muenchen, Germany: Lincom Europa, 1999.

Zhu, Xiaonong, Li Yi. Double Circumflex and Back Dipping: Reports on Two Newly Confirmed Types of Contour Tones[J]. Cahiers de Linguistique Asie Orientale, 2012, 41(1): 81-106.

Zhu, Xiaonong, Caiyu Wang. Tone[M]// William S.-Y. Wang, Chaofen Sun. Oxford Handbook of Chinese Linguistics. Oxford University Press, 2015: 503-516.

Yu, A. C. Understanding Near Mergers: The Case of Morphological Tone in Cantonese[J]. Phonology, 2007, 24(1): 187-214.

Wittgenstein, Ludwig. Tractatus Logico-Philosophicus[M]. Routledge Classics, 2001.

Wierzbicka, Anna. Semantics: Primes and Universals[M]. Oxford University Press, 1996.

Wierzbicka, Anna. Semantics, Culture, and Cognition: Universal Human Concepts in Culture-Specific Configurations [M]. Oxford University Press, 1992.

Wierzbicka, Anna. Prototypes in Semantics and Pragmatics[J]. Linguistics, 1989, 27: 731 - 769.

Wierzbicka, Anna. Lexicography and Conceptual Analysis[M]. Ann Arbor: Karoma, 1985.

Wierzbicka, Anna. Diminutives and Depreciatives: Semantic Representation for Derivational Categories[J]. Quaderni di Semantica, 1984, 5: 123 - 130.

Whorf, Benjamin. Language, Thought, and Reality: Selected Writings of Benjamin Lee Whorf[M]. Cambridge, Mass: MIT Press, 1956.

Weinreich, U., W. Labov, M. Herzog. Empirical Foundation for a Theory of Language Change [M] // Directions for Historical Linguistics. Austin, Texas: University of Texas Press, 1968.

Wedel, A. Category Competition Drives Contrast Maintenance within an Exemplar-based Production / Perception Loop [C] // Association for Computational Linguistics. Proceedings of the 7th Meeting of the ACL Special Interest Group in Computational Phonology: Current Themes in Computational Phonology and Morphology. 2004: 1 - 10.

Wang, William S.-Y. Explorations in Language Evolution[M]// Explorations in Language. Taipei: Pyramid Press, 1991: 105 - 130.

Wang, William S.-Y. A Note on Tone Development[M]// Papers in Honor of Wang Li on His Eightieth Birthday. Hong Kong: Chinese Language Society, 1986.

Wang, William S.-Y. Variation and selection in language change[J]. 史语所集刊, 1982: 495 - 519.

Wang, William S.-Y. Language Change: A Lexical Perspective [J]. Annual Review of Anthropology, 1979(8): 353 - 71.

Wang, William S.-Y. Explorations in Language Evolution[M]. Taipei: Pyramid Press, 1991: 105 - 131.

Wang, William S.-Y. Language Change[M]. Berlin: Mouton, 1977.

Wang, William S.-Y. Competing Changes as a Cause of Residue[J]. Language, 1969, 45: 9 - 25.

Wang, William S.-Y. Phonological features of tone[J]. International Journal of American Linguistics, 1967, 33: 93 - 105.

Wang Ling. Science and Civilization in China, Volume 3: Mathematics and the Sciences of the Heavens and Earth (ed. byJoseph Needham) [M]. New York: Cambridge University Press, 1959.

Uno, Seiichi. Some observations on ancient Chinese logic [J]. Philosophical Studies of Japan, 1965, 6: 31 - 42.

Tingsabadh, K., Deeprasert D. Tones in standard Thai connected speech[M]// Southeast Asian Linguistic Studies in Honour of Vichin Panupong. Chulalongkorn University Press, 1997: 297 - 307.

Stjernfelt, Frederik. We can't go on meeting like this. A cognitive theory of literature? The fall of the wall between linguistics and theory of literature [J]. Nordic Journal of Linguistics, 1995, 18(2): 81 - 116.

Solé, M. J., Beddor P. S., Ohala M. Experimental approaches to phonology[M]. Oxford University Press, 2007.

Sivin, Nathan. Why the scientific revolution did not take place in China - or didn't it? [J]. Chinese Science, 1982, 5: 45 - 66.

Sivin, Nathan. Science in China's Past [M] //Orleans L A. Science in Contemporary China. Stanford: Stanford University Press, 1980.

Shen, Zhongwei. Exploring the dynamic aspect of sound change[J]. Journal of Chinese Linguistics Monograph series, 1997(11): i - 189.

Prince, Alan, Smolensky Paul. Optimality Theory: Constraint Interaction in Generative Grammar[R]. New Brunswick, NJ: Rutgers University Center for Cognitive Science, 1993.

Potisuk, Siripong, Gandour Jack, Harper M. F0 correlates of stress in Thai[J]. Linguistics of the Tibeto-Burman area, 1994, 17(2): 1 - 27.

Posner, Rebecca. The Romance languages[M]. Cambridge: Cambridge University Press, 1996.

Pierrehumbert, J. Word-specific phonetics[J]. Laboratory phonology, 2002, 7: 101 - 139.

Pierrehumbert, J. Exemplar dynamics: Word frequency, lenition, and contrast

[M]// Bybee J, Hopper P. Frequency effects and the emergence of lexical structure. Amsterdam: John Benjamins. 2001: 137 – 157.

Reding, Jean-Paul. Analogical reasoning in early Chinese philosophy [J]. Asiatische Studien, 1986, 40: 40 – 56.

Payne, John. The decay of ergative in Pamir languages[J]. Lingua, 1980, 51: 147 – 86.

Ohala, M., Ohala J. Psycholinguistic probes of native speakers' phonological knowledge[M]// Dressler W. U., Luschtzky H. C., Pfeiffer O. E., et al. Phonologica. Cambridge University Press, 1984/ 1987: 227 – 233.

Ohala, John., Jeri J. Jaeger. Experimental Phonology [M]. Orlando, Fla: Academic Press, 1986.

Ohala, John. The relation between phonetics and phonology[M]// Hardcastle W. J., Laver J. The Handbook of Phonetic Sciences. Hoboken, New Jersey: Wiley-Blackwell, 1997: 674 – 694.

Ohala, John. The phonetics of sound change [M]// Jones C. Historical Linguistics: Problems and Perspectives. London: Longman, 1993: 237 – 278.

Ohala, J. J. The segment: Primitive or derived? [M]// Docherty G J, Ladd D R. Papers in Laboratory Phonology II: Gesture, segment, prosody. Cambridge: Cambridge University Press, 1992: 166 – 3183.

Ohala, John. There is no interface between phonology and phonetics[J]. Journal of Phonetics, 1990, 18: 153 – 171.

Ohala, John. Sound change is drawn from a pool of synchronic variation[M]// Breivik L. E., Jahr E. H. Language Change: Contributions to the study of its causes. Berlin: Mouton de Gruyter, 1989b: 173 – 198.

Ohala, John. Discussion of Lindblom's 'Phonetic invariance and the adaptive nature of speech'[M]// Elsendoorn B. A. G., Bouma H. Working models of human perception. London: Academic Press, 1989a: 175 – 183.

Ohala, John. An ethological perspective on common cross-language utilization of F0 of voice[J]. Phonetica, 1984, 41: 1 – 16.

Ohala, John. The origin of sound patterns in vocal tract constraints [M]// Macneilage P. E. The Production of Speech. New York: Springer Verlag, 1983.

Ohala, J. Cross-language use of pitch: an ethological view[J]. Phonetica, 1982, 40: 1 – 18.

Ohala, John. The listener as a source of sound change[C]// Masek C., Hendrick R., Miller M. F. Papers from the Parasession on Language and Behavior. Chicago: Chicago Linguistic Society, the University of Chicago, 1981.

Ohala, John. Experimental historical phonology[M]// Anderson J. M., Jones C. Historical linguistics II. Theory and description in phonology. [Proc. of the 1st Int. Conf. on Historical Linguistics. Edinburgh, 2 - 7 Sept. 1973.] Amsterdam: North Holland, 1974: 353 - 389.

Nichols, Johanna. Some preconditions and typical traits of the stative-active language types: with reference to Proto-European [M] // Lehmann W. Language Typology: Systematic Balance in Language. Amsterdam: John Benjamins, 1987: 95 - 115.

Nguyen, Van Loi, Edmondson Jerold. Tones and voice quality in modern northern Vietnamese: Instrumental case studies[J]. Mon-Khmer Studies, 1998, 28: 1 - 18.

Newmeyer, F. J. Has there been a 'Chomskyan revolution' in linguistics? [J]. Language, 1986. 62 (1).

Needham, Joseph. The Grand Titration: Science and Society in East and West [M]. London: George Allen & Unwin, 1969.

Morton, E. W. On the occurrence and significance of motivation-structural rules in some bird and mammal sounds[J]. American Naturalist, 1977, 12, 111: 855 - 869.

Morley, R. L. Implications of an Exemplar-Theoretic Model of Phoneme Genesis: A Velar Palatalization Case Study[J]. Language and speech, 2014, 57(1): 3 - 41.

Mitterer, H., Chen, Y., Zhou, X. Phonological Abstraction in Processing Lexical - Tone Variation: Evidence From a Learning Paradigm [J]. Cognitive Science, 2011, 35(1): 184 - 197.

Michaud, A. Monosyllabicization: patterns of evolution in Asian languages[J]. Astroparticle Physics, 2012: 115 - 130.

Merton, Robert. A Note on Science and Democracy[J]. Journal of Legal and Political Sociology, 1942, 1: 115 - 126.

Merton, Robert. Science, Technology and Society in Seventeenth Century England[M]. 1938. (Reissued: Howard Fertig, 2001. )

McMahon, April. Change, Chance, and Optimality [M]. Oxford University

Press, 2000.

Martinet, Andre. Function, Structure, and Sound Change[J]. Word, 1952, 8: 1.

Mair, Victor H., Mei Tsu-Lin. The Sanskrit origin of recent style prosody[J]. Harvard Journal of Asiatic Studies, 1991, 51: 375 – 470.

Maddieson, Ian. Tone[M]// Haspelmath M, Dryer M S, Gil D, et al. The world atlas of language structures. 2005: 58 – 61.

Maddieson, Ian. Patterns of Sounds[M]. Cambridge University Press, 1984.

Libbrecht, Ulrich. Chinese mathematics in the thirteenth century [ M ]. Cambridge, Mass: MIT Press, 1973.

Li, Fang-kuei. The hypothesis of a pre-glottalized series of consonants in primitive Tai[J]. Bulletin of the Institute of History and Philology (BIHP), 1943, 11.

Lehiste, Ilse. Suprasegmentals[M]. Cambridge, Mass: MIT Press, 1970.

Laver, John. Principles of Phonetics [ M ]. Cambridge: Cambridge University Press, 1994.

Lau, D. C. Some logical problems in Ancient China[J]. The Proceedings of the Aristotelian Society, 1952, 53: 189 – 204.

Langacker, Ronald. Foundations of Cognitive Grammar: Theoretical prerequisites[M]. Stanford, Cal: Stanford University Press, 1987.

Lakoff, George. Women, Fire, and Dangerous Things[M]. Chicago: University of Chicago Press, 1987.

Lakoff, G., Johnson M. Metaphors We Live By[M]. Chicago: University of Chicago Press, 1980.

Ladefoged, P., Ian Maddieson. The Sounds of the World's Languages [ M ]. Oxford: Blackwell, 1996.

Labov, William, Karen M., Miller C. Near-mergers and the suspension of phonemic contrast[J]. Language variation and change, 1991, 3(1): 33 – 74.

Labov, William, Yaeger-Dror Malcah, Steiner Richard. A Quantitative Study of Sound Change in Progress ( Vol. 1 ) [ M ]. Philadelphia: US Regional Survey, 1972.

Labov, William. Principals of Linguistic Change. Vol. 1: Internal Factors[M]. Oxford: Blackwell, 1994.

Labov, William. On the use of the present to explain the past[C]// Heilmann L.

Proceedings of the 11<sup>th</sup> International Congress of Linguists. Bologna: Il Mulino, 1975: 825 - 851.

Kennedy, George A. Negatives in Classical Chinese [ J ]. Wennti, 1952 ( 1 ): 1 - 16.

Kager, Rene. Optimality Theory [ M ]. New York: Cambridge University Press, 1999.

Kagava, R. A fiberscopic and acoustic study of the Korean stops, affricates and fricatives[J]. Journal of phonetics, 1974, 2(2): 161 - 180.

Jurafsky, Daniel. Universal tendencies in the semantics of the diminutive [J]. Language, 1996, 72(3): 533 - 578.

Jones, Daniel, Kwing Tong Woo. A Cantonese Phonetic Reader [ M ]. Ann Arbor: University of Michigan Library, 1912.

Jones, D. Unpublished manuscript on Thai phonetics. ( cited from: Henderson, E. J. A. Thai phonetics sixty years ago: Gleanings from the unpublished notes of Daniel Jones [ M ] // Thomas W. Gething, John G. Harris, and Pranee Kullavanijaya. Tai linguistics in honor of Fang-kuei Li. Bangkok: Chulalongkorn University, 1918: 162 - 70. )

Johnson, K. Decisions and mechanisms in exemplar-based phonology [ J ]. Experimental approaches to phonology, 2007: 25 - 40.

Johnson, K. Resonance in an exemplar-based lexicon: The emergence of social identity and phonology[J]. Journal of phonetics, 2006, 34(4): 485 - 499.

Jensen, Frede. A Comparative Study of Romance [ M ]. New York: Peter Lang, 1999.

Janssen, Theo, Gisela Redeker. Cognitive Linguistics: Foundations, Scope and Methodology[ M ]. Berlin: Mouton de Gruyter, 1999.

Jakobson, Roman, Fant Gunnar, Halle Morris. Preliminaries to Speech Analysis [ M ]. Cambridge, Mass: MIT Press, 1952.

Jakobson, Roman. Why "mama" and "papa"? [ M ] // Jakobson Roman. Selected Writings. Vol. I. The Hague: Mouton, 1962.

Jakobson, Roman. Typological studies and their contribution to historical and comparative linguistics[ M ] // Sivertsen Eva, Borgstrøm Carl, Gallis Arne, et al. Proceedings of the eighth international congress of linguists. Oslo: Oslo University Press, 1958: 17 - 25.

Hughes, E. R. Chinese Philosophy in Classical Times[ M ]. London: J. M. Dent &

Sons Ltd, 1942.

Hombert, J-M, Ohala John, Ewan William. Phonetic explanations for the development of tones[J]. Language, 1979, (55): 37 – 58.

Hombert, J-M. Consonant type, vowel quality, and tone[M]// Fromkin V. Tone: A Linguistic Survey. New York: Academic Press, 1978: 77 – 112.

Hockett, C. F. A Course in Modern Linguistics [M]. New York: Macmillan, 1958.

Henderson, E. J. A. The larynx and language: A missing dimension? [J]. Phonetica, 1978, 34: 256 – 263.

Henderson, E. J. A. Grammar and tone in South-East Asian languages[J]. Wissenschaftliche Zeitschrift der Karl-Marx-Uniersität-Leipzig, Desellschafts- und Sprachwissen-schaftliche Reihe, Parl /2, 1967: 171 – 178.

Haudricourt, A-G. Les Arguments géographiques, écologiquesetsémantiques pour l'origine des thaï[C]// Scandinavian Institute of Asian Studies Monograph. Readings on Asian Topics: Papers Read at the Inauguration of the Scandinavian Institute of Asian Studies. Lund: Studentlitteratur, 1970: 1, 27 – 34.

Haspelmath, M. The European Linguistic Area: Standard Average European [M]// Haspelmath M., König E., Oesterreicher W., et al. Language Typology and Language Universals. Berlin: Mouton de Gruyter, 2001: 1492 –1510.

Harbsmeier, C. Language and Logic[M]// Needham J. Science and Civilisation in China Vol. 7, Part I. Cambridge University Press, 1998: 7.

Hansen, C. Language and Logic in Ancient China[M]. University of Michigan Press, 1983.

Greenberg, J. Universals of. Human Language, Volume 4[M]. Palo Alto, Ca: Stanford University Press, 1978.

Graham, A. C. Later Mohist Logic: Ethics and Science[M]. Chinese University Press and the School of Oriental and African Studies, 1978.

Graham, A. C. The 'Hard and White' disputations of the Chinese Sophists[J]. Bulletin of the School of Oriental and African Studies, 1962, 30 (2): 282 – 301.

Goldsmith, J. Autosegmental Phonology[D]. Cambridge, Mass: MIT, 1976.

Goldinger, S. D. Words and voices: episodic traces in spoken word identification and recognition memory[J]. Journal of experimental psychology: Learning, memory, and cognition, 1996, 22(5): 1166.

Geeraerts, D. Idealist and empiricist tendencies in cognitive semantics[M]// Janssen, Redeker. 1999: 163 - 194.

Gandour, J., Potisuk S., Ponglorpisit S., et al. Inter- and intraspeaker variability in fundamental frequency of Thai tones [ J ]. Speech Communication, 1991, 10(4): 355 - 372.

Gamkrelidze, T. V., Ivanov V. V. Indo-European and the Indo-Europeans[M]. Translated by NICHOLS J. Berlin: Mouton de Grauyter, 1995.

Gahl, S., Yu A. C. Introduction to the special issue on exemplar-based models in linguistics[J]. The linguistic review, 2006, 23(3): 213 - 216.

Fauconnier, G. Methods and generalizations [ M ]// Janssen, Redeker. 1999: 95 - 127.

Ewer, R. F. Ethology of Mammals[M]. London: Logos Press, 1968.

Ettlinger, M. Shifting categories: An exemplar-based computational model of chain shifts [ C ] // Proceedings of the 29th Annual Conference of the Cognitive Science Society, 2007: 239 - 244.

Erickson, D. Fundamental frequency contours of the tones of standard Thai[J]. Pasaa, 1974, 4: 1 - 25.

Eldredge, N., Gould S. J. Punctuated equilibria: An alternative to phyletic gradualism [ M ]// Schopf T. J. Models in paleobiology. San Francisco: Freeman, Cooper, 1972: 82 - 115.

Dworkin, S. N., Wanner D. New Approaches to Old Problems: Issues in Romance Historical Linguistics[M]. Amsterdam: J. Benjamins, 2000.

Duanmu, S. The phonology of standard Chinese [ M ]. New York: Oxford University Press, 2000.

Dixon, R. M. W. The Rise and Fall of Languages[M]. Cambridge University Press, 1997.

Dixon, R. M. W. A New Approach to English Grammar, on Semantic Principles [M]. Oxford: Clarendon Press, 1991.

Dixon, R. M. W. A grammar of Boumaa Fijian[M]. Chicago: University of Chicago Press, 1988.

Dixon, R. M. W. The Languages of Australia [ M ]. Cambridge University

Press, 1980.

Dixon, R. M. W. Ergativity[J]. Language, 1979, 55(1): 59 – 138.

Dixon, R. M. W. A Grammar of Yidin[M]. Cambridge University Press, 1977a.

Dixon, R. M. W. The Dyirbal language of North Queensland[M]. Cambridge University Press, 1972.

Dil, A. S. Aspects of Chinese sociolinguistics: Essays by Yuen Ren CHAO[M]. Stanford: Stanford University Press, 1976.

Cun, X. A phonetic study on implosives in China[D]. Hong Kong: HKUST, 2009.

Cull, N. Reconstruction of the Proto-Romance syllable [M]//Andersen H. Historical Linguistics 93. Amsterdam: J. Benjamins, 1994.

Croft, W. Some contributions of typology to linguistics, and vice versa[M]// Janssen, Regeker. 1999: 61 – 94.

Cowart, W. Experimental Syntax: Applying Objective Methods to Sentence Judgments[M]. Thousand Oaks, Cal: Sage Publications, 1997.

Coates, R. The first American placename in England: Pimlico[J]. Names, 1995, 43: 213 – 227.

Cikoski, J. On standards of analogic reasoning in Late Chou[J]. Journal of Chinese Philosophy, 1975, 2(3): 325 – 357.

Chi, R. S. Y. Indian formal logic: A study of Dignaga and K'uei Chi's Great Commentary[M]. The Royal Asiatic Society of Great Britain, 1969.

Cheng, Chung-yu. Logic and language in Chinese philosophy[J]. Journal of Chinese Philosophy, 1987, 14(3): 285 – 308.

Cheng, Chung-yu. Kung-sun Lun: White horse and other issues[J]. Philosophy East and West, 1983, 33(4): 341 – 354.

Chao, Yuen Ren. A Grammar of Spoken Chinese[M]. Berkeley: University of California Press, 1968. (中译《中国话的文法》, 收入《赵元任全集》第 1 卷, 北京: 商务印书馆, 2002.)

Chao, Yuen Ren. How Chinese logic operates[J]. Anthropological Linguistics, 1959, 1(1): 1 – 8, 1959. [(In Dil (1976) 250 – 259.]

Chao, Yuen Ren. Note on Chinese grammar and logic[R]. Read before the 23rd International Congress of Orientalists. Cambridge, Eng, 1954. [In Dil (1976) 237 – 249.]

Chao, Yuen Ren. The logic structure of Chinese words[Z]. Presidential address, read at the regional meeting of the Linguistic Society of America. New York, 1945 - 12 - 31. [In Dil (1976) 260 - 274.]

Chao, Yuen Ren. Distinctions within Ancient Chinese[J]. Harvard Journal of Asiatic Studies, 1941, 5: 203 - 233.

Chao, Yuen Ren. ə sıstəm əv toun lɛtəz. Le Maître Phonétique, 1930, 45: 24 - 27.

Chambers, J. K. Sociolinguistic Theory: Language Variation and its Social Significance[M]. Oxford: Basil Blackwell, 1995.

Catford, John C. Fundamental Problems in Phonetics[M]. Edinburgh University Press, 1977.

Carleton, M., Ohala J. The effect of pitch of voice on perceived personality traits[R]//Annu. Meet. Kroeber Anthropol. Soc., Berkeley, 1980.

Cao, J. F., Maddieson I. An exploration of phonation types in Wu dialects of Chinese[J]. Journal of Phonetics, 1992, 20: 77 - 92.

Bynon, T. Historical Linguistics[M]. Cambridge University Press, 1977.

Bybee, J. A Functionalist approach to grammar and its evolution[J]. Evolution of Communication, 1998, 2: 249 - 278.

Bradley, C. B. Graphic Analysis of the Tone-accents of the Siamese Language [J]. Journal of the American Oriental Society, 1911, 31 (3): 282 - 289.

Bloomfield, L. Language[M]. New York: Holt, 1933.

Blevins, J. A theoretical synopsis of Evolutionary phonology[J]. Theoretical linguistics, 2006, 32(2): 117 - 166.

Blevins, J. Evolutionary phonology: The emergence of sound patterns [M]. Cambridge University Press, 2004.

Bailey, G. Real and apparent time[M]//Chambers J. K., Trugill P., Schilling-Estes N. The handbook of language variation and change. Oxford: Blackwell, 2002: 312 - 332.

Anderson, S. R. Why phonology isn't 'natural'[J]. Linguistic Inquiry, 1981, 12 (4): 493 - 539.

Abramson, A. The vowels and tones of Standard Thai: Acoustical measurements and experiments[M]. Bloomington: Indiana University Research Center in Anthropology, Folklore, and Linguistics, 1962.

# 初 版 后 记

完成一部书稿后,有事没事总要写几句,像是分娩之后如释重负的呻吟。但是写这本书的后记却没那么轻松,所以担心别把基调定得像是得了产后忧郁症,与全书积极的人生态度不般配。

书中好些内容是很久以前写就的。那时我年轻,恣意文字,"批判现实主义",但不忌世恨俗,所以不愤青。相反,那时觉得正面临第二个"五四",又一个近代启蒙潮,生逢其时就应该"不辜负这伟大的时代"。于是,一个语言学书生,嶙峋肩头所能担的道义,便是从语言学出发,把他认为应该向学界向社会传播的思想写出来,把他认为有必要肯定、有必要否定的方向、方法等根本性问题提出来。《虚实谈》《科学主义:中国语言学的必由之路》《古音学始末》等文就是那个时代的产物。当时觉得非常有必要写一些那样内容的文章,并且乐观地预期,等到自己老了,就不用为这样的问题苦恼了,因为再过二十年,早先提倡的方向方法应该已经"深入人心",大伙儿都记不得有过一个叫朱晓农的曾经筚路蓝缕。

但是我错了——教育不会一蹴而就。这些内容"要年年讲月月讲天天讲,只给少数人讲不行,要使广大人民群众都知道"。跟二十年前相比,重申这些内容的必要性似乎更为加强了。所以,本书的印行,不是为了纪念一个过去的时代,为了重拾一段淡出的记忆,为了抚慰一颗操劳的拳心,而是"有重要的现实意义",但我真的不希望"有深远的历史意义"。

本书的一些章节曾招致诸多不满。要我现在写,不知是否还有那股冲劲儿。回想起来,当时有些前辈学者可能被无意地、间接地冒犯了,感谢他们持续的宽容胸襟,惠允我弄斧到班门。而我就在这不知天高地厚中从多彩的春天走进了金秋。

有些作者喜欢趁再版修改旧文,就像王力,像钱锺书,像巴金。他们有权这么做,打理自己的孩子不需要理由。赵元任不改旧稿,那要给点理由,他说不知是原书没什么大错,还是近年来学问没长进。本书基本上也一仍其旧,大概只在《虚实谈》个别地方加了几句,其实那也是很早以前就加在底稿上的,不是现在的修改。要说理由嘛,那是因为一方面我还没觉得已经老当益壮得要来表明能与时俱进,另一方面也不敢为索隐考据癖们增加工作量。该干什么干什么去,在这大好的年代。

2007 年春

宝　琳

# 再 版 后 记

小时候学到"江郎才尽"这个成语时,大大笑话这位江郎:才是利滚利,越滚越多利,你怎么就尽了呢。如今到了竹子才尽之时,不免同情起江老来。

初版后记说:完成书稿后写几句跋,像是分娩后如释重负的呻吟。那时年轻,生得出。到了生不出的时候,呻吟也就没了。我就抄两段幽幽之音吧(《语音答问·跋》):

> 竹子开蒙晚,二十五始有志于音,五十而立。五十四不惑,五十五知天籁,五十六耳背,五十七欲从心而恐逾矩。

> 我生也不巧,识音计数已晚,加以悟性迟迟,年届五十始勉强而立。想起少年大胆敢笑五十之前不写书,到五十方知文科学问就是耐着性子磨——唉,这都日新月异的人工智能时代了,文科该不会命同旧学吧。

> 以上所论,算是对一个时代的方法论小结。今天是一个人类演化的指数曲线突然到了一个临界点的时刻。采狩时代的进步是以万年为单位的,农业时代千年,工业时代百年,而到了信息时代,进步以十年为单位了。现有的学科马上会重新洗牌,进入一个"人智主义"的新的方法论范式。在这一刻,我很自豪也有点伤感地宣布见证了上一时代,很衷心也有点嫉妒地祝福准备进入下一个

时代的新人。

连一向喜欢写的序跋都觉得无话可说了，"亦复何言"。

2023 年 2 月 23 日
跋于　不知处

**图书在版编目（CIP）数据**

方法：语言学的灵魂 / 朱晓农著. —增订本. — 上
海：上海教育出版社，2024.3
ISBN 978-7-5720-2112-1

Ⅰ.①方… Ⅱ.①朱… Ⅲ.①语言学－研究方法 Ⅳ.
①H0

中国国家版本馆CIP数据核字(2024)第045681号

责任编辑　毛　浩
封面设计　郑　艺


**方法：语言学的灵魂（增订本）**
朱晓农　著

出版发行　上海教育出版社有限公司
官　　网　www.seph.com.cn
地　　址　上海市闵行区号景路159弄C座
邮　　编　201101
印　　刷　上海展强印刷有限公司
开　　本　640×965　1/16　印张31.75　插页2
字　　数　460千字
版　　次　2024年5月第1版
印　　次　2024年5月第1次印刷
书　　号　ISBN 978-7-5720-2112-1/H·0068
定　　价　85.00元

如发现质量问题，读者可向本社调换　电话：021-64373213